本书系教育部人文社会科学研究青年基金项目"中国宪法基本权利条款立法研究"（项目批准号：19YJC820046）的阶段性研究成果

中国基本权利立法研究

彭超 著

中国社会科学出版社

图书在版编目（CIP）数据

中国基本权利立法研究／彭超著 . —北京：中国社会科学出版社，2022.12
ISBN 978 – 7 – 5227 – 0972 – 7

Ⅰ.①中⋯ Ⅱ.①彭⋯ Ⅲ.①公民权—立法—研究—中国 Ⅳ.①D921.04

中国版本图书馆 CIP 数据核字（2022）第 203423 号

出 版 人	赵剑英
责任编辑	梁剑琴　高　婷
责任校对	郝阳洋
责任印制	郝美娜
出　　版	中国社会科学出版社
社　　址	北京鼓楼西大街甲 158 号
邮　　编	100720
网　　址	http：//www.csspw.cn
发 行 部	010 – 84083685
门 市 部	010 – 84029450
经　　销	新华书店及其他书店
印刷装订	北京君升印刷有限公司
版　　次	2022 年 12 月第 1 版
印　　次	2022 年 12 月第 1 次印刷
开　　本	710×1000　1/16
印　　张	19.5
字　　数	271 千字
定　　价	118.00 元

凡购买中国社会科学出版社图书，如有质量问题请与本社营销中心联系调换
电话：010 – 84083683
版权所有　侵权必究

摘　　要

　　基本权利立法之实质,是对宪法基本权利条款的立法具体化,主要包括基本权利内容之立法具体化、基本权利效力之立法具体化和基本权利对应国家义务之立法具体化。基本权利立法使得基本权利的内涵得以明确而具体,基本权利立法这一作业过程的性质,既是对宪法基本权利规范的立法解释,又是立法者对宪法委托义务的具体履行,还是宪法实施的直接方式。基本权利经立法具体化之后,所形成的基本权利法律规范包括正向具体化基本权利的确权性规范、基于公共利益等因素考量限制基本权利的限制性规范,以及基本权利在遭受侵害和不当限制时的救济性规范。基本权利立法对基本权利的性质、权利体系和权利保障都会产生重要的影响,基本权利立法具体化之后,宪法基本权利就具体化为法律权利,形成以基本权利为权源（权利之源）的法律权利群系,使得对基本权利的保障落实为具体法律之保障。

　　之所以需要对基本权利进行立法具体化,首先是由基本权利自身的法理逻辑决定的。基本权利具有作为"主观权利"和"客观规范"（或曰"客观法"）的双重性质,权利的实效化内在要求立法机关通过立法确保基本权利真正落实;同时,宪法基本权利条款原则而抽象,基本权利规范存在结构上的空缺,权利的有效性客观需要立法机关行使"形成权"补全基本权利规范结构;再者,基本权利构成国家义务,权利的最终成就在现实层面也需要立法机关具体化国家义务。此外,在实定法上,宪法在一些基本权利条款中明示规定了立法机关负有立法之义务,这是基本权利立法的明示宪法依据。再者,国际人权公约及其议定书,也明确要求缔约国通过立法的方法和措施保障人权的充分实现。

　　基本权利立法的原则是宪法基本权利规范的内在要求,集中体现了基本权利的精神实质。基本权利立法过程中，不论是程序性规范还是实体性规范，亦无论是正向确权性规范还是反向限制性规范，都必须遵循正当程序原则、法律明确性原则、法律不溯及既往原则和个案法律禁止原则。而在对基本权利予以确认，明确基本权利的具体含义和内容，从正向角度延伸扩展基本权利保护范围时，即在对基本权利进行确权性立法时，必须遵循制度性保障原则、平等保护原则和法不禁止即自由原则。同时，基本权利不可能无远弗届，界定权利的边界亦是保障权利之所需。基本权利立法对基本权利边界的划定，构成了对基本权利的限制，本质上是对基本权利的侵害，这种限制和侵害必须遵循法律保留原则、不当联结之禁止原则、比例原则和权利之核心本质不得限制四项原则。

基本权利立法绝不是立法机关在纯澈封闭的真空环境中自行其是的行为，而是必须考虑政治国家中掌握政治权力的政党、市民社会中能够采取集体行动的利益群体，以及立法机关自身存在的职业立法工作者三者的意见和建议。政党、职业立法工作者和利益群体是能够影响基本权利立法的三大主体。政党是政治国家中立法的首要决策者，职业立法工作者是立法机关中隐性而实质的立法者，而利益群体则是市民社会中立法的重要影响者。

中国基本权利立法的实践逻辑，可以从立法理路、立法决策和立法程序三个视维来展开。立法理路，是立法之根据，确定了立法的标准和方向，构成立法之内在规范；立法决策和立法程序，则是立法过程中的两大支柱，有其独立的价值，共同确定立法之内容和实质。立法理路维度上，中国基本权利立法的实践逻辑表现为从"经济建设为中心"和"秩序建构为侧重"转向"权利保障为核心"；立法决策维度上，坚持全国人大及其常委会主导立法决策，以人权保障统合民主、科学、秩序诸余价值，以基本权利统率功利决策和经验决策；立法程序维度上，进一步完善立法提案程序、建立立法辩论程序和健全公众参与程序。

现行宪法施行40年来，我国基本权利立法取得了显著的历史性成就，公民的各项基本权利不仅在宪法上得到确认和保障，而且通过立法得以具体化，形成了较为完备的权利法律规范体系。正是通过基本权利立法，丰富和发展了公民基本权利保障的内涵、范围和层次，公民政治权利条款立法迈向现代化，公民生命权、人身自由和信仰自由条款立法实现体系化，公民社会、经济、教育和文化权利条款立法不断科学化，特定群体权益条款立法进一步具象化。在宪法和法律的实施过程中，公民的各项基本权利得到充分实现和发展，真正成为公民"生活中的权利"。

进一步完善基本权利立法，首先需要纠正基本权利立法认识上之偏差。充分认识并厘清基本权利立法之价值、功能，以及其与中国法治之契合性，这是对基本权利进行立法的思想认识基础。在此基础之上，需要从两个向度协同着力：一个向度是正向强化权利立法，促进基本权利立法转型升级；另一个向度是规控立法权合宪行使，克服基本权利立法的局限。唯此，才能真正形成完备的基本权利法律规范体系，实现"基本权利有效性"和"人权保障法治化"之目标。具体而言：

其一，认识并厘清基本权利立法之价值、功能以及其与中国法治之契合性。基本权利立法有其内在的价值，能够有效保障基本权利、平衡权利冲突、制约公权力等；同时，基本权利立法还具有外溢的功能，对于完善中国特色社会主义法治体系、夯实中国共产党执政合法性基础以及增强中国国际人权对话合作成效等，能够发挥十分重要的积极作用。更为重要的是，基本权利立法在法理观念（权利需要通过立法来宣示和保障）、法律传统（权利通过立法来确认符合成文法传统）、法治阶段（形式法治向实质法治进阶）、法权定位（立法权居于宪制权力秩序中心）、法制体系（宪法实施的首要和直接方式是立法）五个方面与中国的国情具有全面且高度的契合性。

其二，正向加强基本权利立法，促成基本权利立法转型升级，需要在四个方面着力：立法理念上，需要由"秩序维护"向"权利保障"转向；立法模式上，需要由"回应型立法"向"引领型立法"迈进；立法领域上，需要实现"民生权利"和"民主权利"并重；立法技术上，需要由"粗略式立法"向"精细化立法"迁移。

其三，规控立法权合宪行使，需要设立专门的宪法监督机关"宪法委员会"。这既是加强宪法基本权利条款实施的内在需要，也是完善宪法监督保障基本权利的客观需要，同时，还是克服基本权利立法固有局限的现实需要。宪法委员会应定位为全国人民代表大会的常设机关，专门负责监督宪法实施，履行合宪性审查和解释宪法的职能。宪法委员会规控立法权时，需要处理好宪法委员会与党的领导、全国人大、改革开放三者的关系，宪法委员会必须坚持党的领导,不宜直接审查党内法规(党内法规的审查由党的机关依据《中国共产党党内法规制定条例》和《中国共产党党内法规和规范性文件备案审查规定》负责审查,宪法委员会可提供咨询意见)、不审查全国人民代表大会制定的基本法律、不审查根据特别授权决定所制定的法律。

关键词:基本权利;立法;宪法实施;尊重和保障人权;国家义务

目 录

引 言 (1)
 一 研究问题的背景 (1)
 二 研究目的：基本权利保障法治化 (3)
 三 国内外研究现状 (4)
 四 研究的内容、难点与创新点 (19)
 五 研究的方法 (21)
 六 研究的价值 (22)

第一章 基本权利立法之基础理论 (25)
第一节 基本权利立法之意涵 (25)
 一 基本权利立法之实质 (25)
 二 基本权利立法之性质 (31)
 三 基本权利立法之规范类型 (32)
 四 基本权利立法之效果 (34)
第二节 基本权利立法之理据 (36)
 一 基本权利立法之权利法理逻辑 (36)
 二 基本权利立法之宪法文本依据 (41)
 三 基本权利立法之人权公约要求 (44)
第三节 基本权利立法之原则 (47)
 一 综括性立法原则 (48)
 二 确权性立法原则 (59)
 三 限权性立法原则 (66)

第二章　中国基本权利立法之影响主体 …………………………… (83)

第一节　政党：政治国家中立法的首要决策者 ……………………… (83)
一　执政党领导立法：依法执政的重要方式 …………………… (85)
二　民主党派参与立法：参政议政的重要途径 ………………… (88)
三　人民政协辅助立法决策：政治协商的重要内容 …………… (90)

第二节　职业立法工作者：立法机关中隐性而实质的立法者 ……… (92)
一　立法机关中的职业立法工作者 ……………………………… (93)
二　立法职业化：中国立法过程的实践面貌 …………………… (95)
三　立法权位移下沉：立法职业化的制度成因 ………………… (101)
四　立法职业化应当遵循民主立法原则 ………………………… (107)

第三节　利益群体：市民社会中立法的重要影响者 ………………… (108)
一　中国利益群体产生形成条件 ………………………………… (110)
二　中国利益群体对立法的影响 ………………………………… (113)
三　利益群体影响立法综合评价 ………………………………… (119)

第三章　中国基本权利立法之实践逻辑 …………………………… (122)

第一节　立法理路：经济建设为中心、秩序建构为侧重和权利保障为核心 ……………………………………… (122)
一　立法应为经济之发展服务 …………………………………… (123)
二　法治应该注重秩序之建构 …………………………………… (125)
三　权利保障为核心：立法理路改变之缘由依据 ……………… (128)

第二节　立法决策：立法决策主体、决策价值取向和立法决策方法 ……………………………………………… (133)
一　立法决策主体：以全国人大及其常委会主导立法决策 …… (134)
二　决策价值取向：以人权保障统合民主科学秩序诸价值 …… (147)
三　立法决策方法：以基本权利统率功利决策和经验决策 …… (156)

第三节　立法程序：立法提案、立法辩论和公众参与 ……………… (170)
一　立法提案程序：敞开利益诉求转化为法律权利的程序之门 …………………………………………………… (171)

二　立法辩论程序：垒筑利益协商寻求最大公约数的博弈平台……………………………………………………（174）
　　三　公众参与程序：扎牢多数人理性限制少数偏好的制度之笼……………………………………………………（178）

第四章　中国基本权利立法之历史性成就……………………（181）
第一节　公民政治权利条款立法的现代化……………………（181）
　　一　平等权方面的立法………………………………………（181）
　　二　选举权和被选举权方面的立法…………………………（182）
　　三　政治自由方面的立法……………………………………（183）
　　四　批评、建议、申诉、控告、检举以及取得赔偿权利方面的立法……………………………………………………（185）
第二节　公民生命权、人身自由和信仰自由条款立法的体系化……（188）
　　一　生命权方面的立法………………………………………（188）
　　二　人身自由方面的立法……………………………………（189）
　　三　人格尊严保护方面的立法………………………………（190）
　　四　住宅权方面的立法………………………………………（191）
　　五　通信自由和通信秘密方面的立法………………………（192）
　　六　宗教信仰自由方面的立法………………………………（193）
第三节　公民社会、经济、教育和文化权利条款立法的科学化……（194）
　　一　公民的私有财产权方面的立法…………………………（194）
　　二　公民的劳动权方面的立法………………………………（196）
　　三　劳动者的休息权方面的立法……………………………（197）
　　四　获得物质帮助权方面的立法……………………………（198）
　　五　受教育权方面的立法……………………………………（199）
　　六　进行科学研究、文学艺术创作和其他文化活动的自由方面的立法……………………………………………（201）
第四节　特定群体权益条款立法的具象化……………………（202）
　　一　少数民族权益方面的立法………………………………（203）
　　二　妇女、儿童和老年人权益方面的立法…………………（205）

三　残疾人权益方面的立法…………………………………………（208）

第五章　中国基本权利立法之完善方略…………………………………（212）
　第一节　基本权利立法之机理缘由
　　　　　——权利立法之认识纠偏…………………………………（212）
　　　一　基本权利立法之内在价值…………………………………（213）
　　　二　基本权利立法之外溢功能…………………………………（218）
　　　三　基本权利立法与中国法治之契合性………………………（228）
　第二节　基本权利立法之转型升级
　　　　　——权利立法之正向强化…………………………………（239）
　　　一　立法理念之转变："秩序维护"向"权利保障"转向………（239）
　　　二　立法模式之转换："回应型立法"
　　　　　向"引领型立法"迈进……………………………………（241）
　　　三　立法领域之延展："民生权利"和"民主权利"并重………（243）
　　　四　立法技术之更新："粗略式立法"
　　　　　向"精细化立法"迁移……………………………………（245）
　第三节　基本权利立法之合宪控制
　　　　　——以宪法委员会规控立法权为中心……………………（247）
　　　一　设立宪法委员会的必要性…………………………………（247）
　　　二　宪法委员会的性质和地位…………………………………（251）
　　　三　宪法委员会规控立法权需要处理好三对关系……………（253）

结语　基本权利立法：中国人权保障法治化的必由之路………………（260）

附录：中华人民共和国宪法委员会组织法（建议稿）…………………（264）

参考文献…………………………………………………………………（274）

后记　人是需要有点精神的……………………………………………（298）

引　言

一　研究问题的背景
（一）权利保障法治化目的要求基本权利立法

2012年12月4日，习近平总书记在首都各界纪念现行宪法公布施行30周年大会上发表讲话，他指出："只有保证公民在法律面前一律平等，尊重和保障人权，保证人民依法享有广泛的权利和自由，宪法才能深入人心，走入人民群众。"[①] 2014年10月23日，党的十八届四中全会通过了《中共中央关于全面推进依法治国若干重大问题的决定》（以下简称《决定》），《决定》强调，要完善以宪法为核心的中国特色社会主义法律体系，"使每一项立法都符合宪法精神"；要加强重点领域立法，"依法保障公民权利，加快完善体现权利公平、机会公平、规则公平的法律制度，保障公民人身权、财产权、基本政治权利等各项权利不受侵犯，保障公民经济、文化、社会等各方面权利得到落实，实现公民权利保障法治化"[②]。2022年10月16日，习近平总书记在党的第二十次全国代表大会上作报告，他强调："加强重点领域、新兴领域、涉外领域立法，统筹推进国内法治和涉外法治，以良法促进发展、保障善治"，"增强立法系统性、整体性、协同性、时效性"，"不断实现人民对美好生活的向往"。[③] 可见，中

[①] 习近平：《在首都各界纪念现行宪法公布施行30周年大会上的讲话》，《人民日报》2012年12月5日第2版。

[②] 《中共中央关于全面推进依法治国若干重大问题的决定》，《人民日报》2014年10月29日第1版。

[③] 习近平：《高举中国特色社会主义伟大旗帜　为全面建设社会主义现代化国家而团结奋斗——在中国共产党第二十次全国代表大会上的报告》（2022年10月16日），《求是》2022年第21期。

国共产党提出加强重点领域立法，首要是加强基本权利立法，这是实现权利保障法治化目标的前提。

（二）宪法权利条款之实施依赖基本权利立法

我国宪法没有明确规定基本权利对国家权力是否具有直接效力，实践中试图推动宪法司法化适用也遭遇梗阻——齐玉苓案司法解释被最高人民法院废止即是明证，因此，回归并重视通过制定普通法律的方式来保障基本权利（即基本权利立法）是一种理性的认识和选择。因为，中国宪制框架之内，立法是实施宪法最直接、最重要的方式。宪法基本权利条款的实施也高度依赖于立法。

宪法学的研究必须秉持"内在于宪法"的观点。哈特在《法律的概念》中区分了对待法律的两种不同观点："内在观点"和"外在观点"。[1] 哈特所谓的"内在观点"即是指论者在本身接受法律规则约束的前提下对法律规则的理解和说明；"外在观点"则是指论者置身于法律规则之外，在并不受法律规则约束的情况下，从外部观察法律的规律性。宪法学研究，追求基本权利效力最大化，不可能无视宪法制度框架之约束，完全任凭"想象中的美好"来建构自认为完美的制度。美国宪法学者却伯也认为："宪法学，对于我来说，是一个被限定了的讨论领域，不仅是为宪法文本所限定，而且为人们所普遍接受的文本解释的基本规则所限定。尽管某些宪法条款可能更富于弹性，但没有哪个条款可以被过分歪曲到自我破坏的程度。"[2]

在现有宪制框架之内，宪法实施的主要路径已被规定为立法的方式，这就要求宪法学研究必须在遵循宪法规则的基础上进行，这才是理性务实的研究态度。通过基本权利立法及其完善，才能在现实生活中真正落实基本权利，促进基本权利的最大化。

（三）立法缺位致权利虚置呼唤基本权利立法

当代宪法学的一个重要目标是实现"基本权利效力的最大化"[3]。我国

---

[1] ［英］哈特：《法律的概念》，张文显、郑成良等译，中国大百科全书出版社1996年版，第90页。

[2] Laurence H. Tribe, "Taking Text and Structure Seriously: Reflection on Free-Form Method in Constitutional Interpretation", *Harv. L. Rev.* 1995, p. 1224. 却伯在此强调"认真对待宪法文本和结构"的重要性。

[3] 法治斌、董保城：《宪法新论》，元照出版公司2020年版，第177—178页。

基本权利立法在内容方面的重大问题是：宪法宣告的基本权利有不少还停留在宪法文本宣告层面，① 缺乏专门的法律将其具体化。而立法缺位状态下的基本权利难以得到落实，有被虚置之虞。

"一个法律体系不能把无力实行看成是一件无关紧要的事情。"② 因为，"在社会状态里，人的天赋权利的继续存在得到肯定，国家被指定以保障权利为最终目的。"③ 这不仅仅是从自然权利理论进行逻辑推演后得出的结论，而且是从实证角度来观察政府之成立、存在与运行之后，我们能够得到的基本认识：个人权利构成国家之目的。

宪法所确认的基本权利若不具有法律实效性，在现实生活中不能落实的话，宪法就会成为一纸"谎言"。这会动摇人们对宪法和法治的信心。宪法是国家法治的基石，基本权利是法治大厦的支柱，对宪法和法治的信心始于宪法能够有效保障人民的基本权利。如何才能在现有宪制框架下有效实现基本权利？这是宪法学作为实用科学和规范科学必须面临的问题，也是宪法学人回应社会实践要求必应承担的使命。在中国现有宪制框架之内，基本权利立法是实现宪法基本权利最直接、最有效的方式。因此，宪法学需要对基本权利立法进行研究，促进基本权利立法，使基本权利不再处于立法缺位状态，进而树立并坚定人们对宪法和法治的信心。

二 研究目的：基本权利保障法治化

"实现公民权利保障法治化"是党的十八届四中全会提出的目标，也是国际社会对于权利保障所达成的共识。本书研究之根本目的，亦是为实现基本权利保障法治化。基本权利保障法治化的内在逻辑前提是，形成完备的基本权利法律规范体系。而基本权利法律规范之完备，内在需要对基本权利立法问题进行全面系统研究。如是，这里的逻辑理路应该是：基本权利立法研究（理论支撑）—基本权利规范完备化（保障前提）—基本权

---

① 学者统计，宪法规定的公民基本权利有27项之多，但其中9项则长期停留在宪法"字面"上。参见胡正昌、李云霖《公民图像：基本权利立法保障的返视、反思与展望——纪念我国1982年宪法颁布30年》，《政治与法律》2012年第12期。

② ［美］约翰·罗尔斯：《正义论》，何怀宏等译，中国社会科学出版社2009年版，第227页。

③ ［法］布吕什等：《法国大革命》，冯棠译，商务印书馆2000年版，第68页。

利保障法治化（根本目标）—基本权利效力最大化（现实效果）。

三　国内外研究现状

（一）国内研究现状

对基本权利理论研究的综述，已有姜秉曦、张翔的《基本权利理论研究30年》[①]和范进学、张玉洁的《我国基本权利30年研究历史、问题与建议》[②]，这两个综述是比较全面而系统的。因此，在此仅将与本书研究主题紧密相关的研究情况作一概述。

当前，对基本权利立法和基本权利具体化方面的研究成果并不多，但这一主题近年来颇受关注。以研究成果发表时间先后顺序来考察，对这一主题的研究成果主要有：

2006年，童之伟指导的硕士研究生邱伟的硕士学位论文《基本权利未立法问题之探讨》[③]，讨论了基本权利未立法的现状、带来的问题和原因，认为全国人大有义务立法实施基本权利，基本权利未立法涉嫌违宪。为解决基本权利未立法问题，最为主要的途径是在宪法中完善全国人大及其常委会立法义务的规定，并改革我国的宪法监督制度。

2010年，任丽莉在《我国宪法基本权利条款立法具体化之必要性分析》[④]一文中提出，我国宪法中的基本权利条款要在现实生活中发挥效力，实现其所蕴含的价值，必须采取的第一步即是立法的具体化。文章从基本权利的类型、效力、保障、救济等角度，阐述了我国宪法基本权利条款立法具体化的必要性。

2011年，刘志刚在《立法缺位状态下的基本权利》[⑤]一文中认为，法律在基本权利的实现和保障方面起着至关重要的作用，行政立法仅仅只能

[①] 姜秉曦、张翔：《基本权利理论研究30年》，载中国宪法学研究会编《中国宪法学三十年（1985—2015）》，法律出版社2015年版，第171—208页。

[②] 范进学、张玉洁：《我国基本权利30年研究历史、问题与建议》，《四川大学学报》（哲学社会科学版）2012年第6期。

[③] 邱伟：《基本权利未立法问题之探讨》，硕士学位论文，上海交通大学，2006年。

[④] 任丽莉：《我国宪法基本权利条款立法具体化之必要性分析》，《江南大学学报》（人文社会科学版）2010年第5期。

[⑤] 刘志刚：《立法缺位状态下的基本权利》，《法学评论》2011年第6期。

"分担"而不能"取代"法律在基本权利实现方面的作用。在立法实践中，由于立法不作为和法律漏洞方面的原因，使得立法出现了相较于基本权利的缺位，法律缺位必然会造成基本权利的虚置状态。因此，必须对立法缺位施加制度性矫正。

2011年，徐爽在《以权利制约权力——社会主义法律体系与基本权利立法实践的发展》①一文中提出，法律已经日益成为保障公民权利的最重要的制度手段。改革开放40多年来，全国人大及其常委会进行"快速立法"的社会背景及深层原因，正在于公民权利保障途径的变化，即从"政策调控"到"法律体系"。2010年已经形成的社会主义法律体系以法律保障权利，又通过权利制约权力，以实现法治国家与公民社会的整合。文章认为，当下，继完成民生立法的工作重点后，未来社会主义法律体系的关注点应转入公民有序参与的政治权利领域。

2012年，郑贤君在《基本权利具体化之辨伪》②一文中提出，基本权利的具体化是一个如何实施基本权利规范的问题。具体化的实质一则在于确定以立法者为优先的所有国家机关之于基本权利的义务；二则在于在形成基本权利内容的同时划定不受公权力支配的核心领域；三则在于使基本权利于具体生活关系中获得内容。广义上的基本权利具体化包括三方面的内容，即基本权利的形成、限制与保护，狭义的基本权利具体化要求普通法律在具体的生活领域与生活关系中形成基本权利的内容。

2012年，胡正昌和李云霖在《公民图像：基本权利立法保障的返视、反思与展望——纪念我国1982年宪法颁布30年》③一文中提出，宪法中的公民图像包含了政治性、社会性、自然性三种属性，此三种属性的消长变化引领了基本权利的发展，也推动了宪法变迁。我国宪法对公民图像的反映经历了三个阶段：一是突出政治性、兼顾社会性阶段；二是降低政治性、提升社会性阶段；三是弱化政治性、突出社会性且关注自然性阶段。

---

① 徐爽：《以权利制约权力——社会主义法律体系与基本权利立法实践的发展》，《政法论坛》2011年第6期。
② 郑贤君：《基本权利具体化之辨伪》，《北方法学》2012年第6期。
③ 胡正昌、李云霖：《公民图像：基本权利立法保障的返视、反思与展望——纪念我国1982年宪法颁布30年》，《政治与法律》2012年第12期。

公民图像在基本权利中的反映,展示了基本权利立法保障的进步与缺失,同时也昭示了基本权利立法保障的文化价值与发展方向。

2012年,刘志刚出版专著《立法缺位状态下的基本权利》①,该书从宏观和微观两个层面对基本权利在法律缺位场域的适用问题进行了分析。宏观层面,侧重于从学理上梳理法律相较于基本权利实现的重要意义、法律缺位状态下基本权利实现方面存在的问题;微观层面,侧重于结合法律缺位的具体场景,以行政审判、民事审判中面临的实证问题为切入点,围绕基本权利的适用这一中心主线,在宪法与行政法、宪法与民法关系的框架内进行拓展研究。

2014年,谢立斌在《论基本权利的立法保障水平》②一文中提出,基本权利条款具有高度的抽象性,依赖于立法者对其进行具体化;立法者应当对基本权利的内容、限制、救济作出基本的规定。基本权利的立法保障水平受到两个因素的制约:一是相对立的他人权利,二是公共利益。故而,在对基本权利进行立法保障时,立法者应当对相互冲突的基本权利进行平衡,同时还应当在基本权利与宪法规定的公共利益之间进行平衡,根据比例原则的要求适当限制基本权利。

2014年,魏治勋在《全面有效实施宪法须加快基本权利立法》③一文中指出,中国公民基本权利保障采用"抽象的基本权利"模式,意味着宪法基本权利规范对行政和司法机关没有直接适用性,其具体化依赖于立法。然而,中国权利立法过程中的选择性立法和消极立法,导致基本权利被悬置和虚化。建设"法治中国",必然要求落实和增长公民的基本权利,因此,立法机关对基本权利立法负有不可推卸的积极义务。

2016年,陈鹏在《论立法对基本权利的多元效应》④一文中,将立法对于基本权利产生的效应区分为:塑造特定基本权利的保护范围、作用于基本权利的规定范围与保护范围之"中间地带"、具体化针对基本权利的给付义务、具体化针对基本权利的国家保护义务、根据宪法的明文委托制

---

① 刘志刚:《立法缺位状态下的基本权利》,复旦大学出版社2012年版。
② 谢立斌:《论基本权利的立法保障水平》,《比较法研究》2014年第4期。
③ 魏治勋:《全面有效实施宪法须加快基本权利立法》,《法学》2014年第8期。
④ 陈鹏:《论立法对基本权利的多元效应》,《法律科学》2016年第6期。

定细则、纯粹干预或限制基本权利六种类型。由此可见，正是因为不同的立法对基本权利所产生的效应不同，那么"要求"立法者积极推动基本权利实施和"禁止"立法者侵害基本权利，二者之间并不存在矛盾。

2017年，王锴在《论立法在基本权利形成中的作用与限制——兼谈"公有制"的立法形成》① 一文中认为，基本权利形成是指由立法来确定基本权利的保护范围；基本权利限制是指由立法来干预基本权利的保护范围；可见，基本权利形成与基本权利限制二者不同。区分二者的关键在于，立法的目的是保护基本权利本身还是保护基本权利之外的其他法益。之所以需要通过立法来形成基本权利，是因为有些基本权利的行使高度依赖国家和法律，其自身无法自然存在。当然，立法者在形成基本权利的过程中也要受到基本权利的限制，故而，基本权利形成本身亦存在界限。形式上的界限有法律保留等，实质上的界限有比例原则、基本权利的核心与基本权利的内在限制等。立法如若突破这些界限来形成基本权利，则会导致立法违宪的后果。文章认为，我国宪法中的公有制不是一种基本权利，而是一种制度。公有制的制度，亦需要由立法来形成，但是，立法在形成公有制这一制度时，只能针对生产资料而不能针对生活资料，这是公有制制度的核心。

2017年，刘志刚在《基本权利对民事法律行为效力的影响及其限度》② 一文中认为，基本权利对民事法律行为效力的影响是基本权利进入民法场域的重要管道。这种影响不是通过基本权利对民事法律行为的直接适用实现的，而是通过公法性强制规范和公序良俗原则发挥其影响。文章认为，违反公法性强制规范不足以对民事法律行为效力产生绝对否定性的影响，法院审查和判断的准则是：否认违反公法性强制规范之民事法律行为的效力，是否会构成对相关基本权利的过当侵害。是否构成过当侵害的判断标准是比例原则。违反公序良俗是导致民事法律行为无效的一个重要原因。法官在适用公序良俗原则判断民事法律行为效力的时候必须借助基

---

① 王锴：《论立法在基本权利形成中的作用与限制——兼谈"公有制"的立法形成》，《法治研究》2017年第1期。

② 刘志刚：《基本权利对民事法律行为效力的影响及其限度》，《中国法学》2017年第2期。

本权利对其进行客观化塑造，但必须对注入私法场域的基本权利进行流量控制。

2017年，陈景辉在《比例原则的普遍化与基本权利的性质》[①]一文中认为，诞生自德国公法的比例原则，呈现出双重的普遍性：不但逐渐被其他国家接受（地域普遍化），也开始向私法领域挺进（领域普遍化）。那么，比例原则的普遍性存在理论上的根据吗？就比例原则而言，如果它具备普遍性，要么因为它是理性化的一般要求、要么因为它是某种程序、要么因为它是某种终极价值，但这些看法都误解了比例原则的性质。因此，比例原则的普遍化，寄生于"正当限制基本权利"这个观念的普遍化。但由于"关于私法（民法）立法"与"私法（民法）调整的内容"是不同的，因此比例原则并不能够适用于私法自身的内容，所以并不具备领域的普遍化。文章认为，由于"正当限制基本权利"的观念本身存在问题，因此要承认基本权利的重要性，只能承认基本权利之间的冲突与紧急情况这两种限制基本权利的情形，而此时比例原则并未拥有超越其他审查工具的明显优势，所以比例原则的地域普遍性仍需要进一步的证明。

2018年，朱福惠在《基本权利刑事法表达的宪法价值》[②]一文中认为，宪法上的人身自由权和生命权，是刑事立法的依据和价值指引，是刑事诉讼基本权利的重要组成部分。在宪法至上的国家，宪法的效力高于法律，刑事法的制定必须依据宪法并且不能与宪法相抵触。因此，现代宪法文本对刑事诉讼基本权利作出较为完备的规定，刑事法对这些基本权利的保障作出程序性规定，形成完整的基本权利规范体系和价值体系。文章认为，我国宪法对刑事诉讼基本权利只作了一般性规定，为了推进刑事诉讼程序法治化并完善其人权保障功能，在实践中通过修改刑法和刑事诉讼法的方式，将宪法上的刑事诉讼基本权利拓展与补充，形成了宪法只对刑事诉讼基本权利作出一般规定，刑事法对基本权利作出详细规定的模式。但是，刑事法对基本权利的规定并不能完全代替宪法对刑事诉讼基本权利的规定，在以后的立法和法律修改活动中，既需要宪法确认这些基本权利，

---

① 陈景辉：《比例原则的普遍化与基本权利的性质》，《中国法学》2017年第5期。
② 朱福惠：《基本权利刑事法表达的宪法价值》，《政法论坛》2018年第4期。

又需要刑事法进一步准确地具体化宪法的基本权利,为公民刑事诉讼基本权利的保障奠定坚实的规范基础。

2018年,李海平在《论基本权利对社会公权力主体的直接效力》[①]一文中认为,基本权利私人间效力问题旷日持久争论的根源在于,个人权利—国家权力二元结构基本权利效力理论难以妥当回应社会公权力普遍兴起的现实,确立基本权利对社会公权力主体的直接效力是解决问题的有效途径。社会公权力是指具有明显政治、经济、社会、文化、信息等资源优势的私主体对其他特定或者不特定多数的私主体事实上的支配力。基本权利对社会公权力主体的直接效力符合基本权利的本质,有助于克服基本权利间接效力理论和国家行为理论之弊。文章认为,通过对我国《宪法》序言第13自然段后半段和正文第5条第4款、第51条的目的性限缩,可获得基本权利对社会公权力主体直接效力的宪法依据。基本权利对社会公权力主体直接效力通过民事立法和民事司法途径实现,立法中采用一般条款和特别法两种形式、坚持比例原则和禁止保护不足原则双重衡量,司法中遵循民法适用优先、侵权行为和法律行为区别适用等规范。建构三元结构基本权利效力理论是未来的必然趋势。

2019年,王理万在《制度性权利:论宪法总纲与基本权利的交互模式》[②]一文中认为,中国制宪者对总纲的性质和功能采取了积极定位,重视总纲的指引和导向功能,并在宪法中设定了总纲和基本权利的"交互模式":总纲作为"制度性权利",为基本权利提供制度性保障和制度性供给,而基本权利则成为总纲在主观请求权维度的延伸和发展。在中国宪法中,无论是和基本权利相对应的总纲条款,抑或是缺乏直接对应性,但提供背景性保障的条款,均作为基本权利的制度保障。文章认为,对于可以与具体权利相对应的总纲条款,在特定语境下可直接转化为主观权利;而对于无法直接对应、仅作为一般性制度保障的总纲条款,其"间接主观化"的过程主要依赖立法完成。在直接或间接的主观化的语境下,总纲条

[①] 李海平:《论基本权利对社会公权力主体的直接效力》,《政治与法律》2018年第10期。
[②] 王理万:《制度性权利:论宪法总纲与基本权利的交互模式》,《浙江社会科学》2019年第1期。

款事实上成为储备性的基本权利供给源,由立法者根据社会经济发展状况和国家现实需要,不断将总纲中确立的"将来时"的目标和任务转化为公民可请求的主观权利,从而完成总纲和基本权利交互模式的运作。

2019年,陈征在《论部门法保护基本权利的义务及其待解决的问题》[1]一文中认为,基本权利的防御权功能和保护义务功能均涉及宪法对部门法的约束,分别适用不同的分析框架。前者的核心审查标准是比例原则,后者的核心审查标准是不足之禁止原则。在德国联邦宪法法院的第二次堕胎判决中,保护义务对部门法的约束力和不足之禁止原则的轮廓变得更为清晰。文章认为,该判决对于完善我国部门法履行对基本权利的保护义务具有重要借鉴意义。然而在部门法保护基本权利的问题上,至今仍然存在诸多有待进一步探讨和解决的问题。

2019年,徐爽在《宪法上社会权的发展:传统、改革与未来》[2]一文中认为,社会权思潮从19世纪末逐渐兴起,其后,陆续写入各国宪法法律及国际文件,成为当代公民基本权利的主流。我国对公民社会权有自身的认识、价值定位和制度安排,使社会权成为识别我国政治、法律制度社会主义属性的"标志"之一。尤其是改革开放40年以来,社会权成为我国公民基本权利发展最快的增长点。这一切从根本上首先是由宪法所规定的;现行宪法对社会权作了充分且适合国情的规定,这是社会主义的内在需求,是民生传统的当代表达,也是对社会历史变迁的及时回应。文章认为,现行宪法要求建立合乎社会主义初级阶段国情且引领未来社会发展趋势的社会权保障体系,一方面为公民社会权提供了宪法依据,另一方面也为社会权立法及其保障确立了具体路径,使得公民借由教育、就业、医疗卫生、社会保障等公共服务享有普遍而平等的社会权,成为丰富自足的人,并最终实现人与社会共同发展的最高目标。

2019年,翟国强在《经济权利保障的宪法逻辑》[3]一文中认为,现行宪法实施以来,随着市场经济体制的建立与完善,经济权利在宪法上逐渐

---

[1] 陈征:《论部门法保护基本权利的义务及其待解决的问题》,《中国法律评论》2019年第1期。
[2] 徐爽:《宪法上社会权的发展:传统、改革与未来》,《政法论坛》2019年第5期。
[3] 翟国强:《经济权利保障的宪法逻辑》,《中国社会科学》2019年第12期。

获得确认和保障。通过宪法的进一步实施，经济权利的保障模式和制度体系也趋于完善。从宪法发展的历史阶段来看，中国经济权利保障的历史课题和价值取向和域外法治国家有所不同，构建中国经济权利法治保障模式选择也有其自身的理论逻辑，因此应立足中国的法治国情构建符合中国实际的制度模式。文章认为，在经济全球化的大背景下，构建经济权利保障模式的价值立场选择应当放在世界宪法发展的大历史、大格局中来认识把握。从比较宪法史的角度看，需要在近代宪法和现代宪法之间寻求其价值取向，在形式平等和实质平等之间进行平衡和抉择，逐步实现从政策保障到法律保障的过渡，最终在宪法层面统合各种保障机制，构建完整的经济权利法治保障体系。

2020年，陈征在《论比例原则对立法权的约束及其界限》[①] 一文中认为，比例原则作为一项宪法原则约束立法权具有正当性。然而在适用比例原则审查法律的合宪性时，应对立法者的形成空间给予必要的尊重。具体而言，应依据性质的不同将审查内容分为事实认定、预测决定和价值评判三类，并结合结构余地将立法者的形成空间分为四个等级。仅在以此"四级审查模式"为基础对比例原则四项子原则的适用标准和强度进行重构之后，才可以避免法政策学进入法教义学的堡垒。文章认为，德国司法判决发展出来的审查密度理论并未考虑审查内容在性质上的区别，不应适用于我国宪法中的比例原则。

2020年，王锴在《基本权利保护范围的界定》[②] 一文中认为，明确基本权利的保护范围，是对国家干预基本权利的行为进行合宪性审查的前提。要准确界定基本权利的保护范围，需对法律上形成的保护范围和事实上形成的保护范围作出区分。前者主要由立法界定，后者主要通过解释确定。国家通过立法界定基本权利的保护范围，先要确定基本权利的核心，并围绕基本权利的核心形成保护范围，同时还要考虑国家履行基本权利保障义务的可能性；针对事实上形成的保护范围，宜采狭窄的界定思路，并对保护范围的事实领域和保障领域分别进行解释。文章认为，基本权利的

---

① 陈征：《论比例原则对立法权的约束及其界限》，《中国法学》2020年第3期。
② 王锴：《基本权利保护范围的界定》，《法学研究》2020年第5期。

内在限制是基本权利保护范围的固有边界。在界定基本权利的保护范围时，内在限制不可逾越，否则将导致立法违宪或解释违宪的后果。

2021年，黄宇骁在《立法应当是抽象的吗？》[①] 一文中认为，抽象、普遍或一般等词的区别仅是用语喜好问题，实际指代了立法的效力范围不特定性与权利义务未完结性两大特征。只要不满足这两大特征的任何一种，都可以称为具体法或个别法。"立法应当抽象"并不具有普适性。法国是立法抽象性思想的发源地，其理由是平等原则。德国直到魏玛后期才产生了以抽象性教义制约立法权的主张，其主要目的是维护权力分立。立法的抽象性从来就不是英美法上的传统与要求。文章认为，通过分析我国实定法规范与事实可以看到，针对特定人、特定事项等的效力范围特定性立法具有正当性，无须对其特别约束。只有出于对作为公民基本权利的程序权保障，在制定侵害性质权利义务完结性立法时，才应当检验其合宪性。

2021年，陈征在《宪法中的禁止保护不足原则——兼与比例原则对比论证》[②] 一文中认为，针对基本权利国家保护义务的履行，应适用禁止保护不足原则审查立法者采取的保护方案是否达到了宪法要求。禁止保护不足原则与比例原则在结构上不具备对称性，仿照比例原则建构禁止保护不足原则并不可行。文章认为，无论是否存在基本权利冲突，禁止保护不足原则均只对立法者提出最低保护要求，只要立法者的不作为对被保护人而言具有期待可能性，立法者就不违反禁止保护不足原则。判断期待可能性应综合考量多项因素，并在现代科学和技术认知的基础上，以当前社会个体的通常接受度和容忍度为标准。当涉及基本权利冲突时，在比例原则与禁止保护不足原则的双向约束下，立法者仍然享有一定的决策空间。较之比例原则，禁止保护不足原则留给立法者的决策空间通常更大。

2021年，李海平在《基本权利的国家保护：从客观价值到主观权利》[③] 一文中认为，客观价值论国家保护义务，是目前我国学界普遍遵循

---

① 黄宇骁：《立法应当是抽象的吗？》，《中外法学》2021年第3期。
② 陈征：《宪法中的禁止保护不足原则——兼与比例原则对比论证》，《法学研究》2021年第4期。
③ 李海平：《基本权利的国家保护：从客观价值到主观权利》，《法学研究》2021年第4期。

的基本权利国家保护义务理论范式。该理论范式存在客观价值基点可有可无、客观价值主观化的自相矛盾，以及自然权利、基本权利、民事权利国家保护混沌难分的逻辑困境。主观权利论国家保护义务，既可通过宪法概括性人权条款连接具体基本权利条款获得证成，也能化解客观价值论国家保护义务的困境，应是我国基本权利国家保护义务理论的发展方向。文章认为，主观权利论国家保护义务的构成要素包括：国家、受害人、加害人的三角关系及其中私人关系的公共性，国家保护义务的规则属性，最低限度有效保护与合宪性解释在司法裁判中的有条件运用。伴随着基本权利国家保护义务从客观价值论向主观权利论的转型，基本权利双重性质也将从主观权利和客观价值秩序演变为防御权和受保护权。

2021年，陈楚风在《中国宪法上基本权利限制的形式要件》[①]一文中认为，中国宪法上有多项基本权利属于无保留的基本权利，即相应的基本权利条文中既无明确的法律保留附款，也无明确的宪法保留附款。针对此类基本权利的限制应当适用何种形式要件，学理层面存在适用法律保留、适用宪法保留、保留否弃三种理论观点。文章认为，中国宪法未明文规定基本权利限制的形式要件，目的在于促进基本权利保障程度的最大化。保留否弃的观点背离了基本权利保障程度最大化的规范目的。宪法保留虽在理念上契合这一规范目的，但从比较法上看，其内涵在实践中往往发生蜕变，以致失去基本权利限制形式要件的意义，因而亦不可行。适用法律保留不仅有利于充分保障基本权利，也能得到民主与法治原则、功能适当理论以及《宪法》第33条第4款的支持。

2021年，王锴在《基本权利冲突及其解决思路》[②]一文中认为，基本权利冲突是权利冲突的子类型。民事权利冲突只在私人之间发生，而基本权利冲突在"私人—国家—私人"的三方关系中发生。基本权利冲突的解决，无法诉诸基本权利的第三人效力，而主要依靠国家履行义务。文章认为，解决基本权利冲突需要采取体系化的思路：针对潜在的基本权利冲突，应通过程序设计尽量避免冲突的实际发生；基本权利冲突发生后，应

---

① 陈楚风：《中国宪法上基本权利限制的形式要件》，《法学研究》2021年第5期。
② 王锴：《基本权利冲突及其解决思路》，《法学研究》2021年第6期。

先通过实践调和原则寻找最优解决方案，避免一方基本权利作出退让，以使双方基本权利都能得到最大限度的实现；若无最优解决方案，则通过权利位阶和比例原则确定可以接受的解决方案，再通过过度禁止审查和不足禁止审查，确保解决方案的合宪。

2021 年，柳建龙在《论基本权利冲突》[①]一文中认为，由于人类生活的社会性、资源的稀缺性、个人价值观的差异性及法律规范本身的概括性和不周延性等原因，基本权利冲突在所难免。文章认为，在自由权侵害三阶层审查框架中，基本权利冲突具有多重地位，兼具规范性和事实性，难以在某一阶层或者采用单一方案彻底解决此类问题，何况各种解决方案本身也存在不足，故而不仅应关注经由解释明确基本权利保护范围、依照基本权利位阶予以处理、根据实践调和原则进行个案权衡、引入比例原则、基本权利行使的前置程序等解释论方案，还应关注通过立法预先设定解决方案的立法论方案。

2021 年，王蔚在《基本权利之"基本"的内涵——以法国法为中心》[②]一文中认为，20 世纪 70 年代末以来，法国法在基本权利理论建构层面深受德国法影响，在较为短暂的 50 年的发展过程中，积极寻觅比较法和本土资源，形成了较为体系化的基本权利理论。基本权利可在形式、价值、结构、共性等多重维度下进行学理证成、规范建构与实践适用：在形式层面通过宪法序言进行转介，对权利入宪路径进行明确；在价值层面注重基本权利的客观面向，博爱、平等、自由的价值分别注入权利主体、公权力机构保障义务与权利实质内容的要求中；而在结构层面，基本权利之"基本"的内涵则更多体现在与其他国家权力配置和运行的紧密关联之中；在共性层面，尤其体现为基本权利保障程序趋同的过程，不断调适欧盟法律资源、邻国比较法经验和本土司法实践资源。文章认为，当下，基本权利已成为我国宪法学研究的一个重要范畴，在比较法层面也颇受德国法浸润，研究的样态从权利个别化走向基本理论体系化的构建。法国基本

[①] 柳建龙：《论基本权利冲突》，《中外法学》2021 年第 6 期。
[②] 王蔚：《基本权利之"基本"的内涵——以法国法为中心》，《比较法研究》2021 年第 6 期。

权利的发展历程对我国宪法研究中基本权利的类型、新型权利入宪路径均有所启发，一定层面有助于厘清基本权利内核，并对法院如何在司法实践中参与基本权利保障等问题提供参考。

2022年，张翔在《宪法实施中立法的裁量空间》[1]一文中认为，为了最优地实现"以人民为中心"的宪法精神，通过立法的宪法实施就必然面临立法干预宪法权利与宪法权利保障之间的合比例问题。宪法实施可以分为政治实施、制度实施和规范实施。宪法的政治实施之外，以确定性和客观性见长的制度实施与规范实施不可或缺。宪法规范包含形式原则与实质原则。形式原则不仅赋予立法权以民主合法性，而且还支持其享有一定的自主裁量空间。对立法的合宪性控制最核心的问题是确定立法权的自主裁量空间的范围，也即形式原则与实质原则的权衡。文章认为，在德国法关于比例原则的讨论中，建立一个包括侵犯程度、抽象重力以及经验认知程度的称重指标体系，可以更理性客观地实现对立法的合宪性审查，这对于我国的全国人大宪法与法律委员会行使立法的合宪性审查职能具有重要的方法论意义。

2022年，李海平在《论基本权利私人间效力的范式转型》[2]一文中认为，范式理论对整体反思在我国最具影响力的三种基本权利私人间效力理论——间接效力论、国家保护义务论、国家行为论，具有方法论上的借鉴价值。用范式理论分析，三种理论同属国家中心范式基本权利私人间效力理论，存在理论形式和实质名实不符、手段和目的匹配不够、回应法律变迁不力的"反常"现象，面临挑战。文章认为，从国家中心向社会中心转型，确立基本权利对社会权力的效力，是应对国家中心范式所面临挑战的有效路径。社会中心范式基本权利私人间效力，并非基本权利对国家权力效力的简单套用，而是遵循"基本权利再具体化"原则，经对社会权力作严格限定，对基本权利的范围、效力强度、关系结构作相应调整后形成的制度体系。

2022年，刘志刚、万千慧在《宪法在部门法立法中的实施及完善》[3]一文中认为，立法实施是宪法实施的重要路径，宪法在公法、私法场域不

---

[1] 张翔：《宪法实施中立法的裁量空间》，《中国人民大学学报》2022年第1期。
[2] 李海平：《论基本权利私人间效力的范式转型》，《中国法学》2022年第2期。
[3] 刘志刚、万千慧：《宪法在部门法立法中的实施及完善》，《中国人民大学学报》2022年第3期。

同部门法中的实施路径不甚相同。宪法在部门法中的实施既要确保宪法对部门法的价值统合，又要维护和尊重部门法自身的体系完整，还要维护和实现部门法之间，尤其是跨法域部门之间的较为妥当的衔接。文章认为，目前，宪法在部门法中的实施总体向好，但也存在一些问题，如宪法与民法的衔接通畅问题、公法与社会法场域诸部门法单方面推进对宪法统领效果的稀释问题、宪法对部分性质定位不清的法律的统合问题等。这些问题是由法域分化时期划分标准的变迁冲突、作为顶点的宪法制度结构性不均衡以及部门法彼此之间的衔接不顺畅造成的。完善宪法在部门法中的实施路径，需以部门立法为着眼基点，明确法律部门划分的逻辑，确保宪法和部门法及部门法体系之间的衔接沟通。

（二）国外研究现状

由于英美国家实行判例法制度，欧洲大陆主要国家虽实行成文法制度，但是其宪法对国家权力具有直接的效力，如德国《基本法》第1条第1款之规定："尊重和保护人的尊严是一切国家权力的义务"、第3款之规定："下列基本权利作为直接适用的权利，约束立法、行政和司法。"再者，西方主要国家大都普遍建立了有效的违宪审查制度，司法机关或专门机关有权通过对国家权力行为进行合宪性审查来贯彻基本权利。故而，西方主要国家对基本权利的研究主要表现出司法指向的进路，即主要研究宪法案例和判例的路径，而鲜有立法指向的研究，也就缺少研究基本权利立法问题的成果。

但是，西方学者也会研究基本权利的法律保护问题。基本权利的法律保护与基本权利立法不是同一个问题，法律保护既包括宪法保护也包括普通法律保护，侧重已经形成的法律是否有利保障基本权利，涉及对法律的评价和修改；而基本权利立法中的"法"特指普通法律而不包括宪法，这是由基本权利立法的本质——通过制定普通法律的方式具体化宪法基本权利所决定的，侧重普通法律的"立"，即侧重具体化基本权利的普通法律之制定，主要关注如何制定更有利于保障基本权利的法律。当然，二者也有交叠的内容，如都以落实和保障基本权利为目标、都以是否有利保障基本权利为评价标准、都会涉及法律的立改废释等。

关于这一主题，国外新近的研究成果主要有：Kenneth Einar Himma 和

Bojan Spaić 出版的著作 *Fundamental Rights：Justification and Interpretation*①，作者认为，基本权利的概念是我们这个时代最重要的议题之一。世界范围内关于基本权利内容的尖锐争论有所增加，有时甚至演变成暴力冲突。然而，迄今为止，法律和政治理论家对这些争议关注不足。作者讨论了许多与基本权利有关的紧迫问题，包括如何从哲学上解释基本权利、基本权利与人权的关系、保护少数民族不受压迫的宪法基本权利如何被证明是正当的，以及宪法人权条款如何得以实施和应用。作者希望通过知识共识而不是暴力来解决基本权利的争议。

Christophe Paulussen、Tamara Takacs、Vesna Lazić、Ben Van Rompuy 出版了著作 *Fundamental Rights in International and European Law：Public and Private Law Perspectives*②，在这本书中，作者对国际公法和私法领域的基本权利的各种观点都进行了创新性的讨论，研究了与基本权利主题相关的热点问题，如无人机战争、反恐斗争、国际贸易环境关系和强制仲裁等问题，而基本权利主题贯穿于上述四个研究领域，同时还揭示了学者们对上述问题的分歧点和共同点。

Mark Dawson 出版了著作 *The Governance of EU Fundamental Rights*③，在这本书中，作者认为尽管欧盟基本权利的实质性范围和覆盖面不断扩大，但很少有人关注其实际执行。作者探讨了欧盟基本权利的保护和执行机制，并仔细研究了欧盟相关法律和政治机构之间的相互关系。作者认为，为了理解欧盟的基本权利，还必须理解形塑欧盟政策的制度、政治和规范约束。同时，作者还考察了不同的欧盟机构在权利保障方面的表现，并深入研究了两个重要的政策领域——社会权利和法治保护。

Maria Tzanou 出版了著作 *The Fundamental Right to Data Protection：*

---

① Kenneth Einar Himma and Bojan Spaicć, *Fundamental Rights：Justification and Interpretation*, Hague：Eleven International Publishing, 2016.
② Christophe Paulussen, Tamara Takacs, Vesna Lazić, Ben Van Rompuy, *Fundamental Rights in International and European Law：Public and Private Law Perspectives*, Hague：T. M. C. Asser Press, 2016.
③ Mark Dawson, *The Governance of EU Fundamental Rights*, New York：Cambridge University Press, 2017.

Normative Value in the Context of Counter-Terrorism Surveillance[①]，在这本书中，作者认为自《里斯本条约》生效以来，数据保护权已被提升为欧盟的一项基本权利，并与隐私权一起载入《欧盟基本权利宪章》。作者论证了数据保护权作为一项基本权利在欧盟的规范意义，考察了数据保护权作为一项基本权利在解决问题和提供有效保护方面的范围、内容和能力。作者讨论了目前在法学学术和判例法中对这一权利的处理方法，并确定了防止其扩展自身附加价值的限度。作者在书中提出了一种数据保护权理论，重建了对这一权利的理解，能够被用以指导法院和立法者处理数据保护问题。同时，作者还通过四个反恐监控案例：通信元数据、旅行数据、金融数据和互联网数据监控，对重构后的数据保护权进行了实证检验。

J. H. Gerards 和 Eva Brems 出版了著作 *Procedural Review in European Fundamental Rights Cases*[②]，在这本书中，作者认为传统上法院是通过适用合理性或相称性的实质性检验标准来裁决基本权利案件。然而，欧洲法院也越来越多地明确考虑基本权利案件的程序质量。尽管，这种程序性审查远非毫无争议。关于"程序性审查"的真正含义、"程序性审查"对司法决策的潜力、程序性审查与实质性审查的关系、程序性审查的局限性等问题，目前仍缺乏清晰的论证。作者研究了程序性审查的理论和概念问题，以及程序性审查在不同法律体系中的适用性问题。

（三）现有研究之特点

已有的研究成果注意到了需要对基本权利进行立法或具体化，并从基本权利立法必要性、立法缺位致使基本权利虚置、立法具体化的内容（形成、限制和保护）、立法对基本权利的效应、立法在基本权利形成中的作用与限制等角度进行了有价值的研究。但是，这些研究都是在基本权利的基本原理之上，对基本权利立法的某一个具体问题展开的探讨，若从专门

[①] Maria Tzanou, *The Fundamental Right to Data Protection: Normative Value in the Context of Counter-Terrorism Surveillance*, Portland: Hart Publishing, 2017.

[②] J. H. Gerards and Eva Brems, *Procedural Review in European Fundamental Rights Cases*, New York: Cambridge University Press, 2017.

性、系统性研究基本权利立法问题的角度来看,则稍嫌"浅尝辄止"、稍显"片面局促"、感觉"意犹未尽",已有研究并没有全面系统地建构基本权利立法的基础理论,也没有对中国基本权利立法的影响主体、立法的实践逻辑与立法的实践状况进行全面且细致的分析梳理,尤其是没有对"中国为什么需要基本权利立法"和"中国如何完善基本权利立法"这两大问题进行系统且深入的研究。

四 研究的内容、难点与创新点

(一) 研究的内容

本书研究了六大问题,即(1)基本权利立法是什么;(2)中国基本权利立法与谁有关;(3)中国基本权利立法的实践逻辑;(4)中国基本权利立法的历史性成就;(5)中国为什么需要基本权利立法;(6)中国如何完善基本权利立法。这六个问题分别是从本体角度、关联角度、实践角度、价值(认识)角度和方法角度来研究基本权利立法。由于,"为什么需要基本权利立法"是完善基本权利立法的认识前提,故而在章节安排上将"为什么需要基本权利立法"和"如何完善基本权利立法"这两个问题合并在一章来讨论。如是,本书分为五章,即第一章基本权利立法之基础理论、第二章基本权利立法之影响主体、第三章基本权利立法之实践逻辑、第四章基本权利立法之历史性成就和第五章基本权利立法之完善方略,分别研究了:(1)基本权利立法的意涵、理据和原则。(2)基本权利立法的影响主体,即政党、职业立法工作者和利益群体。(3)基本权利立法的实践逻辑,从立法理路、立法决策和立法程序三个维度展开。(4)基本权利立法的成就。(5)基本权利立法的价值、功能和契合性,以及完善基本权利立法的两种进路:一是正向强化基本权利立法,在立法理念、立法模式、立法领域和立法技术上促成基本权利立法转型升级;二是对立法权进行合宪性控制,通过设立宪法委员会来规控立法权合宪行使,克服基本权利立法的局限。本书的研究内容、逻辑和角度如表 0-1 所示。

表 0 - 1　　　　　　　　本书的研究内容、逻辑与角度

章节	第一章 基础理论	第二章 影响主体	第三章 实践逻辑	第四章 历史性成就	第五章 完善方略		
					第一节	第二节	第三节
内容	基本权利立法：意涵、理据、原则	基本权利立法之影响主体：政党、职业立法工作者和利益群体	基本权利立法之实践逻辑：立法理路、立法决策和立法程序	公民政治权利条款立法的现代化；公民生命权、人身自由和信仰自由条款立法的体系化；公民社会、经济、教育和文化权利条款立法的科学化；特定群体权益条款立法的具象化	基本权利立法之价值、功能与契合性	基本权利立法之转型升级：立法理念、立法模式、立法领域、立法技术	基本权利立法之局限克服：立法权合宪性控制
逻辑	是什么	与谁有关	如何立	怎么样	为什么	怎么办	
角度	本体	关联	实践	实践（成就）	价值（认识）	方法	
						正向强化	合宪规控

（二）研究的难点

本书研究的难点主要有三点：一是如何构建基本权利立法的基础理论，并使之成为一个有内在逻辑的理论体系。这是一项没有现成模式可供参考借鉴的理论建构工作，具有一定的难度。基本权利立法的理论不同于基本权利的理论，其是在基本权利理论基础之上，侧重从立法角度来建构基本权利立法的理论体系。

二是如何分析中国的基本权利立法实践，从静态的基本权利立法结果角度来观察相对容易，困难的是从动态的基本权利立法过程视角来审视，而且，从动态立法过程来审视更为重要——因为基本权利立法结果是由立法过程所导出和决定的。此外，从哪几个维度来对基本权利立法过程进行反思检视也是一个难题。

三是如何完善中国基本权利立法，回答这个问题，首先需要回答"中国为什么需要基本权利立法"。回答好这个问题具有一定难度，这是完善

基本权利立法的思想认识基础；在此基础之上，才能提出具体的完善之策。再者，提出完善方案，不能泛泛而谈，而要具有针对性，选取立法过程中的哪些关键环节点和起统领作用的点作为完善基本权利立法的着力点和总抓手，这也具有一定的难度。

(三) 研究的创新点

本书力求达到的创新主要有五点。

一是对基本权利立法原理进行系统论证，通过对基本权利立法的实质、性质、规范类型、立法效果、法理逻辑，以及针对不同类型的立法所应坚持的立法原则的分析，较为系统地建构基本权利立法的基础理论。

二是对基本权利立法影响主体的研究，采用法学与政治学、法学与社会学交叉研究的方法，提供一种新的研究视角。

三是提出中国基本权利立法需要从"经济建设为中心"和"秩序建构为侧重"转向"权利保障为核心"的观点，为立法实践改革提供新的观点概括。

四是全面分析基本权利立法的内在价值和外溢功能，并从法理观念、法律传统、法治阶段、法权定位、法制体系五个维度立体分析基本权利立法与中国法治的契合性。

五是为有效规控立法权合宪行使，提出设立专门宪法监督机关——"宪法委员会"的方案，即将宪法委员会定位为全国人民代表大会的常设机关，其在法律地位上与全国人民代表大会常务委员会平等，宪法委员会有权审查全国人大常委会通过的法律，但是，宪法委员会不审查党内法规、不审查全国人大通过的基本法律、不审查特别授权立法。论证建立与全国人大常委会法律地位平等的宪法委员会的必要性、可行性，及其活动原则，并提出《中华人民共和国宪法委员会组织法》的学者建议稿。

五　研究的方法

(一) 文献研究方法

通过较为全面系统的阅读基本权利领域研究成果文献，对基本权利的一般理论形成一个全景式了解：基本权利的概念与历史、理论与分类、地位与效力、规范与结构、冲突与竞合、限制与救济、解释与发展等基本权利原理性问题。在研读已有基本权利研究成果的基础之上，进行基本权利立法问题的研究。

（二）规范分析方法

规范分析方法是法学研究特有的方法，其有三个维度：一是价值维度，探究法律之合法与非法；二是事实维度，探究法律的调整（运行）及其效果关系；三是技术维度，分析法律之权利和义务关系。[①] 规范分析方法的研究对象是法律规范、法律适用和正式法律解释等制度事实。本书即是通过运用规范分析方法对基本权利法律规范的合宪性、有效性，以及其对公民权利和国家义务的配置进行研究分析。

（三）法解释学方法

传统宪法释义学以文本解释、体系解释、历史解释和目的解释作为基本方法，并且以"客观解释理论"作为其取向。宪法基本权利是一种法规范，而且是宪法规范，宪法规范具有高度原则性和抽象性，其内部结构和具体含义有赖于运用法解释学方法来分析和阐释。基本权利立法，是对宪法基本权利的立法具体化，将基本权利宪法规范具化为法律规范，这就需要充分运用法解释学方法来明晰宪法基本权利的具体意涵。唯有在此基础之上，才能对基本权利立法问题进行规范的研究。

（四）实例分析方法

实例分析方法，是指通过对选取实例的分析，得出一般性、普遍性的认识，或者用以作为对理论认识的实例佐证。成文法国家对基本权利的立法实例为运用实例分析方法提供了基础，通过对这些基本权利立法实例的分析，既能为一般理论认识提供实证例子佐证，又能为发展理论提供实证素材。本书正是通过运用实例分析方法，对我国基本权利立法的实践状况进行了反思检视。

六 研究的价值

（一）理论价值

本书立基于中国宪法制度对基本权利立法问题进行总论式研究，在学

[①] 谢晖：《论规范分析方法》，《中国法学》2009年第2期。

理层面厘清了基本权利立法的基本问题,其理论价值主要表现在以下三个方面:其一,建构了基本权利立法的基础理论,从"本体"角度研究了基本权利立法,回答了什么是基本权利立法的问题,全面阐释了基本权利立法的实质、性质、规范类型、效果、法理逻辑、文本依据和立法原则。其二,分析了中国进行基本权利立法的机理缘由,从基本权利立法的内在价值、外溢功能和与中国法治契合性三个层面论证了中国加强基本权利立法的必要性与可行性,为中国加强基本权利立法提供了理论支撑。其三,提出了设立宪法委员会规控立法权合宪行使的方案,从理论上论证了设立宪法委员会的必要性、与中国根本政治制度的相融性、规控立法权的有效性,为中国基本权利立法之合宪控制提供了理论方案。

(二) 实践价值

基本权利立法研究对于我国立法实践重新回缚基本权利基点具有积极意义。具体而言,我国立法实践中的实用主义倾向致使立法偏离了其由以启动的宪法基点——保障并促进基本权利得以实现。从应然的宪法逻辑来说,立法权启动的初衷和运行的目的就在于保障基本权利,但是,我国立法实践关注的重点和立法权启动的逻辑起点主要集中在为经济发展保驾护航,公民基本权利尤其是与经济无关的基本权利的保障和实现并不是立法直接关注的重心。立法是国家基于建构社会的需要而启动的,宪法中的基本权利不能在事实上成为立法权由以启动的逻辑起点。[①] 通过对我国基本权利立法的影响主体和基本权利立法实践状况的分析检视,得出了"政党是国家立法中的首要决策者"和"基本权利立法缺位会致使权利虚置"的理论结论。党的十八届四中全会提出,要加强重点领域立法,尤其是公民权利方面立法,实现公民权利保障法治化。在这一背景和要求之下,本书对于我国加强并促进基本权利立法实践具有积极意义。

(三) 时代价值

当今时代价值的核心即是"现代化",这种现代化转型包括两个层面:国家治理体系和治理能力的现代化以及人们生活方式的现代化,两个层面的现代化转型都内在要求法律现代化并以之作为保障。纵观历史,"变法"

[①] 刘志刚:《立法缺位状态下的基本权利》,复旦大学出版社2012年版,第48—49页。

和"改革"是实现国家富强、增进人民福祉的不二选择。改革开放激活了中国发展的动力源,党的十一届三中全会启动了中国改革开放的"1.0版本",法律现代化的中心是市场经济,即建立符合市场经济要求的现代法制,保障社会主义市场经济健康发展;党的十八届三中全会则是开启了中国改革开放的"2.0时代",法律现代化的重心是人权保障,即要更好地保障和改善民生、促进社会公平正义,进而推进国家治理体系和治理能力现代化。改革开放"2.0时代"是人权价值高扬的时代,保障人权不仅是对内改革中的基本目标——改革红利要惠及全体人民,这是社会主义制度的必然要求,是增强改革发展内力和永续力的源泉,更是国家硬实力的根基;同时,保障人权也是对外开放中的重要任务——人权保障是人类的共同价值,尊重和保障人权不仅关乎国家的国际形象,而且是国家政权在国际社会获得正当性的重要指标,是吸引国际人才和资本的重要因素,更是国家软实力的重要组成部分。尊重和保障人权,固然需要国家采取一系列政策措施,但是更需要国家加强并完善基本权利立法,以形成"有效、可及且无漏洞"的权利保障体系。

第一章 基本权利立法之基础理论

何谓基本权利立法？其法理依据何在？基本权利立法必须坚持怎样的原则？这是从本体角度研究基本权利立法的核心问题。如果说，阐述基本权利立法的意涵是浅表性描述，那么，探究基本权利立法的理据则是内里性刻画。基本权利立法的原则，既是基本权利规范内在要求的集中体现，也是型塑权利立法的依凭和评价权利立法的标准，是全面理解基本权利立法这一概念的重要方面。

第一节 基本权利立法之意涵

基本权利立法的具体意涵是什么？这是研究基本权利立法问题之始基。从描述性研究（descriptive research）的维度展开，可以从基本权利立法的实质、性质、规范类型和效果等层面进行阐述。这是认识由里而外、由深到浅的过程。

一 基本权利立法之实质

概言之，基本权利立法之实质，就是基本权利的立法具体化。载于宪法文本之中的基本权利，集中表现为宪法的基本权利条款[1]，宪法的原则性决定了基本权利条款的抽象性。抽象的宪法基本权利条款，既是对基本

---

[1] 宪法基本权利条款，主要集中在宪法文本"公民的基本权利和义务"一章，但是，宪法所确认的基本权利，并不以"公民的基本权利和义务"一章中的权利条款为限。例如，我国《宪法》"总纲"一章中的第12条、第13条就规定了财产权。

权利作为价值理念的确认和宣示，同时又是具有最高效力的基本权利法律规范。基本权利立法所指称或针对的基本权利乃实定法上的权利[①]——从形式角度而言，即是宪法基本权利条款。基本权利立法并不将仅存在于价值理念层面尚未被宪法所确认的权利纳入自己的视野，因为尚未被宪法文本所规定的权利乃只是一种自然法上的权利。日本学者星野英一认为："'与生俱来的天赋权利'，乃是自然法上的权利，能够取得的'权利'意指实定法上的权利。"[②] 如果人们认为某一项自然权利是"与生俱来的天赋权利"或是"人之为人的最为基本的权利"，需要使其成为一项法律权利以更好保障，那么这是是否需要将此种权利写入宪法所需要讨论的问题（立宪问题），而不是基本权利立法所讨论的问题（立法问题），超出了基本权利立法讨论的范围。如是，基本权利立法具体化，主要包括以下三个方面。

（一）基本权利内容之立法具体化

宪法基本权利条款承载了基本权利的概念形式，但是没有且事实上也不可能细化规定基本权利的具体内容。需要注意的是，此处所说的"基本权利的内容"是指基本权利主体所享有的要求国家作为或不作为的具体内容，而不是基本权利指向的领域，如政治权利和经济、社会、文化权利的分殊，就是以基本权利的内容（领域）不同作为划分的标准。[③]基本权利的主体，到底可以要求国家为或不为哪些行为，其空间范围、时间限度、行为程度、要求力度等，都需要借由立法具体化，宪法文本不可能规定得十

[①] 郑贤君教授也认为："基本权利是实定法上的权利。"参见郑贤君《基本权利原理》，法律出版社2010年版，第5页。凯尔森也指出："'权利'这一术语具有一些十分不同的意义。这里我们只涉及被理解为'法律权利'的那一种。这一概念必须要从纯粹法理论的角度出发来加以理解。"参见［奥］凯尔森《法与国家的一般理论》，沈宗灵译，商务印书馆2013年版，第84页。

[②] ［日］星野英一：《私法中的人》，王闯译，中国法制出版社2004年版，第24页。因此，在研究方法上，应区分实定法上的权利和自然法上的权利，法学研究应以实定法所规定的权利作为首要的研究分析对象。具体到基本权利立法研究而言，可以宪法基本权利条款作为形式标准，来识别一项权利是否是实定法上的权利。

[③] 以基本权利的内容（实是权利领域）作为标准，对基本权利进行分类，并在此基础上进行类型化研究，是宪法学研究中常见的方法。如郑贤君教授在其著作《基本权利原理》一书中，将基本权利分为自由权和社会权，并明确强调："本书对基本权利的分类是实质上的，是依基本权利的内容所作的分类。这种分类方法是宪法学理论中的常见做法。"参见郑贤君《基本权利原理》，法律出版社2010年版，第132页。

分详细。概言之，必须通过普通法律具体化，才能形成基本权利的内容。比如，宪法规定"公民有集会游行示威的自由"，集会游行示威作为一项基本权利，其权利主体公民可以要求国家提供哪些成就条件？可以要求国家不能限制哪些行为？等等。这些内容，就必须通过立法者制定法律的方式予以具体化，唯有完成基本权利的立法具体化（实证化），基本权利才能实现其有效性，从纸上权利走向生活权利。

(二) 基本权利效力之立法具体化

基本权利的效力直接针对国家，以约束国家对个人权利之侵犯。国家作为抽象的概念，具体代表国家的是各种国家机关，主要包括立法机关、行政机关和司法机关。基本权利拘束国家机关，其效力包括三个方面：一是基本权利作为一种价值体系，立法和行政部门的行为不应与之相悖，司法机关的裁判亦应以基本权利作为最高的准则；二是当适用基本权利遇有多重意义解释及发生解释上的疑义时，适用基本权利规定的机关应尽可能使基本权利条款发挥最大的效力；三是当在规范竞合时，如批准的国际人权公约与本国宪法基本权利条款发生重叠时，应适用最有利于当事人之规定。[①] 可见，基本权利条款本身，对国家机关活动的效力是一种宪法层面的抽象效力，更多地表现为指导意义上的弱拘束力。这种"指导意义上的弱拘束力"要成为"有法律效力的强拘束力"，有两种途径：一是建构违宪审查制度，通过违宪审查机关宪法审判机能之发挥，将宪法宣示的基本权利的价值及其对国家的效力予以具体化和实化；二是普通立法具体化，通过普通法律具体细化基本权利对各国家机关的效力，明确而具体地划定国家权力的界限，以有效约束国家权力，防止其膨胀侵犯个人权利。此外，随着基本权利理论和实践的发展，特定基本权利逐渐深入私法关系之中，对私主体亦产生拘束力。基本权利对私人的效力一般称为基本权利的水平效力（horizontal effect）[②]，以与传统上基本权利对国家的效力即垂直

[①] 吴庚：《宪法的解释与适用》，三民书局2004年版，第149页。
[②] 基本权利的水平效力（horizontal effect）这一概念，在不同国家学者的研究中有不同的称谓：德国称为"第三者效力"（third-party effect）或"间接第三者效力"（indirect third-party effect）；美国称为"州政府行为"（state action doctrine）；加拿大称为"政府行为"（governmental action）；英国称为"水平效力"（horizontal effect）。

效力（vertical effect）相对称。制定法在规范私主体之间关系的普通立法中贯彻基本权利，是基本权利水平效力发挥的客观化与具体化之保证。

（三）基本权利对应国家义务之立法具体化

基本权利对应的是国家义务，即在宪法关系中，基本权利构成国家义务。基本权利从文本走向实证有赖于国家履行其义务。如是，对国家义务的分析，与基本权利的类型化紧密相关。传统理论将基本权利分为消极权利和积极权利，国家对应的义务就是消极不侵犯和积极作为的义务。尽管这一分类法仍然具有相当的解释力，但是，随着宪法理论与实践的发展，基本权利的分类之间出现了相互叠加，① 亦即基本权利的性质呈现出一种综合化趋向，每一项基本权利所对应的国家义务也表现出一种复合化特征。例如，基本权利最为重要的二分类型：自由权—社会权，通常认为国家对自由权仅承担消极义务，对社会权则承担积极义务。然而，基本权利的二分法已然趋于崩溃，国家对自由权也承担着积极的义务，对社会权亦承担着消极义务。具体缘由在于：

其一，自由权之真正实现，往往需要国家的积极作为。例如，不受虐待的人身自由作为一种典型的消极权利，通常认为国家只是承担消极不侵犯的义务，"但是，确保这种侵犯不会发生，在几乎所有的情况下都要求重要的'积极'计划，它包括训练、监督和控制警察和安全部队"②。可见，"自由权仅仅作为一种消极性权利无法实现"③，自由权在很大程度上还要求国家承担积极的作为义务。正是在这一意义上，霍尔姆斯和桑斯坦才作出"所有权利都是积极权利"④ 的判断。甚至有学者认为，所有被看

---

① Henry Shue, "Rights in the Light of Duties", in Peter G. Brown & Douglas Maclean, eds., *Human Rights and U. S. Foreign Policy*, Lexington MA: Lexington Books, 1979, pp. 263 - 264. Henry Shue 观察到了一种关于基本权利的"双重二分"（double dichotomy）的现象，并且认为应当寻找"更好地思考权利问题的概念框架"（a better conceptual framework for thinking about rights）。

② ［美］杰克·唐纳利：《普遍人权的理论与实践》，王浦劬等译，中国社会科学出版社2001年版，第32—33页。

③ ［日］大沼保昭：《人权、国家与文明》，王志安译，生活·读书·新知三联书店2014年第2版，第210页。

④ ［美］史蒂芬·霍尔姆斯、凯斯·R. 桑斯坦：《权利的成本：为什么自由依赖于税》，毕竞悦译，北京大学出版社2011年版，第19页。

作积极权利的"福利权利"都可以从被看作消极权利的自由权中推导出来。①

其二，社会权要求国家承担提供特定经济和社会给付的作为义务，但同时也要求国家承担不侵犯的消极义务。例如，受教育权通常被理解为是一项积极权利，要求国家承担积极的义务，采取实现受教育权的必要措施。② 对此，国家应承担的必要义务就包括国家建立和维持教育制度，整备教育条件与设施，经济上帮助就学困难者以至提供免费教育等。③ 但是，这并不能否认"受教育自由"是受教育权的重要内容，"失去了自由要素的受教育权也难以称得上权利"④。这即意味着，受教育权主体可以自由选择学校、教师以及学习内容等，国家不得干预。可见，作为积极权利的受教育权针对的国家义务不仅包含积极义务，也包含消极义务。

因此，基本权利的分类难以作为国家义务体系分析的框架，最早出现在德国法上的"基本权利的功能体系"可作为国家义务体系分析的理论资源。基本权利的功能大体上可以分为三个层次：其一，防御权功能，即指基本权利所具有的要求国家不予侵犯的功能；其二，受益权功能，即指公民基本权利所具有的可以请求国家作为某种行为，从而享受一定利益的功能；其三，客观价值秩序功能，即基本权利的性质中作为"客观的法"的功能，这要求国家除了承担针对防御权功能的"不侵犯义务"和针对受益权功能的"给付义务"以外，还应当运用一切可能的和必要的手段来促成基本权利的实现，其义务范围非常广泛。⑤ 如是，基本权利的功能与国家义务的对应关系，就可以归纳为图1-1。

---

① Allen Buchanan, "Deriving Welfare Rights From Libertarian Rights", in Peter G. Brown, Conrad Johnson & Paul Vernier, eds., *Income Support: Conceptual and Policy Issues*, Totowa, NJ: Rowman and Littlefield, 1981, p. 233.

② [日] 宫泽俊义、芦部信喜：《日本国宪法精解》，董璠舆译，中国民主法制出版社1990年版，第240页。

③ [日] 芦部信喜：《宪法》，林来梵、凌维慈、龙绚丽等译，清华大学出版社2018年版，第243页。

④ 温辉：《受教育权入宪研究》，北京大学出版社2003年版，第37—38页。

⑤ 张翔：《基本权利的规范建构》，法律出版社2017年版，第44—45页。

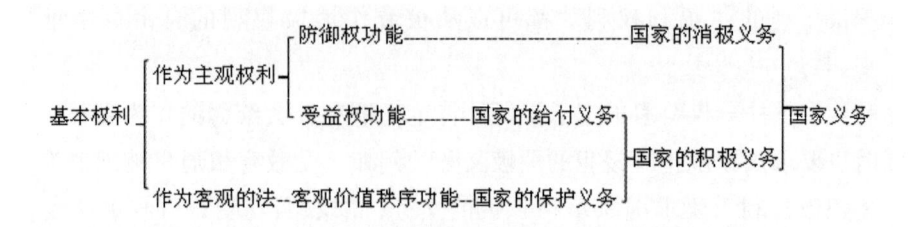

```
                    ┌ 防御权功能─────────国家的消极义务
         ┌作为主观权利┤
基本权利 ┤          └ 受益权功能────国家的给付义务                     国家义务
         │                                      ├国家的积极义务
         └作为客观的法──客观价值秩序功能──国家的保护义务
```

图 1-1 基本权利的功能与国家义务的对应关系①

由此可见，基本权利对应的国家义务体系由消极义务和积极义务构成，而积极义务又具体包括给付义务和保护义务。这些国家义务的具体承担与履行，都有赖普通立法具体化。具体而言：

其一，消极义务要求立法机关不得违背宪法规定的条件对基本权利加以恣意限制，唯有在遵循"法律保留原则"且基于"公共利益"之需要的情形下，立法机关始得对基本权利进行限制。行政机关和司法机关的消极义务则主要表现为严格依法行使权力，尤其在行使自由裁量权时，不得滥用权力侵犯基本权利。这即意味着，消极义务之确定，需要普通立法对法律保留事项及其范围、公共利益之确定、行政机关和司法机关的权力范围及其行为准则等予以明确和具体化。

其二，给付义务是指国家以积极作为的方式为公民提供某种利益的义务，给付的内容包括物质性利益、法律程序和服务行为。国家履行给付义务在很大程度上就是为了保障所有个人都能获得符合人的尊严的最低生存条件，使人们在任何情况下都能维持起码的生活水准。② 然而，宪法中基本权利的规定过于抽象，国家给付的种类、范围、条件、程序、内容、数额、提供方式等都有赖于普通立法予以明确。这是立法机关承担给付义务的方式，即制定法律。唯有立法机关通过立法具体明确国家给付的具体内容后，个人依据法律之规定才可以请求国家积极"作为"，基本权利作为主观权利的受益权功能才能得以具体实现。

---

① 张翔：《基本权利的规范建构》，法律出版社 2017 年版，第 45 页。
② 陈爱娥：《自由—平等—博爱：社会国原则与法治国原则的交互作用》，《台大法学论丛》1996 年第 2 期。

其三，保护义务有广义和狭义两个层次，广义的保护义务指基本权利所针对的国家的所有义务，包括制度性保障义务、组织与程序保障义务，以及其他各种排除妨碍的义务。[①] 狭义的保护义务则仅指国家保护公民免受来自第三方的侵害的义务。[②] 不论是广义的保护义务还是狭义的保护义务，国家承担保护义务的最主要方式是通过制定法律，建立各种制度，为公民基本权利的实现创造条件。[③] 这是国家保护义务的基本内涵。因此，国家保护权利的范围、程度、方式、对侵权行为的界定及惩罚力度等，都必须通过普通立法的方式予以具体化。

二　基本权利立法之性质

基本权利立法是对宪法基本权利条款的具体化，这一作业过程的结果使得基本权利的内涵得以明确而具体，这一作业过程的性质，则可以从宪法规范之立法解释、宪法委托义务之履行和宪法实施之直接方式三个角度来考量。

（一）宪法规范之立法解释

基本权利立法是对宪法基本权利规范的立法解释。宪法是具有最高法律效力的法律，因而，宪法基本权利规范当然是法律规范。法律规范的逻辑结构包含三个要素：假定条件、行为模式和法律后果，[④] 然而，由于宪法基本权利规范高度抽象、高度概括，其规范结构在宪法中并没有完整表达，这也就决定了基本权利规范通常不能直接适用。基本权利规范结构之补全有两种途径：一是宪法解释，在宪法解释中充实具体内容；二是普通法律立法具体化，通过制定普通法律贯彻基本权利，具体化基本权利之内容。在这一意义上，基本权利立法是宪法基本权利规范的立法解释，即通过制定普通法律的方式，对宪法基本权利规范进行解释，使其含义得以明

---

① ［德］Christian Starck：《基本权利之保护义务》，李建良译，《政大法学评论》1997 年总第 58 期。
② Volker Epping, Grundrechte, Berlin u. a: Springer, 2005. S. 43 ff.
③ ［德］彼得·巴杜拉：《国家保障人权之义务与法治国家宪法之发展》，载陈新民《宪法基本权利之基本理论》（上），元照出版公司 1999 年版，第 3 页。
④ 李龙：《法理学》，武汉大学出版社 2011 年版，第 72 页。

确、具体,并可直接适用。如此看来,立法者不仅是"宪法的第一个解释者"①,也是最权威的宪法诠释者。

(二)宪法委托义务之履行

基本权利立法是立法者对宪法委托义务的具体履行。"宪法委托"又称为"对立法者的宪法委托",或者"立法委托",意指宪法条文仅为原则性规定,而委托立法机关以特定的、细节性的行为加以贯彻。这种委托是宪法对立法者的一个具有拘束力的强制性的命令,而不仅仅只是一种理念或政治道德性的要求,立法者必须履行这一义务。立法机关制定法律的活动是对宪法的具体化,是在履行宪法所委托的义务。② 从宪法委托角度考量,基本权利规范直接拘束立法权之行使,立法者负有制定法律以尊重、保护、实现、促进基本权利的义务。如是,基本权利立法正是对宪法委托义务之履行。

(三)宪法实施之直接方式

基本权利立法是宪法实施的直接方式,立法者是宪法实施的重要主体。宪法基本权利条款的抽象概括性,决定了其需要通过立法具体化来明确其保障范围,也需要通过立法来构建对基本权利的具体保障机制。③ 从经验的角度来看,我国宪法颁布实施以来,主要是通过立法方式来实施,而不是宪法审查的方式;从观念的角度来看,我国主流的宪法观念,也主要特别强调"通过完备的法律推动宪法实施"④。因此,以立法的方式实施宪法,是我国宪法实施最主要、最直接、最有效的方式。如是,基本权利立法,是宪法基本权利规范得以实施的直接方式。

三 基本权利立法之规范类型

基本权利立法的规范类型,是指基本权利经立法具体化之后呈现的法

---

① [德]克里斯托夫·默勒斯:《德国基本法:历史与内容》,赵真译,中国法制出版社2014年版,第75页。

② 关于宪法委托的理论,可参见陈新民《论"宪法委托"之理论》,载陈新民《宪法基本权利之基本理论》(上),元照出版公司1999年版,37—93页。

③ 魏治勋:《全面有效实施宪法须加快基本权利立法》,《法学》2014年第8期。

④ 习近平:《在首都各界纪念现行宪法公布施行30周年大会上的讲话》,《人民日报》2012年12月5日第2版。

律规范的类型,即基本权利法律规范的类型,是对基本权利立法活动之作品成果(即法律规范)的类型化区分,而不是针对其立法活动本身。但是,立法活动与立法结果之间具有紧密关系。立法活动(过程)的价值取向,决定了立法所形成的法律规范之价值属性。基本权利经立法具体化之后,所形成的基本权利法律规范,以其价值功能(从立法动态过程看,即是立法对基本权利的价值倾向)为标准,可区分为确权性规范、限制性规范和救济性规范三种类型。

(一)确权性规范

基本权利法律规范中的确权性规范是对基本权利的正向具体化,即确定权利的主体,界定基本权利主体可以有怎样的主张、哪些行为是权利保障的对象,以及国家对基本权利的实现负有怎样的义务。确权性规范明确了哪些事项属于基本权利的保障事项,使得基本权利的保障范围得以清晰确定。在确权性规范保护范围之内,基本权利主体的行为,包括积极作为和消极不作为,都是对基本权利的行使。

(二)限制性规范

基本权利法律规范中的限制性规范是对基本权利的限制,亦即基本权利主体在权利享有和行使方面受到外在的拘束。限制性规范通常是基于对公共利益、他人权利、国家功能之实现等因素的考量,对基本权利作出限制。从基本权利义务主体即国家的角度来看,限制性规范是对国家权力的授权,国家权力可以依据限制性规范对基本权利保障范围之内的"基本权利的行使"进行干预甚或禁止。

(三)救济性规范

基本权利法律规范中的救济性规范是对基本权利在遭受侵害和不当限制时的救济,即对基本权利救济的制度性渠道、方式、程序等作出明确规定。"无救济即无权利",救济性规范对于基本权利之实效性具有十分重要的意义。对基本权利的救济分为宪法救济和普通法律救济两个层面,基本权利主体在寻求宪法救济如提起宪法诉愿之前,必须穷尽普通法律救济。

此外,需要注意的是,狭义上的"法",仅指全国人大及其常委会制定的法律,因而,狭义上的基本权利立法仅指全国人大及其常委会的立法,不包括国务院制定的行政法规和地方各级人大及其常委会制定的地方性法规。但若从广义上来理解"法",即根据《立法法》对法的广义界定,将"规章"以上的规范都认定为"法"①,那么,基本权利立法中"法"的外延还可能包括地方立法和授权立法。这即意味着,从立法层级来看,基本权利立法包括中央立法和地方立法;从立法主体来看,基本权利立法包括立法机关(权力机关)立法和行政机关立法。

四 基本权利立法之效果

基本权利立法对基本权利的性质、权利体系和权利保障都会产生重要的影响,基本权利立法具体化之后,宪法基本权利就具体化为法律权利,形成以基本权利为权源(权利之源)的法律权利群系,使得对基本权利的保障落实为具体法律之保障。具体而言,基本权利立法之效果主要表现在以下三个方面。

(一)权利性质:宪法权利具化为法律权利

宪法基本权利经过立法具体化之后,就细化为法律权利。法律权利是立法机关在实现基本权利内容的过程中所形成的"终端产品"。申言之,基本权利立法使得基本权利由抽象权利具化为法律权利成为具体权利,也使得基本权利的主体由整体性的个人具化为个体化的个人或部分个人的集合体(法人)。② 基本权利是根源性权利,是法律权利之发端基础;法律权利是延伸性权利,是基本权利的内容表现。从权利性质角度考量,基本权利与为法律所具体化了的权利在性质上属于不同权利,前者是宪法权利,后者是法律权利。普通法律权利是宪法基本权利内容的充实化和具体化,是基本权利在具体法律关系中的映射。

(二)权利体系:宪法权利衍生为权利群系

宪法的根本法地位以及宪法规范的概括抽象特点,决定了宪法中规定的基本权利仅仅只是一个"权利的名称",其具体内容需要由立法机关予

---

① 《立法法》(2015年修正)第2条第1款:"法律、行政法规、地方性法规、自治条例和单行条例的制定、修改和废止,适用本法。"第2款:"国务院部门规章和地方政府规章的制定、修改和废止,依照本法的有关规定执行。"可见,《立法法》适用于"规章"以上的规范,从另一个角度来看,可以说《立法法》将"规章"以上的规范都认定为广义上的"法"。

② 马玲:《宪法权利与法律权利:区别何在?》,《环球法律评论》2008年第1期。

以充实和具体化。① 因此，实际上来看，经过普通立法具体化之后所形成的法律权利是基本权利在内容上的表现形式，使得宪法基本权利由此衍化生成为一个法律权利群系。例如，宪法规定了受教育权这一基本权利，《教育法》《义务教育法》《未成年人教育法》《高等教育法》《教师法》等法律对受教育权的内容进行了具体化，形成了包括受教育平等权、受教育选择权、受义务教育权、获得入学升学机会权、获得学习权、获得基本学习条件权、学生身份权、考试权、成绩公正评价权、获得学业学位证书权等权利群系。可见，宪法所规定的基本权利若离开由其衍生而来经普通立法具体化的法律权利，基本权利就失去了其内容而成为空洞的"权利名称"。

（三）权利保障：宪法保障落实为法律保障

基本权利之保障分为宪法保障和法律保障两个层次，宪法对基本权利的规定和确认构成了基本权利的宪法保障，普通法律对宪法基本权利进行具体化、条文化和程序化之后，形成了基本权利的法律保障。可见，基本权利立法使得基本权利保障由宪法保障落实为法律保障。实践中，通常秉持基本权利的法律保障优先准则，只有在穷尽法律权利或者法律规定有违基本权利精神或者缺乏法律权利的情形下，才考虑由宪法来保障基本权利的问题。② 需要注意的是，由于基本权利之内容有赖于立法来形成，基本权利立法就成为基本权利保障制度的基础。此外，基本权利宪法保障之有效性依赖于切实可行的违宪审查制度之建立运行，设若宪法原则性地确认了一项基本权利，但是没有法律在实体上或程序上予以具体落实，在宪法不能直接适用的情况下，该项基本权利就难以获得有效保障。③

---

① 刘志刚：《立法缺位状态下的基本权利》，复旦大学出版社 2012 年版，第 30 页。
② 法律保障优先准则，是由宪治理念和法治要求中对多数民主的尊重奉行决定的。具体而言，当普通立法对基本权利予以具体化之后，亦即立法程序完成之后，法律权利就具备了存在的独立性，基于"多数民主必须得到最大限度之尊重"的宪治理念和法治要求，经过民主程序获得多数赞同的法律就必须得到贯彻实施，否则，宪治与法治得以存在之"多数民主"基石将受到侵蚀。
③ 我国基本权利保障就时常出现这样的尴尬情况：宪法确认的基本权利，在没有法律具体落实的情况下，当该项基本权利受到侵犯时，法院手里有宪法但无权适用，有权适用法律但却没有相关法律。为此，应深化宪法立法适用、重点充实和完善保障公民基本权利的立法。参见童之伟《宪法适用应依循宪法本身规定的路径》，《中国法学》2008 年第 6 期。

第二节　基本权利立法之理据

为何需要对基本权利进行立法？其法理与依据何在？探寻基本权利立法之深层法理逻辑与找寻其宪法文本和国际人权公约依据，对于理解和认识基本权利立法具有重要意义。

一　基本权利立法之权利法理逻辑

之所以需要对基本权利进行立法具体化，首先是由基本权利自身的法理逻辑决定的。基本权利具有作为"主观权利"和"客观规范"（或者"客观法"）的双重性质，权利的实效化内在要求立法机关通过立法确保基本权利真正落实；同时，宪法基本权利条款原则而抽象，基本权利规范存在结构上的空缺，权利的有效性客观需要立法机关行使"形成权"补全基本权利规范结构；再者，基本权利构成国家义务，权利的最终成就在现实层面也需要立法机关具体化国家义务。

（一）基本权利之双重性质

基本权利双重性质，系指基本权利既是"主观权利"同时又是"客观的法"，具体而言：基本权利作为"主观权利"，意指基本权利赋予个人以请求权，个人得依据自己的意志向国家提出要求，可以要求国家作出一定的行为或不作出特定的行为以满足权利，而国家必须按此要求作为或者不作为。[1] 同时，基本权利又被认为是德国基本法所确立的"客观价值秩序"，国家权力必须自觉遵守这一价值秩序，尽一切可能创造和维持有利于基本权利实现的条件，此即基本权利作为约束国家权力的"客观规范"（或者"客观法"）。[2] 基本权利双重性质理论是德国法上有关基本权利的

---

[1] Bodo Pieroth, Bernhard Schlink, Grundrechte: Staatsrecht Ⅱ, Uberarbeitete Aufl. Heidelberg, 1990. S. 19.

[2] ［德］阿列克西：《作为主观权利与客观规范之基本权》，程明修译，《宪政时代》1999年第4期；张嘉尹：《论"价值秩序"作为宪法学的基本概念》，《台湾大学法学论丛》2001年第5期；Rudolf Weber-Fas, Der Verfassungsstaat des Grundgesetzes: Entstehung-Prinzipien-Gestalt, Tuebingen: Mohr Siebeck, 2002, S. 73. ff。

一个基本理论。①

　　基本权利作为"主观权利"的核心要义在于"个人得主张"，基本权利的这种"主观属性"包含两层含义：一是个人得直接依据宪法上的基本权利条款要求公权力主体为或者不为一定的行为；二是个人得请求司法机关介入以实现自己的要求。② 基本权利作为主观权利的基本功能在于"防御权功能"，③ 即个人得请求国家不为侵害基本权利的行为，国家对此承担的义务是"消极义务"或"不作为义务"。在违宪审查制度，特别是宪法诉愿制度建立的背景下，基本权利具备"主观防御权"功能不存在任何疑义。在基本权利"主观防御权"功能面向上，基本权利对立法具体化依赖程度不高，甚或不需要立法具体化就能直接抵御国家公权力。④ 但是，在基本权利"受益权功能"面向上，即在要求国家承担积极作为义务（给付义务）以满足个人权益方面，一般认为基本权利不具有请求国家积极作为的"主观受益权"功能。⑤ 这是因为，宪法基本权利条款过于抽象概括，没有也不可能明确详细规定国家给付义务的条件、种类、范围、程序等，

---

　　① 哈贝马斯以一个政治哲学家的视角对这一基本权利学说作了如下的概括："它（指德国联邦宪法法院判决中隐含的基本权利学说）承认这样一个事实，即权利体系已经不再能够在一个不受拘束的、通过自主个人之决定而自发地再生自己的经济社会的合适基础上得到保障了。相反，基本权利要得到实现，必须通过一个反思地导控的、提供基础设施的、抵御风险的，同时进行调节、推动和补偿的国家的服务性成就。最重要的是，在诸子系统横向分化并且网络化的复杂社会中，基本权利所提供的保护必须不仅涉及国家的行政权力，而且也要涉及所有大型组织的社会权力。而且，这种保护不能再是仅仅消极地理解为对于干预的抵御，而也成为要求积极地授予利益的根据。这样，联邦宪法法院的判决认定基本权利具有这样的地位：一个总体法律秩序的原则，其规范内容将结构赋予整个规则体系。"参见［德］哈贝马斯《在事实与规范之间：关于法律和民主法治国的商谈理论》，童世骏译，生活·读书·新知三联书店 2014 年版，第 305—306 页。

　　② Helmut Goerlich, "Fundamental Constitutional Rights: Content, Meaning and General Doctrines", in Ulrich Karpen eds., *The Constitution of the Federal Republic of Germany*, Nomos Verlagsgesellschaft, 1988, pp. 49–50.

　　③ Rudolf Weber-Fas, Der Verfassungsstaat des Grundgesetzes: Entstehung-Prinzipien-Gestalt, Tuebingen: Mohr Siebeck, 2002, S. 73.

　　④ 基本权利"主观防御权"功能之实现，有赖于国家通过立法建立起有效的违宪审查制度，特别是宪法诉愿制度，否则，其亦无由实现。在这一意义上，基本权利"主观防御权"功能也需要国家立法予以保障。

　　⑤ 只有在特定的情况下，基本权利才具有请求国家积极作为的"主观受益权功能"，例如，德国联邦宪法法院在一些判决中认为，如果国家的某项积极措施对于基本权利的实现是不可或缺的，那么个人就可以直接依据宪法而要求国家提供给付。这就在一定程度上肯定了基本权利的"主观受益权功能"。参见张翔《基本权利的规范建构》，法律出版社 2017 年版，第 111—112 页。

故而，个人不能直接依据基本权利请求国家为给付义务，而只有在立法机关通过立法明确国家给付的具体内容之后，个人才能依据具体法律的规定要求国家为积极的给付义务。"宪法上的受益权，先天就有难以直接行使的特质，必须由国家通过具体法律来落实。"① 可见，在基本权利"受益权功能"面向上，基本权利高度依赖立法具体化，否则其难以有效实现。

基本权利作为"客观的法"，意指基本权利不仅是个人的权利，而且还是基本法所确立的"价值秩序"，这一"价值秩序"构成立法机关建构国家各种制度的原则，也构成行政权和司法权在执行和解释法律时的上位指导原则。② 基本权利作为"价值秩序"只涉及其对国家权力的规制与约束，一般不赋予个人以主观请求权——这与"主观权利"相区别开来，因此，基本权利的"价值秩序"性质表现为一种"客观的法"或者"客观规范"，强调基本权利本身是约束国家权力的"法规范"。基本权利作为"客观价值秩序"，要求国家为基本权利的真正落实提供实质性的前提条件，而不仅仅是消极不侵犯基本权利——这不足以保证基本权利得以实现。基本权利真正落实的实质性条件包括各种物质和制度条件，为了成就这些条件，立法机关必须通过立法确立一些实质性的、组织上的和程序上的条款，调配国家和社会资源（包括物质资源和制度资源）以保证基本权利真正实现。德国联邦宪法法院在第三次电视判决中对《基本法》规定的广播自由的保障，③ 就集中表达了这一观点：基本权利的主观防御权功能不足以实现基本权利之目标，国家必须通过立法的方式为基本权利之真正实现创造并提供实质性前提条件。需要注意的是，每一项基本权利都可被

---

① 许宗力：《法与国家权力》，元照出版公司2006年版，第61页。
② Volker Epping, Grundrechte, Berlin u. a: Springer, 2005. S. 121. f.
③ 德国联邦宪法法院在第三次电视判决中对《基本法》第5条规定的广播自由有这样一段论述："（广播自由的主观防御权功能）并不足以保障广播自由，这是因为，不受国家干预本身并不能使得各种意见充分而广泛地表达出来，防御权功能不足以实现广播自由这一目标。相反地，这一目标的实现要求建立一个体系，使得人类观念的多样性能够通过广播而获得尽可能完整和广阔的表达与传递，这样，公众就自然可以获得全面的信息。为了达到这一目标，立法机关就必须立法，确立一些实质性的、组织上的、程序上的条款以保证广播自由真正实现。"BVerfGE57, 295 (1981). Donald P. Kommers, *The Constitutional Jurisprudence of the Federal Republic of Germany*, Durham and Londen: Duke University Press, 1997, p.409.

看作是一项"客观价值"①，而不仅仅将基本权利整体作为"客观价值秩序"。例如，言论自由这一项基本权利，其作为"主观权利"具有"主观防御权功能"，能够抵抗国家权力的侵害；其作为"客观价值"就要求国家应当为言论自由之实现积极创造条件，国家有义务制定法律保证弱势群体的言论不被主流利益集团压抑，等等。

（二）权利规范之空缺结构

一个法律规范的完整逻辑结构包含着三个要素：假定条件、行为模式和法律后果。②宪法基本权利条款表述和承载着基本权利规范，但是，由于宪法的根本法、最高法地位，宪法基本权利条款具有高度原则性、抽象性，故而其对基本权利的规定是概念式确认，即列明了基本权利的名称，并宣示宪法对基本权利予以尊重与保障，然而不可能对每一项基本权利的内涵进行具体规定。这就决定了宪法基本权利条款所陈述的基本权利规范存在逻辑结构上的空缺。③基本权利规范构成要件之欠缺可被视为宪法一次"有意义的沉默"，宪法故意将基本权利规范逻辑结构补全之任务交给立法机关。通过立法机关制定普通法律，贯彻基本权利精神要义，补全基本权利规范逻辑结构，使得基本权利规范具备适用性，从而充分有效发挥效力，进而实现基本权利。

（三）国家立法之"形成权"

宪法规定的基本权利具有"有待立法形成"之特点，"为了使基本权利的功能能够得以发挥，绝大部分基本权利应保障的生活领域与社会关系，都需要法律上的形成，这种形成主要是立法者的任务"④。概言之，基

---

① Donald P. Kommers, *German Constitutionalism*: *A Prolegomenon*, 40 Emory L. J. 11（1991）；张嘉尹：《论"价值秩序"作为宪法学的基本概念》，《台湾大学法学论丛》2001年第5期。

② 李龙：《法理学》，武汉大学出版社2011年版，第72页。

③ 法律规范逻辑结构空缺与法律规则空缺结构不是同一个概念，哈特所言的"法律空缺结构"意指法律存在漏洞。哈特从语言分析哲学的立场，认为法律规则存在空缺结构是难以避免的，原因在于：其一，自然语言所固有的空缺结构，也就是说，语言文字具有核心地带与边缘地带，为此，使用自然语言的法律必然也具有这种空缺结构；其二，评价能力的局限性，也就是说，人类预见未来的能力是有局限性的，对目的的认知也相对模糊，但是，人类社会又有确定性与适当性这两种相互冲突的需要，由此产生法的空缺结构。参见［英］哈特《法律的概念》，许家馨、李冠宜译，法律出版社2018年版，第124—126页。

④ ［德］康拉德·黑塞：《联邦德国宪法纲要》，李辉译，商务印书馆2007年版，第247页。

本权利的具体内容是由法律来形成的。基本权利的内容之所以需要由法律来形成，主要有三个方面的原因：一是基于宪法的原则性和纲领性特征，基本权利的内容不可能在宪法中被具体化；二是由法律来加以规定可以避免宪法基本权利被直接适用的消极影响；① 三是由法律规定基本权利的内容可以避免"前人对后人的专政"②，实现往昔与现实之人民的动态联结。③ 法律具有形成基本权利内容的重要功能，④ 在形成基本权利内容方面，法律具有不可替代的作用。例如，德国《基本法》第14条规定："所有权受保障，其内容及限度，由法律规定。"日本《宪法》第29条第2款规定："财产权的内容应适合于公共福利，由法律规定之。"美国最高法院首席大法官伦奎斯特，在1989年Deshaney v. Winnebago Country一案的裁决中也写道："制宪者有意将其后的政府义务内容留给了民主的政治过程。"⑤ 这一"民主的政治过程"最为重要的就是立法。可见，立法机关通过立法形成基本权利的具体内容，明确并细化了基本权利对国家权力的具体行为要求——为行政部门规定了行为准则、为司法机关提供了裁判准

---

① 宪法基本权利直接适用的消极影响，主要表现在两个方面：一是宪法基本权利原则抽象，具有高度包容性，直接用于调整私人之间权利义务关系，会发生不同属性权利之间的冲突与碰撞，使得司法机关处于尴尬地位难以做出抉择；二是宪法基本权利中的受益权功能，并不直接赋予个人以请求权，受益权之实现本质上属于国家政策之决策行为，立法与行政机关在进行相关决策的时候，必须考虑到现实统治秩序的承受能力。若赋予个人以请求权，让司法机关介入政治决策之中，会影响司法中立性基础，也可能危及国家现实统治秩序。

② 支撑宪法之存在的人民，并不是死水一潭，而是"动态的变量"（杰斐逊语，参见［美］埃尔斯特、［挪］斯莱格斯塔德编《宪政与民主：理性与社会变迁研究》，潘勤、谢鹏程译，生活·读书·新知三联书店1997年版，第232页。具体系史蒂芬·霍姆斯《先定约束与民主的悖论》一文）。宪法中确立的基本权利，是为以往某一时代人民所认可和确立的基本权利，在不同时代条件下，对该基本权利的内容和行使方式会存在不同理解。"一代人认为是基本权利的东西，也许另一代人认为是对基本权利的不适当的限制。"（［英］詹宁斯：《法与宪法》，龚祥瑞、侯健译，生活·读书·新知三联书店1997年版，第178页。）因此，如果在宪法中确定基本权利的内容，则有可能造成往昔之人民对现实之人民持续性压制或曰专政。故而，由立法者根据当时社会之理念、当下政治经济社会情势之需要，以立法的方式来确定基本权利之内容，赋予基本权利适应时代发展之新内涵，对于基本权利之保障具有不可替代的重要作用。

③ 刘志刚：《限制抑或形成：论关涉基本权利法律之功能的二元性》，《河南省政法管理干部学院学报》2005年第6期。

④ 具体可参阅陈新民《德国公法学基础理论》（下册），法律出版社2010年版，第356—359页。

⑤ Heike Krieger, "Comment to the Protective Function of the State of Dieter Grimm", in Georg Nolte, eds., *European and US Constitutionalism*, Cambridge University Press, 2005, p.181.

据。这就从微观层面落实了宪法规定的基本权利，为基本权利之实现提供了实实在在的法律规范基础，从而避免基本权利永远"高居"于宪法成为一种纯粹的价值理念宣示。

（四）国家保护之立法义务

基本权利之真正实现，首先要求国家予以尊重，承担不干预和不侵犯的消极义务，同时也要求国家提供各种物质和制度条件，承担帮助和促进的积极义务。这种义务在德国法上被称为国家的"保护义务"，国家保护义务的范围非常广泛，"保护义务之表现形态，乃联邦及各邦之立法者负有制定规范之任务，行政权负有执行保护性法律（包括行使裁量权）之义务；宪法法院以保护义务为标准，审查立法者及行政权之相关作为及不作为；普通法院以保护义务为标准，审理民事案件，并做成裁判"[①]。可见，基本权利要求国家承担概括意义上的"保护义务"，国家的保护义务主要是立法机关制定法律贯彻基本权利的义务。申言之，实现基本权利的前提性实质条件，主要是立法机关通过制定法律的方式来提供并使之完备的。诚然，立法机关以外的其他国家公权力机关也负有促进和帮助基本权利实现的义务，但是，在缺乏法律规范基础的情况下，即在立法机关未能提供充足条件（立法缺位）的情况下，这种义务就成为一种柔性的义务，有赖于公权力机关自身的道德与良知，其刚性与力度不如立法所确立之法律义务那般对公权力具有"强约束力"。

二 基本权利立法之宪法文本依据

基本权利的性质与效力、国家为实现基本权利所承担的义务、宪法基本权利条款的抽象性等都要求立法机关对基本权利进行立法具体化。若没有立法者这种具体化的法律，宪法的目标就无法达成。[②] 这意味着，无须宪法文本上再作具体规定，立法机关亦毫无疑问地负有针对基本权利立法之义务。

---

① [德] Christian Starck：《基本权利之保护义务》，李建良译，《政大法学评论》1997年总第58期。

② 陈新民：《宪法人民基本权利的限制》，载陈新民《德国公法学基础理论》（下册），法律出版社2010年版，第359页。

立宪实践中，宪法在某些基本权利条款中，亦明确规定了立法机关之立法义务，这是宪法对立法机关立法义务之强调。宪法在某些基本权利条款中明示立法义务，并不意味着其他未明示立法义务的基本权利条款立法义务之排除。

基本权利立法的宪法文本依据，包括概括性依据和明示依据两大类。概括性依据，意即宪法文本中概括规定国家负有尊重和保护基本权利的义务，宣示并列举基本权利，然而并未明示国家需采取立法方式来保障基本权利，如我国《宪法》第 33 条第 3 款之规定："国家尊重和保障人权"，德国《基本法》第 1 条第 1 款之规定："尊重和保护人的尊严是一切国家权力的义务"、第 3 款之规定："下列基本权利作为直接适用的权利，约束立法、行政和司法。"明示依据，则指宪法基本权利条款中明确规定该项基本权利之保护由法律规定，或者该项基本权利之限制必须依照法律规定，概言之，即基本权利保护与限制之细则由法律规定。"宪法委托理论"和"法律保留理论"已经从理论层面详细阐释了基本权利条款具有的"要求立法机关负担立法具体化义务"之效力。

从宪法文本角度来考察，我国宪法规定的"国家尊重和保障人权"可视为基本权利立法之概括依据。2004 年，我国将"国家尊重和保障人权"写入宪法，"人权入宪"具有积极而深远的意义，具体有三点：其一，人权入宪修正了中国的人权主体观，由"公民"人权观转变为"一切人"的人权观，人权主体不再限于具有国籍的公民而是扩展到所有的自然人。这样理解，才与国际人权公约规定的"适用于缔约国境内所有自然人"具有一致性，否则，做这样的修正就毫无意义。[①] 其二，人权入宪扩展了中国宪法中的权利体系，由封闭列举式的基本权利规范体系扩展为一个开放包容的权利体系，从而为保障宪法"未列举权利"提供了规范依据。其三，人权入宪转变了中国的人权标准观，人权不再局限于国内现行法律的标准，而应扩展到国家所接受的国际人权公约标准。[②] 人权入宪意味着基本权

[①] 莫纪宏等：《人权法的新发展》，中国社会科学出版社 2008 年版，第 179 页。
[②] 关于人权入宪的意义，具体可参见徐显明《宪法修正条款修正了什么》，载中国人权研究会编《"人权入宪"与人权法制保障》，团结出版社 2006 年版，第 44—49 页。

利立法有了宪法文本上的规范依据。尽管这一依据具有高度概括性，但是，立法机关必须根据这一宪法规范认真履行其所承担的立法具体化之义务。

同时，我国宪法在一些基本权利条款中也明示规定了立法机关负有立法之义务，这是基本权利立法的明示宪法依据。具体情况如表1-1所示。

表1-1　　我国宪法基本权利条款明示规定应当立法的情况①

权利	具体条款和内容	说明
财产权	第13条第2款：国家依照法律规定保护公民的私有财产权和继承权 第13条第3款：国家为了公共利益的需要，可以依照法律规定对公民的私有财产实行征收或者征用并给予补偿	财产权依法保护；征收、征用属法律保留事项
选举权和被选举权	第34条：中华人民共和国年满十八周岁的公民，不分民族、种族、性别、职业、家庭出身、宗教信仰、教育程度、财产状况、居住期限，都有选举权和被选举权；但是依照法律被剥夺政治权利的人除外	剥夺政治权利属法律保留事项
人身自由	第37条第3款：禁止非法拘禁和以其他方法非法剥夺或者限制公民的人身自由，禁止非法搜查公民的身体	限制人身自由属法律保留事项
住宅不受侵犯	第39条：中华人民共和国公民的住宅不受侵犯。禁止非法搜查或者非法侵入公民的住宅	搜查住宅需有法律依据
通信自由和通信秘密	第40条：中华人民共和国公民的通信自由和通信秘密受法律的保护。除因国家安全或者追查刑事犯罪的需要，由公安机关或者检察机关依照法律规定的程序对通信进行检查外，任何组织或者个人不得以任何理由侵犯公民的通信自由和通信秘密	通信自由和通信秘密受法律的保护
取得国家赔偿的权利	第41条第3款：由于国家机关和国家工作人员侵犯公民权利而受到损失的人，有依照法律规定取得赔偿的权利	取得国家赔偿需依照法律规定
退休和退休保障	第44条：国家依照法律规定实行企业事业组织的职工和国家机关工作人员的退休制度。退休人员的生活受到国家和社会的保障	退休由法律制度保障

---

① 宪法对基本权利的规定，不以"公民的基本权利和义务"一章之下的条款为限，凡是涉及基本权利内容的宪法条款，都可称为基本权利条款。对宪法基本权利条款的认定，以宪法条款的内容实质作为标准更适宜。

续表

权利	具体条款和内容	说明
服兵役	第55条第2款：依照法律服兵役和参加民兵组织是中华人民共和国公民的光荣义务	服兵役也是一项权利，需依法进行
纳税	第56条：中华人民共和国公民有依照法律纳税的义务	纳税人权利要求税收法定
公开审理和获得辩护	第130条：人民法院审理案件，除法律规定的特别情况外，一律公开进行。被告人有权获得辩护	不公开审理必须由法律规定

可见，宪法文本既以"国家尊重和保障人权"条款概括性地课以立法机关通过立法保障基本权利的义务，又在具体基本权利条款中明确指示了立法机关的立法义务。这构成了基本权利立法的宪法文本上之直接依据，是宪法的"明示委托"，这使立法者负有作出更详尽的细节性规范的义务。[1] 立法机关对于宪法的"明示委托"，负有更加积极的立法义务。

三 基本权利立法之人权公约要求

截至2008年8月，中国已经批准和加入了25项国际人权公约和议定书。[2] 对于联合国已经生效的9项核心人权公约，中国已经批准了6项，签署了1项，尚未批准或签署2项，具体情况如表1-2所示。

---

[1] [德] 康拉德·黑塞：《联邦德国宪法纲要》，李辉译，商务印书馆2007年版，第247页。
[2] 截至2008年8月，中国先后批准和加入的国际人权公约和议定书共计25项，分别是：(1)《防止和惩治灭绝种族罪公约》；(2)《关于难民地位的公约》；(3)《关于难民地位的议定书》；(4)《消除一切形式种族歧视国际公约》；(5)《禁止并惩治种族隔离罪行的国际公约》；(6)《消除对妇女一切形式歧视公约》；(7)《儿童权利公约》；(8)《男女同工同酬公约》；(9)《禁止酷刑公约》；(10)《改善战地武装部队伤病者境遇的日内瓦公约》；(11)《改善海上武装部队伤病者及遇海难者境遇的日内瓦公约》；(12)《关于战时保护平民的日内瓦公约》；(13)《关于战俘待遇的日内瓦公约》；(14)《一九四九年日内瓦公约关于保护国际性武装冲突受难者的附加议定书》（第一议定书）；(15)《一九四九年日内瓦公约关于保护非国际性武装冲突受难者的附加议定书》（第二议定书）；(16)《（残疾人）职业康复和就业公约》；(17)《关于农业工人的结社和联合权利公约》；(18)《经济、社会和文化权利国际公约》；(19)《儿童权利公约关于买卖儿童、儿童卖淫和儿童色情制品问题的任择议定书》；(20)《禁止和立即行动消除最恶劣形式的童工劳动公约》；(21)《最低就业年龄公约》；(22)《消除就业和职业歧视公约》；(23)《就业政策公约》；(24)《儿童权利公约关于儿童卷入武装冲突问题的任择议定书》；(25)《残疾人权利公约》。

表1-2　　　中国签署和加入联合国核心人权公约及其议定书情况

公约名称	中国签署日	中国批准/加入日	提出的保留①
《消除对妇女一切形式歧视公约》	1980年7月17日	1980年11月4日	第29条第1款
《消除一切形式种族歧视国际公约》		1981年12月29日	第22条
《禁止酷刑公约》	1986年12月12日	1988年10月4日	第20条、第30条第1款
《儿童权利公约》	1990年8月29日	1992年1月31日	第6条
《经济、社会和文化权利国际公约》	1997年10月27日	2001年3月27日	第8条第1款第1项
《公民权利和政治权利国际公约》	1998年10月5日	尚未批准	
《儿童权利公约关于儿童卷入武装冲突问题的任择议定书》	2001年3月15日	2007年12月29日	无保留
《儿童权利公约关于买卖儿童、儿童卖淫和儿童色情制品问题的任择议定书》	2002年12月3日	2003年1月3日	无保留
《残疾人权利公约》	2007年5月30日	2008年8月1日	声明
《保护所有移徙工人及其家庭成员权利国际公约》	尚未签署		
《保护所有人免遭强迫失踪国际公约》	尚未签署		

资料来源：联合国人权高级专员办事处官网，http://www.ohchr.org，最后访问日期：2022年6月6日。

可见，中国已经对国际人权公约作了非常广泛的国际承诺，担负了非常全面的人权保障义务。这一方面体现了中国政府在人权保障领域的积极

---

① 从提出保留的条款内容来看，中国加入人权公约提出的保留主要在两个方面：一是对公约争议管辖权的规定不予接受，这项保留不是针对人权公约本身，而是基于对主要由欧美把持的国际法庭之不信任；二是中国现行法律与人权公约的实质规定相冲突或者可能存在潜在冲突，而国内法律不易更改或者当时是中国所坚持的规范，但是，对人权公约的绝大部分内容是认可和接受的，在这种情况下，对个别条款提出保留。一般而言，中国在批准人权公约前会对国内法律进行审查，对国内法中明显违背人权公约内容的规定进行及时修正。

态度，另一方面也意味着中国政府担负着艰巨的适用国际人权公约及其议定书以全面保障普遍人权的义务。①

国际人权公约的主要内容就是要求缔约国承担"承认、尊重、保障、实现、促进人权"之义务。一个国家成为某个国际人权公约的缔约国之后，首先需要考虑的是国内立法方面的问题，具体包括两个方面：一是现有的国内法律和程序是否符合人权公约在法律上之要求；二是如若国内法律与人权公约不一致，是否应当制定新的法律（立新法），或者修正现有法律（改旧法），或者不再保留现有法律（废旧法）。经过上述考虑，缔约国就应当决定在立法上是保持原状，还是修正原有立法或是通过新的立法。② 作为人权公约的缔约国，必须在国内法中采取进一步行动对国际人权公约规定的权利加以确认，将其纳入宪法或通过立法的形式予以承认。③

由于我国实行社会主义制度，社会主义法制的高度统一性要求我国在处理国际人权公约与国内法之间的关系时，不能简单地采用"直接纳入"的理论，即不能在国内法上直接适用国际人权公约的规定。因此，从法治原则出发，将国际人权公约规定的主要内容转化成国内法的形式，即采用"立法转化"的方式，是我国履行国际人权公约下缔约国义务的最重要的方式。④ 如此，既维护了我国独立的法律主权，同时，又最大限度地遵守了国际人权公约义务。从实践角度来看，我国批准或加入的国际人权公约并不能被直接纳入国内法律体系之中，也不能被直接适用，而需要通过国内立法转化适用，即通过适用国内法来间接达到适用国际人权公约的法律效果。⑤

通过立法的方法和措施保障人权的充分实现，也是《经济、社会、文化权利国际公约》和《公民权利和政治权利国际公约》要求缔约国履行公约义务的基本方式。《经济、社会、文化权利国际公约》第 2 条第 1 款规定："每一缔约国家承担尽最大能力个别采取步骤或经由国际援助和合作，

---

① 戴瑞君：《国际人权条约的国内适用研究：全球视野》，社会科学文献出版社 2013 年版，第 260 页。
② 谭世贵主编：《国际人权公约与中国法制建设》，武汉大学出版社 2007 年版，第 107 页。
③ 曾令良等编著：《国际人权公约的实施及中国的实践》，武汉大学出版社 2015 年版，第 186 页。
④ 莫纪宏：《国际人权公约与中国》，世界知识出版社 2005 年版，第 341 页。
⑤ 戴瑞君：《国际人权条约的国内适用研究：全球视野》，社会科学文献出版社 2013 年版，第 268—269 页。

特别是经济和技术方面的援助和合作，采取步骤，以便用一切适当方法，尤其包括用立法方法，逐渐达到本公约中所承认的权利的充分实现。"①《公民权利和政治权利国际公约》第 2 条第 2 款规定："凡未经现行立法或其他措施予以规定者，本公约每一缔约国承担按照其宪法程序和本公约的规定采取必要步骤，以采纳为实施本公约所承认的权利所需的立法或其他措施。"② 因此，通过立法的方式来保障人权的充分实现，是人权保障机制中最为重要的步骤。③ 缔约国根据国际人权公约要求采取立法措施出台人权保障有关法律，是履行国际人权公约义务之需要。例如，我国 1991 年制定《未成年人保护法》是履行《儿童权利公约》义务之需要，1992 年制定《妇女权益保障法》是为实施《消除对妇女一切形式歧视公约》，2015 年制定《反家庭暴力法》也是积极采纳联合国消除对妇女歧视委员会（CEDAW）在审议中国的第三、第四次国家报告时提出的建议："委员会建议中国制定打击针对妇女的暴力，特别是家庭暴力的专门法律。"④

第三节 基本权利立法之原则

基本权利立法的原则是宪法基本权利规范的内在要求，集中体现了基本权利的精神实质。在这一意义上，基本权利立法原则是基本权利内核的外在表现。如是，这些原则既是基本权利立法的规则，同时亦是评价基本权利立法的标准。申言之，作为立法者，必须遵守基本权利立法的基本原则，以其指导具体立法活动，在具体法律条文中贯彻这些原则；作为评价

---

① *International Covenant on Economic, Social and Cultural Rights* Article 2: 1. Each State Party to the present Covenant undertakes to take steps, individually and through international assistance and co-operation, especially economic and technical, to the maximum of its available resources, with a view to achieving progressively the full realization of the rights recognized in the present Covenant by all appropriate means, including particularly the adoption of legislative measures.

② *International Covenant on Civil and Political Rights* Article 2: 2. Where not already provided for by existing legislative or other measures, each State Party to the present Covenant undertakes to take the necessary steps, in accordance with its constitutional processes and with the provisions of the present Covenant, to adopt such laws or other measures as may be necessary to give effect to the rights recognized in the present Covenant.

③ 莫纪宏：《国际人权公约与中国》，世界知识出版社 2005 年版，第 71 页。

④ UN Doc. A/54/38, para. 286.

者，可以这些原则作为标准来评价具体立法是否符合宪法规范之要求、是否切合基本权利之精神、是否有利于基本权利之保障与促进，即这些原则可以作为衡量立法合宪性的标尺。由于，我国尚未建立有效的违宪审查制度，[①] 宪法基本权利规范和体现基本权利精神的宪法原则还不能被援引以有效审查公权力机关对基本权利的干预是否合宪正当，因此，明确基本权利立法的原则，能够为立法权界定、规制和限定基本权利提供具体的裁量基准，防止立法权淘空或否定基本权利。

一　综括性立法原则

基本权利立法过程中，不论是程序性规范还是实体性规范，亦无论是正向确权性规范还是反向限制性规范，都必须遵循以下四个原则：正当程序原则、法律明确性原则、法律不溯及既往原则、个案法律之禁止原则。

（一）正当程序原则[②]

正当程序原则作为一项最重要的宪法原则，[③] 源于英国普通法中的"自然公正原则"。所谓"自然公正"，即是指基本的、简单的、初步的公正，有别于复杂的、高标准的、技术性的公正。传统的自然公正原则有两个基本要求：一是任何人不得做自己案件的法官；二是当个人权利受影响

[①] 林来梵：《规范宪法的条件和宪法规范的变动》，《法学研究》1999 年第 2 期；江国华：《刘松山先生的〈违宪审查热的冷思考〉质疑》，《法学》2004 年第 8 期；上官丕亮：《行政诉讼：宪法实施的重要推动力》，《学习与探索》2013 年第 1 期。

[②] 由于美国宪法缺乏大陆法系国家宪法所规定的比例原则、明确性原则等，为了弥补该项缺陷，美国联邦最高法院在程序性正当程序（procedural due process）之外，还发展出所谓实质性正当程序（substantive due process），并以此来检验法律的内容是否符合公平、正义等。实质性正当程序的内涵包括法律必须为达成合理目的之合理手段且必须为对人民限制最少者；且法律之规定，不论是要求或禁止皆须明确，裨使人民知所措手足。参见汤德宗《行政程序法论》，元照出版公司 2000 年版，第 172 页。

[③] 学者曾作过统计，近半个世纪以来，美国联邦最高法院有 40% 的案件涉及正当程序原则的宪法条款之适用，其被联邦最高法院适用的次数远远超过其他宪法条款。故而，有人甚至将"正当程序原则"称为"各种人权的守护者"。参见焦洪昌、李树忠《宪法教学案例》，中国政法大学出版社 1999 年版，第 68 页。当然，如今的情形发生了变化。因为，同一政府行为，以不同的法规范呈现时，诉诸平等条款只会导致某一或部分法规范违宪无效，但是运用正当法律程序条款，则会导致所有的规范无效。由于正当程序条款的运用将导致较为广泛的影响，因此，法院近年来一直尽量避免适用，渐渐地，平等保护条款成为法院的偏好。参见 Henry Julian Abraham, *Freedom and the Court：civil rights and liberties in the United States*, 4th ed., New York：Oxford University Press, 1982, p. 25。

时，享有公平听证的机会。1932 年，英国大臣权力委员会在自然公正原则的基础之上，提出了两项新的原则：其一，无论处理争议的程序是司法性质的还是非司法性质的，争议各方都有权了解作出裁决的理由；其二，如果对负责调查的官员所提出的报告草案提出了公众质询，那么争议各方有权得到该报告的副本。① 从正当程序原则的发展与适用实践来看，这一原则最初只适用于司法活动，是对司法程序的最低限度的要求。② 在其被纳入美国宪法第五修正案③之后，正当法律程序原则对世界各主要国家和地区产生了重大影响。④ 在各国的实践中，正当法律程序原则适用范围逐渐扩展至行政领域，"正当程序对怎样行使政府权力加以限制，它同法律的程序有关，主要限制行政部门和司法部门"。⑤ 在行政领域，正当程序原则最基本的要求包括通知（notice）、听证（hearing）和理由之陈述（statement of reason），申言之，行政行为相对人享有以下五项正当程序权利：一是事前的通知和听证的权利；二是获得审判形式的听证的权利；三是充分陈述自己立场、观点，并获得律师辩护的权利；四是由公正无私裁决人进行裁决的权利；五是获得调查结果和结论的权利。⑥

正当程序原则适用于立法，与行政立法的兴起紧密相关。行政立法作为抽象行政行为是行政权兼理立法之表现，必须更加严格地遵循正当程序原则——因为行政立法比具体行政行为更可能侵犯个人的权利，而且这种

---

① 陈瑞华：《刑事审判原理论》，法律出版社 2020 年版，第 55—56 页。
② 正如丹宁勋爵所言："我所说的经'法律的正当程序'系指法律为了保持日常司法工作的纯洁性而认可的各种方法：促使审判和调查公正的进行，逮捕和搜查适当的采用，法律援助顺利地取得，以及消除不必要的延误等等。"参见［英］丹宁勋爵《法律的正当程序》，李克强、杨百揆、刘庸安译，法律出版社 2015 年版，"前言"第 1 页。
③ 美国宪法第五修正案规定：未经正当法律程序，不得剥夺任何人的生命、自由或财产。英文原文为：No person shall be... deprived of life, liberty or property, without due process of law...
④ 在美国，正当法律程序原则也经历了一个不断变化与完善的过程，其发展规律可概括为四点：一是从规制对象来看，由联邦政府扩展到州政府；二是从内容上来看，由正当的程序到正当的实体；三是从适用范围来看，由司法程序延伸到行政程序；四是从保障范围来看，由人身自由扩大到人权法案明示或暗示的自由，言论、出版、集会、契约自由、工作权等均在其保障范围之内。其中，从程序性正当法律程序原则发展到实质性正当法律程序原则最引人关注。
⑤［美］詹姆斯·麦格雷戈·伯恩斯等著：《民治政府——美国政府与政治》，吴爱明、李亚梅等译，中国人民大学出版社 2007 年版，第 211 页。
⑥［美］欧内斯特·盖尔霍恩、罗纳德·M. 利文：《行政法和行政程序概要》，黄列译，中国社会科学出版社 1996 年版，第 131—145 页。

侵害会危害不特定多数人的权利。正当程序原则在行政立法领域中适用的法理基础就在于，正当法律程序理论将正当法律程序分为程序性正当法律程序和实质性正当法律程序。程序性的正当程序（procedural due process）一般是指法律赖以实施的方法，对怎样行使政府权力加以限制；而实质性的正当程序（substantive due process）对行使政府权力做什么加以限制。程序性正当程序同法律的程序有关，而实质性正当程序同法律的内容有关。程序性正当程序主要限制行政部门和司法部门，而实质性正当程序主要限制立法部门。在实质性正当程序原则之下，一项"不合理"的法律，即使已经恰当地通过了，并恰当地施行了，仍然会被认为是违宪。① 美国学者彼得·哈伊认为，"正如《权利法案》的许多方面已合并在第十四修正案的正当程序条款中从而约束了州一样，这一修正案的不歧视规定的许多的委托和禁止，由于在司法上已合并到宪法第五修正案的正当法律程序条款中，因而也约束了联邦立法"②。因此，正当法律程序原则也能够适用于立法机关的立法行为——因为立法也追求最低限度的公正。

何谓立法正当程序？从美国立法实践来看，立法正当程序的核心在于"某种形式的听证"（some kind of hearing）③，"时至今日，很少有不经过听证程序而出台的重大法案，听证程序已深深地扎根于美国联邦议会的实践之中"④。可见，立法经过听证程序，是程序性正当程序最基本的要求。不过，它只要求"某种形式的听证"，而不要求固定形式的听证，"正当程序并不是一个与时间、地点和形势不相关的技术性概念，它是灵活的，要求我们根据不同的情况提供适当的程序保障"⑤。而实质性正当程序，则要求在制定规则（立法）时，"（所采用的）任何一种听证形式，必须包含正

---

① [美] 詹姆斯·麦格雷戈·伯恩斯等著：《民治政府——美国政府与政治》，吴爱明、李亚梅等译，中国人民大学出版社 2007 年版，第 211—212 页。

② [美] 彼得·哈伊：《美国法律概论》，沈宗灵译，北京大学出版社 1997 年版，第 25—26 页。

③ 1974 年，美国最高法院大法官怀特（Justice White）在 Wolf V. McDonnell 一案中，代表最高法院对正当程序所要求的听证作出了总结性的意见："法院一贯认为，在个人被剥夺财产或利益之前的某个时间，某种形式的听证（some kind of hearing）是必需的。"See. 418 U. S. 539, 557, 558 (1974).

④ William J. Keefe, *The American legislative process*: Congress and the States, 8th ed., Englewood Cliffs, NJ: Prentice Hall, 1993, p. 207.

⑤ 470 U. S. 541 (1985).

当法律程序的核心内容：当事人有得到通知及提出辩护的权利，是否具备这两种权利是区别公正程序与不公正程序的分水岭"①。可见，正当程序的基本内核就是"程序公正"，美国联邦最高法院大法官道格拉斯（William O. Douglas）就认为："公正程序乃是'正当程序'的首要含义。"② 作为公正的程序，首先应该具备产生出公正结果的能力，而且其本身应具备理性、人道、尊重人格等程序价值，即程序自身符合正义要求。③

申言之，基本权利立法的正当程序应具备如下六项基本品质：一是程序公开，即立法程序的每个环节和各个阶段所形成的立法性文档如法律草案和立法说明等，向社会公开；二是程序参与，即必须保障权益受立法影响的人或其代表能够充分参与立法过程，并能够有效地影响立法结果；三是程序有效，即立法结果是在程序之中形成的，而不是在程序之前或之外形成；四是程序平等，即参与立法程序的主体在法律地位上平等，享有平等的程序权利承担平等的程序义务；五是程序理性，即立法程序是一个平等对话、说明理由和理性说服的程序，而不是一个恣意、专断地作出立法决定的过程；六是程序效率，即程序规则要能够实现人财物、时间等稀缺性资源的优化使用和合理配置，降低立法活动的成本，提高立法活动的效率。

正当程序是看得见的公正，正当立法程序（程序公正）是立法活动结果公正即法律公正（实体公正）的基本保障。正当的立法程序更能促成立法的实体公正，而正当立法程序缺位，则难以甚或无由获得立法的实体公正。

(二) 法律明确性原则

法律是人类最为重要的行为规范，其内容必须明确且具体，不能含糊其辞或模棱两可。270多年前，孟德斯鸠就告诫立法者：法律不要精微

---

① 王名扬：《美国行政法》（上册），中国法制出版社2005年版，第410页。
② William O. Douglas, "A Comment in Joint Anti-Fascist Refugee Comm. V. McGrath", in *United States Supreme Court Reports* (95 Law, Ed. Oct. 1950 Term), The lawyers Co-operative Publishing Company, 1951, p. 848.
③ R. S. Summers, "Evaluating and Improving Legal Process-A Plea for Process Values", *Cornel Law Review*, Vol. 60, No. 1, November 1974, pp. 25 – 26.

玄奥，它是为具有一般理解力的人们制定的，并非一种"逻辑学的艺术"，而是像一个家庭父亲般的简单平易地推理。① 如果法律不明确，执法者在执法过程中就能按照自己的解释来充实法律内容，这极易导致执法行为的随性与恣意。此种情形下，执法者在很大程度上就身兼执法者和立法者两种角色，宪法文本上的权力分立或权力监督制约在实践中就异化为权力融合。这不仅有违宪法权力分立原则，而且给行政权任性而为大开了法律方便之门，人权将岌岌可危。同样，如果法律不明确，受立法调整规范的人们，将对自己行为的法律性质和法律后果无从知晓，不能预见自己的行为究竟会被法律怎样评价，人们的社会行为必定会陷入"无所措其手足"之困境。如此，整个社会将难以形成一种安定的法律秩序。

　　法律明确性原则有两个方面的内涵：一是法律规范本身必须明确具体，即立法机关制定的法律、行政机关制定的行政法规等在内容上必须明确；二是授权法案必须明确具体，即立法机关在授权行政机关制定法律时，必须将授权的内容、目的与范围明确规定在授权法案之中，而不能泛泛授权。德国《基本法》第 80 条第 1 款就规定："联邦政府、联邦部长或州政府根据法律的授权颁布行政法规。此项授权的内容、目的与范围应以法律规定之。"②

　　法律明确性原则最集中的体现就是罪刑法定，其基本含义是指犯罪和刑罚都必须由法律明确规定，申言之，犯罪行为的法律构成要件及其应当承受的法律后果（即刑罚）都必须以法律的形式明确加以规定，法律没有

---

　　① 转引自史彤彪《法律的明确性与"宽大"原则》，《人民法院报》2002 年 11 月 11 日第 5 版。

　　② 德国《基本法》对授权法案三要素的明确规定，是基于对第二次世界大战期间国会泛滥授权的惨痛经历之反思。1923 年德国国会通过了《授权法案》，授权内阁得以行政命令的方式，在财政、经济与社会领域采取一切必要且急迫之措施，仅以不抵触宪法为内容上的唯一限制。1933 年德国国会又制定了《排除人民及国家紧急状态法》，该法不仅授权内阁得订立抵触宪法条文的行政命令，并且还将此种命令冠以法律的名谓，使规范的制定与规范的执行无从辨认，也使得法律与命令无从区别，破坏了宪法上的权力分立原则，对法治造成了莫大的伤害。参见城仲模主编《行政法之一般法律原则》，三民书局 1997 年版，第 423 页。

明文规定为犯罪的行为，就不能认定为犯罪，也就不能科以刑罚。① 1789 年法国《人权与公民权利宣言》② 和德国《基本法》③ 都明确规定了罪刑法定原则。拉丁法谚"无法律即无犯罪""无法律即无刑罚"也生动体现了罪刑法定之精义。美国联邦最高法院亦通过创造性司法工作，从宪法第五修正案规定的"正当法律程序"中发展出"不明确即无效原则"（void for vagueness doctrine）。④ 这一原则要求立法者必须具体且明确地规定限制或者剥夺公民基本权利的法律，其内容必须是意旨明白、清晰无误的规则，否则，该法律就会因违反罪刑法定主义而违宪无效。

立法必须给人以明确的预期，尤其基本权利立法，不管是限制或克减权益，还是保护或授予权益，都应该具体明确。否则，权利主体不能够清楚地知晓法律的意义和内涵，将陷于困惑之中；权力主体则会因法律解释空间之存在而增加对法律理解偏差的概率，甚或滥用权力。如是，基本权利就难以得到较好保障，基本权利的内容就会落空，基本权利立法之目的亦难以实现。

（三）法律不溯及既往原则

法的安定性是法治之要义，这即意味着法律不能朝令夕改，而且法律只能向后发生效力。设若法律能够向前发生效力，可以对过往行为的法律评价推倒重来，那么法律必定不会被信仰，立法者就可以随意而为了。如

---

① 罪刑法定主义有四个方面的要求：一是禁止习惯法之运用，即禁止借由不成文的习惯法创设刑罚与加重刑罚；二是禁止不明确的刑法，即要求刑法必须明确，所规定的法定刑必须相对确定，禁止绝对不确定的刑罚之存在；三是禁止类推适用，即禁止以类推方法适用刑法，尤其禁止类推适用创设刑罚与加重刑罚，而且刑法解释必须与类推适用保持界限；四是禁止不利追溯，即不能对犯罪嫌疑人和被告人适用新法以加重处罚，必须坚持"从旧兼从轻原则"，唯有在新法对犯罪嫌疑人和被告人处罚较轻时，方可适用。

② 1789 年法国《人权和公民权利宣言》第 8 条规定："任何人非依犯罪前已制定公布，且经合法适用之法律，不得科以刑罚。"

③ 德国《基本法》第 103 第 2 款规定："某项行为实施之前法律已规定其可罚性时，对该行为方可处以刑事处罚。"

④ 美国宪法没有明文规定法律明确性原则，这一原则是联邦最高法院的大法官们在司法实践中从宪法第五修正案规定的"正当法律程序原则"中发展出来的。1914 年美国联邦最高法院在 International Harvester Co. V. Kentucky 判决中首创了"不明确即无效的理论"；1926 年在 Connally. V. General Construction Co. 判决中又进一步发展了明确性（principle definiteness）理论，提出了明确性原则的判断标准；1972 年的 Papachristou V. City of Jacksonville 的宪法判例则使得明确性原则声名鹊起。参见欧爱民《宪法实践的技术路径研究——以违宪审查为中心》，法律出版社 2007 年版，第 135 页。

是，法治也终将成为虚幻泡影。正是基于这一考量，早在公元400年，罗马皇帝狄奥多西乌二世就在其公布的法令中明确规定，法令不能对过去的事实发生法令效力，但必要时，立法者可以通过溯及既往的法律。可见，法不溯及既往是一项原则，而溯及既往则是一项例外。在这之后制定的《查士丁尼大帝法典》（536年）就明确规定了，法律以不溯及既往为原则，以溯及既往为例外。①

在借鉴罗马法这一古老法律原则的基础之上，1789年的美国宪法在第1条就规定，"剥夺公权力的法案与溯及既往的法律（ex post facto law）一律不得通过"。而且，还明确规定，"无论何州不得行使下列权力：……通过剥夺公权的法案，追溯既往的法律或损害契约义务的法律"。1789年法国《人权和公民权宣言》第8条也规定："除非根据在犯法前已经制定和公布的且依法实行的法律以外，不得处罚任何人。"1794年公布的《普鲁士一般邦法总则》第14条规定，任何新法律对已经完成的行为及事实皆不能适用。可见，法不溯及既往已成为立宪国家的一项明确的宪法原则，立法机关必须遵循这一宪法原则。

法不溯及既往原则，主要是为了维护法律的安定性和保护人们基于对法律信赖而为行为所获之利益，禁止立法者对法律公布生效之前业已完成的行为和已经实现的权利重新进行法律评价，确保立法不侵犯公民的信赖利益。故而，法治主义框架内原则上不容许溯及既往法律之存在。但是，"如果为了正义的理由，以及为了排除前法的错误与填补法律漏洞，立法者在不侵犯原有法律体系且能和谐地符合原来法律之目的与意义时，可以制定溯及既往的法律"②。我国《立法法》第93条③和有关司法解释④也明确规定了"有利溯及"的原则，即在存在法律漏洞的情况下，为了更加有

---

① 陈新民：《德国公法学基础理论》（下册），法律出版社2010年版，第531—532页。
② 陈新民：《德国公法学基础理论》（下册），法律出版社2010年版，第563页。
③ 《立法法》（2015年修正）第93条："法律、行政法规、地方性法规、自治条例和单行条例、规章不溯及既往，但为了更好地保护公民、法人和其他组织的权利和利益而作的特别规定除外。"
④ 《最高人民法院、最高人民检察院关于适用刑事司法解释时间效力问题的规定》（2001年12月17日施行）规定："对于司法解释实施前发生的行为，行为时没有相关司法解释，司法解释施行后尚未处理或者正在处理的案件，依照司法解释的规定办理。对于新的司法解释实施前发生的行为，行为时已有相关司法解释，依照行为时的司法解释办理，但适用新的司法解释对犯罪嫌疑人、被告人有利的，适用新的司法解释。"

利于保障权益,可以制定和适用溯及既往的法律。可见,允许溯及既往法律存在的例外情形,必须满足"更加有利保障权益"的信赖利益保护要求,① 也应接受违宪审查机关的严格审查。

需要注意的是,法不溯及既往原则的适用范围与严格程度和法规范的性质有关,具体而言:刑事立法领域,实体法规范绝对不能溯及既往,② 程序法规范则可以溯及既往③——例外的是,对先前犯罪行为"去罪化"或者"轻罪化"的刑事立法,由于其有利被告人权利保障,则可以具有溯及既往的效力;④ 民事立法领域,法律规范可以溯及既往,只有个别国家规定民事法律不能溯及既往,如法国和奥地利。法国1795年宪法规定:

---

① 基于信赖利益保护理论,我国台湾地区学者李建良将溯及既往法律存在的例外情形概括为五种:一是人民预见法律将有所变更者;二是现行法律规定有不清楚或混乱之现象,立法者欲借由溯及法律加以整理、清除者;三是现行法律违宪无效,立法者以新规定取代者;四是因溯及法律所造成的负担微不足道者;五是溯及法律系基于极为重要的公益上的理由,且其重要性高于法安定性的要求者。因为在第一种情形下,当事人对新法的制定有所预见,对旧法的存续并不存在信赖利益;在第二种与第三种情形下,现行法律并未为当事人提供足够的信赖基础;第四种情形对当事人的权利影响较小不足以损及信赖利益;在第五种情形中,当事人虽然有值得保护的信赖利益,但由于存在更大的公共利益,因此个人的信赖利益应有所退让。参见李建良《法律的溯及既往与信赖保护原则》,《台湾本土法学杂志》2001年总第24期。

② 刑事法律领域中,实体法规范绝对不能溯及既往是一项原则,非实体法规范是否必须绝对地不溯及既往则存在疑问,尤其在时效问题上。例如,《德国刑法》有关无期徒刑的追诉时效为30年,因此,纳粹暴行的追诉时限将在1963年届满(纳粹党于1933年取得政权),为了追究那些尚未发现的纳粹分子的罪行,德国国会于1965年4月13日通过了《追诉时效延长法》,将追诉时效延长至1969年12月31日。对此,德国联邦宪法法院认为《基本法》有关罪刑法定原则是禁止嗣后规定可罚性要件,及加重可罚之刑度而言。至于追诉时效属于可追诉性并不包括在内。对于仍在追诉期限内的罪犯,立法者为了平衡法律安定性及实质正义,而延长甚至取消时效,只要不出于恣意,就可获得合宪之基础。参见陈新民《德国公法学基础理论》(下册),法律出版社2010年版,第565—566页。同样,在民主转型的捷克,该国宪法法院在"共党政权非法与抵抗合法性法"一案中认为该法以延长追诉时效的方式,实际上溯及既往追诉1948年2月至1989年12月间,因政治原因而未追诉的罪行,并不违反捷克宪法中所保障的刑罚禁止溯及既往原则。参见吴志光《东欧民主转型国家宪法法院对法治国家建构之影响——兼论对我国违宪审查经验之启示》,载刘孔中、陈新民主编《宪法解释之理论与实务》(第三辑下册),"中研院"中山人文社会科学研究所2002年版,第460页。

③ 由于程序法规范不会在实质上影响到诉讼程序参加人的实体权利和义务,故而,在各国的司法实践中,法院一般倾向于程序法可以溯及既往,即法院可以运用新的程序法来审理未决案件。

④ 禁止立法者在刑事领域制定具有溯及力的法律,是为保护人民的权益不受立法者恣意评价和限制(剥夺)。如若立法者制定新的刑事法律,将旧法中规定为犯罪的行为予以"去罪化"或"轻罪化",由于这样更有利于保护人民的权益,新的刑事法律可以具有溯及既往的效力。正是基于上述考量,我国《刑法》(2020年修正)第12条规定了"从旧兼从轻"原则,这一规定具有正当性。

任何法律，不论民法或刑法，皆不得有溯及效力。1804 年《法国民法典》第 2 条也明确规定：法律只对将来生效，没有溯及的效力。1811 年《奥地利民法典》第 5 条规定：法律不溯及既往，对于已经完成的行为或已获得的权利，不受影响。

（四）个案法律之禁止原则

立法要具备法律的一般特征，即一般性和抽象性，而不能针对具体的人和事制定个案法律。个案法律之禁止原则，是法治国家必须遵循的一项宪法原则，亦是基本权利立法必须遵循的一项基本原则。

罗马法谚有云："法不是针对个别人，而是针对一般人而设计的。"（Law are adapted to general persons not to singular ones.）[1] 该法谚通俗地阐明了个案法律禁止原则的内涵。德国《基本法》明确了这一原则，其第 19 条第 1 款规定："凡基本权利依本基本法规定得以法律限制者，该法律应具有一般性，且不得仅适用于特定事件（即不能只针对个案发生效力）。"[2]

在英美法系国家，个案法律被称为 Bills of Attainder（褫夺公权法案）[3]。褫夺公权法案，意指议会通过法律直接剥夺特定人群的人身自由与财产权利，这即是通过立法的方式而不是法庭审理的方式来确定特定人有罪并直接处以刑罚，被法律认定为有罪之人没有辩护的机会和权利。[4] 这一形式的法案，最初是英国议会用来铲除权势过大的国王宠臣，从而削弱（制约）国王权力的利器。随着英国议会主权原则之确立，议会地位逐渐稳固，议员安全感日渐增强，1798 年"褫夺公权的法案"最终被投入了英国宪治历史的垃圾箱。[5] 美国的立宪先贤们，基于对保障人权的慎重与

---

[1] 该法谚的拉丁文为：Jura non in singulas personas, sed generaliter constituuntur.

[2] 朱建民、陈冲、张桐锐、林子平等译：《德意志联邦共和国基本法》，载《德国联邦宪法法院裁判选辑（十）》之附录，1999 年版。

[3] "褫夺公权的法案"又译为"公民权利剥夺法案"，参见李道揆《美国政府和美国政治》，商务印书馆 1999 年版，第 586 页。

[4] 褫夺公权的法案可分为三种类型：一是直接通过法律宣布某人犯下了叛国、颠覆政府或其他重罪，被定罪者将被处以极刑（处死）；二是直接通过法律处以被定罪者流放、没收财产、剥夺选举权等，此类个案法律被称为 Bill of Pains and Penalties；三是直接通过法律没收被定罪者财产，不让其后代来继承，即惩罚不仅及于本人，而且还连带惩罚其后代，此类法案称为 corruption of blood（血统玷污）。

[5] 1798 年，英国议会通过最后一个"褫夺公权的法案"，从此，"褫夺公权的法案"被明确禁止。参见丁林《非法之法不是法》，《读书》2001 年第 5 期。

对公权力侵害人权的警惕，在《宪法》第 1 条规定的联邦国会和各州立法权限条文中两次写进"不得立法"通过褫夺公权之法案（又译为"公民权利剥夺法案"）。①

基本权利立法遵循个案法律禁止原则的理由有三：一是法律特征的要求，法治社会中，法律最大的特性就在于其是一种抽象式、一般性的规范，适用于普遍性、一般性的公民，而不直接针对一个具体而明确的公民。二是权力分立原则的要求，立法机关通过立法方式规定特定人的法律责任，是立法权对司法权的僭越。立法机关作为民主议事机构，其目的在于通过利益权衡达成政治妥协；而司法机关则是居中裁判机构，其终极追求在于通过案件审理实现公平正义。恰如沃伦大法官在 United States V. Brown（1965 年）一案②中指出的："立法机构通过一项法令就宣布某一类人是有罪的，而不是经过法庭审判，这样来使用立法程序中的多数原则，是非常危险的。若不经审判就已定罪，那么没人是真正安全的。宪法中禁止褫夺公权之法案的条款，除了强调了政府三大分支的分权以外，还反映了建国者们的一个信念：对罪与非罪的判断，由民众代表组成的国会，比不上法官们组成的法庭。判定一个人是不是有罪，只能是法庭司法程序的事情。"③ 三是平等保护的要求，平等保护要求"等则等之，不等则不等之"，即"相同情况相同处理，不同情况差别对待"。可见，平等保护并不反对差异，只不过这种差别对待是基于达致平等之目标，且控制在合理程度以及社会的政治、经济、文化等能接受的范围之内。而个案法律要

---

① 《美利坚合众国宪法》第 1 条第 9 款：（联邦国会）不得通过公民权利剥夺法案或追溯既往的法律。第 10 款：无论何州，不得通过公民权利剥夺法案、追溯既往的法律或损害契约义务的法律。孙谦、韩大元主编：《立法机构与立法制度：世界各国宪法的规定》，中国检察出版社 2013 年版，第 394 页。

② United States V. Brown 一案的梗概为：美国《劳动管理报告和公开法》第 504 条规定：共产党员如果有意识地担任工会干部，就是一项罪名。布朗是一名共产党员，他有意识地担任了工会干部。1961 年 5 月 26 日，布朗被指控违反了上述法律。在法庭上，检察官没有指控布朗从事了任何具体的非法活动，也没有证明布朗曾经号召或组织过政治罢工。换言之，布朗什么也没有做。只不过，布朗是共产党员，同时担任了工会干部。陪审团根据上述法律条文判定布朗有罪。联邦第九巡回区上诉法庭推翻了这一判决，认为美国《劳动管理报告和公开法》第 504 条违反了宪法第一和第五修正案。这一案件一直上诉到联邦最高法院。

③ United States V. Brown, 381 U. S. 437 (1965).

么是赋予特定人以特权（保护过度），要么是科以特定人以义务（保护不足），无疑都是对平等保护原则的悖逆。

如何判断一项法律是不是个案法律？德国学者 Hertzog 认为：虽然个案法律的判定标准并不明确，但是从平等保护原则的角度出发，以避免少数当事人受到法律的特别待遇为目的，个案法律的判定标准仍然有一定的脉络可循。只要法律构成要件的抽象性让人无法精确地预见有多少案件适用该法以及哪些案件适用该法，该法就具有适用于不特定多数案件的一般规范性质，而非基本法所禁止的个案法律。① 可见，个案法律并不是以"法律所规范对象的多寡"作为判断标准，而应以"法律所规范对象的明确性"作为判断标准。②

识别个案法律，需要特别注意两种类型的法律：一类是"外观抽象，内在具体"的法律，③ 即立法者虽然采取了抽象法条的方式，但是，实质上却是针对少数具体明确的适用对象，法律所适用的案件是可预见的。这种法律仍然属于个案法律。另一类是措施性法律，即指基于特定目的、针对特定事由、就特定事件而制定的法律，是规范性法律的对称。④ 措施性法律不同于个案法律，具有如下特征：一是措施性法律规范的对象具有一定抽象性，而个案法律规范的对象则具有具体性；二是措施性法律具有一定的存续期间，⑤ 而个案法律则没有存续期间限制，只要个案法律未被宣布违宪无效，特定人

---

① 陈英钤：《从行政国家到立法国家？——"释字五百二十号"之评释》，《台湾本土法学杂志》2001 年总第 22 期。

② 规范对象明确具体的法律可认定为个案法律，如德国 1934 年制定的《兴登堡总统崇敬法》；而规范对象在数量上不多，但是并不明确具体的法律则不是个案法律，如立法机关制定《卸任总统礼遇条例》，该法规范的对象仅为已卸任、现任以及将来的总统，人数屈指可数，但是除了已卸任和现任总统是明确的外，将来谁担任总统并不确定，因此该法符合抽象性的法律特征，不是针对特定人员的个案法律。

③ "外观抽象，内在具体"的法律，如旧金山市制定的《洗衣条例》。在 Yick Wo V. Hopins 一案中，为了在洗衣行业系统排斥华人，旧金山市通过了《洗衣条例》，规定："任何在市内的木质建筑中开办、维护和经营洗衣店的人都必须从市政府当局获得执照。拒不服从者，将被罚款 1000 美元或者最长不超过 6 个月的监禁或者两项并罚。"从法条形式来看，该法针对任何人，具有抽象性和一般性；但是，实践中，该法适用对象却是明确且具体的，因为所有华人洗衣店老板的申请均被拒绝，而所有白人的申请则一路绿灯。因此，该法属于典型的"外观抽象，内在具体"的法律。

④ 规范性法律，是指没有时间限制，并非针对特定事件或特定个人的法律。

⑤ 措施性法律是为实现某一目的而制定，当立法目的实现之后，其不再具有存续的意义，也不再具有效力。正如法谚所云：立法理由若消失，法律效力即消失。

员享有的特权或负有的特殊义务就继续有效;三是措施性法律具有规范效力和规范功能,而个案法律为宪法所禁止,不具有规范功能。

二 确权性立法原则

基本权利立法首先需要对基本权利予以确认,明确基本权利的具体含义和内容,从正向角度延伸扩展基本权利保护范围。为此,基本权利确权性立法必须遵循以下三个原则:制度性保障原则、平等保护原则和法不禁止即自由原则。

(一) 制度性保障原则

基本权利确权性立法之首要目的即是要形成对基本权利的制度性保障。宪法基本权利若无相关制度保障,充其量只是人民"虔诚的愿望",是立宪者"善意的声明与独白",是权力当局"政治上的箴言"而已。基于此,制度性保障对于基本权利之保障至关重要。因此,基本权利立法应当遵循制度性保障原则,立法者必须通过积极立法来建构相关的法律制度,以充实具体化基本权利的内涵并明确国家对应的义务,为基本权利的保障提供制度性支持。①

基本权利具有双重属性,其"客观价值秩序"属性极大地强化了基本权利的实效性,这一价值秩序应当被看作宪法的基本决定而对所有的法领域产生影响,立法、行政和司法都应当从这一价值秩序中获得行为准绳与

---

① 制度性保障包括两个面向:一是消极面向的制度性保障,即指立宪之前就已形成的(或历史上形成的)传统、典型的规范复合体(法律制度)受宪法保障;二是积极面向的制度性保障,意指国家必须采取法律措施(立法)保障基本权利得到真正实施。基本权利立法视野下的制度性保障原则,系积极面向的制度性保障,强调通过立法来形塑基本权利保障的法律制度。德国学者卡尔·施密特的理论学说较为系统地阐述了消极面向的制度性保障,其核心观点是:某些先存性的法律制度受宪法保护,具有对抗立法者的效用,尽管立法者对之有权进行限制,但是立法者不能废弃该法律制度的核心部分。施密特的这一观点逐渐成为第二次世界大战前德国学术界的主流通说,对"魏玛宪法"时代的司法产生了重要影响,且其影响一直延续到第二次世界大战后德国联邦宪法法院早期作出的宪法判例。消极面向的制度性保障理论,在地方自治、大学自治、婚姻家庭、公务员制度、政教分离、财产权保障等领域具有较强的解释力。参见李建良《"制度性保障"理论探源——寻索卡尔·施密特学说的大义与微言》,载吴庚"大法官"荣退论文集编辑委员会编辑《公法学与政治理论:吴庚"大法官"荣退论文集》,元照出版公司2004年版,第240—243页;陈春生《"司法院""大法官"解释中关于制度性保障概念意涵之探讨》,载李建良、简资修主编《宪法解释之理论与实务》(第2辑),我国台湾地区"中研院"中山人文社会科学研究所2000年版,第274页;许志雄《制度性保障》,《月旦法学杂志》1995年总第8期。

驱动力。① 可见，基本权利的客观价值秩序属性，既为基本权利立法提供了动力和空间，又为基本权利立法规定了行为准则。正是基本权利的客观价值秩序属性，决定了基本权利具有制度保障的依赖性，概言之，基本权利有赖于立法者建构法律制度来保障。

基本权利立法视野下，积极面向的制度性保障主要有以下三方面的意涵。

其一，立法要确定国家最低给付义务标准，即立法要确定国家为公民提供符合人性尊严最低生存标准的给付义务。这一标准，既要反对"不足"，即达不到符合人性尊严之最低生存标准；又要反对"过度"，即超出基本生活需求之必要限度。

其二，立法要确立国家积极保护基本权利的义务，即立法要明确国家保障基本权利免受第三人或大自然侵害的义务。② 任何一项基本权利，只要有被第三人或大自然侵害之可能性，就应具有保护之功能。例如，记者的新闻自由面临两个可能的加害源：一是国家公权力；二是新闻媒体的所有人。为了对抗前者的侵犯，记者可以诉诸新闻自由的防御权功能；为了对抗来自后者（私主体）的侵犯，就必须依赖于新闻自由的保护义务功能。③

其三，立法要型构足以保障基本权利的组织机构与程序制度，此即所谓组织和程序保障。组织保障要求国家必须创设或提供一定的机关并明确其权限，以保障基本权利。例如，为保护工人的各种合法权利，立法应该规定工会如何组建、如何避免被雇主操纵等，以此给予工人权利以组织上

---

① 德国联邦宪法法院在1958年吕特判决中阐述的观点，转引自张翔《基本权利的双重性质》，《法学研究》2005年第3期。

② 传统的基本权利理论认为，国家保护基本权利需要排除两个主体对基本权利可能造成的侵害：一是国家权力自身，二是国家权力之外的普通第三人。然而，随着科技的发展、环境破坏日益严重，各种非人为因素对基本权利的侵害日趋普遍。为了回应这种情况，理论界和实务界均认为应将非人为的侵害纳入国家保护义务的范围。例如，我国台湾地区"释字第469号解释"认为："行政机关并得因职能扩大，为因应伴随高度工业化或过度开放而产生对环境或卫生等之危害，以及科技设施所引发之危险，而采取危险防止或危险管理措施，以增进国民生活之安全保障。"

③ 许宗力：《宪法与法治国行政》，元照出版公司2007年版，第167页。

的保障。① 再如，立法规定高等学校的组织与管理制度，以实现学术自由等基本权利和自由。程序保障最主要的是要求国家提供适当的司法程序来保障基本权利，以及在行政程序中设置符合正当程序原则的制度来保障受行政决定影响的相对人之基本权利。

（二）平等保护原则

平等的内涵究竟是什么？亚里士多德最先对这一充满价值判断的概念进行了理论阐述，他认为："在道德中，平等即意味着同样的情况应当被同样对待，而不同的事物应当根据其不同的比例给予不同的待遇。"② 概言之，亚里士多德对平等的理解是"同样情况同样对待、不同情况差别对待"。可见，平等原则并不决然否定差异之存在，立法也需要存在差异——立法正是因为差异之存在，才能够发挥其指引功能。因为，事实上人和人之间是不平等的，为了促进平等，法律需要对不同的人和事作出不同的法律规定，如在劳动保障法律中优待女性、在税收法律中根据个人收入水平规定累进制税率等，法律的这种分类调整必然会造成人们之间在享有权利和承担义务方面存在差异，但这是实现平等所必需的。如是，可以说，法律的力量正是来源于分类调整和差异对待。只不过，这种分类和差异，必须控制在一个合理的范围，即将这种分类和差异控制在特定社会政治、经济、文化和道德可以接受的范围之内。

平等保护原则作为一项保障人权的宪法原则，渊源于 1868 年美国宪法第十四修正案，该修正案规定：无论何州不得拒绝给予在其管辖下的任何人以同等的法律保护。③ 在这之后，1948 年《世界人权宣言》和 1966 年《公民权利和政治权利国际公约》亦明确了平等保护原则，这一原则逐渐成为国际社会公认的一项原则。④ 我国《宪法》第 33 条第 2 款亦明确规定："中华人民共和国公民在法律面前一律平等。"

---

① 张翔：《基本权利的双重性质》，《法学研究》2005 年第 3 期。
② 转引自朱应平《论平等权的宪法保护》，北京大学出版社 2004 年版，第 179 页。
③ 孙谦、韩大元主编：《公民权利与义务：世界各国宪法的规定》，中国检察出版社 2013 年版，第 412 页。
④ ［奥］曼弗雷德·诺瓦克：《民权公约评注：联合国〈公民权利和政治权利国际公约〉》，毕小青、孙世彦译，生活·读书·新知三联书店 2003 年版，第 461 页。

作为一项宪法原则的平等保护原则，首先应该是一项立法原则，是约束立法行为的一项人权保障原则。① 因此，基本权利立法必须坚持平等保护原则。具体而言，平等保护原则要求立法必须符合以下标准。

其一，立法分类基准方面，禁止立法基于宗教、民族、性别、种族、语言、社会地位和意识形态对立法规范对象进行分类，以避免造成不合理的差异和歧视。这已成为国际社会的共识，"在大多数现代民主国家，主要禁止的是基于宗教、民族、性别和阶级的歧视"②。博登海默认为，一个国家的立法如果能够将种族、性别、宗教、民族和意识形态等因素排除在立法分类标准之外，那么这个国家在通向平等的道路上前进了许多。③

其二，立法分类的手段和目的方面，立法分类之目的要具有正当性和重要性；立法分类之手段应具有必要性、合理性且侵害最小性，意即所采取的手段是已经穷尽了其他任何手段之后的最后选择；立法分类手段还应具有适当性，即分类导致的差别待遇所欲实现和维持的利益必须超过所造成的不利益；立法分类目的和分类手段不得存有歧视之主观故意。

其三，立法的体系正义方面，体系正义是由德国学者 G. Leibholz 所首创，其在 1925 年发表的《法前平等论》一文中指出：平等原则旨在禁止立法者的恣意，而体系正义则进一步使"恣意之禁止能结构化与合理化"。体系正义要求立法者制定法律要符合"立法一贯性"之要求，设若某一规定与某一法律体系格格不入，使得这一法律体系之内在逻辑受到严重破坏，那么该规定就失去了可支持性与一贯性，因此，其也就丧失了正义的价值。④ 概言之，立法者负有"前后一致"的义务，不得破坏其本身所建立的法则，否则，立法就存在违反平等原则之嫌疑。

其四，立法的价值追求方面，立法不能过分强调事实上的平等，而陷

---

① 汪进元：《论宪法的平等保护原则》，《武汉大学学报》（哲学社会科学版）2004 年第 6 期。
② [奥] 曼弗雷德·诺瓦克：《民权公约评注：联合国〈公民权利和政治权利国际公约〉》，毕小青、孙世彦译，生活·读书·新知三联书店 2003 年版，第 451 页。
③ [美] E. 博登海默：《法理学：法律哲学与法律方法》，邓正来译，中国政法大学出版社 2017 年版，第 282 页。
④ 李惠宗：《"国家通讯传播委员会组织法"违宪性的探讨——"司法院""大法官"释字第六一三号解释评释》，《台湾本土法学杂志》2006 年总第 86 期。

入绝对平均主义之窠臼。因为，法律面前的平等是建立在事实上的不平等基础之上的，每个人的出生、体力、智力、教育等方面都存在差异，事实上的不平等是客观而永恒的，立法不可能消除不平等因素，而只能通过分类调整不断接近实质平等。这就要求立法倾斜保护社会弱势群体，给予其特殊关照。当然，这种倾斜保护既不能不足——要能够满足符合人性尊严之最基本的生活所需，又不能过度——不能保障过度养"懒汉"，损及其他人的正当权益和社会的整体长远利益。

（三）法不禁止即自由原则

法不禁止即自由与法无授权即禁止，分别是私法和公法中的经典性原则。私法和公法二元界分是近代以来人类社会法制的基本架构，公法私法区分的"直接意义在于，它明确划分了政府或多或少享有自由权的领域与政府交给市民社会的领域"①。法律调整的社会关系性质不同，决定了公法和私法奉行的原则不同：公法领域强调"权力法定"，法律没有授权的事项，权力机关不享有管理权力，不得介入干涉，公权力必须在法律授权框架内活动，意即遵循"法无授权即禁止"原则——这一原则旨在约束公权力防止其被滥用而戕害私权利，其着眼点在于"控权"；私法领域注重"意思自治"，意味着要最大限度地减少对私人自由意思之干预，举凡法律没有禁止的事项，私人都可自由而为，意即遵奉"法不禁止即自由"原则——此原则意在支撑并拓展私人自治的空间，其聚焦于"自治"和"自由"。因此，这两个原则大体上能深刻地反映出公法和私法之间的差异。②当然，这两个原则也具有一致性，二者都是人类法治思想的重要组成部分，在理念上具有融贯性，Campbell 将"法不禁止即权利"与法治思想联系在一起，他认为："法治在道德与实务上的重要性，远超过其规定特定权利的事实。如政府透过法律来治理的限制，使形式化的自由权具有重要意义，即没有被禁止的事，人们有做的权利。"③ 基于此，基本权利立法视

---

① ［美］R. M. 昂格尔：《现代社会中的法律》，吴玉章、周汉华译，译林出版社 2008 年版，第 176 页。

② 参见［美］R. M. 昂格尔《现代社会中的法律》，吴玉章、周汉华译，译林出版社 2008 年版，第 176—178 页。

③ Tom Campbell, *Rights: A Critical Introduction*, New York: Routledge, 2006, p. 92.

野下，尤其在对基本权利进行确权性立法时强调"法不禁止即自由"并不意味着对"法无授权即禁止"的背弃与反动。

法不禁止即自由的真正意蕴有三：其一，自由应受法律之限制，自由的前提在于"法律不禁止"，"不关注自由赖以实现的法律制度框架的观点太幼稚了"①；其二，自由只受法律禁令的限制，即在不得不通过法律强制性规范来限制自由时，原则上应选择"否定性之禁令"而不是"肯定性之指令"来规范人们的行为；②其三，法律强制性规范之外的领域，是自由的空间，人们可依自己的意思决定自己的行为。"只要国家提供和维护适当的结构约束（即'法律和制度'，亦即游戏规则），便可以听任作为经济主体的个人去追求他们自己确定的目标。"③

诚然，法不禁止即自由原则是私法领域的一项原则，故而，遵奉这一原则的立法主要是民事立法，而不涵括公法领域事项之立法。民事立法亦应贯彻基本权利，"民事立法要更加积极地对宪法基本权利进行具体化"④，"对基本权利的保护，应当通过民事立法将一些基本权利具体化为民事权利"⑤，可见，民事立法是基本权利立法的重要组成部分，而且，基本权利的制度性保障也需要通过民事立法来适用和实现。⑥

作为基本权利立法重要组成部分的民事立法，贯彻法不禁止即自由原则，在立法技术上就应以制定"否定性规范"为主，而以"肯定性规范"为辅。所谓"否定性规范"，意指从否定的角度规定不应做什么；而"肯定性规范"是指从肯定的角度规定应当做什么。民事法律规范之所以要更多采用"否定性规范"（即负面清单模式）的原因有以下四个方面。

---

① Palmer, Tom G., *Realizing Freedom: Libertarian Theory, History, and Practice*, Washington, District of Columbia: Cato Institute, 2014, p. 2.
② 易军：《"法不禁止皆自由"的私法精义》，《中国社会科学》2014 年第 4 期。
③ [美] 詹姆斯·M. 布坎南：《宪法秩序的经济学与伦理学》，朱泱、毕洪海、李广乾译，商务印书馆 2021 年版，第 318—319 页。
④ 吴奕锋、王博文、夏江皓：《"走向中国民法典——历史的机遇与挑战"学术研讨会综述》，《中外法学》2014 年第 6 期。
⑤ 王利明：《我国未来民法典中人格权编的完善——2002 年〈民法典草案〉第四编评述》，《中国政法大学学报》2013 年第 1 期。
⑥ 关于基本权利的制度性保障在民事立法之适用，参见 [德] 鲍尔、施蒂尔纳《德国物权法》（上册），张双根译，法律出版社 2004 年版，第 520 页。

其一，法律体系主要是由"否定性规范"构成的。日本学者川岛武宜认为，法的作用是消极的，而不是积极的。① 民事法律规范更是以消极性为主，"民法的功能大部分是消极性或否定性的"②，"一部道德法典或者一套法律规则体系，主要是由禁止实施某些有害行为的禁令所构成的，而不是由要求提供某些利益的命令构成的"③。从法制史角度考察，大陆法系国家（或地区）的立法多采用负面列举方式规定不应为之行为，如德国民法"从来没有将法律行为的效力，而总是将法律行为的无效作为规范的对象"④。

其二，立法理性的有限性与立法经验的必然性。立法者作为普通的人，不可能对社会生活的无限可能性先知先觉，而只能基于人类过往社会生活的经验，将那些不具有正义性而应该加以否定的行为表述出来，由法律加以禁止。换言之，立法者并不能预先穷尽地知晓哪些行为具有正义性，而只能经验地知晓哪些行为不具有正义性。因此，审慎的立法者必然会更多选择制定"否定性规范"。

其三，"否定性规范"更易于制定和监督执行。"制定一条规定不得伤害他人的普遍性法律规范，是一件十分容易的事，但是，要制定一条规定每个人都必须帮助处于困境中的他人的普遍性法律规范，就不那么可行了。"⑤ 因为，社会生活中的人们对于哪些行为不应该有，在情理上更容易达成共识。故而，保护人们不受侵害（禁止非正义行为）的立法，比基于人们的肯定性欲望而制定（提倡正义行为）的立法更容易确定，也更能获得广泛的成功。⑥ 而且，正如 Palmer 所言，相对于列举肯定性允许事项（list of permissions），列举否定性禁令（list of interdictions）要更容易一些，

---

① ［日］川岛武宜：《现代化与法》，申政武等译，中国政法大学出版社 2004 年版，第 26 页。
② ［英］伊特扬：《现代契约法的发展》，载法学教材编辑部民法原理资料组编《外国民法资料选编》，法律出版社 1983 年版，第 354 页。
③ ［美］亨利·马瑟：《合同法与道德》，戴孟勇、贾林娟译，中国政法大学出版社 2005 年版，第 82 页。
④ ［德］莱奥·罗森贝克：《证明责任论：以德国民法典和民事诉讼法典为基础撰写》，庄敬华译，中国法制出版社 2018 年版，第 268 页。
⑤ ［英］彼得·斯坦、约翰·香德：《西方社会的法律价值》，王献平译，中国法制出版社 2004 年版，第 5 页。
⑥ 参见［意］布鲁诺·莱奥尼《自由与法律》，秋风译，吉林人民出版社 2011 年版，"导论"第 20—21 页。

更重要的是，罗列人们禁止做的事情并监督人们不做，比罗列人们有权利做的事情并监督人们不做无权做的事情，难度要小许多。①

其四，"否定性规范"更利于支撑和拓展自由之空间。否定性规范的本质在于圈定禁止行为之范围，它并不要求行为人采取特定行动，因而，在否定性规范指引之下，行为人作出的每一个行为皆出自己的意志而不是法律的强制（或立法者的意志）。诚然，否定性规范具有强制性，但是，它并非强制人们为特定行为，而只要人们不为某些行为就符合并满足了否定性规范之要求。可见，否定性规范的强制性是一种消极强制性，即只要消极不为否定性规范所圈定的行为就不会促发激活法规范的强制力，这有别于肯定性规范的积极强制——强制要求行为人积极为特定行为。由于否定性规范已明确列举不应为之行为种类，行为人很容易识别哪些行为不应为，且行为人只需消极不为就可以避免否定性规范之强制。故而，否定性规范并不意味着对行为人强制的增强，反倒是减弱了强制性，给人们更多自由选择的空间。正如德国学者柯武刚所言，否定性规范"将行动的具体细节和对后果的评价留给行为者自己。因此，当行动者由'汝不应……'一类禁令引导时，会拥有较多的自由"②。

基本权利体系是一个开放而发展的体系，其内涵随着人类文明的发展而不断丰富充实。因此，基本权利立法所欲型构的基本权利法律规范体系必须保持开放性和发展性，这就要求：在立法理念上，应以追求权利最大化为价值目标；在立法原则上，应坚持法不禁止即自由原则；在立法技术上，应以否定性规范为主，通过列举禁止项（负面清单）的方式圈定行为禁区，负面清单以外即为权利和自由的广阔空间。

三 限权性立法原则

任何权利都不可能无远弗届，界定权利的边界亦是保障权利之所需。基本权利也有其界限，需要明确权利的边界。基本权利立法对基本权利边

---

① Palmer, Tom G., *Realizing Freedom : Libertarian Theory, History, and Practice*, Washington, District of Columbia : Cato Institute, 2014, p. 32.

② ［德］柯武刚、史漫飞:《制度经济学：社会秩序与公共政策》，韩朝华译，商务印书馆2000年版，第116页。

界的划定，构成了对基本权利的限制，本质上是对基本权利的侵害，这种限制和侵害必须遵循四项原则，即法律保留原则、不当联结之禁止原则、比例原则和权利之核心本质不得限制原则。

（一）法律保留原则

19世纪，德国行政法学之父奥托·迈耶首先提出了法律保留这一概念，他认为："法律保留是指在特定范围内对行政自行作用的排除。"① 可见，法律保留原则意在界定立法机关和行政机关之权限，即"特定领域的国家事务应保留由立法者以法律规定，行政权惟依法律的指示始能决定行止"②。申言之，法律保留原则"系指国家机关之组织以及特定领域的行政行为，尤其是干预人民自由权利之行为，其行事所依据之法规范，应保留给较具民主正当性的立法者以法律规定，不得由行政机关以行政命令定之"③。

为何要确立法律保留原则？亦即法律保留原则的理论依据和基础在哪？对此，学界认为法律保留原则的理论依据有三个方面：其一，民主正当性。相较于行政机关而言，立法机关具有直接民主的正当性，因而特定重大国家事务仅能保留给立法机关作出决定。其二，法治国家治理方式。法律具有公开性、一般性和可预测性，且法律保护人们的信赖利益，为保护人们免遭行政权的"突袭"，法治国家实行法治治理方式，因而，重大事项应该遵循法律保留原则。其三，功能结构取向理论。这一理论观点认为，实体的基本权利具有组织与程序保障的功能，这就要求应该选择最能有效保障与实现基本权利的法规范制定程序；相较行政程序而言，立法机关的立法程序具有程序公开透明、正式严谨、广泛参与（尤其是少数党参与）的特征；因此，立法机关的立法程序有利于提升决定的实质正确性，重大事务应该纳入法律保留原则范围。④

法律保留原则的价值和功能可以从两个角度来观察：一是从外在视

---

① ［德］奥托·迈耶：《德国行政法》，刘飞译，商务印书馆2021年版，第72页。
② 许宗力：《法与国家权力》，元照出版公司2006年版，第118页。
③ 李震山：《行政法导论》，三民书局1998年版，第56页。
④ 许宗力：《法与国家权力》，元照出版公司2006年版，第131—141页。

角来看，法律保留原则具有横向权力监督与约束之功能，即法律保留原则确定了法律优于行政、行政必须依法之要求。立法机关通过制定法律确立了行政机关的行为准则，行政行为必须依法而为，司法机关亦是根据法律来审查行政行为之合法性与合理性。因此，法律保留原则实质上是立法对行政的监督与约束。二是从内在视角来看，法律保留原则也具有约束立法权之功能，即法律保留事项科以立法机关以立法义务，立法机关必须积极履行立法义务，且针对法律绝对保留事项，立法机关不得授权行政机关制定行政法规来规范之，此谓立法机关必须"亲自"立法之义务；而对于法律相对保留事项，立法机关可以授权行政立法来规范之，但是授权立法之目的、内容与范围必须具体明确，不能抽象概括、模糊不清，此谓立法机关之授权立法要件明确性义务。总的来说，法律保留原则的价值在于保障基本权利，尽管法律保留的本质是侵害保留（即限制基本权利的保留），但是，法律保留正是通过将限制基本权利事项保留在立法权作用范围之内的方式，来限制具有积极主动性并最有可能侵犯基本权利的行政权淘空基本权利内涵、恣意侵害公民基本权利，同时，法律保留也通过圈定绝对保留事项和可授权立法事项并科以立法机关授权明确性义务的方式，防止立法机关将立法权随意授出、恣意授权行政立法。

随着法治的发展，尤其是国家理念和基本权利理念的发展，法律保留原则的适用范围也逐渐由消极国家理念下的干预行政领域，扩展到积极国家理念下的给付行政领域。① 经由德国联邦宪法法院的实践，其所创立的

---

① 德国公法学者马勒曼全面阐述了将给付行政纳入法律保留原则适用范围的理由，他认为：在现代社会里，满足人民生存需要的给付行政，对人民的现实影响与干预行政并无两样。具体有三方面理由：一是如果我们不再将给付行政视为国家的一种施舍，而是公民所享有的一项基本权利，那么其就应受到法律保留原则的约束；二是给付行政关涉利益分配问题，容易引发不同利益集团之间的冲突，而此类问题应由国会来管辖，因为较行政机关而言，国会更适合于平衡、调节不同意见与利益；三是如果在给付行政领域不恪守法律保留原则，而任由行政机关自由裁量，就难以防止行政权滥用。虽然相对人可以通过行政诉讼，甚至宪法诉愿来保障自己的正当权利，但终究是"亡羊补牢"式的事后救济之举，其效果显然不及通过严密之法律，而在事先将行政滥权扼杀在摇篮之中。参见许宗力《法与国家权力》，元照出版公司2006年版，第33页。

"重要性理论"①使得法律保留原则摆脱了干预行政和给付行政二分的窠臼,②确立了以基本权利重要性和公共事务（公共利益）重要性为标准,③来确定法律保留原则之适用范围。

表1-3 法律保留原则适用范围与国家理念、基本权利及行政方式的关系

国家理念	基本权利	行政方式	法律保留适用范围
消极不侵犯	消极权利	限制或剥夺 自由权与财产权	干预行政领域
积极增进	积极权利	满足生存权 促进社会权	给付行政领域
法治国家	全部基本权利	全部行政方式	紧密关涉基本权利和 公共事务的事项

在"重要性理论"标准之下，立法机关应该根据关涉基本权利和公共事务的紧密程度，具体判定特定事项的重要性程度。特定事项关涉基本权利和公共事务的紧密程度具体可分为最紧密关涉、紧密关涉和不紧密关涉三种情形，从而特定事项的重要性程度亦对应性地区分为最重要、重要和不重要④三种情况；相应地，法律保留原则的强度分为绝对保留、相对保

---

① 德国联邦宪法法院在1972年的"犯人通信案"中，认定"犯人的基本权利也只能由法律或基于法律而受到限制"，从而实质上将法律保留的范围拓展到和基本权利相关的所有领域。这成为"重要性理论"的一个先导性案例。在"性教育课程案"中，联邦宪法法院明确了这一原则，指出"对于基本权利实现重要的事项，都必须基于法律才可以进行限制"。参见张翔主编《德国宪法案例选释》（第1辑），法律出版社2012年版，第86、89、230—232页。需要注意的是，"重要性理论"提出来之后，法律保留原则的适用范围已覆盖到特别权力关系领域，即监狱和罪犯之间、公立学校和学生之间、行政机关和公务员之间、军队和现役军人之间的关系等。

② 如若在给付行政领域过分强调严格遵循法律保留，则有可能会走向其目的之反面。具体有两点理由：一是给付行政过分强调法律保留必然会导致"无法律无行政"的恶果，如此一来，在法律没有事先规定的情形下，行政机关就不能给予人民以经济辅助与行政给付，反而不利于权利之保障；二是立法机关为应对复杂无穷而又变化无常的社会现实，缓解巨大的立法压力，在立法中必定大量采用概括性条文，如"增进公共福祉""促进权利实现和发展""维持社会秩序"等缺乏具体实质内涵的口号式条款，这类条款无异于打开了"潘多拉"魔盒，将行政自由裁量权推向了难以控制的境地。

③ 权利重要性标准和公共利益重要性标准的详细论述，可参考许宗力《法与国家权力》，元照出版公司2006年版，第185—198页。

④ "不重要"这类事项，是指那些涉及技术性、细节性事项或给付行政领域未涉及重大公共利益的事项。这些技术性、操作性层面上的不重要性事项，属于行政机关立法权限范围，立法机关不得对之进行篡夺。参见欧爱民《我国犯罪概念的宪法学透视》，《法商研究》2006年第4期。

留和不保留三个层级,与此相对应,立法机关的立法义务分为必须自为立法、可以授权行政立法但授权要件必须明确、可不为立法三类义务。

表1-4　　法律保留原则强度与立法机关义务的关系

关涉基本权利和公共事务的紧密程度	特定事项的重要性程度	法律保留原则强度	立法机关立法义务	具体含义
最紧密关涉	最重要	绝对保留	必须自为立法	立法机关必须亲自立法,不得将立法权委托给行政机关
紧密关涉	重要	相对保留	可以授权行政立法但授权要件必须明确	特定事项属于法律保留范围,但是立法机关可以授权行政立法来规定,授权必须明确立法目的、内容和范围
不紧密关涉	不重要	不保留	可不为立法	特定事项不属于法律保留范围,立法机关不负立法义务

(二) 不当联结之禁止原则

本质,是事物中常在的不变的根本的性质,是事物本身所固有的根本属性,是一类事物区别于其他事物的基本特征。任何事物均有其本质,事物本质是社会生活关系的"客观"意义。相对于法律而言,事物本质在逻辑上具有先在性,即事物本质是先于法律所具有的秩序与结构。由于,事物本质蕴含着一定程度的社会秩序,国家权力应当遵循事物本质所决定的秩序来运行。具体到立法而言,从积极角度来看,事物本质为立法者提供了最基本的立法观念与指导思想;而在消极方面,立法者所制定的法律内容不能违反事物的本质。[①] 基于此,立法者在制定法律的时候,就只能考虑合乎事物本质的要素,而不能考虑与"立法权力作用目的"不相关的因素,概言之,立法必须遵循"不当联结之禁止原则"。

"不当联结之禁止原则",意指为了追求特定之目的,立法或者行政在

[①] 林更盛:《对于以"事物本质"作为法学论证的反思》,载黄宗乐教授祝寿论文集编辑委员会《黄宗乐教授六秩祝贺——基础法学篇》,学林文化事业有限公司2002年版,第247页。

对公民权利进行限制时，必须证明限制基准具有事理上之必然性、实质性和正当性之关联，以防止权力之肆意。① 立法实践中，将本质上与立法目的没有关联或缺乏正当性关联的要素纳入法律调整范围，甚或作为限制基本权利的理由（手段）的情况并不鲜见。例如，1994 年我国《婚姻登记管理条例》规定，结婚应当持有单位出具的婚姻状况证明②，离婚应当持有单位出具的介绍信③。如此规定，在生活中就会出现"得罪了单位领导连婚都结不成"的现实事例。④ 婚姻的本质是男女双方自愿结合，单位的证明和介绍信与婚姻的本质并无合理之关联。正是认识到这一点，2003 年国务院制定的《婚姻登记条例》废除了上述违反不当联结之禁止原则的条文，人们办理结婚登记或离婚登记都不再需要单位出具证明或介绍信。⑤ 又如，我国台湾地区"道路交通管理处罚条例"第 9 条第 1 款规定："汽车所有人或驾驶人应于向公路监理机关办理汽车、各项登记或换发牌照、执照前，缴清前所有违反本条例尚未结案之罚锾。"很明显，该法将缴清行政罚款与车辆年检联结起来，强制公民先行缴清罚款，其立法目的在于

---

① 赵义德：《析论不当联结禁止原则》，载城仲模主编《行政法之一般法律原则》，三民书局 1997 年版，第 222 页；欧爱民、谢雄军：《不当联结之禁止原则及其适用方案》，《湖南师范大学社会科学学报》2008 年第 5 期。

② 《婚姻登记管理条例》［1994 年实施，已被《婚姻登记条例》（2003 年实施）废止］第 9 条第 1 款："当事人结婚的，必须双方亲自到一方户口所在地的婚姻登记管理机关申请结婚登记；申请时，应当持下列证件和证明：（一）户口证明；（二）居民身份证；（三）所在单位、村民委员会或者居民委员会出具的婚姻状况证明。"

③ 《婚姻登记管理条例》［1994 年实施，已被《婚姻登记条例》（2003 年实施）废止］第 14 条："当事人离婚的，必须双方亲自到一方户口所在地的婚姻登记管理机关申请离婚登记；申请时，应当持下列证件和证明：（一）户口证明；（二）居民身份证；（三）所在单位、村民委员会或者居民委员会出具的介绍信；（四）离婚协议书；（五）结婚证。"

④ 2000 年 8 月，28 岁的张某与女友相恋 3 年准备结婚，需要单位领导出具证明，因涉及单位福利房分配，分配政策规定"已婚且无房"才可申请，单位领导跟张某关系不好，遂慢悠悠地回复张某："最近单位里事很忙，你那事我们正在研究。"参见舒迪《得罪了领导连婚都结不成》，《中国青年报》2000 年 8 月 21 日第 5 版。可见，《婚姻登记管理条例》将结婚和单位出具证明进行不当联结，损害了当事人的婚姻自由权利，并因此牵连至单位其他正当权益之分享。

⑤ 《婚姻登记条例》（2003 年实施）第 5 条第 1 款："办理结婚登记的内地居民应当出具下列证件和证明材料：（一）本人的户口簿、身份证；（二）本人无配偶以及与对方当事人没有直系血亲和三代以内旁系血亲关系的签字声明。"第 11 条第 1 款："办理离婚登记的内地居民应当出具下列证件和证明材料：（一）本人的户口簿、身份证；（二）本人的结婚证；（三）双方当事人共同签署的离婚协议书。"

减轻并降低行政执法成本。然而，这种联结是不正当的，因为汽车年检是为检验汽车各项指标是否适于在道路上行使，其目的在于确保公共交通安全，维护交通参与者生命、身体和财产法益；缴清罚款只是行政处罚之执行问题，与车辆年检没有关联性。因此，缴清罚款与车辆年检没有必然和实质之联系，如果将二者结合起来，则会给相对人造成不必要之伤害，有违行政管理的本来目的。① 再如，我国台湾地区教育主管部门，为了解决公立医院医生缺乏问题，制定了"'国立'阳明医学院医学系公费学生待遇及毕业后分发服务实施要点"，其第13点规定："服务未期满，不予核定有关机关颁发之各项证书或有关证明，其专业证书先由分发机关代为保管"；第14点规定："公费毕业生于规定服务期间，不履行其服务之义务者，除依第13点规定办理外，并应偿还其在学期间所享有之公费。"这一规定虽然具有一定有效性，但是为了解决公立医院医生缺乏问题，采取限制（实质与剥夺无异）公民职业自由的手段，从事务本质而言，两者之间恐非"合理"，而是具有违反"不当联结之禁止原则"的嫌疑。②

诚然，"不当联结之禁止原则"并不是一项早已有之且为宪法明文确定的宪法原则——早期宪法文本没有明文规定这一原则，但是，在宪法实践中，这一并非显在于宪法的原则是违宪审查机关自觉或不自觉地经常适用的原则。值得注意的是，新近的宪法和行政程序法中已有明确"不当联结之禁止原则"的立法例。譬如《南非共和国宪法》（1997年）第36条规定："权利法案中的权利只能依据普通适用的法律进行限制，并且对权利的这种限制在一个以人的尊严、平等和自由为基础的自由、民主、开放的社会里被认为是合理的和公平的。对权利的这种限制究竟是否合理、公平，应当充分考虑所有相关因素，包括：（1）权利的性质；（2）限制目的的重要性；（3）限制的性质和程度；（4）限制的手段和目的之间的关

---

① 参见聂孝唐《行政法"不当联结禁止原则"之研究——以违反道路交通管理事件为例》，硕士学位论文，台湾东华大学公共行政研究所，第38页。
② 城仲模主编：《行政法之一般法律原则》，三民书局1997年版，第63页。需要说明的是，针对教育主管部门的上述措施，我国台湾地区法官在"释字第348号解释"中的意见是：上述措施"乃为达成行政目的所必要，亦未逾越合理之范围"。上述"解释"，是值得商榷的。

系；（5）是否存在采取较少的限制达到目的的可能性。"① 又如，我国台湾地区"行政程序法"（2001 年施行）第 94 条规定："前条之附款不得违背行政处分之目的，并应与该处分之目的具有正当合理之关联"；第 137 条第 1 款规定："行政机关与人民缔结行政契约，互负给付义务者，应符合下列各款之规定：（1）契约中应约定人民给付之特定用途；（2）人民之给付有助于行政机关执行其职务；（3）人民之给付与行政机关之给付相当，并有正当合理之关联。"②

基本权利立法过程中，坚持"不当联结之禁止原则"对于保障人权具有重要的意义。"不当联结之禁止原则"，实际上强调的是，立法目的与立法手段（措施）之间应该具有正当之联结关系——目的之正当性不能自然地证成手段之正当性。在民主法治国家中，手段价值的尊重往往比目的价值的尊重更为重要。③ 实践中，国家立法难免受到诸多不相关因素的干扰，这一原则就要求在立法（包括执法和司法）中，不得因为公民未履行特定法律义务，而使其承受与该法律义务不相关的其他负担和不利益。可见，不当联结之禁止原则能够发挥制约国家权力（立法、执法和司法）的作用，从而起到更好地保障人权的功能。

此外，还需要特别注意的是，不当联结之禁止原则是平等保护原则和比例原则之先存原则。所谓先存，意即在制定和审查（评价）法律的过程中，要优先适用不当联结之禁止原则作为标准来衡量，唯有在确定立法手段（措施）和立法目的之间存在正当联结性的基础之上，再进一步考察是否符合平等保护要求和是否合乎比例要求。倘若法律将与事物本质不相关的因素联结在一起，或者将不相关的因素作为差别对待的基准，④ 则无法通过不当联结之禁止原则的审查，无须再适用平等保护原则和比例原则来

---

① 《世界各国宪法》编辑委员会编译：《世界各国宪法：非洲卷》，中国检察出版社 2012 年版，第 679 页；孙谦、韩大元主编：《公民权利与义务：世界各国宪法的规定》，中国检察出版社 2013 年版，第 248 页。
② 参见 http://www.calaw.cn/article/default.asp?id=3176，2022 年 6 月 6 日。
③ 伍劲松：《论行政法上禁止不当结合原则》，《西南政法大学学报》2004 年第 4 期；郭庆珠：《论不当联结禁止原则对行政管理创新的规制——以创新的法律界限为归宿》，《学术探索》2010 年第 6 期。
④ 李惠宗：《不当联结立法之禁止——立法之界限》，《月旦法学教室》2005 年总第 32 期。

检验。

(三) 比例原则

比例原则的核心与精髓在于"禁止过度",这与我国先秦诸子"刑罚居中""赏罚适度"的思想具有内在一致性,如"刑罚不中,则民无所措手足"(《论语·子路》)、"刑赏不当,斩断虽多,其暴不禁,夫公之所加,罪虽重,下无怨气;私之所加,赏虽多,上不为欢"(《管子·禁藏第五十三》),以及"罪至重而刑至轻,庸人不知恶矣,乱莫大焉"(《荀子·正论第四十八》)。可见,先秦诸子的思想中蕴含着比例原则的基本因子。在西方,雅典时期伟大的立法者梭伦提出了"限度与过度"的思想,并将"限度"作为社会秩序的界限;① 而亚里士多德则直接认为,"公平就是比例相称"②。由此可见,比例原则的思想源远流长,而且中西方先贤的思想中都蕴含着比例原则的基本因子。

发轫于德国警察法的比例原则,最初只是一项行政法原则,是行政法中的"帝王条款"(或第一原则)。③ 但是,德国《基本法》制定后,《基本法》第 1 条④和第 20 条⑤将比例原则升格成了一项宪法原则,成为涉及基本权利的公权力之目的和所采行的手段之间,有无存在一个相当比例的

---

① Ruprecht Kraus, Der Grundsatz der Verhaeltnismaessigkeit in seiner Bedeutung fuer die Notwendigkeit des Mittels im Verwaltungsrecht, Hamburg 1995, p. 18;王名扬、冯俊波:《论比例原则》,《时代法学》2005 年第 4 期。

② 转引自郝银钟、席作立《宪政视角下的比例原则》,《法商研究》2004 年第 6 期。

③ 陈新民教授认为:"比例原则是拘束行政权力违法最有效的原则,其在行政法学中所扮演的角色,可比拟'诚信原则'在民法居于帝王条款之地位,所以,吾人称比例原则是行政法中之'帝王条款'当不为过。"参见陈新民《德国公法学基础理论》,法律出版社 2010 年版,第 389 页。

④ 参见德国《基本法》(1949 年)第 1 条:1. 人的尊严不可侵犯。尊重和保护人的尊严是一切国家权力的义务。2. 为此,德国人民信奉不可侵犯和不可转让的人权是所有人类社会以及世界和平与正义的基础。3. 下列基本权利作为直接适用的权利,约束立法、行政和司法。参见《世界各国宪法》编辑委员会编译《世界各国宪法:欧洲卷》,中国检察出版社 2012 年版,第 178 页;孙谦、韩大元主编《公民权利与义务:世界各国宪法的规定》,中国检察出版社 2013 年版,第 101 页。

⑤ 德国《基本法》(1949 年)第 20 条:1. 德意志联邦共和国是民主的和社会的联邦国家。2. 一切国家权力来源于人民。国家权力由人民通过选举和表决以及通过立法、行政和司法机关来行使。3. 立法权遵循宪法秩序,行政权和司法权遵守法律和法律规范。4. 对于任何企图废除这一秩序的人,如不存在其他救济方式,所有德国人均有反抗权。第 20 条之一:出于对后代的责任,国家在宪法秩序的范围内,同立法并依法由行政和司法机构保护自然生活条件和动物。参见《世界各国宪法》编辑委员会编译《世界各国宪法:欧洲卷》,中国检察出版社 2012 年版,第 180 页。

问题。① 尤其是，20世纪50年代以降，德国宪法法院频频适用比例原则来审查系争法律的合宪性，并在司宪实践中提出了"三阶层理论"② 作为审查系争法律是否违背比例原则的审查基准。如是，比例原则就从行政法中的"帝王条款"升格为宪法上的一项"皇冠原则"。③ 比例原则升格为宪法原则，意味着其规范和约束一切国家权力，即不仅规范约束行政权，还包括立法权和司法权。

比例原则对世界各国和地区的法治产生了十分重要的影响，不仅大陆法系国家将其奉为圭臬，如欧陆国家、日本、我国台湾地区等，英美法系国家的法治实践中也存在比例原则，如美国违宪审查中也适用比例原则，其主要是用以审查有关刑罚的法律是否违反宪法第八修正案"禁止残忍与非常刑罚"之规定，以及刑罚是否与当事人的罪行成比例。④ 此外，英美法系国家经常适用的一些法治原则也体现了比例原则的精神，如美国的平等保护原则和实质性正当程序原则，就融入了比例原则蕴含的利益衡平精神，英国的合理原则（doctrine of reasonableness）和禁止考虑不相关因素（irrelevant consideration）等内蕴的思想与比例原则有异曲同工之处。

比例原则的具体内涵及其对基本权利立法的要求，可以依循比例原则的三项子原则来阐述，即适当性原则、必要性原则和狭义比例原则。

其一，适当性原则，又称适合性原则、妥当性原则、妥适性原则，意指立法所采取的手段必须能够或有助于实现立法目的。立法目的通常是某

---

① 陈新民：《德国公法学基础理论》，法律出版社2010年版，第36—37页。
② 德国"三阶层理论"系指根据比例原则的三个子原则，即适当性原则、必要性原则和狭义比例原则，来依次逐步判断系争法律是否符合比例原则，其操作流程为：首先，援用适当性原则来判断立法手段是否具有适当性，即能否实现立法目的；其次，援用必要性原则来判断立法手段对基本权利的侵害是否符合"最小侵害"要求；最后，援用狭义比例原则来判断立法追求的目的与立法手段对基本权利所造成的负担（侵害）之间是否存在合理的比例关系。参见欧爱民《宪法实践的技术路径研究——以违宪审查为中心》，法律出版社2007年版，第229、246页。
③ 比例原则升格为宪法原则的正当性问题、比例原则的宪法地位问题和比例原则的宪法规范依据问题的详细论述，可参见门中敬《比例原则的宪法地位与规范依据——以宪法意义上的宽容理念为分析视角》，《法学论坛》2014年第5期。
④ 典型的案件为Furman V. Georgin, 408 U.S. 238 (1972)，但也有观点认为，美国总体上尝试适用比例原则并不特别成功。See Barry Latzer, "The Failure of Comparative Proportionality Review of Capital Cases (with Lessons from New Jersey)", *Albany Law Review*, Vol. 64, No. 4, April 2001, pp. 1161–1244.

种公共利益，而立法手段一般意味着对公民基本权利的限制。因而，适当性原则要求对基本权利的限制必须要适合于立法所追求的公共利益之实现，若限制基本权利无益于公共利益之实现，则此种立法手段必须舍弃。为达成立法目的，立法者在选择立法手段时必须秉持理性的态度，具体包括技术理性和社会理性两个层面：技术理性要求立法者选择的立法手段对实现立法目的应具备"效能性"，即立法手段在技术上要"可行"且具有"效能"；社会理性要求立法者选择的立法手段要能够为社会公众所接受，即立法手段在社会上要"被接受"，不能只考虑立法手段的技术可行性，否则，该立法手段将难以获得"有效性"。

其二，必要性原则，又称最小侵害原则、最温和手段原则、不可替代原则，意指达成立法目的，有多种适合之手段可供选择时，立法者应该选择对基本权利损害最小之手段。[1] 亦即，在不违反立法所追求之目的和不减弱立法目的之实现效果的前提下，立法者若有选择立法手段的可能，则应尽可能择取对基本权利侵害最轻或不良作用最少之方法。[2] 这实际上要求立法者需要考量两项要素：一是"相同有效性"要素，即立法者择取立法手段时，要选取那些在实现立法目的之程度上具有相当性的立法手段，意即要先拣选出具有"相同有效性"的立法手段；二是"侵害最小性"要素，即在这些具有"相同有效性"的立法手段之间，立法者应选择具有"侵害最小性"的立法手段。

其三，狭义比例原则，又称均衡原则、禁止过分原则、法益相称原则，意指立法者追求的立法目的（公共利益）与公民基本权利因此而受到的减损（限制基本权利）之间的比例关系要合理，不能给基本权利造成"过度负担"，即通过法律措施（立法手段）能够得到的公共利益不能小于公民基本权利为此而遭受的减损。在某种意义上，公共利益与个人私益

---

[1] 1958年德国联邦宪法法院在一个涉及限制职业自由的案件中首次详细阐释比例原则："只有经过理智权衡公共利益，认为限制具有合目的性时，执业自由才可以通过'规制'予以限制……如果能证明对择业自由的限制是不可避免的，立法者应当选择对基本权利侵害最小的方式……职业自由的主观条件的设定应当符合比例原则，主观条件不应当与所欲达到的适当执业的目的不成比例。"参见刘权《目的正当性与比例原则的重构》，《中国法学》2014年第4期。

[2] 城仲模：《行政法之基础理论》，三民书局1991年版，第41页。

之间存在此消彼长的反向关系，公共利益之最大程度实现，意味着对个人权益的限制克减程度最为严厉；而立法措施在符合比例原则的前提下对基本权利的限制克减程度越高，则意味着公共利益的重要性程度越高。因此，立法者在抉择立法手段时，要符合"公共利益总量≥基本权利限制量"公式的要求，否弃那些对基本权利的限制量超过由此而得到的公共利益（即公共利益总量＜基本权利限制量）的立法手段。

由此可见，比例原则的功能具有"双重限制"的属性，即其既是对基本权利的限制（限制公民行为），更是对基本权利限制的限制（限制国家行为）。[1] 申言之，比例原则允许国家立法为了特定公共利益而限制基本权利（第一重限制），但同时，比例原则亦是对国家立法限制基本权利之限制，即立法所采取的限制基本权利的手段必须符合比例要求（第二重限制）。

（四）权利之核心本质不得限制原则

基本权利的核心内容本质不得限制，意指立法者对基本权利进行限制或形塑时，不得伤及基本权利的核心。换言之，基本权利的核心内容排除立法权限制之可能。德国《基本法》第19条第2项明确规定："任何情况下均不得触及基本权利的实质内涵。"[2] 这意味着，基本权利的本质内容不容侵犯。该条规范为立法者行使权力划定了一条明确、固定且严格的界限，[3] 即立法者虽然可以经由宪法授权以制定法律的方式来限制基本权利，但是其不得侵犯基本权利的本质内容。基本权利的核心内容本质不得限制原则，目的就在于防止基本权利之内涵被立法者淘空而成为空洞的概念，使基本权利徒有权利之名，而无权利之实。

---

[1] 在基本权利限制方面，应以"限制的限制"作为基本权利限制规范的本质。参见赵宏《限制的限制：德国基本权利限制模式的内在机理》，《法学家》2011年第2期。

[2] 德国《基本法》（1949年）第19条：1. 依据本基本法规定，如某项基本权利可通过法律或依据法律予以限制，该法律具有普遍适用效力，而不得针对个别情况。此外，该法律须指明引用有关基本权利的具体条款。2. 任何情况下均不得触及基本权利的实质内涵。3. 如基本权利依其性质也可适用于法人，则适用于国内法人。4. 无论何人的权利受到公权力的侵害，均可提起诉讼。如无其他主管法院，可向普通法院提起诉讼。第10条第2款第2句的规定不受影响。参见《世界各国宪法》编辑委员会编译《世界各国宪法：欧洲卷》，中国检察出版社2012年版，第180页；孙谦、韩大元主编《公民权利与义务：世界各国宪法的规定》，中国检察出版社2013年版，第106页。

[3] 陈慈阳：《基本权核心理论之实证化及其难题》，翰芦图书出版公司2007年版，第109页。

立法限制基本权利涉及立法措施、基本权利、公共利益和立法措施限制基本权利程度四个基本要素，因而，分析基本权利核心本质不得限制原则对立法者科以的义务，需要综合考量上述四项要素。具体而言，一是立法措施要素，根据立法措施的功能不同，可分为积极形成性措施和消极限制性措施，前者是指明确基本权利内涵的法律规范，[①] 后者则指纯粹限制基本权利的法律规范。[②] 二是基本权利要素，根据基本权利的性质不同，可分为自由权和社会权，前者指传统的有关政治、人身和财产方面的权利，体现的是"自由"价值，其权利功能表现为防御性功能，又被称为"免于束缚的自由"；后者指现代宪法规定的有关教育、文化、生存和社会救济等方面的权利，体现的是"平等"价值，其权利功能表现为受益性功能，又被称为"免于匮乏的自由"。[③] 三是公共利益要素，根据公共利益重要性程度不同，可分为"重要"和"极为重要"两种。四是立法措施限制基本权利的程度要素，根据限制程度的强度不同，可分为形成性限制[④]、限制和完全剥夺三种。在此基础之上，立法者为保障（不侵犯或不限制）基本权利的本质内核所承担的义务，具体可以分为以下四种情形。

[①] 积极形成性法律规范，如我国《国家赔偿法》（2012年修正）就是对《宪法》（2018年修正）第41条第3款规定的具体化。《宪法》第41条第3款："由于国家机关和国家工作人员侵犯公民权利而受到损失的人，有依照法律规定取得赔偿的权利。"

[②] 消极限制性法律规范，如《刑事诉讼法》（2018年修正）第71条第1款规定："被取保候审的犯罪嫌疑人、被告人应当遵守以下规定：（一）未经执行机关批准不得离开所居住的市、县；（二）住址、工作单位和联系方式发生变动的，在二十四小时以内向执行机关报告；（三）在传讯的时候及时到案；（四）不得以任何形式干扰证人作证；（五）不得毁灭、伪造证据或者串供。"第2款规定："人民法院、人民检察院和公安机关可以根据案件情况，责令被取保候审的犯罪嫌疑人、被告人遵守以下一项或者多项规定：（一）不得进入特定的场所；（二）不得与特定的人员会见或者通信；（三）不得从事特定的活动；（四）将护照等出入境证件、驾驶证件交执行机关保存。"第3款规定："被取保候审的犯罪嫌疑人、被告人违反前两款规定，已交纳保证金的，没收部分或者全部保证金，并且区别情形，责令犯罪嫌疑人、被告人具结悔过、重新交纳保证金、提出保证人，或者监视居住、予以逮捕。"第4款规定："对违反取保候审规定，需要予以逮捕的，可以对犯罪嫌疑人、被告人先行拘留。"

[③] 郑贤君：《基本权利原理》，法律出版社2010年版，第132页。

[④] 形成性限制，意指立法措施对框架式的宪法条文进行补充，以明确基本权利的内涵，对基本权利具有形成功能。这类积极形成性法律规范的初衷与目的在于具体化基本权利。然而，基本权利的内涵一旦被具体确定，客观上就有一种"画地为牢"的限制作用。概言之，在某种意义上，积极形成也是一种限制。只不过，这种形成性限制与纯粹性限制不同，纯粹性限制之目的在于单纯而直接地限缩基本权利的功能和克减基本权利的行使（享有）。

其一，积极形成性立法措施作用于自由权的情形，立法者负有维护法律整体体系正义之义务。具体而言，由于特定基本权利的核心内容并不是一个立法者偶然发现的，而是在长期的立法实践中慢慢沉淀而形成的，因此，立法者在通过积极形成性立法措施明确自由权内涵、具体化自由权时，就负有维护法律整体体系正义的义务。具体包括两个方面：一是立法者应该遵循本国已有法律制度体系所确立的基本原则，否则，就构成对该法律制度体系保障下的基本权利核心内容之侵害。二是立法者应该遵循人类法律实践的共同规律，即要求立法者在不违反本国法治精神的同时，还应该依循人类法治文明普遍认同的基本制度和基本精神。[1] 例如，在制定诉讼法律时，为保障公民的诉权，立法者在考量本国国情的基础上，还必须遵循民主法治国家共通的诉讼法原则，如独立审判、公开审理、审检分离、诉权平等（平等武装）、言词辩论、非法证据排除、不强迫自证其罪等。[2] 因此，如若立法者制定的刑事诉讼法律没有规定上述制度，则意味着侵害了诉讼权的核心内容。

其二，积极形成性立法措施作用于社会权的情形，立法者负有通过立法以适足保障社会权之义务。具体而言，社会权具有受益性功能，要求包括立法权在内的所有国家公权力采取积极行动，以确保公民享有的社会权在最低限度上得到保障。此种情形下，立法者需要注意三点：一是立法保障对象是自身无能力承担享有最低限度上社会权的人，而不包括自身有能力承担的人。例如，国家负有特殊义务为无力购房的人提供住房，而对于有能力购房的人而言，国家的首要义务在于启动住房机制，发行住房股票，以及在立法框架下通过计划法和金融贷款促进自购房。二是立法者提供的保障标准是最低标准，"最低标准"是一个动态标准，它随着社会政治、经济、文化和人们观念的发展而变化，而且与国家的财政能力密切相关，因为社会权之满足需要国家为给付行为。例如，教育权的核心并非要求国家为所有人提供免费教育，而是要求国家为经济

---

[1] 欧爱民：《宪法实践的技术路径研究：以违宪审查为中心》，法律出版社2007年版，第267—268页。

[2] 许宗力：《法与国家权力》，元照出版公司2006年版，第170页。

贫困的公民提供帮助，保障其不因经济困难而失学或辍学，这就要求建立贫困学生资助制度、学费减免制度、助学贷款制度等。三是立法者提供的保障必须要适足，且在确定最低标准时要考虑到人格尊严的保障。亦即，立法措施对社会权之保障要能够满足人的基本需求，不能减损人之为人的最基本人格尊严。例如，对生活贫困人群的救济补助，要能够保证吃饱穿暖这样最低的基本生存需要，否则，就是保障不足，不仅侵害了社会权的核心内容，而且还损害了人格尊严——因为若保障不能满足人吃饱穿暖等"动物性"需求，人格尊严也就无从谈起了。因此，保障不足具有双重侵害性，其公式可表述为：保障不足＝侵害社会权＋损害人格尊严。

其三，消极限制性立法措施限制基本权利的情形，立法者负有不得限制基本权利本质内核之义务。具体而言，纯粹限制性立法措施意在通过限缩和克减基本权利以维护重要的公共利益，此种情形下，立法者不仅要恪守法律保留、不当联结禁止、符合比例、正当程序等原则，而且还必须遵循基本权利核心本质不得限制原则。这就要求限制性立法措施负担以下三项义务：一是立法不能淘空公民所享有的基本权利，亦即，立法可以限制某些人的基本权利，但是不能限制所有人的基本权利，使得宪法规定的基本权利名存实亡。[①] 例如，立法可以限制或剥夺特定罪行罪犯的政治权利，但是不能限制或剥夺所有人的政治权利。二是立法不能科以基本权利以不能实现之前提，即立法要求行使基本权利必须具备特定前提条件，但是这一"前提条件"难以成就。这就使得基本权利在事实上不能行使，该立法措施侵害了基本权利的核心内容。例如，立法为行政许可设置了难以承受的"实体条件"和"程序壁垒"，在事实上使得公民几乎不可能达到实体条件和完成程序要求，这种情形就是在事实上和实质上淘空了基本权利，侵害了基本权利之核心内容。三是立法不能为了实现公共利益而完全牺牲公民个人权益。立法之所以限制基本权利，其目的就在于维护和实现重要的公共利益，因此，立法总是需要在公共利益和个人权益之间进行衡量。基于重要的公共利益，立法可以限制公民个人的基本权利，但是，不能全

[①] 陈新民：《德国公法学基础理论》（下册），法律出版社2010年版，第367页。

然不顾个人基本权利,采取彻底舍弃个人权益的立法措施。基本权利的核心本质不得限制原则,就是为了防止这一情形出现。正是基于这一理念,现代宪法在规定征收征用条款时,都明确要求同时有补偿条款,例如,我国《宪法》规定,对土地和公民私有财产实行征收征用,必须依法给予补偿。[1]

其四,消极限制性立法措施完全剥夺基本权利的情形,立法者负有通过立法禁止行政权径行剥夺和明确法院保留的义务。具体而言,立法者基于保障极为重要的公共利益,以法律绝对保留(国会保留)的方式,制定严谨且明确的要件,并且由"法院"(而非行政机关)经由正当法律程序,才可以剥夺基本权利的核心。[2] 这是一种特殊的例外情形,但是,立法实践中也并非鲜见。例如,我国《娱乐场所管理条例》(2020年修订)就剥夺了特定人员开办娱乐场所或者在娱乐场所内从业的权利。[3] 由于立法措施完全剥夺基本权利,不给公民行使该基本权利留有任何空间,是对基本权利核心内容的侵害,因此,必须符合最为严格的法律要件才具有正当性。这些法律要件包括:极为重要的公共利益、国会保留原则、法律明确性原则、行政权剥夺禁止原则、正当程序原则等。由于,上述原则大多已作详细探讨,在此,仅重点阐述行政权径行剥夺禁止原则。顾名思义,行政权径行剥夺禁止,意指行政机关不得自行直接剥夺基本权利,行政机关不享有侵害基本权利核心内容之职权;立法应该将这一职权配置给司法机关,亦即明确法院保留,由法院根据个案具体情形作出是否剥夺基本权利核心的决定。这是因为,涉及基本权利核心本质的侵害决定,应该受到最为严格的实体和程序上的"双重限制",唯有司法机关职权的谦抑秉性

---

[1] 《宪法》(2018年修正)第10条第3款:"国家为了公共利益的需要,可以依照法律规定对土地实行征收或者征用并给予补偿。"第13条第3款:"国家为了公共利益的需要,可以依照法律规定对公民的私有财产实行征收或者征用并给予补偿。"
[2] 钱建荣:《终身不得考领驾驶执照合宪性之检讨——兼论"释字第531号解释"》,《月旦法学杂志》2006年总第128期。
[3] 《娱乐场所管理条例》(2020年修订)第5条:"有下列情形之一的人员,不得开办娱乐场所或者在娱乐场所内从业:(一)曾犯有组织、强迫、引诱、容留、介绍卖淫罪,制作、贩卖、传播淫秽物品罪,走私、贩卖、运输、制造毒品罪,强奸罪,强制猥亵、侮辱妇女罪,赌博罪,洗钱罪,组织、领导、参加黑社会性质组织罪的;(二)因犯罪曾被剥夺政治权利的;(三)因吸食、注射毒品曾被强制戒毒的;(四)因卖淫、嫖娼曾被处以行政拘留的。"

和司法程序的严谨品格,才适合于作出触及基本权利本质内核的决定;若是将该项决定权配置给行政机关,那么行政机关就会集调查权、追诉权、决定权和执行权于一身,不仅缺乏必要的权力制约,而且行政职权的积极主动性和行政程序侧重效率的特性,亦不适合对涉及限制或剥夺基本权利核心本质这样重大的事项作出决定。① 如若不然,触及基本权利核心本质的决定将缺乏最低限度的正当性。正是基于这一考虑,我国台湾地区"社会秩序维持法"第45条规定:"有关拘留、勒令歇业、停止营业三种处罚由法院简易法庭以裁定处罚之。"② 由是观之,立法应将涉及公民人身自由和重大财产权利的行政拘留、吊销许可证、吊销执照、责令停产停业、没收违法所得、没收非法财物等行政处罚决定权配置给法院行使。③

表 1 – 5　　　　　　立法措施、限制程度与立法义务的关系

立法措施	基本权利类型	公共利益重要程度	立法措施限制基本权利程度	立法义务
积极形成	自由权	重要	形成性限制	体系正义
	社会权	重要	形成性限制	适足保障
消极限制	全部基本权利	重要	限制	基本权利核心本质不得限制
		极为重要	完全剥夺	立法禁止行政权径行剥夺(立法明确法院保留原则)

---

① 我国台湾地区"释字第166号解释"中,对行政权径行剥夺禁止原则作了明确阐述:警察机关对于人民仅得依法定程序逮捕或拘禁,至于有关人民身体自由之处罚,则属于司法权,"违警罚法"所析由警察官署裁决之拘留、罚役,既系关于人民身体自由所为之处罚,即属法院职权之范围,自应由法院依法定程序为之。可见,在该"解释"中,"大法官"认为"违警罚法"有关行政拘留、罚役涉及基本权利的核心本质,其决定权必须由司法机关来行使。
② 翁岳生:《行政法》,元照出版公司2020年版,第871页。
③ 欧爱民:《我国犯罪概念的宪法学透视》,《法商研究》2006年第4期。

第二章　中国基本权利立法之影响主体

基本权利立法绝不是立法机关在纯澈封闭的真空环境中自行其是的行为，而是必须考虑政治国家中掌握政治权力的政党、市民社会中能够采取集体行动的利益群体，以及立法机关自身存在的职业立法工作者三者的意见和建议。政党、职业立法工作者和利益群体，是影响甚或决定基本权利立法的三大重要主体。

第一节　政党：政治国家中立法的首要决策者

"政党是代议制民主不可缺少的组成要素"[1]，在政党政治时代，政党尤其是执政党在国家政治生活中发挥着极其重要的作用。"政党现象是政治时代的一个基本特征，无论是一党制、两党制还是多党制，政党都深深地渗透到政治过程当中。"[2]

政党在国家政治生活中承担着十分重要的职能，如反映民意与利益整合、政治选拔录用与输送精英、政治整合与秩序维护等。在政党政治几百年发展的实践过程中，"时至今日，政党仍然以某种相对的高效率行使着各项重要职能，并且是体现人民选择和控制权力的重要机制"[3]。在民主法治国家中，政党通常需要通过控制或影响立法的方式，才能顺利实现其职

---

[1] Paul Webb, David Farrell, and Ian Holliday, eds., *Political Parties in Advanced Industrial Democracies*, New York: Oxford University Press, 2002, p. 438.
[2] 王沪宁：《比较政治分析》，上海人民出版社1987年版，第115页。
[3] Paul Webb, David Farrell, and Ian Holliday, eds., *Political Parties in Advanced Industrial Democracies*, New York: Oxford University Press, 2002, p. 458.

能。"立法是国家政权的最重要的活动之一,因而为政党所特别关注。各国政党要对政权活动发生作用,必须也必然涉足立法活动,这是由政党的性质和任务所决定的。"① 更为重要的是,在社会稳定发展时期,相较于其他任何方式而言,法律更适宜于规范和调整社会关系;而通过法律来调处社会纠纷、规范社会关系,亦有利于稳定社会秩序,促进社会有序发展。如此可见,立法在政党政治和社会治理中具有极其重要的价值。

在美国,"政党被认为是一种显而易见的公众组织,在诸多形式上,政党支配着美国立法机构。在美国的一些州,政党通过日常的政党领导会议主导着立法过程"②。"在美国立法机关,政党的凝聚力仍然是议会投票中最有分量的决定因素。"③ 同样,在英国,大部分立法案是由内阁——实际上是由执政的多数党提出并得以通过的;如果执政党想要加以阻挠,通常也能使该法案受阻。此外,许多国家政党还通过"党鞭"(whip)④ 来监督本党议员出席议会会议并按照本党的政策意见投票,以保证本党议员在立法活动中与党的意志保持一致,确保本党议员在立法机关采取协调一致的行动来执行政党决议,并促使政党意见转化成国家法案。政党领导人通过委派"党鞭","要求本党议员用一种特殊的方式投票,违者将受到制裁"⑤。例如,英国的议员在出席议会会议之前,都会接收到一份本党的政策倾向说明书,议员在议案的表意和表决中应与本党的决定保持一致,维护本党的利益,否则,将受到包括除名在内的党纪处罚。被处罚的议员将失去政党的支持,意味着其政治生命的终结。而在印度,"议会或立法机关日常事务的顺利处理,依赖于印度联邦议会和地方立法机关中各政党党

---

① 周旺生:《立法学》,法律出版社 2009 年版,第 386 页。
② Paul Allen Beck and Frank J. Sorauf, *Party Politics in American*, New York: Harper Collins Publishers Inc. , 1992, pp. 375 – 376.
③ Paul Allen Beck and Frank J. Sorauf, *Party Politics in American*, New York: Harper Collins Publishers Inc. , 1992, pp. 398 – 399.
④ "党鞭"是在立法机构中主要负责确保其所在政党的政策得到贯彻执行的政党官员,诸如英国工党的党督、德国社民党的干事长、加拿大自由党的组织秘书。
⑤ Gerhard Loewenberg, Peverill Squire and D. Roderick kiewiet, eds. , *Legislatures: Comparative Perspectives on Representative Assemblies*, Ann Arbor: University of Michigan Press, 2005, p. 211.

鞭作用的发挥"①。并且,"无论何时,如果任何一个政党议员拒绝按照该政党党鞭的每一指令进行投票,党鞭有权要求该议员对每一次不履行责任之举作出解释,党鞭也可以采取针对该议员的措施"②。

可见,政党主导和影响立法,是政党政治时代的一个显见现象。西方国家中的政党普遍都注重对立法过程施加影响,"政党通过在议会中争夺议长职位,通过本党在议会中的政党领袖和议会党团的作用,影响议会全体会议和各委员会的表决活动"③。

中国实行的政党制度是中国共产党领导的多党合作和政治协商制度(以下简称中国多党合作制度),它既不同于西方国家的两党或多党竞争制,也有别于有的国家实行的一党制。④ 中国多党合作制度之下,执政党领导立法、各民主党派参与立法、人民政协辅助立法决策,这是中国政党对立法活动过程发挥作用和施加影响的方式。

一 执政党领导立法:依法执政的重要方式

在特定的国情制度中,立法机关必须坚持执政党的领导,在执政党的领导下进行立法工作。"在中国,虽然立法权属于全国人民代表大会及其常务委员会,但它受到来自执政党的强势影响。"⑤《立法法》第 3 条明确规定,立法应当坚持中国共产党的领导。⑥

(一)党领导立法的基本含义

中国共产党作为执政党,是国家各项事业的领导核心,立法工作也必须坚持党的领导。立法工作要在党的领导下进行,是由彭真提出来的。

---

① Verinder Grover ed., *Party System and Political Parties in India (Political System in India)*, New Delhi: Deep & Deep Publications, 1990, p. 643.
② Verinder Grover ed., *Party System and Political Parties in India (Political System in India)*, New Delhi: Deep & Deep Publications, 1990, p. 644.
③ 人民代表大会制度研究所编:《与人大代表谈西方议会制度》,人民出版社 2004 年版,第 320 页。
④ 国务院新闻办公室:《中国的政党制度》,《人民日报》2007 年 11 月 16 日第 15 版。
⑤ 符永康:《中国立法酝酿"破冰"》,《经济与法律》(香港)2006 年第 4 期。
⑥ 《立法法》(2015 年修正)第 3 条:"立法应当遵循宪法的基本原则,以经济建设为中心,坚持社会主义道路、坚持人民民主专政、坚持中国共产党的领导、坚持马克思列宁主义毛泽东思想邓小平理论,坚持改革开放。"

1979 年，彭真刚开始主持立法工作时就向中央提出，主管部门草拟或修改法律时，应将拟定或修订的法律要解决的主要问题和意见，请示中央原则批准；有些重要法律、条例的条文必须经中央批准，有些只要原则批准即可；对于修订的法律，也应当把修改的部分和修改的理由，提纲挈领地报请中央审批。1979 年 8 月 16 日，中央办公厅将彭真的上述意见印发国家机关各党组、中央各部委，要求遵照执行。①

为阐述立法工作中如何落实党的领导，彭真还以五届全国人大常委会十七次会议为例进行了解释，他说："这次会上所有各项决议在通过以前，在党内都是报经党中央原则批准的。会议《关于防止关停企业和停建缓建工程国家财产遭受损失的决议》，是会上临时动议搞的，但是，在通过以前也是报请党中央原则批准了的。……全国人大常委会通过的法案，在党内都是事先报经党中央原则批准的。……党中央的意见经过全国人民代表大会或者全国人大常委会的审议通过，就成为国家的法律。"②

可见，党中央对全国人大及其常委会立法工作的领导是政治领导，实际就是事前的"原则批准"，即通过对将要提请立法机关审议的法律草案所要解决的主要问题进行审查，看是否符合党的路线、方针、政策，如果符合，就原则批准；而经党中央审查和原则批准的法律草案，实际就代表了党的意见和主张。③

（二）党领导立法的主要方式

实践中，党领导立法工作的主要方式有以下四种：一是宪法修改建议，即"党中央向全国人大提出宪法修改建议，依照宪法规定的程序进行宪法修改"④。现行宪法的五次修改，都是在中国共产党的直接领导之下，由中共中央向全国人大或者全国人大常委会提出修改宪法部分内容的建议的方式，正式启动修宪程序。⑤ 二是审查批准立法规划和立法计划，即中

---

① 刘松山：《中国立法问题研究》，知识产权出版社 2016 年版，第 234 页。
② 刘政、于友民、程湘清编：《人民代表大会工作全书：1949—1998》，中国法制出版社 1999 年版，第 1010 页。
③ 刘松山：《中国立法问题研究》，知识产权出版社 2016 年版，第 235 页。
④ 《中共中央关于全面推进依法治国若干重大问题的决定》，《人民日报》2014 年 10 月 29 日第 1 版。
⑤ 参见方芬《试论加强和完善党对立法工作的领导》，《人大研究》2015 年第 6 期。

央和地方各级立法规划和立法计划,均需要由人大常委会党组报送同级党委审查批准。编制各级立法规划和立法计划,以党的政策为指导,通过立法工作实现党的执政目标。三是决定立法中的重大问题,即"凡立法涉及重大体制和重大政策调整的,必须报党中央讨论决定"①。实践中,是由全国人大常委会党组提请中共中央讨论决定立法中的重大事项,即立法的指导思想、立法原则和重大问题等。如中共中央政治局常委会先后三次听取全国人大常委会党组的专题汇报,就监督法草案修改的指导思想、原则、思路等重大问题,认真进行讨论研究,并提出了明确的意见。这一方式,是党领导立法工作的经常性的方式,仅在1998—1999年,全国人大常委会党组先后就高等教育法、合同法、证券法、立法法向中共中央提出过请示,提请中央讨论决定。② 四是提出立法建议,即党中央向全国人大直接提出立法建议,监督法和农村土地承包法的起草制定,就是根据党中央提出的立法建议开启立法进程的。③ "鉴于中国共产党的执政党地位,立法机关对党提出的立法建议非常重视,一般都尽力使之很快步入从法案到法的正式立法阶段,制定成为法律。"④

(三) 党领导立法与依法执政

党的十六届四中全会通过《中共中央关于加强党的执政能力建设的决定》指出:"依法执政是新的历史条件下党执政的一个基本方式。"⑤ 依法

---

① 《中共中央关于全面推进依法治国若干重大问题的决定》,《人民日报》2014年10月29日第1版。
② 李鹏:《立法与监督:李鹏人大日记》(上册),新华出版社、中国民主法制出版社2006年版,第90、194、226、319页。
③ 监督法和农村土地承包法的起草制定,都是根据党中央提出的立法建议开启立法进程的:(1) 监督法的起草制定。尽管在六届全国人大期间就开始酝酿,但真正促使监督法制定工作进入实质性阶段的,则是1990年3月党的十三届六中全会通过的《关于加强党同人民群众联系的决定》,该决定提出"建议全国人大常委会拟定实行工作监督和法律监督的监督法",1990年5月,七届全国人大常委会便成立了监督法起草组,开始监督法的第一轮起草工作。(2) 农村土地承包法的起草制定。1998年,党的十五届三中全会通过的有关农业农村工作的决定,明确提出要赋予农民长期而有保障的土地使用权,并向全国人大提出了立法建议,这是中共中央直接向全国人大提出立法建议的典型例子。根据中央的立法建议,1999年年初,全国人大常委会即成立了农村土地承包法起草班子。
④ 秦前红:《执政党领导立法的方式和途径》,《中国法律评论》2014年第3期。
⑤ 《中共中央关于加强党的执政能力建设的决定》,《人民日报》2004年9月27日第1版。

执政方略的提出，因应了党从革命党到执政党的历史性转变，即中国共产党已从领导人民为夺取国家政权而奋斗的党历史性地转变为领导人民掌握国家政权并长期执政的党。

"依法执政，就是坚持依法治国、建设社会主义法治国家，领导立法，带头守法，保证执法，不断推进国家经济、政治、文化、社会生活的法制化、规范化，以法治的理念、法治的体制、法治的程序保证党领导人民有效治理国家。"[1] 依法执政有三大意涵：一是党的主张经过法定程序上升为国家意志；二是党必须在宪法和法律范围内活动；三是党要领导立法、带头守法、保证执法。可见，党领导立法是党依法执政的重要内容，在某种意义上说，甚或是依法执政的首要之义。加强党对立法工作的领导，为从制度上、法律上保证党的路线方针政策得以贯彻实施提供了保障。

实践中，在通常情况下，中国共产党是通过政策的法律化来实现自己的政治领导的。从根本上说，党所提出的政策主张，体现了人民群众的共同意志和利益；从实质上看，党的政策是法律的精髓，是法律的灵魂；党的政策成为法律之后，能够得到国家强制力的保障，有利于党的政策的贯彻实施。[2]

为加强、改进和规范党对立法工作的领导，中共中央办公厅印发了《中共中央关于加强党领导立法工作的意见》（2016年），明确了党领导立法工作的指导思想、基本原则、方式方法和组织保障等内容。这对党坚持依法执政和加强领导立法工作具有重要的积极意义。需要强调的是，根据依法执政的要求和宪法法律的规定，必须正确定位执政党在国家立法活动中的角色：党领导立法不是代替国家权力机关立法，而是必须坚持和支持国家权力机关主导立法。

二 民主党派参与立法：参政议政的重要途径

中国多党合作制度中，"民主党派参政的基本点是：参加国家政权，

---

[1] 《坚持科学执政、民主执政、依法执政　扎实加强执政能力建设和先进性建设》，《人民日报》2006年7月4日第1版。

[2] 陈俊：《政党与立法问题研究——借鉴与超越》，人民出版社2008年版，第121页。

参与国家大政方针和国家领导人选的协商，参与国家事务的管理，参与国家方针政策、法律法规的制定和执行"①。各民主党派参与国家立法工作，是其参政议政的重要形式和途径。

"随着改革开放的深入发展，社会矛盾也随之日益多元化。它已不像阶级斗争激烈的年代，人民作为一个在对敌斗争中利益比较一致的整体存在着，而是分解为各种不同利益群体。社会矛盾已不只是敌我利益截然对立的二元，而是出现了多元的利益矛盾群。简单地说'人民在根本利益上是一致的'，已不足以弥平不同利益群体之间利益上的巨大差别和分配上的不平衡。"②利益多元化，要求国家立法必须能够反映不同利益群体的利益诉求，并且作出公正的平衡，否则，立法必将因得不到多数的支持而陷入无效。在这一意义上，可以说立法是利益平衡的艺术。

利益表达是政党最为基本的政治功能。现代民主政治中，政党承担着汇集与表达其所代表的特定阶级、阶层和社会集团的利益主张与愿望要求的职能。③在中国，不同社会阶层的群众由于生活方式、经济利益和教育程度等不同，其利益主张与政治要求也不尽相同。然而，不同阶层、不同方面的群众都需要表达其所关心的利益和主张，这一点上是相同的。正是因为，"人民群众的整体利益总是由各方面的具体利益构成的。我们所有的政策措施和工作，都应该正确反映并有利于妥善处理各种利益关系，都应认真考虑和兼顾不同阶层、不同方面群众的利益"④。中国共产党作为执政党，"始终代表最广大人民根本利益，与人民休戚与共、生死相依，没有任何自己特殊的利益，从来不代表任何利益集团、任何权势团体、任何特权阶层的利益"⑤。中国共产党代表人民群众的根本利益，着眼于全局利益、整体利益和大政方针，对重要立法事项作出决策。而各民主党派，作为联系不同社会阶层和群体的参政党，则是集中和表达其所联系群众利益要求的政治组织，侧重于反映具体的、特殊的利益主张，发挥着执政党与

---

① 国务院新闻办公室：《中国的政党制度》，《人民日报》2007年11月16日第15版。
② 郭道晖：《法的时代精神》，湖南出版社1997年版，第750页。
③ 赵晋阳：《试论中国参政党利益表达功能》，《民主》2012年第2期。
④ 江泽民：《在庆祝中国共产党成立八十周年大会上的讲话》，《求是》2001年第13期。
⑤ 习近平：《在庆祝中国共产党成立100周年大会上的讲话》，《求是》2021年第14期。

各方面人民群众沟通协调的桥梁作用,对执政党领导立法工作起着必不可少的重要辅助作用。

各民主党派参与立法,在立法工作中充分发挥其独到的作用,对于立法的民主化、科学化具有重要的积极意义。历史事实也有力地表明,中国各民主党派不仅积极参与了中华人民共和国的立宪、修宪,而且对国家立法工作也发挥了十分重要的作用。[①] 中国多党合作制度下,各民主党派参与立法,既是中国共产党依法执政的需要,也是中国政治文明建设的要求,同时,还是各民主党派发挥参政党作用进行参政议政的重要途径。

三 人民政协辅助立法决策：政治协商的重要内容

中国人民政治协商会议（以下简称人民政协）是中国共产党领导的多党合作和政治协商的最重要政治形式和组织形式。人民政协既是各政党政治合作和政治协商的组织载体,又具有其自身的相对独立性。中国共产党在人民政协同各民主党派和各界代表人士协商,能够凝集并形成整体提议和一致意见,对立法具有重要影响。可见,人民政协是中国共产党领导立法作出立法决策的重要辅助决策者。

中国共产党作为执政党领导立法决策,正是通过人民政协这个重要的协商桥梁,听取各民主党派的立法意见建议,并与社会各界保持最广泛、最经常的联系沟通,从而确保立法决策符合各方面的期待和要求,具备民主正当性。

人民政协的名称是"政治协商会议",其最重要的职能就是"政治协商"。国家的大政方针、经济社会发展的重大事项、文化和社会生活中的重要问题、国家的重要法律草案、政府工作报告、中共中央提出的国家领导人人选等重要事项,在决策之前和决策过程中都要进行协商。这是社会主义协商民主的重要内容,能够确保决策是在广泛参与、自由表达和理性讨论协商的基础之上作出的；同时,这也是人民政协的重要职能,是人民政协重要的工作内容和工作方式。

---

① 各民主党派积极参与立宪、修宪、立法的具体情况,可参见陈俊《政党与立法问题研究——借鉴与超越》,人民出版社2008年版,第303—320页。

具体到立法决策而言，我国的立法决策通常会经过如下程序：立法决策之前，先在人民政协充分协商，听取各民主党派和各界代表人士的意见建议；民主协商之后，再由国家权力机关对草案进行审议表决作出决策，进而形成国家法律。可见，人民政协和国家权力机关的性质和职能不相同，二者角色不能错位、不能互相替代，而是需要各自履行其职能，相辅相成。人民政协的一切活动，也必须以宪法和法律为根本准则，[①] 不得超越宪法和法律行使不属于自身的权力。

人民政协不是国家权力机关，不享有国家权力机关的职权，但其是国家政治体制的重要组成部分，在国家政治生活中具有不可替代的作用。在中华人民共和国成立前夕，中国人民政治协商会议第一届全体会议通过了起临时宪法作用的《中国人民政治协商会议共同纲领》，规定中华人民共和国的政权制度是人民代表大会制度，在普选的全国人民代表大会召开以前，由中国人民政治协商会议全体会议代行全国人民代表大会的职权。中华人民共和国成立后，人民政协对历次宪法修改、土地改革法、义务教育法、邮政法、工会法、就业促进法等法律的制定或修改，提出了针对性的建议意见并被采纳，发挥了积极的辅助立法决策的作用。[②]

人民政协辅助立法决策的优势，主要表现在以下五个方面：一是联系的广泛性。人民政协是我国最广泛的爱国统一战线组织，广泛联系各民主党派、工商联和各人民团体、无党派人士、各族各界的代表人士，能够反映不同界别的群众的利益要求和期待。二是位置的超脱性。人民政协较少受到地区利益和部门利益羁绊，能够比较客观地反映事实情况，并在深入调研的基础上提出解决问题的意见建议，有助于执政党和国家权力机关作出决策。三是人才的聚集性。人民政协汇集了各行各业的杰出代表人士，既有经验丰富的政治家、社会活动家，也有卓有成就的自然科学家和学富五车的人文社科专家学者，这些精英代表各个界别参加政协组织，能够以自己的学识和经验对重大问题进行民主协商，提出有价值的建设性意见建

---

① 《中国人民政治协商会议章程》（2018年修订）"总纲"第8自然段："中国人民政治协商会议的一切活动以中华人民共和国宪法为根本的准则。"

② 人民政协参与并辅助立法决策的具体情况，可参见陈俊《政党与立法问题研究——借鉴与超越》，人民出版社2008年版，第331—356页。

议。四是工作方式的民主性。人民政协主要通过协商、讨论、批评、建议的方式开展工作,在政治上具有最大限度的包容性,既尊重多数又照顾少数。五是意见渠道的通达性。人民政协可以将基层各界和中央决策层联结起来,既能够将决策所需的基层信息汇集呈送中央,又能够使社会各界及时了解中央决策,并积极主动配合决策部署。

概言之,人民政协的政治优势,就在于联系群众的广泛性、政治参与方式的特殊性、社会影响的普遍性。它能够使参加人民政协的各民主党派、人民团体和各级政协委员,密切联系群众,反映社情民意,并通过人民政协这种制度化、规范化、程序化的政治协商、民主监督、参政议政的形式,促进决策和施政的科学化、民主化和法制化。①

第二节 职业立法工作者：立法机关中隐性而实质的立法者

立法乃法治建设之源头。法治建设的过程中,立法居于至关重要的"始源"地位。"立善法于天下,则天下治；立善法于一国,则一国治。"可见,善法之于治理之重要性。立善法,即是要提高立法的质量,使得所立之法以人为本、符合国情且利于发展,能够切实解决问题。立法是一项专业性工作,推进立法职业化建设,是提高立法质量的一条有效途径,②亦是发展和完善人民代表大会制度的一个切实可行的重要举措。

概言之,立法职业化的基本特点主要有三点：其一,专门性。立法作为一项专门化的职务工作,已经成为一种专门职业,有其专门的工作职责。其二,专任性。立法工作需要由专任的工作机构和人员来完成,且内部分工明确、各司其职、各行其权、各尽其责。其三,专业性。立法须掌握法学知识和与立法事项有关的专业知识和技术,立法工作人员履职前需接受专业培训。以此观之,中国立法过程中立法权之运行,已经具有职业

---

① 陈奎元:《人民政协是马克思主义中国化的伟大创造和伟大成果》,《人民日报》2006年3月25日第6版。

② 赵颖坤:《专任化与专业化：权力机关立法主体职业化的可能路径》,《福建论坛》(人文社会科学版)2008年第5期。

化之因素。

一 立法机关中的职业立法工作者

第二次世界大战之后,随着政府管治事务范围的扩张,国家立法需求进一步增强——亟须以立法方式进行授权并予以规范。与之相伴而生的,则是立法机关的规模亦日益扩大,而立法任务的繁重性和专业化催生了数量庞大的职业立法工作人员,如议员助理或议会幕僚。需要注意的是,这些非民选的立法工作人员 [或称议会工作人员(congressional staff)] 与职业行政工作人员相比,在选任方式上具有相同性、在权力构造上具有相似性、在行动逻辑上具有一致性;不同之处在于,立法工作人员是在民意机关之中工作,而行政工作人员则是在执行机关中工作。工作机关性质之殊异,恰可能使立法专业工作人员得以逃避对于职业工作人员的一般性监督。正是如此,"职业立法工作者"这一概念及其描述的问题,才亟须被重视。1979 年,美国出版的《国会季刊周报》(*Congressional Quarterly Weekly Report*)专刊讨论了"国会官僚化"(congressional bureaucracy)的问题,指出自 20 世纪 60 年代后出现了国会参众两院的预算经费激增、国会工作人员数量和专业化程度提高、国会内部委员会职能逐步强化、国会相对于行政部门的独立性逐步增强等现象——这些都意味着美国国会"新官僚"(new bureaucracy)的形成。[1]

中国改革开放后,作为权力机关的人民代表大会以及人大代表积极参与公共政策的形成,"人大代表越来越依赖自身能力参与到立法工作之中,并且希望能将人大转化为高效的官僚化角色(effective bureaucratic actors),从组织建设(organization-building)的角度,人大机构与其他政府机构在管辖范围上展开竞争——其致力于寻求在政策制定领域的地位,从而使自身嵌入(embedded)政治体制之中"[2],以此来提高其在政治过程中的权

---

[1] Irwin B. Aieff, "The New Bureaucracy: Growing Staff System on Hill forcing Changes in Congress", *Congressional Quarterly Weekly Report*, Vol. 37, No. 47, June 1979, pp. 2631–2642.

[2] O'Brien, Kevin J. and Luehrmann, Laura M., "Institutionalizing Chinese Legislatures: Trade-Offs between Autonomy and Capacity", *Legislative Studies Quarterly*, Vol. 23, No. 1, March 1998, pp. 91–108.

重。1979 年，中国立法职业工作机构的雏形"全国人大常委会法制委员会"成立，在结束"文化大革命"建设法制的历史背景下，立法的任务非常繁重与艰难。"有法可依"是法制建设的首要目标，这就要求首先必须将法律制定出来。全国人大常委会法制委员会成立后，以"立法运动"的方式制定和通过了七部国家基础性法律——"选举法和地方组织法确立了我国国家政权基础，刑法和刑事诉讼法确立了我国的刑事制度，人民法院组织法和人民检察院组织法重建了我国的司法体制，中外合资经营企业法则打开了我国对外开放的法律之门"①。1983 年，法制委员会改制为"法制工作委员会"（以下简称法工委），作为全国人大常委会的工作机构，亦是新设立的"法律委员会"的办事机构。法工委在成立之后，全面启动了国家法、行政法、民商法等法律部门的起草工作，直接推动了持续近 30 年运动式立法。② 值得注意的是，进入 20 世纪 90 年代后，法工委的工作机构和工作人员数量得到了很大发展：在工作机构方面，法工委的独立性进一步增强，全国人大常委会办公厅与法工委是平行的部级单位，"在财务、人事和后勤服务方面，都完全独立，各成系统，工作也是分别对委员长会议和秘书长负责"③；在工作人员数量方面，1990 年法工委工作人员数量为 173 人，不仅超过了其他所有专门委员会办事机构人员的总和（136 人），而且占据了常委会机关全部工作人员数量（不含大会堂管理局）的 1/5。④ 由此可见，不论从立法工作方面的作用来看，还是从组织机构的设定和工作人员的配备来看，法工委都已经成为一个立法职业工作机构，而在法工委工作的非民选的立法工作人员，则日益趋向为专业的职业立法工作者。

---

① 王萍：《转折时期的立法传奇》，《中国人大》2014 年第 17 期。
② 有学者统计分析指出，从法律创制的角度来看，1978—2014 年的法律创制数轨迹呈现为一个倒"U"形曲线：1978—1988 年为创法成长期（1978—1983 年创法 22 件，1983—1988 年创法 29 件），1988—1998 年为创法高峰期（1988—1993 年创法 40 件，1993—1998 年创法 63 件），1998—2008 年为创法稳定期（1998—2003 年创法 35 件，2003—2008 年创法 30 件），2008—2014 年为创法消落期（合计 21 件）。具体参见付子堂、胡夏枫《立法与改革：以法律修改为重心的考察》，《法学研究》2014 年第 6 期。
③ 蔡定剑：《中国人民代表大会制度》，法律出版社 2003 年版，第 449—450 页。
④ 尹世洪、朱开杨：《人民代表大会制度发展史》，江西人民出版社 2002 年版，第 257 页。

值得注意的是，1979年7月，五届全国人大二次会议通过有关决议和《地方组织法》，赋予了省级人大及其常委会制定地方性法规的职权；2015年3月，十二届全国人大三次会议修改《立法法》，赋予所有设区的市地方立法权。地方立法权主体扩容之后，我国享有地方立法权的市、州共有322个，大部分已开展地方立法工作。我国现行有效的地方性法规已达12000余件。这即意味着，在地方立法机关中，从事立法工作的机构和人员有一个庞大的群体——我们可以用"职业立法工作者"这一概念，指称在全国人大常委会、省级和设区的市级人大常委会立法工作机构中全职工作领取薪酬，并具有从事立法工作所需的专业能力，具有相应权力和责任的专门从事立法工作的人员。由此可知，我国立法机关中的职业立法工作者队伍已经形成。

二 立法职业化：中国立法过程的实践面貌

职业立法工作者的形成与存在、发展，必然导致立法过程的职业化倾向。立法职业化倾向有两个面向：一是立法权由名义立法者向实质立法者转移，具体而言，即是从权力机关（人民代表大会）向其常设机关（人大常委会）、专门委员会（如宪法和法律委员会等）、工作机构（如法工委）沉淀转移；二是职业立法者的行为逻辑遵循了职业化的基本原则，包括专门性、专任性、专业性等特点。从中国立法的实践过程来考察，立法职业化倾向的具体表现主要体现在以下三个方面。

（一）编制立法规划圈定立法提案范围

立法规划，是立法机关为了有效、有序立法所制定的用于指导立法的措施、步骤、安排及筹划。[①] 改革开放后，国家立法需求极速凸显膨胀，而国家的立法资源稀缺有限。为解决立法需求与立法供给之间的矛盾，1991年11月七届全国人大常委会尝试编制立法规划，以科学调控立法供求关系。发展到今天，不仅全国人大，地方各级有立法权的人大和政府，也都已经形成了编制五年立法规划和年度立法计划的惯例。立法实践表

---

① 夏征农、陈至立主编，曹建明、何勤华分科主编：《大辞海·法学卷》，上海辞书出版社2015年版，第14页。

明：立法规划之内的立法项目，只要完成起草，法案一般就能通过；而立法规划之外的立法动议，即便依据法定权限和程序提出，亦难以进入立法议程。① 可见，立法规划已经成为绝大多数立法的事实上的起点。2015 年修改的《立法法》第 52 条第 2 款规定，全国人大常委会法制工作委员会负责编制立法规划和拟订年度立法计划。② 这就将法工委以往以"惯例"形式存在的权力纳入了法律，使其成为一项法定的权力。实际上，这种立法规划"忽视和挤占了权力机关组成人员的提案权"③。无疑，这进一步强化了法工委作为职业立法工作机构的权力，而法工委的专业立法工作人员也进一步趋向职业化。

需要说明的是，《立法法》在体例上并没有将法工委编制立法规划这一条文置于正式的立法程序之中，而是将其作为立法程序专节之外的第五节"其他规定"。这似乎又表明，立法规划和立法计划并不具有强指令性，亦非法案进入审议程序的必经"关口"。同时，《立法法》第 52 条第 1 款规定，编制立法规划和年度立法计划应当认真研究代表议案和建议，要求广泛征集意见并科学论证评估。④ 但是，编制立法规划的程序规则还不够健全，其透明度、统一性和法定化问题亟须通过建立统一程序规则予以规范和解决。否则，法工委编制立法规划和立法计划的权力，就会成为立法提案程序的制度瓶颈——法工委有权决定是否将代表议案和建议纳入立法

---

① 2005 年，时任全国人大代表、国家行政学院法学部主任、全国人大内务司法委员会委员的应松年教授所提的三份议案即是实证。应松年教授在十届人大三次会议上提交了三份议案：一是制定行政程序法的议案；二是修改行政诉讼法的议案；三是修改国家赔偿法的议案。议案内容清楚、形式规范，而且均附有法律草案文本。据应松年教授介绍，法律草案文本是在整个中国行政法学界众多学者共同努力下完成的。但因这些立法项目未列入当时的立法规划而被搁置。参见曾祥华等《立法过程中的利益平衡》，知识产权出版社 2011 年版，第 75 页。

② 《立法法》（2015 年修正）第 52 条第 2 款："全国人民代表大会常务委员会工作机构负责编制立法规划和拟订年度立法计划，并按全国人民代表大会常务委员会的要求，督促立法规划和年度立法计划的落实。"

③ 刘松山：《立法规划之淡化与反思》，《政治与法律》2014 年第 12 期。

④ 《立法法》（2015 年修正）第 52 条第 1 款："全国人民代表大会常务委员会通过立法规划、年度立法计划等形式，加强对立法工作的统筹安排。编制立法规划和年度立法计划，应当认真研究代表议案和建议，广泛征集意见，科学论证评估，根据经济社会发展和民主法治建设的需要，确定立法项目，提高立法的及时性、针对性和系统性。立法规划和年度立法计划由委员长会议通过并向社会公布。"

规划和立法计划。

（二）组织或参与法案起草形塑立法主要内容

法案起草与立法规划有着前后一贯的紧密联系，法案起草是贯彻落实立法规划的具体表现。① 法案起草是立法过程中一个必经的、非常重要的阶段，是直接表现立法者的立法目的、反映执政者的立法意愿、实现一定的立法指导思想和基本原则的最主要、最重要的活动之一。② 法律法规草案基本确定了一部法律法规意欲解决的主要问题及解决方法，如对权利义务的设定、对行为规则的明确等。可以说，法案草案就是法律法规的"毛坯"。法案起草对立法内容之形成与确定具有重要意义。此外，法案起草对执法、司法、守法亦有着重要影响。执法、司法和守法过程中出现的问题，有不少就是由于法案起草不善引发的。例如，大量合同纠纷的产生，就是对法律条文的理解偏差甚或解释有误引起的，而这种理解和解释上的偏差与法的起草中存在弊病直接相关。③

美国学者将法案起草比作工程设计建筑，认为法案起草人好比工程设计建筑师，其任务包括两个方面：一是完成工程设计建筑；二是需要综合考虑和协调建筑物的用途、形式、效用等有关问题。法案起草人需要在法案起草之前，弄清楚立法之主旨，并研究如何表达立法主旨，以及有效解决相关的种种问题。④ 更为重要的是，法案起草者需要时时考虑他的工作的政治参数和政治后果，需要在最短的时间将决策者所需要的政治现实用法的语言表述出来。⑤ 可见，法案起草者的角色十分重要，同时其身份也具有多重属性，即既具有承担政治委托的政治属性又具有从事立法工作的专业属性。

同样，我国的人大代表事实上是"多重代理的角色集"，包括了执政

---

① 张永和主编：《立法学》，法律出版社2009年版，第79页。
② 周旺生：《立法学》，法律出版社2009年版，第318页。
③ ［英］海伦·赞塔基：《立法起草：规制规则的艺术与技术》，姜孝贤译，法律出版社2022年版，第9页。
④ ［英］海伦·赞塔基：《立法起草：规制规则的艺术与技术》，姜孝贤译，法律出版社2022年版，第11—12页。
⑤ ［英］海伦·赞塔基：《立法起草：规制规则的艺术与技术》，姜孝贤译，法律出版社2022年版，第100页。

党、政府机构、法定权力机关以及选民的政治委托。① 这意味着，人大代表在立法过程中必须要具有"权利能力"和"行为能力"："权利能力"即代表资格，要求人大代表具有承担政治委托的适当身份；"行为能力"即代表能力，要求人大代表具备从事立法工作的基本知识和专业素质。然而，人大代表的"精英化"和"兼职化"，使得其难以胜任立法起草者的工作。因为，人大代表的精英化趋势，使得人大代表已经越来越不能反映全体人口的职业和阶层构成；② 而人大代表的兼职化现状（非专职代表）——这种现状得到国家立法的确认和巩固，③ 使得兼职的人大代表难以应对复杂法律议案的起草与审议。迄今为止，只有极少数的代表议案可以成为法律草案，几乎全部的立法均由人大或政府的法制工作部门起草完成。④ 由此可见，由于人大代表行为能力（从事立法工作的能力）的不足与弱化，使得民意转化为法律（人大代表履行职务），必须借助于职业立法工作者的协助。这进一步表明，法案起草过程，实质是职业立法工作者的专业化工作过程。

2015 年修改的《立法法》第 53 条第 1 款⑤规定，法工委应当提前参与有关方面的法律草案起草工作，对于涉及综合性、全局性、基础性的重要法律草案，可以由法工委直接组织起草。尽管，这一规定是为"发挥人大在立法工作中的主导作用"⑥，使国家立法主导权回归最高国家权力机

---

① 邱家军：《人大代表选举中政治把关权的运行维度》，载陈明明《中国民主的制度结构：复旦政治学评论（第六辑）》，上海人民出版社 2008 年版，第 120 页。
② 赵晓力：《改进人大代表名额分配制度》，《中国改革》2008 年第 3 期。
③ 2015 年，第三次修改的《全国人民代表大会和地方各级人民代表大会代表法》（以下简称《代表法》）再次重申"代表不脱离各自的生产和工作"（《代表法》第 5 条第 3 款）。2010 年，《代表法》第二次修改时即叫停了地方人大进行的专职代表的尝试，明确"代表不脱离各自生产和工作岗位"的原则。参见孙乾《代表法 18 年来首次修改 代表不得设个人工作室》，《京华时报》2010 年 8 月 24 日第 A11 版。
④ 信春鹰、陈国刚：《2007 年中国立法发展状况》，载李林主编《中国法治发展报告》，社会科学文献出版社 2008 年版，第 53 页。
⑤ 《立法法》（2015 年修正）第 53 条第 1 款："全国人民代表大会有关的专门委员会、常务委员会工作机构应当提前参与有关方面的法律草案起草工作；综合性、全局性、基础性的重要法律草案，可以由有关的专门委员会或者常务委员会工作机构组织起草。"
⑥ 李建国：《关于〈中华人民共和国立法法修正案〉的说明——2015 年 3 月 8 日在第十二届全国人民代表大会第三次会议上》，《人民日报》2015 年 3 月 9 日第 4 版。

关，但是，同时也强化了法工委的权力，使其成为以立法（法律）知识为基础，支配和主导法律制定的"职业立法者"。而且，需要特别注意的是，法工委的工作人员既不是传统意义上的民意代表，也不是行政机关工作人员抑或执政党决策者，而是游离于三者之外的"隐形立法者"。由此可见，立法主导权回归人大，并不绝对意味着立法民主性当然地增强，也不能简单将其当作"庶民的胜利"，而仅仅只是意味着立法权从行政机关手中转移至了职业立法工作者手中而已。概言之，在缺乏充分民主条件的情况下，立法主导权从行政部门回归立法机关，立法去行政部门利益化或许会有收效，但是并不能直接导向立法民主，反而有可能为职业立法者利用专业技术在立法中夹带"私货"提供了契机。

综上，法律法规的主要内容在法案起草阶段就已大体确定，而专职专业的职业立法工作者是法案的起草者，故而，由其起草法案，实质上形塑了法律法规的主要内容。

(三) 辅助审议法案主导立法审议表决

审议法案，就是在由法案到法的阶段，由有权机关对法案运用审议权，决定其是否应当列入议事日程、是否需要修改以及对其加以修改的专门活动。[①] 法案审议主要是审议以下内容：其一，法案的必要性和可行性，即法案是否符合立法需求、立法条件是否具备、立法时机是否成熟；其二，法案的形式和内容，即法案的形式要件和实质内容是否符合相应要求；其三，法案的合法性和合政策性，即法案是否符合上位法规范和国家大政方针，是否与上位法不相冲突、不相抵触，以及是否符合立法的技术规范要求等。在审议过程中，审议主体根据法定权限和程序对上述问题提出审议意见，并对法案作出一定程度的修改、补充和完善。可见，法案审议是在法案草案这一"毛坯"基础之上的"精装修"，形塑了法律的基本面貌。

立法实践中，一项法案经审议后，要么不提交会议表决，而只要被列入会议议程提交表决，基本上都能获得足够多数的赞同票而通过，从而成为正式的法律。这表明，法案审议在实质上主导了立法审议表决。具体表

[①] 周旺生：《立法学》，法律出版社2009年版，第166页。

现在两个方面：其一，法案审议能够决定一项法案是否列入会议议程并提交会议表决；其二，法案经审议获得被提交会议审议表决的资格后，一般都能在会议审议表决中顺利通过。可见，法案审议的结果，基本主导甚或决定了一项法案能否进入会议表决程序继而成为正式法律。概言之，只要"上会"提交表决的法案，基本都能获得通过。如是，法案审议这一程序环节就显得十分重要，其决定了一项法案的命运。

根据《宪法》《全国人大组织法》《立法法》《全国人大议事规则》《全国人大常委会议事规则》之规定和立法实践，全国人大各专门委员会和全国人大常委会工作机构在立法过程中发挥着重要的作用。从法案审议职权角度来考量，全国人大各专门委员会和全国人大常委会工作机构的性质不同：前者是职权审议主体，即全国人大宪法和法律委员会以及其他各专门委员会，宪法和法律委员会统一审议，各专门委员会对与该委员会有关的法案进行审议；后者是辅助审议主体，即全国人大常委会法制工作委员会（以下简称法工委）。由于，宪法和法律委员会和其他各专门委员会的成员均由人大代表担任，与法工委人员构成不同，故而不宜将宪法和法律委员会以及其他各专门委员会纳入职业立法工作机构之中。① 全国人大常委会工作机构不是独立行使职权的国家机关，没有审议法案的权力，但却在审议过程中发挥着重要辅助作用。② 法工委辅助审议法案，主要有两方面的工作：一是立法可行性评价，对立法涉及问题具有较强专业性的法律案，需要进行可行性评价，法工委应当召开论证会听取有关专家、部门和全国人民代表大会代表等方面的意见（《立法法》第36条③）；二是立法前评估，对拟提请常委会审议通过的法律案，在宪法和法律委员会提出审议结果报告前，法工委可以对法律草案中主要制度规范的可行性、法律

---

① 也有观点认为："法律委（全国人大法律委员会的简称）这一似乎有意区别于法工委这个官僚机构的部门，实际上正是为了将其他官僚机构纳入立法过程之中。至于审议这项功能，也必须放在法律委作为一个专门机构的角色上来理解。"参见白龙、周林刚《立法官僚的兴起与封闭——以1979—2010年全国人大立法为中心的考察》，《文化纵横》2011年第3期。

② 周旺生：《立法学》，法律出版社2009年版，第170页。

③ 《立法法》（2015年修正）第36条第2款："法律案有关问题专业性较强，需要进行可行性评价的，应当召开论证会，听取有关专家、部门和全国人民代表大会代表等方面的意见。论证情况应当向常务委员会报告。"

出台时机、法律实施的社会效果和可能出现的问题进行评估（《立法法》第 39 条①）。立法可行性评价和立法前评估的实质是一种立法论证，具体论证立法的必要性、可行性和合宪性（合法性），② 法工委在综合各方面意见的基础上凭借其立法和法律的专门知识得出论证结论。这对确定相应立法是否应该制定、制定时机是否成熟等具有重要意义。这表明，法工委在法案审议过程中具有独特的作用。

此外，在立法出台施行之后，根据《立法法》的规定，法工委还负责拟定法律解释草案③、研究答复对有关具体问题的法律询问④、组织立法后评估⑤和主动审查报送备案的规范性文件（行政法规、地方性法规）⑥。这对于明确法律具体含义和因应新情况明确适用法律依据以准确适用法律，以及确定法律、行政法规、地方性法规是否需要修改、撤销或废止具有重要意义。

三 立法权位移下沉：立法职业化的制度成因

"谁制定了我们的法律？"⑦ 这一问题的回答似乎再简单清晰不过了——"立法者制定了我们的法律"或是"人民自己制定了法律"。然而，究竟谁才是真正的立法者？人民又是怎样制定法律的？唯有回答好这两个问题，才能明晓我们究竟生活在谁给我们制定的行为规范之中。代议制理论已经回答了第二个问题，即人民自己并不经常性地直接立法，而是通过

---

① 《立法法》（2015 年修正）第 39 条："拟提请常务委员会会议审议通过的法律案，在法律委员会提出审议结果报告前，常务委员会工作机构可以对法律草案中主要制度规范的可行性、法律出台时机、法律实施的社会效果和可能出现的问题等进行评估。评估情况由法律委员会在审议结果报告中予以说明。"

② 姜明安：《改进和完善立法体制〈立法法〉呈现七大亮点》，《行政管理改革》2015 年第 4 期。

③ 《立法法》（2015 年修正）第 47 条："常务委员会工作机构研究拟订法律解释草案，由委员长会议决定列入常务委员会会议议程。"

④ 《立法法》（2015 年修正）第 64 条："全国人民代表大会常务委员会工作机构可以对有关具体问题的法律询问进行研究予以答复，并报常务委员会备案。"

⑤ 《立法法》（2015 年修正）第 63 条："全国人民代表大会有关的专门委员会、常务委员会工作机构可以组织对有关法律或者法律中有关规定进行立法后评估。评估情况应当向常务委员会报告。"

⑥ 《立法法》（2015 年修正）第 99 条第 3 款："有关的专门委员会和常务委员会工作机构可以对报送备案的规范性文件进行主动审查。"

⑦ Frantzich, Stephen, "Who Makes Our Laws? The Legislative Effectiveness of Members of the U. S. Congress", *Legislative Studies Quarterly*, Vol. 4, No. 3, Sep. 1979, pp. 409 – 428.

选举自己的代表组成代议机关来制定法律。如是，立法主权者（人民）与立法机关形成了分离。在立法实践中，这种"分离"就给了实际立法者以可乘之机，即实际立法者就有可能在法律中塞进自己或当权者、有产者的意志，而背叛人民的意志和公共利益。这就要求我们必须追索"谁才是真正的立法者"这个问题，以规诫其立法行为。法乃国之重器，究竟谁在立法，不可不察也。

职业立法工作机构的形成和发展，以及立法工作机构中专职专业的立法工作人员的存在与壮大，使得立法工作日益成为职业立法工作者的专业化作业。在这一意义上，立法日益趋于职业化。立法工作机构和职业立法工作人员作为隐性而实质的立法者，有僭越立法权之嫌疑。究其缘由，立法权制度性地位移下沉造就了职业立法工作者，并支撑起其发挥作用的制度空间。概括而言，立法职业化的制度成因，在于立法权制度性地三次连续位移下沉。具体而言有以下三方面。

（一）立法权由全国人大向全国人大常委会位移下沉

现行《宪法》首次规定全国人大常委会制定和修改基本法律以外的其他法律的职权（《宪法》第67条第2项①），改变了五四宪法、七五宪法和七八宪法将立法权完全保留在全国人大的规定。② 然而，《宪法》和《立法法》都未明确划定全国人民代表大会和全国人大常委会立法权的范围界限，这就在法律制度上给全国人大常委会预留了极其宽泛的立法裁量空间。③ 这是立法权由全国人民代表大会向全国人大常委会位移下沉的宪制原因。

---

① 《宪法》（2018年修正）第67条："全国人民代表大会常务委员会行使下列职权：（一）解释宪法，监督宪法的实施；（二）制定和修改除应当由全国人民代表大会制定的法律以外的其他法律；（三）在全国人民代表大会闭会期间，对全国人民代表大会制定的法律进行部分补充和修改，但是不得同该法律的基本原则相抵触；（四）解释法律……"

② 五四宪法、七五宪法和七八宪法均未赋予全国人大常委会制定法律的权力，仅规定其可以"解释法律与制定法令"。

③ 李步云先生就指出，在对应当由全国人大制定的"基本法律"在范围界定上存在模糊与混乱，像涉及公民基本权利和自由的"劳动法""集会游行示威法"等一类法律，本属于国家的基本法律，应由全国人民代表大会来制定，但事实上却由全国人大常委会制定了；相反，像一类纯属于经济关系的技术性法律"经济合同法"却由全国人民代表大会来制定。参见李步云、汪永清《中国立法的基本理论和制度》，中国法制出版社1998年版，第142页。

固然，从初衷和目的来看，扩大和强化全国人大常委会职权，是为了加强人民代表大会制度建设的有效性。[①] 因为，基于宪制地位与制度形式，全国人民代表大会很难承接实体化的立法权，具体原因有三：一是全国人民代表大会每次会期太短，对法案进行实质性审议没有时间保障；二是全国人大代表人数众多，难以形成有效的立法讨论；三是全国人大代表多数是兼职代表，不具备专门的立法和法律知识，也缺乏专业性立法训练。[②] 如是，全国人民代表大会的功能逐渐虚化，而全国人大常委会的立法权则逐渐实化和强化。"从实际的立法功能看，全国人大常委会是中国承担日常立法功能的最重要的机关，根据现实实际运作而不是制度文本，全国人大常委会组成人员，是更为典型的中国立法者或者议员，是中国立法机关的精英分子。"[③]

经过四十年的立法实践，全国人大常委会权力的扩张已然构成对全国人民代表大会权力的侵蚀。在1982年至2013年的三十余年间，"全国人大立法数量尚不足全国人大常委会立法数量的十五分之一，如此就很难说整个社会还是由全国人大所制定的法律在规范着"[④]。可见，全国人大常委会事实上已经成为立法的主导者。

（二）立法权由全国人大常委会向全国人大常委会委员长会议位移下沉

根据《宪法》规定，全国人大常委会委员长会议处理全国人大常委会的重要日常工作（《宪法》第68条第2款[⑤]）。《全国人民代表大会组织法》对委员长会议的职权范围作出了明确规定，即委员长会议处理的"重要日常工作"包括：其一，决定常委会每次会议会期，并拟定会议议程草

[①] 时任全国人大常委会委员长乔石曾对常委会扩权的原因进行了详细解释，认为："全国人大代表的人数不宜太少，但人数多了又不便于进行经常性工作"，而常委会人数较少，便于进行繁重的立法及其他工作，由此"适当扩大全国人大常委会的职权，是加强人民代表大会制度建设的有效措施"。参见乔石《在首都各界纪念人民代表大会成立四十周年大会上的讲话》，《人大工作通讯》（现名《中国人大》）1994年第19期。

[②] 邹平学：《人民代表大会的规模困境与代表性的逻辑悖论》，《人大研究》2009年第4期。

[③] 张涛：《第十届全国人大常委会组成人员结构分析：主要特点与发展面向》，载黄卫平、汪永成主编《当代中国政治研究报告》（第7辑），社会科学文献出版社2009年版，第78—93页。

[④] 韩大元：《全国人民代表大会宪法地位研究》，《法学评论》2013年第6期。

[⑤] 《宪法》（2018年修正）第68条第2款："委员长、副委员长、秘书长组成委员长会议，处理全国人民代表大会常务委员会的重要日常工作。"

案；其二，决定将向常委会提出的议案和质询案交由有关专门委员会审议或提请常委会全体会议审议；其三，指导协调各专门委员会的日常工作；其四，处理常委会其他重要日常工作（《全国人民代表大会组织法》第25条①）。可见，《宪法》和《全国人民代表大会组织法》对委员长会议的定性是"处理重要日常工作"，赋予委员长会议的权力是程序性权力。

然而，《立法法》赋予委员长会议的职权，与《宪法》对委员长会议"处理重要日常工作"的定性有明显矛盾，且事实上已经超出了《全国人民代表大会组织法》所规定的委员长会议的职权范围。② 2015年修订的《立法法》赋予了委员长会议诸多实体性的权力，具体而言：一是提出法律案的权力，即委员长会议可以向常委会提出法律案，并直接由常委会会议审议（《立法法》第26条第1款③）；二是决定法律案是否列入常委会审议议程，即有权决定是否将国务院、中央军事委员会、最高人民法院、最高人民检察院、全国人民代表大会各专门委员会向常委会提出的法律案列入会议议程（《立法法》第26条第2款④），以及有权决定是否将常委会组成人员十人以上联名提出的法律案列入常委会会议议程（《立法法》第27条第1款⑤）；三是决定不向社会公布法律草案及其起草、修改的说

---

① 《全国人民代表大会组织法》（2021年修正）第25条："常务委员会的委员长、副委员长、秘书长组成委员长会议，处理常务委员会的重要日常工作：（一）决定常务委员会每次会议的会期，拟订会议议程草案，必要时提出调整会议议程的建议；（二）对向常务委员会提出的议案和质询案，决定交由有关的专门委员会审议或者提请常务委员会全体会议审议；（三）决定是否将议案和决定草案、决议草案提请常务委员会全体会议表决，对暂不交付表决的，提出下一步处理意见；（四）通过常务委员会年度工作要点、立法工作计划、监督工作计划、代表工作计划、专项工作规划和工作规范性文件等；（五）指导和协调各专门委员会的日常工作；（六）处理常务委员会其他重要日常工作。"

② 马岭：《中国〈立法法〉对委员长会议职权的规定》，《学习与探索》2013年第8期。

③ 《立法法》（2015年修正）第26条第1款："委员长会议可以向常务委员会提出法律案，由常务委员会会议审议。"

④ 《立法法》（2015年修正）第26条第2款："国务院、中央军事委员会、最高人民法院、最高人民检察院、全国人民代表大会各专门委员会，可以向常务委员会提出法律案，由委员长会议决定列入常务委员会会议议程，或者先交有关的专门委员会审议、提出报告，再决定列入常务委员会会议议程。如果委员长会议认为法律案有重大问题需要进一步研究，可以建议提案人修改完善后再向常务委员会提出。"

⑤ 《立法法》（2015年修正）第27条第1款："常务委员会组成人员十人以上联名，可以向常务委员会提出法律案，由委员长会议决定是否列入常务委员会会议议程，或者先交有关的专门委员会审议、提出是否列入会议议程的意见，再决定是否列入常务委员会会议议程。不列入常务委员会会议议程的，应当向常务委员会会议报告或者向提案人说明。"

明等情况（《立法法》第 37 条①）；四是同意提案人撤回法律案，从而终止对该法律案的审议（《立法法》第 40 条②）；五是决定单独表决个别意见分歧较大的重要条款（《立法法》第 41 条第 2 款③）；六是决定法律草案表决稿暂不付表决（《立法法》第 41 条第 3 款④）；七是决定合并表决还是分别表决对多部法律中涉及同类事项的个别条款进行修改的法律案（《立法法》第 43 条⑤）；八是决定法工委拟订的法律解释草案是否列入常委会会议议程（《立法法》第 47 条⑥）；九是通过并公布立法规划和年度立法计划（《立法法》第 52 条第 1 款⑦）。

由此可见，全国人大常委会委员长会议的权力得到了实化和强化。委员长会议在提案权、议程决定权、立法规划权以及其对常委会工作机构的支配权等方面权力的实体化，使其在一定程度上领导着全国人大常委会，成为全国人民代表大会内部进行行政化管理的组织。而且，全国人大机关日常运作也出现了严重的行政化倾向，"整个常委会的工作机构在为秘书长和常委会主要领导少数人服务，从而使常委工作机构成为一个高度集权

---

① 《立法法》（2015 年修正）第 37 条："列入常务委员会会议议程的法律案，应当在常务委员会会议后将法律草案及其起草、修改的说明等向社会公布，征求意见，但是经委员长会议决定不公布的除外。向社会公布征求意见的时间一般不少于三十日。征求意见的情况应当向社会通报。"

② 《立法法》（2015 年修正）第 40 条："列入常务委员会会议议程的法律案，在交付表决前，提案人要求撤回的，应当说明理由，经委员长会议同意，并向常务委员会报告，对该法律案的审议即行终止。"

③ 《立法法》（2015 年修正）第 41 条第 2 款："法律草案表决稿交付常务委员会会议表决前，委员长会议根据常务委员会会议审议的情况，可以决定将个别意见分歧较大的重要条款提请常务委员会会议单独表决。"

④ 《立法法》（2015 年修正）第 41 条第 3 款："单独表决的条款经常务委员会会议表决后，委员长会议根据单独表决的情况，可以决定将法律草案表决稿交付表决，也可以决定暂不付表决，交法律委员会和有关的专门委员会进一步审议。"

⑤ 《立法法》（2015 年修正）第 43 条："对多部法律中涉及同类事项的个别条款进行修改，一并提出法律案的，经委员长会议决定，可以合并表决，也可以分别表决。"

⑥ 《立法法》（2015 年修正）第 47 条："常务委员会工作机构研究拟订法律解释草案，由委员长会议决定列入常务委员会会议议程。"

⑦ 《立法法》（2015 年修正）第 52 条第 1 款："全国人民代表大会常务委员会通过立法规划、年度立法计划等形式，加强对立法工作的统筹安排。编制立法规划和年度立法计划，应当认真研究代表议案和建议，广泛征集意见，科学论证评估，根据经济社会发展和民主法治建设的需要，确定立法项目，提高立法的及时性、针对性和系统性。立法规划和年度立法计划由委员长会议通过并向社会公布。"

的行政化机构，它提供的服务作为一种资源集中在少数人手里"①。这种权力异化现象，是立法权制度性下沉转移的必然结果。

（三）立法权由全国人大常委会委员长会议向法工委和专门委员会位移下沉

在建构主义大立法时代之中，法工委的立法工作者凭借其专业技能，在立法规划（立法计划）、法案起草、协助法案审议和立法适用解释四大场域中起着关键性作用，成为"隐形立法者"，并发挥着"小常委会"和"事实上立法引擎"的功能。② 在立法过程中，全国人大常委会委员长会议进行决策时，高度依赖法工委和各专门委员会，这使得法工委和专门委员会获得了重要的立法职能。尽管这与法工委及各专门委员会的宪制地位和法律授权并不相称，但是，在立法实践中，作为全国人大常委会内部工作机构的法工委，其职权日益实体化、影响日益外部化，具体而言：其一，法工委职权实体化。法工委作为立法辅助机构，在立法过程中并没有法定的实体审议职权，但是在立法规划和法案起草阶段，法工委却行使着重要的决定权——决定是否将某项法案列入议程、决定法律草案中权力和权利的配置。其二，法工委影响外部化。法工委作为全国人大常委会的内部工作机构，其工作本身不能对外产生效力，但是法工委答复对有关具体问题的法律询问实质是一种"准法律解释"。这种以"答复"形式行使的"准法律解释权"具有外部效力，对行政执法和司法活动产生直接的影响。内部辅助机构的外部化和实体化，这种权力异化现象，其根源在于权力的制度性位移下沉，这也是职业立法工作机构得以产生和发展以及立法过程日益专业化和职业化的渊薮，亦是立法部门化、立法注重管理方便而忽视权利保障等立法问题的病灶。

综上，立法权通过制度性的连续三次位移下沉，使得原本属于全国人民代表大会的立法权逐渐"下沉集中"到了全国人大常委会法工委，致使立法过程高度依赖于法工委及其工作人员的辅助。从权力运行的角度而

---

① 蔡定剑：《论人民代表大会制度的改革和完善》，《政法论坛》2004年第6期。
② 卢群星：《隐性立法者：中国立法工作者的作用及其正当性难题》，《浙江大学学报》（人文社会科学版）2013年第2期。

```
┌─────────────────────────────────┐
│        全国人民代表大会          │
└─────────────────────────────────┘
              ⇵
┌─────────────────────────────────┐
│     全国人民代表大会常务委员会     │
└─────────────────────────────────┘
              ⇵
┌─────────────────────────────────┐
│  全国人民代表大会常务委员会委员长会议  │
└─────────────────────────────────┘
              ⇵
┌─────────────────────────────────┐
│ 全国人民代表大会常务委员会法制工作委员会 │
└─────────────────────────────────┘
```

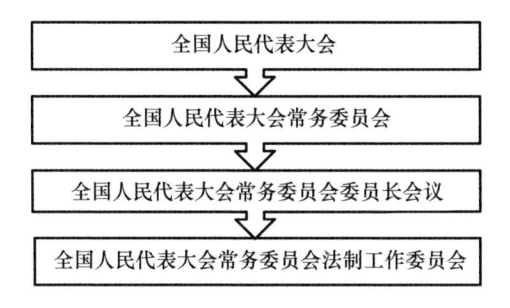

图 2-1 立法权位移下沉路径

言，谁真正动态地运用行使权力，谁即是真正的权力者。如是，法工委成为立法权的真实行使者，而全国人民代表大会则有日益虚化成为象征性权力机构的趋势。

四 立法职业化应当遵循民主立法原则

我国立法实践，不论是立法机关中工作机构之设定，还是立法机关中专业立法工作人员之配备以及其角色作用、行为逻辑等，抑或是立法实践中立法权运行过程之实际样态，都表征着立法呈现出职业化倾向。立法权的制度性位移下沉，则为立法的职业化倾向支撑起了制度空间。在立法工作机构、立法工作人员、立法制度规定这三者都带有职业化因素的情况下，立法权也就势必按照职业化典型的方式来运行——立法工作日益成为专业化作业过程。诚然，立法职业化对于提高立法质量具有积极的意义。但是，同时也不得不面对一个诘难——职业立法工作者是否存在僭越立法权之嫌疑？意即作为权力机关的人民代表大会及其常务委员会和人大代表的立法权旁落，而职业立法工作者实质上在行使立法权。如是，立法权运行的民主正当性就会遭到质疑——非民选的立法工作机构及其工作人员深度参与甚或支配控制立法过程的正当性何在？这是立法职业化建设过程中必须认真对待的问题——在不断提升立法专业性、科学性的同时如何更好地坚守立法的民主性、正当性，以守护立法职业化之初衷。

立法职业化应当遵循民主立法原则，避免职业立法工作者僭越立法权，防止立法过程中出现立法行政化倾向之弊病，从而确保立法权正当运行，需要从以下四个方面着力：其一，非民选的立法工作机构方面，明确其在立法过程中的辅助地位，压缩和规范其自主决策范围，只能决定日常工作中纯粹的立法程序性事项，无权决定立法中涉及的权力配置、权利义务分配等实体性事项。其二，非民选的立法工作人员方面，由于其并非民意代表，在立法过程中居于辅助地位，其角色作用在于提供服务，即提供专业知识、资讯信息和技术支持等以辅助有权主体开展立法工作，绝不能篡夺立法权而以自己意志（自身利益）决定立法事项。其三，人大代表方面，作为法定的立法权主体，要增强自身参与立法工作的能力，可以借鉴我国台湾地区民意机关的"公费助理制度"[①]建立"立法助理制度"以提高人大代表参与立法工作的能力。[②] 其四，权力机关方面，要使立法工作机构成为幕僚机构而不能让其"反客为主"实际行使立法权，同时要避免单一依赖立法工作机构及其工作人员，需要进一步拓宽公众参与立法的渠道，尤其是建立吸收具有法学等专门知识的人直接参与立法的制度性渠道，在立法项目征集、法案起草、立法论证评估等方面充分听取并吸收社会公众的意见建议。总之，在充分发挥立法工作机构及其工作人员的知识优势和技术优势的同时，要将其框限在辅助性、技术性和服务性范围之内，不能溢出这一限制。这是人民主权原则下民主立法之必然要求。

第三节　利益群体：市民社会中立法的重要影响者

"利益群体"这一概念最先在西方政治学中使用，后来逐渐广泛使用

[①]　我国台湾地区民意机关的"公费助理制度"是从最初的民意代表雇佣私人秘书或助理演变而来的，后来统一设置为固定员额与公费聘任制度。参见张世荧、许陈伟《我国立法委员公费助理制度之沿革与发展》，我国台湾地区政治学会年会暨学术研讨会——"动荡年代中的政治学：理论与实践"，2009年11月，第39页。

[②]　早在2002年，19名硕士以上学历、品行良好的专职律师、仲裁员，与深圳市人大常委会签订协议，成为深圳市人大常委会首批兼职法律助理。对此，林来梵、丁祖年、路江通认为，这一在深圳酝酿了8年之久的措施如今得以出台，是中国为改变"外行立法"的现状，实现立法职业化、科学化迈出的重要一步。参见林来梵、丁祖年、路江通《法律助理与立法职业化》，《浙江人大》2002年第5期。

在社会学、经济学等学科。不同的学者对"利益群体"有不同的称谓，比较有代表性的语词主要有四个："派别"（group）、"压力集团"（pressure groups）、"院外集团"（lobbying groups）、"利益集团"（interest groups）。[1]

《元照英美法词典》将利益群体定义为："利益群体是一种团体或组织，不断向政府施加影响和压力，要求重视其观点并制定符合其利益和观点的法律或采取相应的行政措施。"[2]《布莱克维尔政治制度百科全书》对利益群体的定义是："利益群体是致力于影响国家政策方向的组织，但其本身并不图谋组织政府。"[3] 美国系统研究利益群体最有影响力的政治学教授戴维·杜鲁门认为："利益群体是一个持有共同态度，向社会其他群体提出要求的群体……如果它向政府的任何机构提出其要求，它就变成一个政治性利益群体。"[4] 我国学者王浦劬则认为："利益群体是具有特定共同利益的人们为了共同的目的而结合起来，采取共同行动的社会团体。"[5] 可见，利益群体的基本要素和特征在于：其一，群体组织，即利益群体是有组织的群体，群体可大可小、组织可严密也可松散，但是单个的个体和无组织的群体不构成利益群体。其二，利益目标，即利益群体有明确而具体的利益要求和目的，"利益群体要诉求或表达的利益，既可以是一种趋同性的经济利益，也可以是一种要求、信念、感情、兴趣，抑或是围绕某个具体问题、针对特定事件"[6]。但是，利益群体谋求的利益目标不包括寻求掌握政权，这是利益群体与政党的主要区别。[7] 其三，政治参与，即利益群体通过各种途径和方式介入政府政治过程，以期对立法和政策的制定和执行产生影响，从而有利于自身利益目标之实现。

随着市场经济的建立和发展，市场催进了利益分化和不同利益主体的

---

[1] 李寿祺：《利益集团与美国政治》，中国社会科学出版社1988年版，第3—4页。
[2] 薛波主编：《元照英美法词典》，北京大学出版社2017年版，第78页。
[3] ［英］韦农·波格丹诺主编：《布莱克维尔政治制度百科全书》，邓正来等译，中国政法大学出版社2011年版，第363页。
[4] David Bicknell Truman, *The Governmental Process*: *Political Interests and Public Opinion*, Westport, Conn.: Greenwood Press, 1981, p.37.
[5] 王浦劬：《政治学基础》，北京大学出版社2018年版，第285页。
[6] 程浩：《中国社会利益集团的兴起及其合法性问题研究》，《湖北社会科学》2006年第6期。
[7] 李景鹏：《中国现阶段社会团体状况分析》，《唯实》1999年第Z1期。

形成。社会利益逐渐多元化，计划经济时代利益高度一致的理念日益式微，由计划来分配决定利益的模式亦被市场分配所取代，人们可以拥有自己的利益。由于，不同利益主体有着不同的利益诉求，利益冲突在所难免。不同利益群体可以表达自己不同的利益诉求，表达利益要求的方式和途径也日益丰富。除了制度化的利益表达渠道，如人大、政协、信访等，有着共同利益的人们也越来越多地选择采取"集体行动"的方式直接向当局施压，以争取和维护自身的利益。这已经成为一种新的利益表达机制。这种"集体行动"式的利益表达凸显出利益群体作为市民社会中的重要力量，已然对立法和政策的制定与执行产生了重要的影响。

一　中国利益群体产生形成条件

在美国，"游说活动和立法一样古老，而利益群体也与政治一样古老"[①]。可见，在立法过程中利益群体占有特别的地位，扮演着重要的角色。一些西方国家，为了规范利益群体在立法过程中的游说活动，制定了专门的法律来规范利益群体的利益表达行为，如美国在 1995 年制定的《联邦游说公开法》。

那么，我国是否存在利益群体呢？客观来说，改革开放以前，在计划经济条件下，社会主流理念是"社会主义国家人民的利益高度一致"，利益分配都是根据计划和指令进行，利益冲突极少，故而也就不存在严格意义上发育成熟的利益群体。然而，1978 年改革开放以后，社会主义市场经济的建立与发展，鼓励个人自由竞争，允许有个人合法财产，强调由市场来分配利益，促进了社会利益的分化与利益多元格局的形成。在经济和政治体制改革推进的进程中，利益群体也逐渐开始生成和发展。

我国利益群体的产生、形成与发展，与市场经济、民主政治、权利意识以及科学技术的发展紧密相关，具体而言：市场经济的发展为利益群体的产生奠定了经济基础，民主政治进程之推进为利益群体的形成拓展了政治空间，权利本位意识的勃兴为利益群体的发展注入了文化滋养和思想动

---

① Carol Shiro Greenwald, *Group Power: Lobbying and Public Policy*, New York: Praeger Publishers, 1977, p. 9.

力,而科学技术的进步则为利益群体的壮大提供了技术支撑。

(一) 市场经济为利益群体产生奠定了经济基础

改革开放以后,我国社会主义市场经济体制的建立与发展,极大地激发了市场主体的活力,市场的竞争性也促使计划经济时代外观形式上体现为整体一致的社会利益开始分化。市场经济条件下,国民经济成分、经济组织形式以及分配方式都日益多样化,整个社会利益格局也不断分化重组。利益分化必然引起不同群体之间利益的冲突和矛盾,这就使得有着共同或相近利益的群体在激烈的市场竞争中结成同盟。"各利益阶层的成员越来越意识到本利益群体的利益共通性,并且越来越以联合的方式表达自己的利益诉求。这样具有共同利益要求的人们产生了结成利益群体的强烈冲动,以便借助团体的力量维护和实现自身利益。"[1] 这种同盟关系的形成,也就意味着利益群体之形成。然而,市场经济既需要市场这只"看不见的无形的手"来调整,亦需要政府这只"看得见的有形的手"来调控,以防止市场机制失灵,避免经济危机。随着政府对经济的干预和影响增强,利益群体为争取和维护自身的利益,就会通过各种途径和方式影响国家立法和政府政策。简而言之,这里面的逻辑是:市场经济—利益分化—利益群体,如是,市场经济为利益群体的产生奠定了经济基础。

(二) 民主政治为利益群体形成拓展了政治空间

利益群体作为一种社会团体组织,其存在和发展取决于国家的态度。国家制定的法律、政府制定的政策、法院作出的裁判等都极大影响着利益群体之形成,特别是"国家对结社自由采取什么样的态度"[2]。申言之,唯有政治条件允许,利益群体才有生存之空间,否则,即便存在也极有可能被认定为非法组织。我国政治民主化改革和发展,使得社会和个人拥有越来越多的自由。公法领域"法无授权不可为"原则的确立,约束了国家公权力,并给社会和个人监督政府提供了标准;而私法领域"法不禁止即自由"的原则,释放了社会和个人的活力,政府不再时时处处都监管,而必

---

[1] 秦秋兰:《现阶段我国"利益集团"与政府决策互动制度化研究》,《江西金融职工大学学报》(现名:《金融教育研究》) 2007 年第 6 期。

[2] [日] 辻中丰:《利益集团》,郝玉珍译,经济日报出版社 1989 年版,第 50 页。

须依据法律之授权和法定之程序方可为之。同时，政府也理性地认识到，市场经济条件下不同利益群体以集体的方式表达利益诉求，更有利于整体性协调利益以解决问题，因为政府难以同时接纳数量众多单个个体的利益诉求之表达，而且，由利益群体先行整合群体内个体利益再向政府表达整合后的利益要求，有利于提高解决问题的效率，也更有利于社会的稳定和发展。概言之，民主政治的改革与推进，为利益群体的发展提供了良好的制度保障，拓展了宽阔的政治空间。

（三）权利意识为利益群体发展注入了文化滋养

公民权利本位意识之勃兴，为利益群体不断发展壮大提供了思想文化基础。在权利本位时代，权利观念不断扩展，个人权利得以张扬，每个人都能够为争取和维护自身的权益发声，以及采取法律允许的行动。争取个人的正当权益，不再被认为是羞耻的事情，也与人的道德无关。尽公不顾私的利他主义者固然存在，也的确值得表彰，但是若要求全体社会成员都一致只为公共利益而尽公不顾私，则只会造就伪善，最终也会损害他人利益和社会公共利益。《淮南子·齐俗训》有云："子路撜溺而受牛谢，孔子曰：'鲁国必好救人于患。'子贡赎人而不受金于府，孔子曰：'鲁国不复赎人矣。'子路受而劝德，子贡让而止善，孔子之明，以小知大，以近知远，通于论者也。"如是，公民权利意识的增强，促进了社会团体等市民社会中民间组织的发展，这为利益群体的发展和行动提供了思想力量源泉和文化滋养。

（四）科学技术为利益群体壮大提供了技术支撑

科学技术的发展，促进了社会分工的进一步细化，而正是"细密复杂的社会分工使社会利益呈现出多元化的特征"[①]。社会利益分化与利益主体多元化，是利益群体得以形成的前提。可见，从科技发展与利益群体的关系这一视角来观察，我们可以理出这样的逻辑：科技发展—社会分工—利益分化—利益群体。更为重要的是，科学技术尤其是互联网信息技术的迅速发展，改变了人们的生活方式，让人们之间联系沟通和传递信息的速度

[①] 苗连营、宋雅芳：《对立法程序的哲学审视》，《郑州大学学报》（社会科学版）2000年第6期。

十分迅捷和方便，这极大地便利了人们结成社群以采取"集体行动"的方式争取和维护自身权益，也最大限度地降低了社团组织管理的成本，这就为利益群体的发展和活动提供了有力的技术支撑。

二 中国利益群体对立法的影响

利益群体存在的目的，就是冀望通过自身的行动影响国家立法和政府政策的制定与执行，进而实现团体所追求之利益目标。在政治博弈过程中，发育成熟的利益群体往往凭借自身占有的资源，通过对国家公共权力机构施加影响以维护自身利益。[①] 在法治时代，政府政策的制定必须有法律上的根据，至少不能违背法律。立法过程的实质，就是分配利益和资源的过程，因此，立法就成为利益群体尽力施加其影响的对象。利益群体的主要活动即是影响立法，以此实现团体之利益目标。

（一）利益群体影响立法的法制空间

利益群体影响立法的前提，是其试图影响立法的活动需要符合法律的规定，具有法律上的依据，至少要能够被现有法制所包容。否则，其行为会被定义为非法活动而遭法律制裁。易言之，利益群体进行影响立法的活动必须要具有法制上肯认的空间。

我国是社会主义国家，国家的一切权力属于人民，人民有权依照法律的规定，以各种途径和形式来管理国家和社会事务、管理经济和文化事业。[②] 如是，人民当然能够以组成社会团体的方式来行使管理国家、社会、经济、文化等事务的权力，而利益群体作为人民组成的社会团体，自然也就能够进行影响立法的活动。具体而言，我国利益群体参与并影响立法的宪法法律依据如下。

其一，《宪法》规定的"结社自由"。《宪法》第 35 条规定："中华人

[①] Randall S. Kroszner and Thomas Stratmann, "Interest-group Competition and the Organization of Congress: Theory and Evidence from Financial Services' Political Action Committees", *The American Economic Review*, Vol. 88, No. 5, May 1998, pp. 1163 – 1187.

[②] 《宪法》（2018 年修正）第 2 条："中华人民共和国的一切权力属于人民。人民行使国家权力的机关是全国人民代表大会和地方各级人民代表大会。人民依照法律规定，通过各种途径和形式，管理国家事务，管理经济和文化事业，管理社会事务。"

民共和国公民有言论、出版、集会、结社、游行、示威的自由。"结社自由是公民的一项基本权利，利益群体之形成即是公民行使结社自由的结果表现。公民结社既可以为监督国家权力之依法行使，亦可以为表达和谋求自身的利益。故而，利益群体影响立法的权利，实则是组成利益团体之成员作为公民所享有之基本权利；利益群体影响立法的活动，则是公民基本权利之行使。

其二，《立法法》的相关规定为利益群体参与立法明确了直接的法律依据。根据《立法法》的规定，利益群体在立法过程中享有如下权利：一是立法听证中表达意见的权利（《立法法》第36条第3款①）；二是知悉法律草案内容及其起草、修改情况的权利（《立法法》第37条②）；三是起草专业性较强的法律草案的权利（《立法法》第53条第2款③），立法实践中，利益群体起草法律的情形少之又少，然而《物业管理条例（草案）》是由中国物业管理协会具体负责起草的，④ 这是为数不多的利益群体起草法律的实例；四是行政法规起草过程中表达意见的权利（《立法法》第67条第1款⑤）。此外，在法律生效实施后，利益群体还可以对其是否同宪法和上位法律相抵触进行监督，享有对行政法规、地方性法规、自治条例和单行条例书面提出审查建议的权利（《立法法》第99条第2款⑥），

---

① 《立法法》（2015年修正）第36条第3款："法律案有关问题存在重大意见分歧或者涉及利益关系重大调整，需要进行听证的，应当召开听证会，听取有关基层和群体代表、部门、人民团体、专家、全国人民代表大会代表和社会有关方面的意见。听证情况应当向常务委员会报告。"

② 《立法法》（2015年修正）第37条："列入常务委员会会议议程的法律案，应当在常务委员会会议后将法律草案及其起草、修改的说明等向社会公布，征求意见，但是经委员长会议决定不公布的除外。向社会公布征求意见的时间一般不少于三十日。征求意见的情况应当向社会通报。"

③ 《立法法》（2015年修正）第53条第2款："专业性较强的法律草案，可以吸收相关领域的专家参与起草工作，或者委托有关专家、教学科研单位、社会组织起草。"

④ 参见谢家瑾《〈物业管理条例〉起草和颁发的前前后后》，《中国物业管理》2011年第8期。

⑤ 《立法法》（2015年修正）第67条第1款："行政法规由国务院有关部门或者国务院法制机构具体负责起草，重要行政管理的法律、行政法规草案由国务院法制机构组织起草。行政法规在起草过程中，应当广泛听取有关机关、组织、人民代表大会代表和社会公众的意见。听取意见可以采取座谈会、论证会、听证会等多种形式。"

⑥ 《立法法》（2015年修正）第99条第2款："前款规定以外的其他国家机关和社会团体、企业事业组织以及公民认为行政法规、地方性法规、自治条例和单行条例同宪法或者法律相抵触的，可以向全国人民代表大会常务委员会书面提出进行审查的建议，由常务委员会工作机构进行研究，必要时，送有关的专门委员会进行审查、提出意见。"

以及知悉并接收审查建议反馈情况的权利（《立法法》第101条①）。

其三，《行政复议法》规定的对抽象行政行为附带性提出审查的权利，即如果认为行政机关的具体行政行为所依据的国务院部门规定、县级以上地方各级人民政府及其工作部门的规定以及乡镇人民政府的规定不合法，可以在对具体行政行为申请行政复议的同时，一并要求行政复议机关审查上述规定（《行政复议法》第7条第1款②）。规章以下的规范性文件是对法律法规的细化规定，往往也是作出具体行政行为的直接依据，对公民权益有着重要且直接的影响。在行政复议过程中，附带性审查抽象行政行为，有利于在行政内部救济程序中一并高效地纠正违法的抽象行政行为。

其四，《行政诉讼法》规定的对规范性文件一并提出审查的权利，即如果认为行政行为所依据的国务院部门和地方人民政府及其部门制定的规范性文件（俗称"红头文件"）不合法，可以在提起行政诉讼的同时，一并请求人民法院审查该规范性文件（《行政诉讼法》第53条第1款③）。人民法院经审查，如果认为该规范性文件不合法，就不得将其作为认定行政行为合法的依据，并且应当向制定该规范性文件的机关提出处理建议。④这就赋予了利益群体在司法诉讼程序中启动对规范性文件进行合法性审查的权利。

（二）利益群体影响立法的具体方式

以类型化的角度来考量，我国利益群体表达利益的渠道可分为三种类型：一是制度性利益表达，主要是指官方或半官方的组织或团体，如各民

---

① 《立法法》（2015年修正）第101条："全国人民代表大会有关的专门委员会和常务委员会工作机构应当按照规定要求，将审查、研究情况向提出审查建议的国家机关、社会团体、企业事业组织以及公民反馈，并可以向社会公开。"

② 《行政复议法》（2017年修正）第7条第1款："公民、法人或者其他组织认为行政机关的具体行政行为所依据的下列规定不合法，在对具体行政行为申请行政复议时，可以一并向行政复议机关提出对该规定的审查申请：（一）国务院部门的规定；（二）县级以上地方各级人民政府及其工作部门的规定；（三）乡、镇人民政府的规定。"

③ 《行政诉讼法》（2017年修正）第53条第1款："公民、法人或者其他组织认为行政行为所依据的国务院部门和地方人民政府及其部门制定的规范性文件不合法，在对行政行为提起诉讼时，可以一并请求对该规范性文件进行审查。"

④ 《行政诉讼法》（2017年修正）第64条："人民法院在审理行政案件中，经审查认为本法第五十三条规定的规范性文件不合法的，不作为认定行政行为合法的依据，并向制定机关提出处理建议。"

主党派，通过人民代表大会制度和政治协商会议制度等来表达利益诉求；二是结构性利益表达，主要是指代表某一方面、某一界别利益群体的社会团体，如科学技术协会、文学艺术界联合会和各种学会等；三是功能性利益表达，主要是指不固定为某一社会群体表达利益的新闻媒体等组织机构。[①] 具体而言，我国利益群体影响立法的方式（亦即利益群体所凭借的资源和力量）主要有以下七种。

其一，凭借政治地位和社会影响力，即凭借本团体中享有较高政治地位和较大社会影响力的成员来影响法律之制定，如团体成员作为人大代表或政协委员，在会议发言中表达本群体利益、作出有利团体利益的决定等；又如团体成员作为专家学者在参与法案起草、参加立法论证等活动中表达特定倾向意见。

其二，依据有利法律规则参与立法过程，即充分利用有利于团体表达利益发挥影响力的法律规则，积极参与立法制定过程。如《立法法》确立了立法听证制度，参与立法听证会已然成为利益群体表达利益影响立法的重要途径。

其三，利用媒体和社会舆论，即通过传统大众传媒如电视、广播、报刊等，以及新兴自媒体如网络化、数字化、移动化的信息平台和终端，向社会公开表达自己的利益诉求，通过引起社会公众关注的方式"制造"社会热点，以形成强大的公共舆论，并依凭或裹胁公共舆论向当局施以压力，谋求自身利益需求得到满足。在网络信息技术高度发展的时代，信息传播较以往任何时候都更为便捷迅速，这一方式既为弱势群体表达利益诉求提供了助力，但也有可能被不当利用而损害社会和个人的利益。

其四，依靠社会精英。为了保证立法和决策的科学性和民主性，党的十八届四中全会将"专家论证"作为重大决策的法定程序环节，国家也正着力建设各种类型的智库，各级党委、政府也都建立了大量咨询机构，并聘请了各行业专家作为顾问。为此，相关行业协会就可以通过这些行业专家、顾问与决策智库等智囊机构保持密切关系，从而对政策制定和决定施

---

① 邢乐勤、顾艳芳：《论中国利益集团对地方立法的影响》，《浙江学刊》2008 年第 5 期。

加重大影响。① 而精英人物基于其社会良知，也会为争取和维护社会弱势群体权益而奔走呼号，如"孙志刚事件""聂树斌案"等事件和案件中法学界人士的发声与协助维权行动。

其五，使用个人人脉关系网，即通过个人利用家族血缘、地缘关系、同学情谊等社会关系纽带接触上层决策者，② 以影响有关决策和立法。这种方式是各类利益群体最常用，影响也最直接的方式。

其六，采取集体行动。这种集体行动带有施压性质，具体表现方式有：在政府机构及主管部门面前聚集、静坐、请愿、集体上访、游行示威、非法举行集会游行、围堵和冲击党政机关甚至打伤政府工作人员等。③

其七，贿赂官员、利益绑架等非法方式，一些利益群体通过利益陷阱或利益绑架、行贿等非法方式，使得政府官员成为其利益共同体成员或利益代言人，以此影响决策和立法。

(三) 利益群体影响立法的实证例子

从组织状况和对政治经济过程影响作用两个角度来考察，可将我国的利益群体类型化为四大种类：其一，机构型利益群体（institutionalized interest group），主要指作为行业主管部门的政府部门，这些政府部门有能力将自己的"部门利益"凌驾于社会公共利益甚或国家利益之上，成为"特殊的利益群体"④；其二，公司型利益群体（enterprised interest group），包括外资公司和大型国有垄断公司，以及某些暴利公司，这些公司在很多地方形成了官商一体化的利益群体；其三，社团型利益群体（associational interest group），主要包括具有国家统合主义（state corporatism）⑤ 功能的人民团体如中华全国总工会等，和官办行业协会如中华全国工商业联合会等，以及民间自治团体如民间社团组织、基金会等；其四，无组织型利益群体（unorganized group），主要包括依托政治权力和经济资源形成的非组

---

① 王玉琼：《利益集团与政策决策》，《探索》2001年第2期。
② 苗贵安：《利益集团视角下的行业协会》，《湖北社会科学》2006年第9期。
③ 程浩、黄卫平、汪永成：《中国社会利益集团研究》，《战略与管理》2003年第4期。
④ 杨军：《部委"利益分殊"进行时》，《南风窗》2006年第24期。
⑤ "corporatism"这个词有多种译法，可以译成法团主义、合作主义、工团主义、统合主义等，将"state corporatism"译为"国家统合主义"更能体现该类型社团与国家关系中所体现出的国家能动性和支配性。

织化的官商勾结利益联盟和社会弱势群体形成的潜在利益群体。①

机构型利益群体对立法的影响显而易见，介入程度也最深。近几十年来，在全国人大及其常委会通过的法律中，由国务院各相关部门提交的法律占总量的 75%—80%，此外还有大量行政部门制定的行政法规和部门规章，这其中存在为部门争权力、争利益，借法律巩固部门利益的现象。② 立法过程中，基于自身部门利益的考量，政府部门在起草法案时关注的焦点在于自己的部门利益和所管理行业的利益。这是立法备受"立法已成为部门行业利益法律化"诟病的根源。如《反垄断法》制定过程中，国务院几个部委对执法权的争夺、对行政垄断和外资并购问题的争执等。

公司型利益群体对立法的影响也不容小觑。在"两税并轨"③过程中，54 家在华跨国公司曾联合向国务院法制办提交了一份报告，要求"取消对外资企业优惠政策应有一个 5 到 10 年的过渡期"④，以便继续享受超国民待遇。又如在《劳动合同法（草案）》的审议过程中，外资公司对草案中拟规定的"工会通过权"，即"用人单位的规章制度直接涉及劳动者切身利益的，应当经工会、职工大会或者职工代表大会讨论通过，或者通过平等协商做出规定"，表现出了十分的敏感，甚至一度产生了"外商撤资"的传言。⑤

社团型利益群体对立法的影响作用逐步增强。物业管理协会起草《物业管理条例（草案）》集中显示了行业协会对立法的深度影响。而在《邮政法》的修改过程中，正是因为由 12 家从事国际快递业务的中外企业共同发起成立的"快递委员会"不断坚持利益诉求和采取影响立法的行动，

---

① 杨光斌、李月军：《中国政治过程中的利益集团及其治理》，《学海》2008 年第 2 期。
② 李曙光：《立法背后的博弈》，《中国改革》2006 年第 12 期。
③ "两税并轨"，即将《外商投资企业和外国企业所得税法》和《企业所得税暂行条例》统一成一部所得税法，在税率等方面对内外资企业一视同仁。这意味着，内资企业的所得税将会降低，而外资企业所得税的税率将会提高。
④ 黄微：《54 家跨国公司联名"上书"内外资企业所得税并轨引起轩然大波》，《沪港经济》2005 年第 3 期。
⑤ 李曙光：《立法背后的博弈》，《中国改革》2006 年第 12 期。

才使得《邮政法》修改历时 10 年之久。①

无组织型利益群体对立法的影响，主要表现为消费者群体通过发声或者采取集体行动来争取和维护自身的权益。这些消费者群体虽然没有形成一个固定的组织，但是，有着共同利益的人们往往能集中起来采取一致行动。例如，为反对银联不合理收费、移动通信中不合理的月租收费，以及争取在教育、医疗和住房方面的平等权益，都冀望能够通过《反垄断法》《电信条例》《义务教育法》等法律法规的修改和医疗体制改革举措的法律化等立法的方式，来确认并保障其权益。

三　利益群体影响立法综合评价

利益群体通过多种渠道、使用各种方式极尽可能地试图影响立法，对此，该如何评价？对利益群体影响立法应该持一种什么样的态度？客观地说，利益群体影响立法的初衷和本质，是为了争取和维护自身的利益，但是，这并不能否认利益群体影响立法的活动在客观上所带来的正面积极作用。当然，也不能忽视其固有的消极一面。

（一）正面积极作用

利益群体影响立法的积极作用，是其行动所带来的客观效果，而不是其初衷和本质。正如，我们不能因为目的之正当性而肯定为达目的而采取手段之正当性，我们同样不能因为目的之利己性而否定手段行为客观效果之公益性。具体而言，利益群体影响立法之积极客观效果主要有以下几个方面。

其一，提供立法决策信息。社会分工的精细化，导致社会生活日益丰富多彩。通过立法规范社会行为，要求立法者要能够熟知社会生活各方面的情况。而且，社会情势复杂多变，立法者无论是在知识储备上还是在社

---

① 1999 年国家邮政局开始启动《邮政法》修订工作，直至 2009 年 4 月 24 日，在历时十余年讨论修改之后，修订后的《邮政法》才获得通过。在《邮政法》修订过程中，12 家从事国际快递业务的中外企业于 2002 年共同发起成立了一个名叫"快递委员会"的组织，这个组织的发起单位不仅包括 FedEx（Federal Express，联邦快递）、DHL（敦豪国际航空快递有限公司）等国际快递业巨头与中国外运集团的合资公司，还有在国内从事国际快递业务的本土企业如民航快递、中铁快运、大通快递和中远物流等。参见李秀峰、李俊《我国行业利益集团对规制政策制定过程的影响》，《中国青年政治学院学报》（现名《中国青年社会科学》）2007 年第 1 期。

会感知上，都不可能做到全知全感。况且，自己才是自身利益的最好判断者，利益群体相较立法者更贴切地知道自己切身利益所在。以上种种信息，包括专业领域知识、社会情况、不同主体利益关切点等，都是立法过程必须知悉明了的基础，而利益群体最接近普通民众，能够真实、高效地整合各方面信息。如是，利益群体就能够为立法决策提供必要的信息。而且，随着"国会工作量的日益增加和工作内容的日益复杂化和专业化，使国会议员愈来愈需要利益群体从情报信息、策略建议和专业知识上给予支持和帮助"①。

其二，缓解社会纠纷矛盾。国家和社会之间缺少利益集合机制，是社会矛盾产生的重要原因之一。② 利益群体为公民利益表达提供了渠道，对整合并表达民众利益诉求，消除社会不安定因素发挥了积极的作用，有利于缓解社会矛盾，维护社会秩序和稳定。而且，不同利益群体之间通过积极有效地参与立法过程，表达各自的利益关切，亦有利于立法者在平衡利益过程中避免失之偏颇，从而在彼此冲突的利益主张中寻找到最大的公约数，如此，亦能缓解不同利益群体之间的矛盾。

其三，推动民主政治发展。"从民主政治的发展史上看，尽管利益群体大规模参与政治生活只有一个世纪，但利益群体与民主政治紧密相连，并实际成为民主制中的重要组成部分。"③ 通过利益群体这一载体，公民的意见、建议和利益诉求能够得到充分而有效的表达，立法中兼顾不同利益诉求，在一定程度上体现了利益群体的意见和建议。这将有利于扩大公民的政治参与，因为这会让人们感知到"我的意见是有效的"，在立法过程中"我是有话语权的"。同时，利益群体也为公民提供了一条合法表达利益、参与立法过程（政治生活）的渠道，这对于推动民主政治的发展，尤其是基层民主的发展具有十分重要的意义。

（二）负面消极作用

由于利益群体的行为和活动都是为了自身的利益，尽管其行动在客观

---

① 孙大雄：《宪政体制下的第三种分权：利益集团对美国政府决策的影响》，中国社会科学出版社 2004 年版，第 59 页。
② 刘忠定、孙辉：《应充分发挥第三部门在社会矛盾消解中的作用》，《理论改革》2004 年第 2 期。
③ 周叶中：《论民主与利益、利益集团》，《学习与探索》1995 年第 2 期。

上带来了一定程度的正面积极作用，但是，不能因此而忽视其影响立法的过程中所带来的消极一面。总的说来，利益群体所固有的危害有：会降低人们对民主机构的期望，导致政府无能、效率低下；同时，还会因为过度关注自身利益，而忽视社会公平和正义；再者，流行的非正式的讨价还价机制会剥削正式的程序。① 具体而言，利益群体影响立法所固有的消极作用主要有以下几个方面。

其一，影响立法的公平性。波斯纳曾深刻指出："立法者的选举程序创造了一个市场，在其中，立法者向那些金钱和投票上有利于他们获胜的人们'出售'立法保护"，"立法程序是由特殊利益群体之间的交易所决定的……法律的制定和颁布是一宗成交的买卖，是不同利益群体在法律市场上进行交易的结果"。② 如是，强势利益群体之间达成的交易就主导了立法的发展方向，使得立法有利于自己，而弱势群体的利益则难以在立法中体现。这将极大影响立法的公平正义性。

其二，降低立法的时效性。不同利益群体表达各自不同甚或相互冲突的利益需求，会造成立法机关内部观点的分歧。为了调和不同利益群体之间的利益分歧，立法机关必须进行价值选择和利益衡平，这就会使得需要通过立法来进行集中管理的事务，以及涉及社会公共利益和国家利益的事务，难以及时有效地通过法律加以管理和解决。这不可避免地会对立法的时效性产生负面影响。

其三，加剧政治的腐败性。利益群体寻求的利益，既有合法正当的利益，又有违法不当的利益；其试图影响立法的活动方式，亦既有合法的方式，又有违法的方式。当利益群体谋求不当利益，或者采用不当方式影响立法时，金钱政治（立法）和权力寻租腐败也就有了生长的空间，权钱交易、权色交易、权力寻租等就会时有发生，造成西方那样利益群体与政客相互利用的金钱政治。③

---

① ［美］诺曼·杰·奥恩斯坦、雪利·埃尔德：《利益集团、院外活动和政策制订》，潘同文、陈永易、吴艾美译，世界知识出版社1981年版，第11—12页。
② ［美］理查德·波斯纳：《法律的经济分析》，蒋兆康译，法律出版社2012年版，第65页。
③ 杨珍、郑会宇：《当代西方利益集团的立法影响及评价》，《人大研究》2001年第5期。

第三章　中国基本权利立法之实践逻辑

中国基本权利立法的实践逻辑，可以从立法理路、立法决策和立法程序三个视维来展开。立法理路，确定了立法的标准和方向，构成了立法之基石；立法决策和立法程序，则是立法过程中的两大支柱，有其独立的价值，共同确定立法之内容和实质。如果说立法理路层面的反思是宏观视维的话，立法决策层面的反思则是中观视维，而立法程序层面的反思则是微观视维。这也是一个从深层到浅层（中层）再到表层的反思检视过程。

第一节　立法理路：经济建设为中心、秩序建构为侧重和权利保障为核心

理者，事物的规律、是非得失的标准、根据之义，"井井兮有其理也"（《荀子·儒效》）；路者，道也（《说文解字》）、途也（《尔雅》），引申为思想或行动的方向、途径，"路漫漫兮其修远兮，吾将上下而求索"（《离骚》）。因而，立法理路系立法的规律、标准、根据、方向、途径之义。

纵观中华人民共和国立法史，以一种"大历史观"[①]来观察中国立法，

[①]　"大历史（macro-history）观"系黄仁宇先生在其代表作《万历十五年》(*1587 a Year of No Significance the Ming Dynasty in Decline*) 中提出来的。黄先生所称"大历史观"，即主张"放宽历史的视界"以宏观之着眼点看待历史，不拘泥于具体的人物事件，用综合与归纳之法，将现有史料高度压缩，先构成一个简明而前后连贯的纲领，进而思考各历史事件的积极性格及前后连贯的出处。这种大历史的著述方式，主张从技术的角度而非道德立场进行比较研究。黄仁宇先生把目光投射到中国明朝和 16 世纪世界其他重要国家身上，以 500 年的历史长焦距审视中国封建制度的沉沦和欧美兴起，跳出传统史家用抽象的道德贤愚来总结历史兴衰的狭隘框架。根据黄先生研究明朝历史得出的观点，造成明朝人民困苦的根本原因是法律的腐败和政府的低能，这是正走在复兴路上日渐崛起的中国必须借鉴和警醒。参见黄仁宇《万历十五年》，生活·读书·新知三联书店 2021 年版，第 9 页。

可以得出这样一个认识：为结束"文化大革命"挽救濒临崩溃的国民经济彻底改变近代以来国家贫弱的状况，决策者们作出了"以经济建设为中心"的决策，整个国家的各项工作包括立法都必须"以经济建设为中心"为经济发展服务；同时，"文化大革命"的惨痛教训，让人们意识到必须与"无法无天"的无序社会彻底决裂，一批整顿社会治安秩序的立法迅速出台；加之，改革开放建设社会主义市场经济需要建立稳定可预期的市场秩序，围绕建构"市场经济法律体系"，修改制定了大量经济管理的立法和有关的民事立法；进而，为协调、整顿市场经济秩序，行政管理的立法也应运而兴。不可否认，这些经济立法和秩序立法，对我国经济发展和社会稳定起到了重要作用。但也毋庸讳言，这些立法大多数属于"管理法"而较少"控权法"、多数属于"治民法"而较少"治权法"，更少以尊重和保障人权为主导的立法。[①] 概言之，护权之法多于护民之法，即立法更多授予国家治理经济社会事务的权力，但较少确认和保护公民个人的权利。

如是，在对经济财富和社会秩序的迫切渴求下，人们选择走上法治的道路。但是，对法治的理解却产生了偏颇，即认识到了法治注重秩序建构的一面，却忽视了法治保障个人权利这一更为重要的另一面。因此，我国权利立法的理路可概括为：以经济建设为中心、以秩序建构为侧重，而忽视了个人权利之保障。

一　立法应为经济之发展服务

近代以来，中国积贫积弱、备受欺凌，被迫签订了一系列丧权辱国的不平等条约，民众也生活于水深火热之中。中华人民共和国成立后，国家摆脱了列强的控制，广大人民的生活有了较大的改善，但"文化大革命"之后，国民经济处于崩溃的边缘。1978年，党的十一届三中全会作出了实行改革开放的新决策，要求将国家工作的重点转移到经济建设上来。自

[①] 郭道晖先生认为，我国立法大多数属于"管理法"而较少"控权法"，更少以尊重和保障人权和公民政治权利为主导的立法。治事（国事、社会经济事务）、治民胜于治权，护权（国家权力）多于护民（民权与人权）。转引自于兆波《立法决策论》，北京大学出版社2005年版，"序一（郭道晖）"第2—3页。

此，中国进入了以经济建设为中心，实行改革开放的新的历史时期。这是从无序中走出来，步入正轨的开端。

国家工作的重心转移到经济建设这个中心，"以经济建设为中心"成为举国上下的价值认同和响亮口号。"以经济建设为中心—建设社会主义市场经济—市场经济是法制经济"，在这一认识逻辑之下，立法的需求凸显出来。为弥补立法上的空白，国家立法工作十分紧迫而繁重。空前高涨的立法需求，要求立法者首先需要认真回答的问题并不是制定哪些法律，而是以什么来指导立法工作？立法的内在逻辑理路是什么？从辩证唯物主义的观点来看，应该是实践的逻辑决定理论的逻辑，而不是相反。因为，"理论总是灰色的，而生命之树常青"。这就决定了，在国家各项工作都以经济建设为中心的实践中，立法的逻辑理路必然是围绕经济建设这个中心，服务于经济发展。我国《立法法》亦明确规定"立法应当以经济建设为中心"[①]，这是以宪法性法律直接确立国家的立法理路，其意图在于将这一立法理路贯穿于国家制度和社会生活的方方面面。

从经济发展的角度确定国家立法的逻辑理路，并不是中国独有的作法。立法逻辑理路是由国家建设实践逻辑决定的。近代以来，我国的国家建设实践与广大的发展中国家建设实践具有相似性，即都是要摆脱西方国家的半殖民、殖民统治，争取民族和国家之独立，以求救亡图存、自立自强。故而，从经济建设角度思考立法，立法以经济建设为中心、服务于经济发展，是广大第三世界国家寻求实现国家生存和发展并走向现代化的普遍模式。此外，一些发达国家如日本、韩国和新加坡等国也都经历过这一发展阶段。因此，立法为经济发展服务这一立法理路，从某种意义上说，具有一定的普遍性。

同时，立法为经济发展服务的立法理路，还是由立法者的行为模式所决定的。立法者的行为模式指的是立法者对权利义务配置的思考方式、行为方式和决策方式，取决于立法者对立法角色的认知。从行为主义研究的

[①] 《立法法》（2015年修正）第3条："立法应当遵循宪法的基本原则，以经济建设为中心，坚持社会主义道路、坚持人民民主专政、坚持中国共产党的领导、坚持马克思列宁主义毛泽东思想邓小平理论，坚持改革开放。"

角度来看，主体在社会中所处的位置以及其所扮演角色的不同，包括主体对角色认知的不同，其对事物会产生不同的态度、认知和行为。在现代政治中，立法者是民意的代表。"民意代表者"这一角色认知，使得立法者在立法过程中趋向于采取与主流民意一致的行为，并将其作为对自己的要求。如是，从归根结底的意义上来说，正是民众的期待形塑了立法者对立法角色的认知，从而在根本上决定了立法者的行为模式，进而最终确定了立法的内容。简单地说，即是民众的期待决定了法律的内容。当然，这是在立法者忠于民意代表这一职责的情形下而言的，是在符合假设前提条件下的逻辑推论，并不是一种事实状态的描述。立法实践中，立法者有意或无意地背离民意也并不是不常见，这也正是我们需要设置宪法审查机制来检视法律正当性的原因，以防范立法者存诈伪之心、行悖逆之事。

那么，民众的期待是什么？对亚非拉广大的发展中国家的民众而言，在争得民族国家独立之后，最大的期待就是发展经济，过上富足的生活。因而，发展的期待就是民众的期待，立法者的发展角色意识也是最为民众所认同的角色认知。"对亚、非、拉丁美洲地区开发中的国家而言，'发展角色'（developmental role）就是一个适合当地国情的角色。'发展角色'这个概念，此乃系指议员对经济、社会等各方面的发展与国家建设所持之态度。"[①] 议员（立法者）在议会（立法机构）表达民众的发展期待，往往更容易达成共识；议会（立法机构）也更容易达成共识通过为经济发展服务的立法。

二　法治应该注重秩序之建构

20世纪70年代中后期以降，在改革开放之前，结束"文化大革命"彻底告别"无法无天"的混乱无序状态，是人心所向；改革开放之后，国家从设立经济特区、实行家庭联产承包责任制、提出有计划的商品经济，到明确提出建设社会主义市场经济，极大地激发了人们的创造性和社会的活力，人民的生活水平也得到了极大改善。市场经济是法制经济，健康的市场环境离不开法律秩序的规范。在这一背景之下，我们选择走上法制的

---

① 朱志宏：《立法论》，三民书局1995年版，第39页。

道路，以顺乎思治之民心，以利于市场之秩序，以达成经济建设之目标。

"维护市场秩序—发展市场经济—实现富足生活"，在这一认识逻辑之下，对秩序的渴求被无限刺激放大，最终导致我们对法治的认识产生偏颇：将法治等同于秩序，或者认为法治更多强调的是秩序。这与我们"以经济建设为中心"的立法理路是一致的。

法治的价值追求是多元且平衡的，法的价值的多元、多层次性是以人的需要的多元、多层次性作为主体根据的；① 法治价值的平衡性则是以人与人的交互关系和权利与义务的均衡性作为内容根据的。公正与效率、自由与秩序、平等保护与特殊保护等，都是法治所追求的价值目标，也是必须在个案实践中予以具体平衡的价值关系。由此可见，法治的价值追求固然包括秩序价值在内，但是绝不意味着仅仅只有秩序价值。将秩序作为法治的唯一价值，或是将其作为法治的主要或主导价值，这种法治价值认识观是有失偏颇的。

"注重秩序"的法治价值理解观与"以经济建设为中心"的立法理路是一致的，二者又共同决定于国家的经济建设实践中心论。因而，我国当前的立法内蕴的设问逻辑是：立法对经济发展和社会秩序是否有所助益？而不是立法对个人自由和权利之尊重和保护是否有所增进？由此决定了立法外显的功能定位就是：立法巩固经济领域改革的成果，为经济发展保驾护航。而不是立法确认个人之基本权利与自由，限制公权力，筑起权利保障的长城。这一观点，可以从国家立法规划和立法项目的优先级得到印证。例如，直到 2004 年第四次修宪时，"公民的合法的私有财产不受侵犯""国家尊重和保护人权"等内容才写入宪法；直到 2007 年才出台《物权法》；直到 2009 年才出台《侵权责任法》。这些对个人权利保障至为重要的宪法条文、法律，都滞后于以经济建设为中心、注重秩序的立法，如 1979 年出台《中外合资经营企业法》、1980 年全国人大常委会批准国务院提出的《广东省经济特区条例》、1982 年出台《商标法》、1984 年出台《专利法》、1986 年出台《土地管理法》、1992 年出台《海商法》等。

纵观我国立法的历程，不难看出立法者对法治理解的偏颇之处。当

---

① 卓泽渊：《论法的价值》，《中国法学》2000 年第 6 期。

然，这是与我国的立法理路相一致的。同时，必须强调的是，以经济建设为中心的立法理路，本身无可厚非。尤其是对于我国这样一个经济欠发达的最大发展中国家而言，以经济建设为中心的选择，具有必然性，还体现了决策者的智慧与担当。国家长期贫穷落后、被动挨打，人民期望过上温饱小康生活，都内在要求发展经济，以改变困厄局面。改革开放以来，我国经济建设的成就以无可争议的事实证明了，我国的立法确实起到了经济发展促进器、市场秩序（社会秩序）维护者的作用。

而且，对宪治和法治价值的选择与侧重，也具有其社会历史条件的不得已性。在中国的语境中，宪治的本来意义从"国家权力的制度性架构"结构性地转换成了"国家强盛的拉动力"[①]，同理，本应体现宪治保障人权理念的国家立法也转换成了促进经济发展的一种拉动力，立法的功能定位在于服务经济发展、建构社会秩序。

但是，我们也必须正视对法治价值理解的偏颇之处。因为，制宪立法本应是通过具体法律制度之设计来保障个人之基本权利、控制公权力，此乃法治之真谛。诚然，发展经济、注重秩序，并不一定意味着必然限制或克减了个人之基本权利，反倒有可能因经济之发展和秩序之形成，有利于基本权利之保障。这可能是一种客观事实。然而，若要求一切立法，尤其是那些与经济没有直接关联的立法如《婚姻法》等，都"以经济建设为中心"，将全部的立法都涂抹上经济的色彩，那么，势必遮盖住立法自身的独立品格，使得立法成为经济发展的影子，随着经济建设的步伐亦步亦趋。立法本应追求的直接目标——法治、终极目的——人权，都将黯然失色，并让位于经济和秩序，甚至沦为立法的附属品。此时，法治秩序之建构也失去了其意义。因为，法律是调整人的行为的规范总和。以经济因素为单一指向的法律，必然形塑出以经济作为单一尺度的"单向度的人"[②]，

---

① 参见王人博《宪政的中国语境》，《法学研究》2001年第2期。
② "单向度的人"亦译为"单面人"，系西方马克思主义者马尔库塞于1964年发表的代表作名称。作者在书中提出这样一个观点：当代社会是一个全面遭受压制的社会，压制了人们内心中的否定性、批判性、超越性的向度，使这个社会成为单向度的社会；而生活于其中的人则成为只求物质、不求精神，只顾现实、不讲将来，只按技术合理性行动、缺乏批判性和创造性的"单向度的人"。这种人丧失了自由和创造力，不再想象或追求与现实生活不同的另一种生活。参见［美］赫伯特·马尔库塞《单向度的人：发达工业社会意识形态研究》，刘继译，上海译文出版社2014年版。

从而使得人不仅在经济方面而且在社会生活方面，尤其是在法律方面都成为一个"经济人"。在某种意义上说，这是对人的价值的贬损。由此可见，这种"单向度的立法"对人所造成的危害。

三　权利保障为核心：立法理路改变之缘由依据

改革开放40多年来，我国经济社会发展取得了举世瞩目的辉煌成就，人民生活水平显著提高。如今，在实现全面小康的基础上，人们对美好生活的愿景也有了新的更高要求，从"吃饱饭""穿暖衣"向"吃得好、穿得美、住得舒适、出行便捷"提升。可见，人们对物质生活的要求从得到基本保障向更高水平和更好质量提升，更加注重健康、教育和文化生活品质的提高，而且，在充分行使当家做主的民主权利、享有丰富的精神文化生活、维护社会公平正义、拥有健康美好的生活环境等方面都有了新的期待。同时，人们也愈加期待这种美好生活"可预期""能获得""有保障"，除了属于不可抗力的自然灾害之外，不会遭受任何不确定因素的侵扰。人民对这种美好生活的新期待，内在地要求国家立法理路需要从"经济建设为中心""秩序建构为侧重"转向"权利保障为核心"。立法理路改变的机理缘由及其宪法依据，具体而言有四。

（一）立法在经济发展基础上应更注重分配公平

中国经济总量已居于世界第二位，是世界第二大经济体。但是，按人均GDP来计算，根据国际货币基金组织（IMF）2022年4月公布的2021年世界各国人均GDP，我国人均GDP排世界第60位。[①] 同时，我国居民收入还存在较大的差距，国家统计局数据显示2020年全国居民收入基尼系数为0.468，[②] 高于全球平均水平0.44。因而，"分好蛋糕"的重要性不

[①] International Monetary Fund, *World Economic Outlook*, April 2022.

[②] 2021年9月28日，国务院新闻办公室发表《中国的全面小康》白皮书，并于当日上午10时举行新闻发布会。国家发展改革委党组成员、副主任兼国家统计局党组书记、局长宁吉喆在会上回应了关于贫富差距的问题，他透露2020年我国的基尼系数为0.468。参见滕晗《宁吉喆谈贫富差距情况：近十几年我国基尼系数总体呈波动下降态势》，封面新闻，2021年9月28日，https://new.qq.com/rain/a/20210928A05LMW00。基尼系数是国际社会通用的用来考察收入分配差异的重要指标，其值在0和1之间，越接近1表明收入分配越不平等。国际上通常把0.4作为收入分配差距的"警戒线"，基尼系数0.4以上的表示收入差距较大，当基尼系数达到0.5时，则表示收入悬殊。

亚于"做大蛋糕",立法要更加注重分配公平。

2022年2月28日,国家统计局公布数据:2021年全年国内生产总值为1143670亿元,比上年增长8.1%;2021年全年全国居民人均可支配收入35128元,比上年增长9.1%,扣除价格因素,实际增长8.1%。按常住地分,城镇居民人均可支配收入47412元,比上年增长8.2%,扣除价格因素,实际增长7.1%。农村居民人均可支配收入18931元,比上年增长10.5%,扣除价格因素,实际增长9.7%。城乡居民人均可支配收入比值为2.50,比上年缩小0.06。[1] 但是,综合分析2003—2021年我国城乡居民人均可支配收入[2],能够发现:我国城乡居民人均可支配收入在逐年增加的同时,城乡居民收入的绝对差也在逐年扩大(见表3-1)。

表3-1　　2003—2021年城乡居民人均可支配收入及其绝对差　　单位:元

年份	城镇居民人均可支配收入	农村居民人均可支配收入	城乡居民人均可支配收入绝对差
2003	8472	2600	5872
2004	9422	2936	6486
2005	10493	3255	7238
2006	11759	3587	8172
2007	13786	4140	9646
2008	15781	4761	11020
2009	17175	5153	12022
2010	19109	5919	13190
2011	21810	6977	14833
2012	24565	7917	16648
2013	26955	8896	18059
2014	28844	9892	18952
2015	31195	11422	19773
2016	33616	12363	21253

---

[1] 国家统计局:《中华人民共和国2021年国民经济和社会发展统计公报》,《人民日报》2022年3月1日第10版。

[2] 2003—2021年,我国城乡居民人均可支配收入数据,均来源于国家统计局发布的"中华人民共和国国民经济和社会发展年度统计公报"(2003年—2021年),国家统计局官网,http://www.stats.gov.cn/tjsj/tjgb/ndtjgb/。

续表

年份	城镇居民人均可支配收入	农村居民人均可支配收入	城乡居民人均可支配收入绝对差
2017	36396	13432	22964
2018	39251	14617	24634
2019	42359	16021	26338
2020	43834	17131	26703
2021	47412	18931	28481

综上可以看出，我国国民经济运行稳中有进，居民收入逐年稳定增长，但是仍需努力降低城乡居民收入不平等情况。

经济基础决定上层建筑。如今，我国的经济总量和居民可支配的收入已与改革开放初期不可同日而语，民众的期待中更多包含了对自身各方面权利的保障，尤其是对基本权利的保障期待更加迫切，而不仅仅限于经济方面的利益。恰如马克斯·韦伯所言："法绝不仅仅保障经济的利益，而且保障各种各样的利益，一般地说，从最基本的利益：保护纯粹的个人安全，直至纯粹的思想财富，如自由的荣誉或神力的荣誉。它首先也保障政治的、教会的、家庭的或者其他权威的地位和各种社会的优越地位。"[1] 法治国家的立法者，更应对基本权利和公平正义谨怀审慎之心，在大写的人权面前保持虔诚与谦卑，将基本权利转化为法律规范，具体化基本权利的内容和效力，明确基本权利义务主体的义务和法律责任，这是国家合法性之根本来源，是国家法治文明的唯一标尺。

（二）立法机关作为民意机构应更注重制约权力

立法机关是民意机构，具有独特品质，发展经济并不是立法机关直接负有的重任；立法的价值趋向和品格秉性在于制约政府权力保障人权，而不在于直接执行政府职能为发展经济服务。

立法机关作为民意机构，其民主程度在国家诸权力机关中最高。立宪国家"主权在民"的原则，确定了立法机关作为主权者代表的身份和地位。因而，立法机关所形成或表达的意志，本质是主权者的意志。主权者

---

[1] ［德］马克斯·韦伯：《经济与社会》（上卷），林荣远译，商务印书馆1997年版，第370页。

的意志在国家中居于主导地位，是其他一切意志的规范。卢梭认为，"在一个完美的立法之下，个别的或个人的意志应该是毫无地位的，政府本身的团体意志应该是极其重要的，从而公意或者主权的意志永远是主导的，并且是其他一切意志的唯一的规范"①。这表明，作为主权意志代表的立法机关具有独特品质。具体到我国而言，全国人民代表大会形成和表达全国人民的意志，即主权者的意志，是最高国家权力机关；国务院是最高国家权力机关的执行机关，是最高国家行政机关，负责执行全国人大及其常委会制定的法律和作出的决定，而不是相反。因此，立法机关以立法的名义直接行使政府职能承担发展经济的重任，是对上述"决定—执行"宪制关系的违背。

在立宪政治制度层面，立法机关与行政机关的关系是：立法机关居于行政机关之上，行政机关的权力来自立法机关的授权——本质是人民的授权，即人民通过立法机关这一代议机构以制定法律的形式授予政府职权，授权的同时，更重要的是通过立法制约监督行政权力，防止其恣意专横。恰如博登海默所言："法律在本质上是对专断权力行使的一种限制，因此它同无政府状态和专制政治都是敌对的。"② 由此可见，政府是法之下的政府（government under the law），立法机关通过立法确立政府的行为规则，而不应是为政府的经济工作服务，并提供政府治理的措施。哈耶克指出："由于那种被我们称为立法机关的代议机构主要关注的是政府治理任务，所以这些任务所型构的就不只是这些立法机关的组织机构，而且还包括其成员的整个思维方式。"③ 这正是我国以经济建设为中心侧重秩序建构的立法理路得以形成并确立的深层次原因。

从认识论角度来分析，我国的立法理路是传统"主客体思维方式"下认识的表现形式。具体而言，即是将立法作为手段或工具，而立法之外的经济建设、秩序建构则是立法之目的。在主客体思维方式下，立法是主体

---

① ［法］卢梭：《社会契约论》，何兆武译，商务印书馆2009年版，第83页。
② ［美］E. 博登海默：《法理学：法律哲学与法律方法》，邓正来译，中国政法大学出版社2017年版，第233页。
③ ［英］弗里德利希·冯·哈耶克：《法律、立法与自由》（第二、三卷），邓正来、张守东、李静冰译，中国大百科全书出版社2022年版，第305页。

为客体制定行为规则，客体必须遵守，客体为主体服务。与之不同的是"主体间性"（intersubjectivity）①思维方式，这一思维方式意指通过主体间的平等交往、对话，以建立互相理解、沟通的交往理性，达成价值共识。具体到立法而言，主体间性思维方式认为立法之目的内含于立法本身之法治人权理念，立法是人们理性交往行为产生的行为规则，凝结着共同的价值认知结晶，所有主体都共同遵循。这种价值认知的基点和行为规则的指向，就是人权保障。这给我们的启示是：思维方式影响着人们的认知，不同的思维方式会导出不同的认知结果，而认知指导着人们的实践活动。由此可见，转变思维方式从而改变立法理路，对于我们回归立法之人权保障本旨，提升立法之品质，具有重要意义。

（三）宪法基本权利条款的内在要求

"尊重和保障人权"是宪法的明确要求，宪法条款是立法理路中价值的集中宣示。随着我国经济建设的发展，人民的生活水平有了极大改善。人民日益增长的物质文化需求，不仅需要满足，更需要得到保障。日益增长的物质文化需求之法律表达，即是日益增长的基本权利保障需求。为因应这种需求，2004年《宪法修正案》第24条规定：《宪法》第33条增加1款，作为第3款："国家尊重和保障人权。"由此，尊重和保障人权成为宪法明示的要求。宪法具有最高的法律效力，一切法律都不得同宪法相抵触。《立法法》作为宪法性法律，也必须以宪法作为根本依据。这是改变立法理路的宪法依据和宪法要求。因此，以宪法"尊重和保障人权"之明确规定为根据，将立法理路从经济建设和秩序建构转换到权利保障，既是民众的期待，也是宪法对立法机关的明确要求，立法机关必须履行这一宪法义务。

---

① "主体间性"这个概念，被认为是法国哲学家拉康·雅克（Jaques Lacan）提出来的，拉康认为，主体是由其自身存在结构中的"他性"界定的，这种主体中的他性就是主体间性。许多西方哲学家在其论著中都使用了这个概念，但是这一概念产生广泛影响力，则是随着哈贝马斯影响力的扩展而形成的。"主体间性"这个概念是哈贝马斯普遍语用学和规则理论中最重要的概念。参见盛晓明《从公共性到主体间性——哈贝马斯的普遍语用学转向》，《浙江学刊》1999年第5期；童世骏《没有"主体间性"就没有"规则"——论哈贝马斯的规则观》，《复旦学报》2002年第5期。

（四）社会主义法治体系的题中之义

形成完备的法律规范体系，是建设中国特色社会主义法治体系的重要基础环节。因而，健全基本权利立法是建设社会主义法治体系的题中之义。经过改革开放以来30多年的法制建设努力，"到2010年底，一个立足中国国情和实际、适应改革开放和社会主义现代化建设需要、集中体现党和人民意志的，以宪法为统帅，以宪法相关法、民法商法等多个法律部门的法律为主干，由法律、行政法规、地方性法规等多个层次的法律规范构成的中国特色社会主义法律体系已经形成"[①]。但是，这并不意味着立法已经完备，更不意味着立法任务已经完成。在经济建设为中心和秩序建构为侧重的立法理路指引之下，建设并发展社会主义市场经济所需的法律法规基本都已制定出台，但是宪法基本权利保障方面的立法，尤其是作为基本权利保障之具体且直接依据的许多重要法律，仍然没有制定出台或存有诸多缺憾，如新闻自由法迟迟未能出台、各种权益保障法可操作性不强等。这就要求我们必须改变立法理路，加强宪法基本权利保障方面的立法，以形成完备的基本权利法律规范体系。

需要再次说明的是，确立"以人权保障为核心"的立法理路是以"从未来审视现在"的视角对我国奉行的"经济建设为中心"和"秩序建构为侧重"立法理路的扬弃，或者说是在现有立法理路基础之上的提升，并不是彻底否定立法在经济发展和秩序建构方面的作用，更不是否定"以经济建设为中心"的治国基本路线和方略，而是强调立法具有自身独特的品格、理念和功能。

第二节 立法决策：立法决策主体、决策价值取向和立法决策方法

何谓立法决策？郭道晖先生认为："决策，是指主体依据其对客观需要和其所代表的利益得失的判断，及对满足这种需要与利益所必须而且可

[①] 吴邦国：《全国人民代表大会常务委员会工作报告——二〇一一年三月十日在第十一届全国人民代表大会第四次会议上》，《人民日报》2011年3月19日第1版。

能采取的策略与手段的权衡，作出对策性的决定。这都有赖于主体意识的导向与确认。所谓立法决策，也是对上述这些因素的判断与权衡，而作出是否采取立法的手段和选择立法的方略与模式的决定。"① 简言之，立法决策包括两个递进的问题：(1) 作出是否立法的决定；(2) 立法过程中作出选择具体策略和办法的决定。立法决策的特征，有以下五点：(1) 主体是立法主体；(2) 时空是立法过程；(3) 内容是立法实际问题；(4) 结果是作出某种决定；(5) 方式是判断和取舍。②

由此可见，立法决策的宏观层面表现为新的立法项目的正式启动，微观层面则意味着新的权利义务关系的正式生成。这表明立法决策涉及立法之核心本质与实质内容。因为法律作为行为规范体系，正是通过对权利义务的配置来调整人的行为，以及通过对社会价值的权威性确定来解决公共问题。这关乎整个社会的稳定、发展和福利，也与公民个人的生存、自由和财产紧密相关。恰如哈耶克所言："立法，即以审慎刻意的方式制定法律，已被论者恰当地描述为人类所有发明中充满了最严重后果的发明之一，其影响甚至比火的发现和火药的发明还要深远。……立法这种发明赋予了人类以一种威力无比的工具——它是人类为了实现某种善所需要的工具，但是人类却还没有学会控制它，并确使它不产生大恶。"③ 因此，应该审慎地对待立法，尤其应该慎之又慎地对待立法决策。"设法不当，适足以害人，可不慎哉！"④

立法决策主体、决策价值取向和立法决策方法是立法决策中三大核心要素，从这个三个角度检视立法决策问题，可以窥睹立法决策之概貌。

一 立法决策主体：以全国人大及其常委会主导立法决策

我国实行统一的多层次立法体制，立法权的配置呈现纵向分权和横向

---

① 郭道晖等主编：《立法：原则、制度、技术》，北京大学出版社 1994 年版，第 197 页。
② 周旺生：《立法学》，法律出版社 2009 年版，第 537 页。
③ [英] 弗里德利希·冯·哈耶克：《法律、立法与自由》（第一卷），邓正来、张守东、李静冰译，中国大百科全书出版社 2022 年版，第 113 页。引语中的"论者"指 Bernhard Rehfeld，与"论者"相关的内容可参见 Die Wurzeln des Rechts (Berlin, 1951), p. 67。
④ 洪仁玕：《资政新篇》，载中国史学会主编《太平天国》（中国近代史资料丛刊第二册），神州国光社 1954 年版，第 524 页。

分权的特征，即纵向上有中央立法权和地方立法权之分、横向上有权力机关立法和行政机关立法之别。但是，立法权统一于全国人大及其常委会。全国人大及其常委会享有国家立法权，其制定的法律的效力高于行政法规、地方性法规、规章。这就决定了立法决策主体的一元性和多层性：一元性系指全国人大及其常委会是国家立法决策的法定主体，其他各主体都不享有法定的国家立法决策权；多层性系指在全国人大及其常委会之下，存在国务院、具有地方性法规制定权的地方各级人民代表大会及其常务委员会，以及具有规章制定权的地方各级人民政府这几个不同层级的立法决策主体。这些立法决策主体中，最为重要的主体即是享有国家立法权，即中央立法权、最高立法权，发挥宪法之下"统一"诸法作用的全国人民代表大会及其常务委员会。根据基本权利立法"法律保留原则"之要求，全国人大及其常委会对基本权利立法起着决定性作用。

立法决策的主体是指依法具有制定方法方针策略或办法的机构或个人，它可以分为主要立法决策主体和辅助立法决策主体两大类：主要立法决策主体是指依法具有立法决策权的机构或个人；辅助立法决策主体是指可以参与立法决策，并对立法决策施加一定影响的机构或个人。[1]这两类主体都是法定的主体，其立法决策权和辅助决策权都有法律的明确规定。此外，还有一类对立法决策施加影响的主体，其对立法决策的影响并非基于法律的明确规定——基于法律明确规定的是辅助立法决策主体，而是基于政治领导或代表民意即民主性，这类主体可称为立法决策影响主体。

（一）法定的主要立法决策主体

根据《宪法》《全国人民代表大会组织法》《全国人民代表大会议事规则》《全国人民代表大会常务委员会议事规则》《立法法》等的规定，我国法定的主要立法决策主体有四个。

1. 全国人民代表大会

《宪法》第 58 条规定："全国人民代表大会和全国人民代表大会常务委员会行使国家立法权。"可见，享有国家立法权具备法定立法决策资格

---

[1] 郭道晖：《法的时代呼唤》，中国法制出版社 1998 年版，第 431 页；万其刚：《立法理念与实践》，北京大学出版社 2006 年版，第 181 页。

的主体是全国人大及其常委会。这是由国家最高法《宪法》明确规定的。同时，《宪法》第 62 条①还明确规定了全国人大专属的立法决策权，包括三个方面：其一，修改宪法。这是一项极其重要的决策权，《宪法》第 64 条明确规定，宪法的修改必须由全国人民代表大会以全体代表的 2/3 以上的多数通过，而法律和其他议案只需由全国人民代表大会以全体代表的过半数通过。可见，修改宪法的决策需要获得特别多数的同意，而不同于普通法律简单过半数的同意。其二，制定和修改刑事、民事、国家机构的和其他的基本法律。这些"基本法律"是国家法律体系的主干，涉及犯罪与刑罚、公民人身关系和财产关系、国家机关的组织结构和职权职责等方面，内容包括公民的生命、自由、财产、政治权利、民事权利义务以及宪法规定的诸余公民基本权利义务。其三，改变或者撤销全国人民代表大会常务委员会不适当的决定，这是全国人民代表大会对全国人大常委会决策权的监督，是由全国人民代表大会"最高国家权力机关"的地位决定的。

2. 全国人民代表大会主席团

《宪法》第 61 条第 2 款规定："全国人民代表大会举行会议的时候，选举主席团主持会议。"这是全国人民代表大会主席团的宪法定位，即主持全国人民代表大会会议。根据《全国人民代表大会组织法》《全国人民代表大会议事规则》《立法法》的规定，作为全国人民代表大会会议的主持者，全国人民代表大会主席团在立法决策方面享有如下三项权力：其一，提出议案和法律案的权力，全国人民代表大会主席团向全国人民代表大会提出的法律案，具有"优先权"，直接进入全国人民代表大会会议进行审议（《全国人民代表大会组织法》第 16 条②、《全国人民代表大会议

---

① 《宪法》（2018 年修正）第 62 条："全国人民代表大会行使下列职权：（一）修改宪法……（三）制定和修改刑事、民事、国家机构的和其他的基本法律……（十一）改变或者撤销全国人民代表大会常务委员会不适当的决定。"

② 《全国人民代表大会组织法》（2021 年修正）第 16 条："全国人民代表大会主席团，全国人民代表大会常务委员会，全国人民代表大会各专门委员会，国务院，中央军事委员会，国家监察委员会，最高人民法院，最高人民检察院，可以向全国人民代表大会提出属于全国人民代表大会职权范围内的议案。"

事规则》第 23 条第 1 款①、《立法法》第 14 条第 1 款②）。其二，审议决定提请大会全体会议表决或决定列入会议议程的权力，即全国人民代表大会常务委员会、全国人民代表大会各专门委员会、国务院、中央军事委员会、国家监察委员会、最高人民法院、最高人民检察院这"七大主体"提出的议案和法律案，都必须由全国人民代表大会主席团决定列入会议议程；同时，针对列入会议议程的议案，主席团可以并交有关的专门委员会进行审议、提出报告，由主席团审议决定提请大会全体会议表决（《全国人民代表大会组织法》第 16 条、《全国人民代表大会议事规则》第 23 条第 1 款和第 25 条③、《立法法》第 14 条第 2 款④）。其三，决定是否列入会议议程的权力，即一个代表团或者三十名以上的代表联名提出的议案和法律案，由全国人民代表大会主席团"决定是否列入会议议程"（《全国人民代表大会组织法》第 17 条⑤、《全国人民代表大会议事规则》第 23 条第 2 款⑥、《立法法》第 15 条第 1 款⑦）。由此可见，全国人民代表大会举行会议时，全国人民代表大会主席团是非常重要的立法决策主体。

---

① 《全国人民代表大会议事规则》（2021 年修正）第 23 条第 1 款："主席团，全国人民代表大会常务委员会，全国人民代表大会各专门委员会，国务院，中央军事委员会，国家监察委员会，最高人民法院，最高人民检察院，可以向全国人民代表大会提出属于全国人民代表大会职权范围内的议案，由主席团决定列入会议议程。"

② 《立法法》（2015 年修正）第 14 条第 1 款："全国人民代表大会主席团可以向全国人民代表大会提出法律案，由全国人民代表大会会议审议。"

③ 《全国人民代表大会议事规则》（2021 年修正）第 25 条："列入会议议程的议案，提案人应当向会议提出关于议案的说明。议案由各代表团进行审议，主席团可以并交有关的专门委员会进行审议、提出报告，由主席团审议决定提请大会全体会议表决。"

④ 《立法法》（2015 年修正）第 14 条第 2 款："全国人民代表大会常务委员会、国务院、中央军事委员会、最高人民法院、最高人民检察院、全国人民代表大会各专门委员会，可以向全国人民代表大会提出法律案，由主席团决定列入会议议程。"

⑤ 《全国人民代表大会组织法》（2021 年修正）第 17 条："一个代表团或者三十名以上的代表联名，可以向全国人民代表大会提出属于全国人民代表大会职权范围内的议案。"

⑥ 《全国人民代表大会议事规则》（2021 年修正）第 23 条第 2 款："一个代表团或者三十名以上的代表联名，可以向全国人民代表大会提出属于全国人民代表大会职权范围内的议案，由主席团决定是否列入会议议程，或者先交有关的专门委员会审议、提出是否列入会议议程的意见，再决定是否列入会议议程，并将主席团通过的关于议案处理意见的报告印发会议。专门委员会审议的时候，可以邀请提案人列席会议、发表意见。"

⑦ 《立法法》（2015 年修正）第 15 条第 1 款："一个代表团或者三十名以上的代表联名，可以向全国人民代表大会提出法律案，由主席团决定是否列入会议议程，或者先交有关的专门委员会审议、提出是否列入会议议程的意见，再决定是否列入会议议程。"

3. 全国人民代表大会常务委员会

根据《宪法》第 57 条[1]、58 条的规定[2]，全国人民代表大会常务委员会是最高国家权力机关的常设机关，行使国家立法权。《宪法》第 67 条[3]规定了全国人大常委会的立法决策权，包括四个方面：其一，制定和修改非基本法律，即制定和修改除应当由全国人民代表大会制定的法律以外的其他法律。这表明，全国人大常委会对基本法律以外的其他法律的立法具有完整的决策权；同时，这也是对全国人大常委会立法决策权行使范围的限制，即限于基本法律之外的其他法律。其二，部分补充和修改基本法律，即在全国人民代表大会闭会期间，在不与全国人民代表大会制定的法律的基本原则相抵触的前提下，有对基本法律进行部分补充和修改的决策权。全国人大常委会的这一决策权，受全国人民代表大会的监督，全国人民代表大会对其可以进行改变或撤销。其三，撤销国务院制定的同宪法、法律相抵触的行政法规、决定和命令，这是对国务院制定行政法规的监督权。其四，撤销省、自治区、直辖市国家权力机关制定的同宪法、法律和行政法规相抵触的地方性法规和决议，这是对地方立法的监督权。全国人大常委会对国务院和省、自治区、直辖市国家权力机关监督之目的，在于确保国家法制之统一，以捍卫基本权利不被下位阶规范限制或减损。

4. 全国人民代表大会常务委员会委员长会议

《宪法》第 68 条第 2 款规定[4]，委员长会议处理全国人民代表大会常务委员会的重要日常工作。这是委员长会议的宪法定位。根据《全国人民代表大会组织法》《全国人民代表大会常务委员会议事规则》和《立法

---

[1] 《宪法》（2018 年修正）第 57 条："中华人民共和国全国人民代表大会是最高国家权力机关。它的常设机关是全国人民代表大会常务委员会。"

[2] 《宪法》（2018 年修正）第 58 条："全国人民代表大会和全国人民代表大会常务委员会行使国家立法权。"

[3] 《宪法》（2018 年修正）第 67 条："全国人民代表大会常务委员会行使下列职权……（二）制定和修改应当由全国人民代表大会制定的法律以外的其他法律；（三）在全国人民代表大会闭会期间，对全国人民代表大会制定的法律进行部分补充和修改，但是不得同该法律的基本原则相抵触……（七）撤销国务院制定的同宪法、法律相抵触的行政法规、决定和命令；（八）撤销省、自治区、直辖市国家权力机关制定的同宪法、法律和行政法规相抵触的地方性法规和决议。"

[4] 《宪法》第 68 条第 2 款："委员长、副委员长、秘书长组成委员长会议，处理全国人民代表大会常务委员会的重要日常工作。"

法》的规定，全国人民代表大会常务委员会委员长会议行使以下几项立法决策权：其一，向全国人大常务委员会提出议案和法律案。委员长会议提出的议案和法律案，具有"优先权"，直接进入常务委员会会议进行审议（《全国人民代表大会常务委员会议事规则》第 11 条第 1 款①、《立法法》第 26 条第 1 款②）。其二，决定议案和法律案是否提请常务委员会会议审议或列入常务委员会会议议程。对于全国人民代表大会各专门委员会、国务院、中央军事委员会、国家监察委员会、最高人民法院、最高人民检察院提出的议案和法律案，"由委员长会议决定提请常务委员会会议审议"或"列入常务委员会会议议程"；而对于常务委员会组成人员十人以上联名提出的议案和法律案，则是"由委员长会议决定是否提请常务委员会会议审议"或"是否列入常务委员会会议议程"（《全国人民代表大会组织法》第 29 条③、《全国人民代表大会常务委员会议事规则》第 11 条第 2 款和第 3 款④、《立法法》第 26 条第 2 款⑤和第 27 条第 1 款⑥）。其三，提出暂不付表决的动议，即针对拟提请常务委员会全体会议表决的议案，在审议中发现有重大问题需要进一步研究的，委员长会议可提出暂不付表决的

---

① 《全国人民代表大会常务委员会议事规则》（2009 年修正）第 11 条第 1 款："委员长会议可以向常务委员会提出属于常务委员会职权范围内的议案，由常务委员会会议审议。"

② 《立法法》（2015 年修正）第 26 条第 1 款："委员长会议可以向常务委员会提出法律案，由常务委员会会议审议。"

③ 《全国人民代表大会组织法》（2021 年修正）第 29 条："委员长会议，全国人民代表大会各专门委员会，国务院，中央军事委员会，国家监察委员会，最高人民法院，最高人民检察院，常务委员会组成人员十人以上联名，可以向常务委员会提出属于常务委员会职权范围内的议案。"

④ 《全国人民代表大会常务委员会议事规则》（2009 年修正）第 11 条第 2 款："国务院，中央军事委员会，最高人民法院，最高人民检察院，全国人民代表大会各专门委员会，可以向常务委员会提出属于常务委员会职权范围内的议案，由委员长会议决定提请常务委员会会议审议，或者先交有关的专门委员会审议、提出报告，再决定提请常务委员会会议审议。"第 3 款："常务委员会组成人员十人以上联名，可以向常务委员会提出属于常务委员会职权范围内的议案，由委员长会议决定提请常务委员会会议审议，或者先交有关的专门委员会审议、提出报告，再决定是否提请常务委员会会议审议；不提请常务委员会会议审议的，应当向常务委员会会议报告或者向提案人说明。"

⑤ 《立法法》（2015 年修正）第 26 条第 2 款："国务院、中央军事委员会、最高人民法院、最高人民检察院、全国人民代表大会各专门委员会，可以向常务委员会提出法律案，由委员长会议决定列入常务委员会会议议程，或者先交有关的专门委员会审议、提出报告，再决定列入常务委员会会议议程。如果委员长会议认为法律案有重大问题需要进一步研究，可以建议提案人修改完善后再向常务委员会提出。"

⑥ 《立法法》（2015 年修正）第 27 条第 1 款："常务委员会组成人员十人以上联名，可以向常务委员会提出法律案，由委员长会议决定是否列入常务委员会会议议程，或者先交有关的专门委员会审议、提出是否列入会议议程的意见，再决定是否列入常务委员会会议议程。不列入常务委员会会议议程的，应当向常务委员会会议报告或者向提案人说明。"

动议，这一动议在经得联组会议或者全体会议同意之后，该议案将暂不付表决（《全国人民代表大会常务委员会议事规则》第 20 条①）。其四，决定不向社会公布法律草案及其起草、修改的说明（《立法法》第 37 条②）。其五，同意提案人撤回法律案并终止审议该法律案（《立法法》第 40 条③）。其六，提请常务委员会全体会议表决法律草案表决稿，决定将个别意见分歧较大的重要条款提请常务委员会会议单独表决（《立法法》第 41 条④）。其七，决定合并表决或分别表决（《立法法》第 43 条⑤）。其八，决定将法律解释草案列入常务委员会会议议程（《立法法》第 47 条⑥）。其九，通过立法规划和年度立法计划并向社会公布（《立法法》第 52 条第 1 款⑦）。其十，决定交付表决未获通过经提案人重新提出的法律案是否列入会议议程（《立法法》第 56 条⑧）。其十一，接收撤销行政法规、地方

---

① 《全国人民代表大会常务委员会议事规则》（2009 年修正）第 20 条："拟提请常务委员会全体会议表决的议案，在审议中有重大问题需要进一步研究的，经委员长或者委员长会议提出，联组会议或者全体会议同意，可以暂不付表决，交有关专门委员会进一步审议，提出审议报告。"

② 《立法法》（2015 年修正）第 37 条："列入常务委员会会议议程的法律案，应当在常务委员会会议后将法律草案及其起草、修改的说明等向社会公布，征求意见，但是经委员长会议决定不公布的除外。向社会公布征求意见的时间一般不少于三十日。征求意见的情况应当向社会通报。"

③ 《立法法》（2015 年修正）第 40 条："列入常务委员会会议议程的法律案，在交付表决前，提案人要求撤回的，应当说明理由，经委员长会议同意，并向常务委员会报告，对该法律案的审议即行终止。"

④ 《立法法》（2015 年修正）第 41 条第 1 款："法律草案修改稿经常务委员会会议审议，由法律委员会根据常务委员会组成人员的审议意见进行修改，提出法律草案表决稿，由委员长会议提请常务委员会全体会议表决，由常务委员会全体组成人员的过半数通过。"第 2 款："法律草案表决稿交付常务委员会会议表决前，委员长会议根据常务委员会会议审议的情况，可以决定将个别意见分歧较大的重要条款提请常务委员会会议单独表决。"第 3 款："单独表决的条款经常务委员会会议表决后，委员长会议根据单独表决的情况，可以决定将法律草案表决稿交付表决，也可以决定暂不付表决，交法律委员会和有关的专门委员会进一步审议。"

⑤ 《立法法》（2015 年修正）第 43 条："对多部法律中涉及同类事项的个别条款进行修改，一并提出法律案的，经委员长会议决定，可以合并表决，也可以分别表决。"

⑥ 《立法法》（2015 年修正）第 47 条："常务委员会工作机构研究拟订法律解释草案，由委员长会议决定列入常务委员会会议议程。"

⑦ 《立法法》（2015 年修正）第 52 条第 1 款："全国人民代表大会常务委员会通过立法规划、年度立法计划等形式，加强对立法工作的统筹安排。编制立法规划和年度立法计划，应当认真研究代表议案和建议，广泛征集意见，科学论证评估，根据经济社会发展和民主法治建设的需要，确定立法项目，提高立法的及时性、针对性和系统性。立法规划和年度立法计划由委员长会议通过并向社会公布。"

⑧ 《立法法》（2015 年修正）第 56 条："交付全国人民代表大会及其常务委员会全体会议表决未获得通过的法律案，如果提案人认为必须制定该法律，可以按照法律规定的程序重新提出，由主席团、委员长会议决定是否列入会议议程；其中，未获得全国人民代表大会通过的法律案，应当提请全国人民代表大会审议决定。"

性法规、自治条例和单行条例的议案、建议，并决定提请常务委员会会议审议决定（《立法法》第 100 条第 3 款①）。

综上可见，《宪法》规定国家立法决策权的法定主体是全国人大及其常委会，但是，这一决策权却进一步集中到了全国人民代表大会主席团和全国人民代表大会常务委员会委员长会议这两个主体。固然，这与全国人大及其常委会的工作方式，即以会议形式进行工作紧密相关，表面上看也符合民主集中制原则的要求，并且具有宪法性法律依据，如《全国人民代表大会组织法》《全国人民代表大会议事规则》《全国人民代表大会常务委员会议事规则》和《立法法》；但是，立法决策权的这种进一步"集中"有违背《宪法》第 58 条之嫌疑。《宪法》第 58 条明确规定，行使国家立法权的主体是全国人民代表大会和全国人民代表大会常务委员会，因而，应由组成全国人民代表大会的全体代表和组成全国人民代表大会常务委员会的全体委员来具体行使实质性的立法决策权，全国人民代表大会主席团和全国人民代表大会常务委员会委员长会议只能根据全国人民代表大会和全国人民代表大会常务委员会的决议处理程序性、事务性的工作，而不能越俎代庖，代行实质立法决策权。

（二）法定的辅助立法决策主体

根据《宪法》第 70 条的规定②，全国人民代表大会设立民族委员会、宪法和法律委员会、财政经济委员会、教育科学文化卫生委员会、外事委员会、华侨委员会等专门委员会，各专门委员会在全国人民代表大会和全国人民代表大会常务委员会领导下，研究、审议和拟订有关议案。这是对各专门委员会的宪法地位和职能定位的规定。各专门委员会是全国人大和全国人大常委会进行立法决策时的辅助主体。

---

① 《立法法》（2015 年修正）第 100 条第 3 款："全国人民代表大会法律委员会、有关的专门委员会、常务委员会工作机构经审查、研究认为行政法规、地方性法规、自治条例和单行条例同宪法或者法律相抵触而制定机关不予修改的，应当向委员长会议提出予以撤销的议案、建议，由委员长会议决定提请常务委员会会议审议决定。"

② 《宪法》（2018 年修正）第 70 条第 1 款："全国人民代表大会设立民族委员会、宪法和法律委员会、财政经济委员会、教育科学文化卫生委员会、外事委员会、华侨委员会和其他需要设立的专门委员会。在全国人民代表大会闭会期间，各专门委员会受全国人民代表大会常务委员会的领导。"第 2 款："各专门委员会在全国人民代表大会和全国人民代表大会常务委员会领导下，研究、审议和拟订有关议案。"

设立各专门委员会的目的,正是为了辅助立法决策,使其成为全国人大及其常委会的得力助手。当时主持全国人大立法工作的彭真同志就指出:"提交全国人大或它的常委会审议的各项议案会涉及社会主义现代化建设的许多重大而又复杂的问题。专门委员会的主要职责就是为解决这些问题进行周密的调查,充分听取各方面的意见,仔细比较各种可供选择的方案,进行客观全面深入的研究,以帮助全国人大或它的常委会作出正确的决定。"[1] 之所以需要设立各专门委员会辅助立法决策,是基于以下原因:"一是专门委员会人数较少,便于分门别类地研究、讨论问题;二是专门委员会对有关问题比较熟悉,研究有关问题,可以考虑得更深入、更周到些;三是提议案的和有关部门都可以列席专门委员会会议,发表意见,共同讨论;四是必要时,可以很方便地邀请专家列席,发表意见。经过专门委员会这样一道工作程序,有助于客观、全面、系统、深入地研究问题,可使全国人大或其常委会对问题考虑得更周到些,使立法决策更符合实际。"[2]

根据《全国人民代表大会组织法》《全国人民代表大会常务委员会议事规则》和《立法法》的规定,各专门委员会辅助立法决策的具体职权主要有:其一,审议全国人民代表大会主席团或者全国人民代表大会常务委员会交付的议案和列入全国人大常务委员会会议议程的法律案,并提出审议意见(《全国人民代表大会组织法》第 37 条[3]和第 39 条第 2 款[4]、《全

---

[1] 彭真:《彭真委员长的讲话——一九八三年六月二十一日在第六届全国人民代表大会第一次会议上》,《中华人民共和国国务院公报》1983 年第 14 号。

[2] 彭真:《全国人大专门委员会怎么工作》,载彭真《论新时期的社会主义民主与法制建设》,中央文献出版社 1989 年版,第 183 页。

[3] 《全国人民代表大会组织法》(2021 年修改)第 37 条:"各专门委员会的工作如下:(一)审议全国人民代表大会主席团或者全国人民代表大会常务委员会交付的议案;(二)向全国人民代表大会主席团或者全国人民代表大会常务委员会提出属于全国人民代表大会或者全国人民代表大会常务委员会职权范围内同本委员会有关的议案,组织起草法律草案和其他议案草案……(八)审议全国人民代表大会常务委员会交付的被认为同宪法、法律相抵触的国务院的行政法规、决定和命令,国务院各部门的命令、指示和规章,国家监察委员会的监察法规,省、自治区、直辖市和设区的市、自治州的人民代表大会及其常务委员会的地方性法规和决定、决议,省、自治区、直辖市和设区的市、自治州的人民政府的决定、命令和规章,民族自治地方的自治条例和单行条例,经济特区法规,以及最高人民法院、最高人民检察院具体应用法律问题的解释,提出意见……"

[4] 《全国人民代表大会组织法》(2021 年修改)第 39 条第 2 款:"宪法和法律委员会统一审议向全国人民代表大会或者全国人民代表大会常务委员会提出的法律草案和有关法律问题的决定草案;其他专门委员会就有关草案向宪法和法律委员会提出意见。"

国人民代表大会常务委员会议事规则》第 15 条第 1 款①、《立法法》第 19 条②和第 32 条第 1 款③）；其二，审议全国人大常委会交付的被认为同宪法、法律相抵触的行政法规、监察法规、地方性法规、规章、自治条例、单行条例、经济特区法规、司法解释等，并提出审议报告（《全国人民代表大会组织法》第 37 条、《立法法》第 99 条第 1 款④）；其三，针对立法中的问题，通过立法调研、立法座谈会、立法论证会、立法听证会等多种形式听取意见，还可以组织对法律进行立法后评估。收集的意见建议和提出的评估报告，提交给全国人大或全国人大常委会，以辅助其作出立法决策（《立法法》第 36 条第 1 款⑤、第 63 条⑥）。

（三）立法决策影响主体

在现代民主制度之下，"决策权和影响权是现代政府决策体制中既相互关联，又相互区别的两个基本的权力要素"⑦。立法决策过程中，更是存在诸多主体如政党、利益群体等，期望通过自身行动试图对立法决策者的立法抉择行为施加影响，从而达到维护其利益之目的。这些法定立法决策主体之外对立法决策形成具有影响力的主体，可统称为立法决策影响主体。

---

① 《全国人民代表大会常务委员会议事规则》（2009 年修正）第 15 条第 1 款："列入会议议程的法律草案，常务委员会听取说明并初步审议后，交有关专门委员会审议和法律委员会统一审议，由法律委员会向下次或者以后的常务委员会会议提出审议结果的报告，并将其他有关专门委员会的审议意见印发常务委员会会议。"

② 《立法法》（2015 年修正）第 19 条："列入全国人民代表大会会议议程的法律案，由有关的专门委员会进行审议，向主席团提出审议意见，并印发会议。"

③ 《立法法》（2015 年修正）第 32 条第 1 款："列入常务委员会会议议程的法律案，由有关的专门委员会进行审议，提出审议意见，印发常务委员会会议。"

④ 《立法法》（2015 年修正）第 99 条第 1 款："国务院、中央军事委员会、最高人民法院、最高人民检察院和各省、自治区、直辖市的人民代表大会常务委员会认为行政法规、地方性法规、自治条例和单行条例同宪法或者法律相抵触的，可以向全国人民代表大会常务委员会书面提出进行审查的要求，由常务委员会工作机构分送有关的专门委员会进行审查、提出意见。"

⑤ 《立法法》（2015 年修正）第 36 条第 1 款："列入常务委员会会议议程的法律案，法律委员会、有关的专门委员会和常务委员会工作机构应当听取各方面的意见。听取意见可以采取座谈会、论证会、听证会等多种形式。"

⑥ 《立法法》（2015 年修正）第 63 条："全国人民代表大会有关的专门委员会、常务委员会工作机构可以组织对有关法律或者法律中有关规定进行立法后评估。评估情况应当向常务委员会报告。"

⑦ 赵成根：《民主与公共决策研究》，黑龙江人民出版社 2000 年版，第 232 页。

立法决策主体和决策场合的法定性,决定了只能由议会议员或人大代表在议会或人民代表大会会议行使立法决策权。尽管,有的影响主体在实际上主导着立法决策,但是,任何影响主体都不能取代议员或人大代表在立法决策过程中的主角角色和主体位置,更不能改变立法决策的场合法定性。这即意味着包括执政党在内的所有影响主体,必须尊重议员或人大代表作为立法决策主体的自主决策权,不能将自己的意志强加于议员或人大代表,更不能将议会或人民代表大会作为表决机器,让其作为自己意志获得合法性的程序背书者和加持者。立法决策影响主体只能围绕着立法决策权以影响者的身份对立法决策施加影响。这一身份定位问题,关乎立法决策权的法定主体究竟是谁、谁来主导立法决策这个大问题。

我国对立法决策最重要的影响主体就是作为执政党的中国共产党。毋庸讳言,从现实角度来看,中国共产党对国家立法的确具有深刻的影响。"在这些立法权力机构和立法工作机构背后,起领导和协调作用的是全国人大常委会的中共党组。而党组则接受党中央的领导,重要的立法决策和立法,要由党组上报党中央审议,作出最高决策"[1]。中共全国人大常委会党组是在中共中央领导下开展工作,向中央政治局、政治局常委会负责并报告工作。[2] 事实上我国许多重大的立法决策都是由中共全国人大常委会党组作出的,而中共全国人大常委会党组则要接受中共中央的领导,重要的立法决策都要由党组上报中共中央审议,作出最后决策。[3] 比如,1994年1月26日,中共中央审议批准了中共全国人大常委会党组上报的《八届全国人大常委会立法规划》,发出了关于转发《中共全国人大常委会党组关于〈八届全国人大常委会立法规划〉的请示》的通知。[4]

---

[1] 郭道晖等主编:《立法:原则、制度、技术》,北京大学出版社1994年版,第212页。

[2] 邓小平曾明确指出:"属于政策、方针的重大问题,国务院也好,全国人大也好,其他方面也好,都要由党员负责干部提到党中央常委会讨论,讨论决定之后再去多方商量,贯彻执行。"参见邓小平《改革开放政策要稳定,中国大有希望》,载《邓小平文选》(第三卷),人民出版社1993年版,第319页。

[3] 万其刚:《立法理念与实践》,北京大学出版社2006年版,第184页。

[4] 全国人大常委会秘书处:《关于贯彻〈中共中央关于转发《中共全国人大常委会党组关于八届全国人大常委会立法规划的请示》的通知〉的意见》,《人大工作通讯》(现名《中国人大》)1994年第8期。

党领导立法，具有《宪法》和《立法法》上的依据。我国《宪法》确认了中国共产党的政治领导地位，《立法法》第 3 条[①]也明确规定，"立法应当坚持中国共产党的领导"。但是，必须指明和强调的是，《宪法》和《立法法》都没有规定中国共产党有制定国家法律的立法权。《宪法》第 58 条明确规定"全国人大和全国人大常委会行使国家立法权"。因此，中国共产党只能以立法决策影响者的身份参与立法决策，党所拥有的是立法决策影响权而不是立法决策权。在立法决策影响主体意义上，中国共产党与其他影响主体，如各民主党派、人民政协的法律地位是平等的。恰如郭道晖先生所言，中国共产党"是以党的路线政策的正确性和其崇高的政治威信与政治影响力，而得到人大与政府的高度重视、拥护，从而影响人大与政府的决策"[②]。

由此可见，党领导立法必须以宪法和法律作为根本的行为准则，正确定位在国家立法活动中的角色，而不能超出宪法和法律规定的范围，必须通过法律规定的正式规则和程序来影响立法决策。"中央领导国家立法工作，不能超越法律程序，不能取代宪法赋予全国人大及其常委会的立法权"，而且在适当时候可通过法定程序把现行中央的立法建议工作纳入法制化轨道，制定相应的法律规范……做到"有法可依"。[③]

（四）坚持全国人大及其常委会主导立法决策

法乃国之重器，立法决策权是形塑这一重器的重要权力。卢梭曾言："国家的生命绝不是依靠法律，而是依靠立法权。"[④] 由此，国家立法权之归属，表征了国家之性质。孟德斯鸠有言："民主政治还有一条基本规律，就是只有人民可以制定法律。"[⑤] 可见，在民主政治国家，人民是立法权的所有者。人民主权最核心之要义，即在于由人民掌握并行使国家立法权。因为，"主权者除了立法权力之外便没有任何别的力量，所以只能依靠法

[①] 《立法法》（2015 年修正）第 3 条："立法应当遵循宪法的基本原则，以经济建设为中心，坚持社会主义道路、坚持人民民主专政、坚持中国共产党的领导、坚持马克思列宁主义毛泽东思想邓小平理论，坚持改革开放。"

[②] 郭道晖：《法的时代精神》，湖南出版社 1997 年版，第 323 页。

[③] 朱应平：《改进中共中央修宪工作的几点建议》，《法学》1997 年第 12 期。

[④] ［法］卢梭：《社会契约论》，何兆武译，商务印书馆 2009 年版，第 117 页。

[⑤] ［法］孟德斯鸠：《论法的精神》（上册），许明龙译，商务印书馆 2012 年版，第 12 页。

律而行动；而法律又只不过是公意的正式表示，所以唯有当人民集合起来的时候，主权者才能行动"①。

现代民主政治国家，主权者并不直接行使权力并作出决策，而是通过代议制方式，通过选举出代理人来行使权力制定法律。这是践行"一切权力属于人民"这一政治理念的现实性制度安排，并不是对人民主权内在逻辑的背反。在一些重实际而轻理论的国家，如英国一般不愿谈论"主权在民"这类抽象的、甚至有点空洞的话语，而是强调"主权在议会"。②"议会主权"即代表着"人民主权"，这并不是在做语言文字游戏。"议会"代表"人民"来"主权"，这一语词的转换，实质上是以一种具体而务实的话语在谈论人民主权，因为其逻辑起点和理论基点都是以人民主权为始基。以"议会主权"代表"人民主权"，这种等价性的表述方式，能够让"人民主权"更具象、更直观、更实际，从而提供给人们一个评判人民是否在"主权"的客观标准，防止其他权力者以人民代表者自居，在"人民主权"口号和幌子之下篡夺人民的权力。

我国《宪法》第2条明确规定，中华人民共和国的一切权力属于人民，人民行使国家权力的机关是全国人民代表大会和地方各级人民代表大会。同时，《宪法》第57条、第58条进一步明确规定，全国人民代表大会是最高国家权力机关，它的常设机关是全国人民代表大会常务委员会；全国人民代表大会和全国人民代表大会常务委员会行使国家立法权。可见，全国人大及其常委会是法定的国家立法决策主体。然而，历史的、政治的原因和潜在非规则的因素，都有可能影响到全国人大及其常委会的法定立法决策权之行使，也会影响人大代表和人大常委会委员充分行使权利。"作为主要立法机关的权力机关应当成为事实上的权力机关，而不应当仅仅是法律上的权力机关，它必须有立法的决策权。既然权力机关是由普选的人民代表组成的，就应当相信它；如果它不能很好地行使权力，可以加强它或改选它。没有立法决策权，就谈不上享有立法权，就不是真正

---

① ［法］卢梭：《社会契约论》，何兆武译，商务印书馆2009年版，第118页。
② 龚祥瑞：《比较宪法与行政法》，法律出版社2012年版，第59页。

的权力机关。"①

因此，必须坚持全国人大及其常委会主导立法决策。这既是宪法"人民主权"原则的内在要求，也是法律获得正当性的必然要求，更是通过法律保障基本权利的现实需要——人大代表和人大常委会委员回归立法决策主体位置，真正行使立法决策权，即是人民自己在为着自己的权益立法，而不是作为客体"被立法"。

二 决策价值取向：以人权保障统合民主科学秩序诸价值

立法决策价值取向是立法者在进行立法决策的活动中所认同的价值观念，这一价值理念导引着立法决策者的行为，是立法者决策判断时所秉持的信念和追求的目标，是一种价值指向。立法者的决策价值取向与其所抱有的"法的价值观"紧密相关。所谓"法的价值观"，即是指："可能对立法、政策适用和司法判决等行为产生影响的超法律因素。它们是一些观念或普遍原则，体现对事物的价值、可追求的理想性等进行的判断。"②

正如博登海默所言："法律的功能乃在于促进人类价值的实现，因此，如果法律理论和法律哲学无视这些人类价值，那么它们肯定是贫乏的、枯燥无味的"③；"任何值得被称为法律制度的制度，必须关注某些超越特定社会结构和经济结构相对性的基本价值"④。这些人类的基本价值包括民主、科学、秩序、人权等，立法决策的价值取向也主要是以这四大基本价值为指引。

民主、科学、秩序和人权，是立法决策的四大基本价值追求。民主立法，是立法决策获得正当性之道德基石；科学立法，则是立法决策臻于理性化之知识支柱；秩序建构，是立法决策之制度定位；人权保障，则是立法决策之终极追求。

---

① 周旺生：《中国立法五十年》，载周旺生主编《立法研究》（第1卷），法律出版社2000年版，第79页。
② ［英］戴维·M. 沃克：《牛津法律大辞典》，李双元等译，法律出版社2003年版，第920页。
③ ［美］E. 博登海默：《法理学：法律哲学与法律方法》，邓正来译，中国政法大学出版社2017年版，第6页。
④ ［美］E. 博登海默：《法理学：法律哲学与法律方法》，邓正来译，中国政法大学出版社2017年版，第9页。

（一）民主立法：立法决策获得正当性之道德基石

何谓民主？一直以来，人们对民主概念的内涵和外延有着不同的理解，"民主这个概念注定会产生混乱和歧义"①。但是民主的深层内涵是共通的，即以多数规则进行决策的方法。恰如哈耶克所言："严格地说，民主所指涉的乃是确定政府决策的一种方法或一种程序（a method or procedure）。"② 季卫东先生也认为："民主是一种通过多数表决的选择方式来做出政治决策的制度安排。"③ 因而，民主立法或立法决策的民主价值取向，即是指通过多数人同意的方式来确定法律的内容。这是立法决策和所立之法获得正当性的道德基石，也是立法之后续阶段即执法、司法、守法和法律监督等环节具备道义正当性、获得人们认同接受，进而得以顺畅进行的源头。立法决策的民主价值取向具有以下三方面的意涵。

1. 公民参与立法决策

公民参与立法决策是立法决策民主价值取向的重要内容，我国《立法法》第5条规定："立法应当体现人民的意志，发扬社会主义民主，坚持立法公开，保障人民通过多种途径参与立法活动。"这是以宪法性法律的形式，对立法决策民主价值取向的确认，也是对立法决策的规制和要求，即必须保障公民能够参与立法。具体而言，公民参与立法决策有三个维度：一是公民参与立法是民主的重要内容，是公民的一项基本权利，这是公民参与立法的权利始基。"在何种问题上人民的意见起决定作用，以及对人民意见的权限有哪些限制，根据这些就可确定该社会民主的范围。范围愈广（只要是共同有关的问题），民主的实现就愈充分。"④ 国家立法，兹事体大，社会主义法治国家理应由人民的意见来决定立法的内容。二是公民参与立法意味着公民参与对立法决策过程和决策结果都具有实质性影响，这就不仅要求形式上的平等参与，而且要求立法决策必须遵循利益平

---

① ［美］乔万尼·萨托利：《民主新论》，冯克利、阎克文译，上海人民出版社2009年版，第3页。
② ［英］弗里德利希·冯·哈耶克：《法律、立法与自由》（第二、三卷），邓正来、张守东、李静冰译，中国大百科全书出版社2022年版，第273页。
③ 季卫东：《法治秩序的建构》，商务印书馆2019年版，第50页。
④ ［美］科恩：《论民主》，聂崇信、朱秀贤译，商务印书馆1988年版，第26页。

等考虑原则（principle of equal consideration of interests），即所有主体的利益要求都能平等表达，并且在决策过程中都能被平等考虑，进而在决策结果中能得到平等体现。三是公民参与立法意味着立法决策模式是以公民需求为核心，即公民享有平等而普遍的选举权，可以通过定期选举议员或代表，以集体决定的方式实现立法机关的更新和换届，从而确保立法机关能够真实代表自身利益需求。公民选举代表—代表对选民负责（以选民利益作为发表意见、作出决策的依据）—立法决策民主化，这一过程，就是公民利益需求进入立法决策的过程。此外，公民还可以不通过议员或代表，而是全体公民直接作出立法决策，如《瑞士联邦宪法》第120条规定，5万名公民可提出宪法修正案，提交全民公决。

2. 立法决策过程公开

立法决策过程全程公开，是公民参与立法决策的前提条件。立法决策过程公开的原因有三：一是公民是立法权的所有者，立法机关是立法权的行使者，二者的关系是委托者与受托者的关系，因而公民作为主权者享有知情权；二是立法机关在立法决策过程中享有极大的自由裁量权，立法情况必须及时向选民公开以接受监督；三是议员或代表在立法决策过程中，必须明确表明其观点及其所作的表决，唯有公开透明的立法决策过程，选民才能对其进行监督和评估。

立法决策过程公开程度与立法决策民主程度是正相关关系，即公开程度越高，立法决策民主化程度也就越高，反之亦反。需要注意的是，非公开的秘密决策，通常都与专制或懈怠为伍。决策公开则具有极大优越性，"根据一项调查研究显示，议会转播结果，议员的表现比过去还要可敬得多，议长也显示出其中立和权威性。此外，自从电视对选任委员会议事转播以来，也使得民众更注意委员会功能，从而促使政府官员制定决策与执行时，更加注意委员会之意见。同时，一般民众对政治兴趣逐渐浓厚，对公共事务之了解也比过去更为深入"[1]。当然，涉及国防、外交和特定国家秘密以及其他不宜公开的重大事项，其决策不公开。但是，必须坚持公开是原则、不公开是例外。

---

[1] 罗传贤：《立法程序与技术》，五南图书出版股份有限公司2012年版，第262页。

同时，决策公开也需要设置必要的"隔音空间"，因为"一个完全开放的决策过程非常容易为事实上存在的力量对比关系所左右。因此，需用法律规范来创造一个相对独立于外部环境的决策的'隔音空间'"①。决策公开，在充分听取吸纳民意的同时，也需要"排除各种偏见、不必要的社会影响和不着边际的连环关系的重荷"②，以隔离非理性的情绪性喧哗，防止其影响立法决策的公正与效率，确保立法决策不被以民意之名所绑架。

3. 立法决策遵循多数决规则

　　立法决策应该遵循什么样的规则以作出最后决定？这是立法决策民主价值取向必须回答的问题。人类历史发展到今天，我们找到的最不坏的方法即是多数决规则。多数决规则是利益整合的最后方式，"因为如果大多数不能替其余的人作出决定，他们便不能作为一个整体而行动，其结果只有立刻重新解体"③。需要强调的是，多数决规则是在尊重少数意见并合理关照其利益的基础之上，由多数作出决定的规则，而不是一味地只保护多数人利益，否则，多数决规则将堕入"多数人暴政"。

　　多数决规则主要有四种情况：其一，简单多数规则，即过半数规则，大部分法律都是以过半数规则来决定是否通过；其二，特别多数规则，又称限定多数规则，即要求法案获得 2/3 或 3/4 的特别多数才能获得通过，这一规则一般适用于特别重大的法案，如多数国家宪法规定宪法之修改必须获得特别多数赞同才能通过；其三，相对多数规则，即在多种方案都未能过半数的情况下，以获得相对多数的方案为准，这是两个方案或多个方案之间的比较多数；其四，共同多数规则，在采行两院制国家，法案只有在议会的上下两院都获得多数支持才能通过。

　　在多数规则的四种具体情况中，简单多数规则应用最为广泛，被认为是优点最突出、最公平的规则。恰如科恩指出的，简单多数规则"既能防止少数人代表整体采取行动，也能防止少数阻碍整体采取行动。包括范围较窄的规则，如比较多数规则就难以达到前一目的，而包括范围较广的规

---

① 季卫东：《法治秩序的建构》，商务印书馆 2019 年版，第 16 页。
② 季卫东：《法治秩序的建构》，商务印书馆 2019 年版，第 16—17 页。
③ ［英］洛克：《政府论》（下册），瞿菊农、叶启芳译，商务印书馆 2020 年版，第 61 页。

则，如限定多数规则就难以达到后一目的。防止采取行动的权力，在某种程度上和采取行动的权力是同样重要的。具有此种权力的少数，可以迫使社会维持原状，阻止社会采取有重大影响的行动。因此，简单多数规则显示出独一无二的优点，从而在大多数民主社会中都被认为是最简单、最公平也最可行的规则"①。当然，简单多数规则也并不是适用于所有情形，对于多数应当达到的比率——多数占全体的百分比，应根据决策内容的重大程度和决策效率需求来综合衡量，不可偏执一端。"有两条普遍的准则可供我们规定这一比率：一条是，讨论愈是重大，则通过的意见也就愈应当接近于全体一致；另一条是，所涉及的事情愈是需要迅速解决，则所规定的双方票数之差也就愈应该缩小，在必须马上做出决定的讨论中，只要有一票的多数就够了。这两条准则中的前一条似乎更切合于法律，而后一条则似乎更切合于时务。但无论如何，都必须依靠两者的结合才能确定我们可以宣布其为多数的最好的比率。"②

（二）科学立法：立法决策臻于理性化之知识支柱

随着法治建设进程的推进，国家越来越注重立法质量。科学立法，被认为是提高立法质量的着力点和重要方法。追求科学立法，提高立法的科学性，已成为重要的立法决策价值取向之一。

科学，系指发现、积累并公认的普遍真理或普遍定理的运用，是已系统化和公式化了的知识，可分自然科学、应用科学、社会科学、人文科学四大类。法学属于人文社会科学，主要研究人的行为、法律文本及其规范性意义；法律也是调整人的行为的规范体系。因而，科学的立法必须建基于综合、系统的人文社会科学知识和自然科学知识之上。立法者唯有掌握系统的科学知识，并以科学作为价值取向，才能使得立法决策达致科学、臻于理性。

马克思曾深刻地揭示了立法决策应追求科学化的哲学道理，他指出："立法者应该把自己看做一个自然科学家。他不是在创造法律，不是在发明法律，而仅仅是在表述法律，他用有意识的实在法把精神关系的内在规

---

① ［美］卡尔·科恩：《论民主》，聂崇信、朱秀贤译，商务印书馆1988年版，第73页。
② ［法］卢梭：《社会契约论》，何兆武译，商务印书馆2009年版，第141页。

律表现出来。如果一个立法者用自己的臆想来代替事物的本质,那么人们就应该责备他极端任性。"① 毛泽东同志在《关于中华人民共和国宪法草案》的报告中也精辟地指出:"搞宪法是搞科学。"②

科学立法的内涵,包括以下四个方面:一是立法要合理确定法律的调整范围。法律作为社会规范的一种,其与道德、习惯、行规等共同规范着人们的行为,且各自调整的范围不同。科学立法就要求科学合理地划分法律和其他社会规范各自的调整范围,让"法律的归法律,道德的归道德",不要试图用法律调整一切,需要摒除法律万能观念。二是立法要符合客观规律。在最终意义上而言,法律是被经济社会条件所决定的,立法者"在任何时候都不得不服从经济条件,并且从来不能向经济条件发号施令。无论政治的立法或市民的立法,都只是表明和记载经济关系的要求而已"③。因而,科学立法必须符合经济社会发展等客观规律。三是立法要体现时代精神。法律作为调整人们行为的社会规范,需要随着社会的发展进步而与时俱进。唯有积极回应时代关切,立法内容才可能具有科学性和合理性。当今时代,人们的权利意识勃兴,人权保障的呼声最为激烈高昂。法律需要明确个人享有的权利与自由,框限国家权力的范围。四是立法要保持法律体系和谐一致。一个国家法律体系内部和谐有序,法律规范之间不相冲突、不相抵触,是法制统一的重要内容和标志。恩格斯指出:"在现代国家中,法不仅必须适应于总的经济状况,不仅必须是它的表现,而且还必须是不因内在矛盾而自相抵触的一种内部和谐一致的表现。"④

(三)秩序建构:立法决策之制度定位

立法的基本功能之一即是要促进秩序之形成,"法律规则应当旨在有助于型构和维续一种抽象秩序——亦即其具体内容不可预测的那种抽象秩序,而不应当旨在实现特定且具体的目的"⑤。在亚里士多德看来,"法律

---

① 《马克思恩格斯全集》(第1卷),人民出版社2016年版,第347页。
② 《毛泽东文集》(第六卷),人民出版社1999年版,第330页。
③ 《马克思恩格斯全集》(第4卷),人民出版社2016年版,第121—122页。
④ 《马克思恩格斯选集》(第4卷),人民出版社2012年版,第702页。
⑤ [英]弗里德利希·冯·哈耶克:《法律、立法与自由》(第二、三卷),邓正来、张守东、李静冰译,中国大百科全书出版社2022年版,第431页。

就是某种秩序"①。恩格斯也认为:"法是由社会上的一部分人积极地按照自己的意志规定下来并由另一部分人消极地接受下来的秩序。"② 可见,"与法律永相伴随的基本价值,便是社会秩序"③。因此,通过立法形成的法律制度,其定位即在于建构社会秩序。

何为秩序?博登海默认为:"秩序概念,意指在自然界与社会进程运转中存在着某种程度的一致性、连续性和确定性。……秩序(order)这一术语被用来描述法律制度的形式结构,特别是在履行其调整人类事务的任务时运用一般性规则、标准和原则的法律倾向。"④ 可见,立法决策的秩序价值取向,即是要型构一个具有"一致性、连续性和确定性"的法律制度,这种法律制度运用的是"一般性规则、标准和原则"。

为何需要秩序?因为,"社会秩序乃是为其他一切权利提供了基础的一项神圣权利。然而这项权利绝不是出于自然,而是建立在约定之上的"⑤。可见,秩序本身即是一项权利,而且是获得其他一切权利的基础。在这个意义上,秩序等同于安全。获得安全,是人们通过社会契约让出一部分权利形成国家的最为基础的愿望和目标。唯有在秩序之中,人们才能获得安全、进行交往,对生活的期待才可预期、能确定、有保障;离开秩序,只会陷入无序的争斗和混乱,一切都将变得不确定,人们的生活也将毫无期待可言,剩下的只有灰暗和绝望。

通过立法建构秩序,是人类自觉创设社会秩序的基本方法。"所有秩序,无论是我们在生命伊始的混沌状态中所发现的,或是我们所要致力于促成的,都可从法律中引申出它们的名称。"⑥ 为了达致秩序状态,有的国家宪法明确规定了国家维护社会秩序的义务,以此来保障公民个人能够得以在秩序之中享有其他基本权利。我国《宪法》第 28 条规定:"国家维护

---

① [古希腊]亚里士多德:《政治学》,吴寿彭译,商务印书馆 2009 年版,第 353—354 页。
② 《马克思恩格斯全集》(第 2 卷),人民出版社 2016 年版,第 515 页。
③ [英]彼得·斯坦、约翰·香德:《西方社会的法律价值》,王献平译,中国法制出版社 2004 年版,第 38 页。
④ [美] E. 博登海默:《法理学:法律哲学与法律方法》,邓正来译,中国政法大学出版社 2017 年版,第 219 页。
⑤ [法]卢梭:《社会契约论》,何兆武译,商务印书馆 2009 年版,第 8 页。
⑥ [德]拉德布鲁赫:《法学导论》,米健译,商务印书馆 2013 年版,第 1 页。

社会秩序，镇压叛国和其他危害国家安全的犯罪活动，制裁危害社会治安、破坏社会主义经济和其他犯罪的活动，惩办和改造犯罪分子。"在国家维护社会秩序所必须履行的义务和采取的措施之中，最为重要的即是立法。这不仅因为立法是法运行过程之首要环节，在某种意义上可以说是立法决定了后续阶段的执法、司法、守法和法律监督；而且，还因为立法的民主性最强，相较执法、司法而言立法能更广泛和深入地吸纳和体现民意。

（四）人权保障：立法决策之终极追求

进行立法决策时，决策价值取向既有民主之价值追求，也有科学之价值追求，还有秩序之价值追求，三者各有其独立之价值，同时也必须相互促进、相辅相成，统合于人权保障这一价值之中。因为，立法的首要价值目标在于为基本权利提供法律保障。可以说，立法决策之终极追求即在于人权保障。唯有以人权保障为指引、在秩序之下的立法决策，才能守护民主价值和科学价值；而唯有在民主和科学的基础上进行决策，所产生的公共产品即法律，才能进一步维护秩序、增进人权。

哈耶克曾告诫："必须在进行特定决策的过程中遵循一般性规则，即使是多数也不得破坏这些规则，除非多数准备采纳一项新的规则而且从此以后也将毫无例外地适用这项新的规则。"[①] 立法决策过程中需要特别注意遵循的"一般性规则"，就是基本权利规则，民主决策的多数方不得任意限制任何主体的基本权利，尤其需要特别注意尊重和保障少数人的基本权利。诚然，多数决规则有其固有的缺陷，但是，这是在目前认识能力下既能获得大多数人认可接受，又能够为少数人所容忍的方法。只不过，实行多数决规则有一个前提和基础，即必须要在尊重少数人的基础之上才能遵循多数决规则之治。否则，多数决形成的法制和秩序，将可能是多数人的暴政，如纳粹德国残酷屠杀犹太人。

这就需要为多数之治设置规则，以制约多数之治使其不能恣意妄为。正如哈耶克所言："我们可以实行法律之治或遵循多数之治（a rule of ma-

---

[①] [英]弗里德利希·冯·哈耶克：《法律、立法与自由》（第二、三卷），邓正来、张守东、李静冰译，中国大百科全书出版社2022年版，第290页。

jority），我们甚至也可以推行由那个同时承担着政府治理职责的多数所确立的法律的统治（a rule of laws made by a majority which also governs），但是无论如何，只有当多数在决定特定问题时受它所不能改变的那些规则约束的时候，法治（the rule of law）才能够得到维护。"① 由此可见，多数之治要获得自身的合法性、正当性，就必须遵循这些规则。"最高权力机关所应当享有的唯一权力，便是根据规则发布禁令的权力；因此我们可以说，最高权力机关所获得的那种至高无上的地位乃是以它的每项行为都遵循某项一般性规则为基础的。"② 哈耶克所言的"一般性规则"中，最为核心的就是宪法的基本原则与精神，具体而言就是基本权利规则，当然也还包括一些其他规则，如权力法定规则、程序规则等。只不过，这些其他的规则，其价值目标也都是指向保障基本权利。

立法决策遵循基本权利规则这一"一般性规则"，不仅是其获得合法性和正当性的基础，即基本权利规则本身创造着立法决策的合法性；而且，在这一规则导引下形成的立法决策，又能延展其自身的合法性和正当性，促进人权保障。

立法决策是一个由多种价值取向牵引的复杂的决策，在决策过程中，"人们必须始终在各种相互冲突的目标、相互冲突的看法和相互冲突的优先顺序之间进行平衡"③。如何在民主、科学、秩序、人权诸价值之间进行平衡，从而达致兼顾所有价值的均衡状态呢？要找到这种平衡，必须首先找到立法决策的基点。

立法决策中，不同的价值取向能够满足不同方面、不同层次的立法要求，但是，归根结底，立法决策的前提和依据，是公民的利益要求和愿望；立法的最终目的就是要满足和实现公民的需求。在不同种类、不同层次的需求中，最为根本的，即是尊重、保障和增进人之所以为人的基本权

---

① ［英］弗里德利希·冯·哈耶克：《法律、立法与自由》（第二、三卷），邓正来、张守东、李静冰译，中国大百科全书出版社 2022 年版，第 307 页。
② ［英］弗里德利希·冯·哈耶克：《法律、立法与自由》（第二、三卷），邓正来、张守东、李静冰译，中国大百科全书出版社 2022 年版，第 460 页。
③ ［美］彼得·F. 德鲁克：《管理——任务、责任、实践》，孙耀君等译，中国社会科学出版社 1987 年版，第 595 页。

利。此即为立法之基点。

因此，立法决策也应该以此基点作为平衡诸价值取向的中心点，申言之，即是要以人权价值统合民主、科学和秩序诸价值。唯有如此，才能实现诸价值之间相互促进、有机融合。人权价值就似立法决策中诸价值取向的北极星，民主、科学、秩序等价值以人权价值作为中心环而拱之；人权价值又好似灯塔，立法决策者在立法过程中依靠其辨明方向，才不至于在纷繁复杂的利益纠葛和盘根错节的权力关系中迷失。

三 立法决策方法：以基本权利统率功利决策和经验决策

"立法决策，是法定立法主体在自己的职权范围内，就立法活动中的实际问题，作出某种决定的行为。"[①] 这些"实际问题"包括宏观层面是否立法的问题，中观层面立法目的、立法原则等的问题，以及微观层面具体权利义务配置等的问题。立法决策所需面对的这些"问题"是立法决策的内容。立法决策的内容决定了立法决策的方法，而立法决策方法又取决于法律解决问题的方式。

法律作为调整人的行为的社会规范，其内容主要是对权利义务进行配置，即对社会主体的利益进行协调整合。"制定法律、法规的过程，实际上就是认识各种利益的基础上协调各种利益的过程。"[②] 然而，在利益分化且资源稀缺的时代，立法作为分配资源的最重要方式不可能同时满足所有人的利益需求，"几乎不存在有利于或促进所有人的福利的社会变迁或法律……在大多数情况下，法律为一个居民阶层提供了利益，却剥夺了其他居民选择的利益"[③]。昂格尔也认为："在不同的规则解释中，在不同的法律中，在立法的不同程序中所做出每一项选择必然会为了某些人的利益而牺牲另一些人的利益。"[④] 可见，法律是采取"肯认—否弃"的方式——以积极肯定的方式确认并保护一部分利益，同时又以消极否定的方式否认并

---

① 周旺生：《立法学》，法律出版社2009年版，第537页。
② 孙国华、朱景文主编：《法理学》，中国人民大学出版社2021年版，第64页。
③ [英]哈特：《法律的概念》，许家馨、李冠宜译，法律出版社2018年版，第164页。
④ [美] R. M. 昂格尔：《现代社会中的法律》，吴玉章、周汉华译，译林出版社2008年版，第127页。

放弃另一部分利益的方式——来确立行为规则，调整社会关系，解决社会问题。简言之，法律是以博登海默所称的"黑白分明的方法"来解决问题——博登海默认为："作为一个原则，法律可以采取黑白分明的方法并用只确认一方当事人的主张和否定另一方当事人的主张来对诉讼案中相互对立的请求作出答复。"①

因应法律"肯认—否弃"式解决问题的方式，立法决策的方法也主要是对利益进行衡量。具体而言，其方法主要有功利式利益衡量和经验式利益衡量，相应地，立法决策的方法也主要有功利决策方法和经验决策方法。

（一）功利决策方法

立法决策的功利决策方法，简单而言，即是"两害相权取其轻、两利相衡取其大"。这一决策方法是基于双重理性人假设：第一重假设是每一个人，包括违法犯罪的人，都是具有趋利避害本性的理性人；第二重假设是立法者是理性人，能够根据违法犯罪行为的危害程度制定出与之适度匹配的完美法律。

英国哲学家杰里米·边沁在其杰作《道德与立法原理导论》一书中，集中阐述了其功利主义哲学思想及其指导下的立法思想。

"功利原理是指这样的原理：它按照看来势必增大或减小利益有关者之幸福的倾向，亦即促进或妨碍此种幸福的倾向，来赞成或非难任何一项行动。我说的是无论什么行动，因而不仅是私人的每项行动，而且是政府的每项措施。"②"组成共同体的个人的幸福，或曰其快乐和安全，是立法者应当记住的目的，而且是唯一的目的。它是唯一的标准，依此应当在立法者确定的程度上，使得每个人都将自己的行为规范得符合该标准。然而，不管要干何事，除痛苦或快乐外，没有什么能够最终使得一个人去干。"③可见，边沁将功利原理（边沁后来喜欢称之为"最大幸福原理"）当作评判个人行为和社会立法的唯一可接受的终极标准。

---

① ［美］E. 博登海默：《法理学：法律哲学与法律方法》，邓正来译，中国政法大学出版社2017年版，第385页。
② ［英］边沁：《道德与立法原理导论》，时殷弘译，商务印书馆2009年版，第58页。
③ ［英］边沁：《道德与立法原理导论》，时殷弘译，商务印书馆2009年版，第81页。

边沁认为，快乐和痛苦有四种来源，即自然的、政治的、道德的和宗教的；只要属于其中每一种来源的快乐和痛苦能够产生束缚任何法律或行为规则的力量，它们就全都可称为约束力。① 在此约束之下，立法者考虑的目的即是要追求快乐和避免痛苦。这就要求立法者必须了解快乐和痛苦的值。那么，如何估算快乐和痛苦的值？边沁提出了表述苦乐之值的七大要素，并认为这是整个道德和立法大厦的基石。这七大要素是：（1）其强度；（2）其持续时间；（3）其确定性或不确定性；（4）其邻近或偏远；（5）其丰度，指随同种感觉而来的可能性，即乐有乐随之，苦有苦随之；（6）其纯度，指相反感觉不随之而来的可能性，即苦不随乐至，乐不随苦生；（7）其广度，即其波及的人数，也就是受其影响的人数。在提出估算苦乐之值的七大要素标准之后，边沁还提出了确切估量的程序：（1）看来由该行动最初造成的每项可辨认的快乐的值。（2）看来由它最初造成的每项痛苦的值。（3）看来由它随后造成的每项快乐的值，这构成最初快乐的丰度以及最初痛苦的不纯度。（4）看来由它随后造成的每项痛苦的值，这构成最初痛苦的丰度以及最初快乐的不纯度。（5）把所有的快乐之值加在一起，同时把所有的痛苦之值加在一起。如果快乐的总值较大，则差额表示行动之有关个人利益的、好的总倾向；如果痛苦的总值较大，则差额表示其坏的总倾向。（6）确定利益有关者的人数，对每个人都按照上述程序估算一遍。如此，就能确切地估量任何影响共同体利益的行动的总倾向。当然，边沁也清醒地认识到：不要指望每项立法或司法操作都会严格遵守上述程序，但是应该始终考虑到它，并且实际遵从的程序与之越接近，就将越准确。②

同时，边沁还提出了惩罚与罪过间的比例问题，认为一个由功利原理指导自己看法的立法者的目的是有顺位的，依次是：（1）在可能和值得的范围内防止所有各种罪过；（2）但若一个人必定犯某种类型的罪过，立法者的目的便是要诱导他犯一项害处较小而非较大的罪过；（3）如果一个人已立意要犯一项具体的罪过，立法的目的便是使他在实现他的意图所必需

---

① ［英］边沁：《道德与立法原理导论》，时殷弘译，商务印书馆2009年版，第81—82页。
② ［英］边沁：《道德与立法原理导论》，时殷弘译，商务印书馆2009年版，第81—89页。

的罪过之外，倾向于不去犯更多的罪过；（4）立法要以尽可能小的代价防止损害。边沁认为，决定惩罚与罪过之比的那些规则或准则必须服从这四种目的。为了实现上述立法目的，边沁进一步提出了决定惩罚与罪过间比例的规则：（1）惩罚超过罪过的得益规则，即惩罚之值在任何情况下，皆须不小于足以超过罪过收益之值；（2）惩罚大罪宁重勿轻规则，即罪过的害处越大，以惩罚方式可能值得付出的代价也就越大；（3）使人宁愿去犯两项罪过中那项较小的罪过规则，即在两项罪过彼此竞争的场合，对那项较大的罪过的惩罚，必须足以诱导一个人宁愿去犯那项较小的；（4）每份损害皆须惩罚规则，即惩罚要适合每项具体的罪过，对应于每一部分损害；等等。[1]

正如哈特所言，"边沁恰如这样一个立法者：他制定一套基于功利原理的行为典章，并用依靠同样的原理来调节的制裁措施做其后盾"[2]。边沁确信，立法的宗旨在于使人能够"依靠理性和法律之手建造福乐大厦"[3]。边沁对立法具体而精确的论述，承载着其思想，已渗透弥漫在社会的普遍气氛之中。立法者都自觉不自觉地受到功利原理的影响甚或支配。可以十分肯定地说，功利决策方法是立法决策的基本方法之一。

（二）经验决策方法

"法律的生命不在于逻辑，而在于经验。"[4] 霍姆斯这句名言，并不是否认法律的发展也存在其前因后果，是逻辑地发展着的；而是反对将逻辑作为法律发展的唯一因素，认为法律中唯一起作用的是逻辑这一观点，绝不是反对逻辑的作用。因为，"一个时代为人们感受到的需求、主流道德和政治理论、对公共政策的直觉——不论是公开宣布的还是下意识的，甚至是法官与其同胞们共有的偏见，在决定赖以治理人们的规则方面的作用都比三段论推理大得多。法律蕴涵着一个国家数个世纪发展的故事，我们

---

[1] ［英］边沁：《道德与立法原理导论》，时殷弘译，商务印书馆2009年版，第224—234页。
[2] 这是 H. L. A. 哈特对边沁的评论，参见［英］边沁《道德与立法原理导论》，时殷弘译，商务印书馆2009年版，第3页。
[3] ［英］边沁：《道德与立法原理导论》，时殷弘译，商务印书馆2009年版，第57页。
[4] Holmes, Oliver Wendell, *The Common Law*, Boston: Little, Brown, and Co., 1945, p. 1.

不能像对待仅仅包含定理和推论的数学教科书一样对待它"[1]。如是，法律就不可能像数学公式那样从一般的原理中推导出来。尽管，严格的逻辑推理的确能够使法律具有更浓重的科学理性色彩，但是，过于注重逻辑的严密与周延，容易导致法律严重脱离经验世界，难以在现实生活中施行。同理，立法者若仅依赖逻辑来制定规则，也会使得立法因远离生活经验而日渐封闭，法律的生命力也会因为缺乏生活实践的滋养而日渐枯萎。如此，法律将成为精致的逻辑艺术品，但是却毫无用处，甚或蜕化为社会发展的桎梏。

因此，立法者在注重法律内在逻辑的同时，还必须根据经验进行立法决策。具体而言，这些经验包括行政立法的经验、地方先行立法的经验、司法审判的经验以及人们的生活风俗习惯经验等。

1. 行政立法经验

行政管理的事项范围宽广，现代行政的专业性、技术性越来越凸显，如科学技术发展、食品药品安全、环境保护、税收、会计、金融、外贸等领域的监管对专门知识的要求越来越高。行政管理部门因承担经常性监管职责，对相关行业领域及其专业知识比较熟悉，也储备了数量庞大的专业技术人才。这些行政管理过程中积累的经验，对于立法决策具有非常重要的价值。甚至，很多管理规范，都直接由行政机关负责制定。这也正是我国立法中部门利益法制化的渊薮。

《立法法》第65条规定了国务院制定行政法规的领域，具体而言包括三个方面：一是执行性行政立法，即为执行法律的规定需要制定行政法规的事项；二是职权性行政立法，即《宪法》第89条规定的国务院行政管理职权的事项；三是授权性行政立法，即针对那些应当由全国人大及其常委会制定法律的事项，国务院根据全国人大及其常委会的授权决定可以先制定行政法规，经过实践检验，制定法律的条件成熟时，国务院应当及时提请全国人大及其常委会制定法律。

可见，授权性行政立法经验及其实施情况，对于全国人大及其常委会

---

[1] ［美］小奥利弗·温德尔·霍姆斯：《普通法》，郭亮译，法律出版社2021年版，第1页。

作出立法决策具有重要意义。因为,行政法规的效力仅低于法律,而高于地方性法规、规章,并且行政法规在全国范围适用。如是,国务院根据授权先行制定行政法规,能够为全国人大及其常委会的立法决策提供全国范围的实践经验基础,这是其他地方立法所不具备的条件。同时,毋庸讳言,授权性行政立法也存在诸多弊病,其可能导致全国人大及其常委会立法主体地位和立法权有被僭越、侵蚀之虞。

事实上,行政法规的数量已远远超过全国人大及其常委会制定的法律。截至 2022 年 3 月 11 日十三届全国人大五次会议闭幕,我国现行有效的法律共 291 件。[1] 加上十三届全国人大常委会第三十四次会议于 2022 年 4 月 20 日通过的《期货和衍生品法》,因此,截至 2022 年 4 月 20 日,我国现行有效的法律共 292 件。根据司法部官网的"行政法规库",截至 2022 年 6 月 12 日,我国现行有效的行政法规共有 599 部。[2] 现行有效的法律占现行有效法律与行政法规之和的占比仅为 32.77%。这意味着,有近七成的法律规范是行政法规。

2. 地方立法经验

我国各地方经济社会发展不平衡,对立法的需求和要求也不尽相同。为充分发挥地方的主动性和积极性,使得立法能够适应实践需求,我国实行统一的多层次的立法体制。统一,是指全国人大及其常委会享有国家立法权,其他规范性法律文件的效力低于国家法律不能与国家法律相抵触。多层次,有两个维度:一是从纵向看,分为中央立法和地方立法两个层次,地方立法又进一步分为省级立法和设区的市级立法两个层次;二是从横向看,分为权力机关立法和行政机关立法两个层次,同级权力机关制定的规范性法律文件的效力高于同级行政机关制定的规范性法律文件。

在改革开放初期,邓小平同志就指出:"现在立法的工作量很大,人力很不够,因此法律条文开始可以粗一点,逐步完善。有的法规地方可以

---

[1] 《现行有效法律目录(291 件)》,2022 年 3 月 15 日,中国人大网,http://www.npc.gov.cn/npc/c30834/202203/a327af7452d446bea33e3e3138efd808.shtml,2022 年 6 月 12 日。

[2] 司法部官网"行政法规库",http://xzfg.moj.gov.cn/search2.html,2022 年 6 月 12 日。

先试搞，然后经过总结提高，制定全国通行的法律。"① 在这一指导思想之下，地方先行立法得以迅速展开。为规范立法活动，2000 年 3 月 15 日九届全国人大三次会议通过了《立法法》，2015 年 3 月 15 日十二届全国人大三次会议通过了《关于修改〈中华人民共和国立法法〉的决定》。《立法法》的颁行与修改，明确了地方立法的领域、权限和程序。

《立法法》第 73 条规定了地方立法的领域，主要包括三个方面：一是执行性立法，即为执行法律、行政法规的规定，需要根据本行政区域的实际情况作具体规定的事项；二是职权性立法，即属于地方性事务需要制定地方性法规的事项；三是先行性立法，即除了只能由全国人大及其常委会制定法律的事项（即法律保留事项）② 之外，其他事项国家尚未制定法律或者行政法规的，省、自治区、直辖市和设区的市、自治州根据本地方的具体情况和实际需要，可以先制定地方性法规。在国家制定的法律或者行政法规生效后，地方性法规同法律或者行政法规相抵触的规定无效，制定机关应当及时予以修改或者废止。

可见，地方的先行性立法是为国家统一立法探索积累经验，属于试验性质的立法。这对于面向全国范围的国家统一立法决策具有极其重要的价值，便于立法决策者识别出经过实践检验行之有效的成功经验，避免经实践证明的不足之处，从而使得国家统一立法决策具有更高的可行性、有效性。

3. 司法审判经验

司法审判面对的是鲜活的社会生活实践，带有鲜明的实践理性色彩；而立法却总是天然地具有保守倾向而滞后于社会。可以说，法律在被制定出来的那一刻起就已经落后于社会实践了。因而，司法实践过程中经常会

---

① 《邓小平文选》（第二卷），人民出版社 1994 年版，第 147 页。

② 《立法法》（2015 年修正）第 8 条规定了法律保留事项，"下列事项只能制定法律：（一）国家主权的事项；（二）各级人民代表大会、人民政府、人民法院和人民检察院的产生、组织和职权；（三）民族区域自治制度、特别行政区制度、基层群众自治制度；（四）犯罪和刑罚；（五）对公民政治权利的剥夺、限制人身自由的强制措施和处罚；（六）税种的设立、税率的确定和税收征收管理等税收基本制度；（七）对非国有财产的征收、征用；（八）民事基本制度；（九）基本经济制度以及财政、海关、金融和外贸的基本制度；（十）诉讼和仲裁制度；（十一）必须由全国人民代表大会及其常务委员会制定法律的其他事项。"

遇到立法所没有预料到的全新问题，比如同性恋者申请婚姻登记①、虚拟财产保护、被遗忘权等。可见，在某种意义上说，司法需要经常处理"法无明文规定"的问题，亦即司法实践经常需要处理"无法可依"的社会生活实践纷争。

但是，法官不得因缺乏法律规则或法律规则不明确、不完备而拒绝审判，此乃"法官不得拒绝审判原则"②之基本内涵和必然要求。在英美法系国家，由于法官与国会（congress）或议会（parliament）都享有立法权，法官在审理案件的过程中，若国会或议会立法存在漏洞，法官可以通过造法来审判案件。而在大陆法系国家，法院和法官都不具有立法权，立法权由立法机关独家行使。我国的法院和法官，也不享有立法权。那么，当法官面对提交到他案前的属于司法性质的问题时，如何公正合理地裁判位于法律规范真空地带的案件？"法官不得拒绝审判"的原则决定了法官必须用法律解释的方法来弥补法律的漏洞，为待处案件找出一个合法有效的法律规范。③也就是说，在不能造法的情况下，法官通过释法的方式弥补法律规范的漏洞，从而为处理待决案件寻找有效依据。

在我国，只有最高司法机关才能够发布具有法律效力的司法解释，法官只能在审判案件过程中就法律的具体适用作出解释，即只能就特定法律规范适用于特定案件事实进行解释说明，阐明法律规范的含义，并说明法律规范与案件事实之间的涵摄关系：将案件事实涵摄于法律规范，以检验案件事实（Sachverhalt = S）是否满足法律规范的构成要件（Tatbestand = T），从而明确判断是否产生法律规范所规定的法律后果（Rechtsfolge =

---

① 2016年4月13日，全国首例同性恋婚姻维权案在长沙开庭。当事人孙某、胡某认为，《婚姻法》的原文并不是"一男一女"，而是"一夫一妻"，"一夫一妻"并非单指一男一女的异性恋。湖南长沙芙蓉区人民法院经审理认为，一夫一妻需为一男一女，现行法律没有为同性恋登记婚姻的规定，行政机关只能依据法律行政，因此芙蓉区民政局做出的行政行为程序合法，适用法律正确，遂判决驳回原告诉讼请求。参见《同性恋婚姻维权第一案在长沙开庭》，2016年4月13日，新华网，http://www.xinhuanet.com//politics/2016-04/13/c_128891212_3.htm，2022年6月12日。

② 《法国民法典》第4条规定："法官借口法律无规定、规定不明确或不完备而拒绝审判者，得以拒绝审判罪追诉之。"参见谢怀栻《大陆国家民法典研究》，中国法制出版社2004年版，第9页。

③ 张继成：《法律推理模式的理性构建》，《法商研究》2002年第4期。

R)。用简单的公式表示，即是 S – T = R。可见，法官在审判案件过程中所进行的法律解释是具体适用性解释。而最高司法机关发布的具有普遍法律效力的司法解释，属于抽象规范性解释，即通过发布司法解释的方式进一步明晰法律规范的内涵，或弥补法律规范的漏洞，以促进法律统一适用。这类抽象规范性解释具有普遍的法律效力，对法官裁判案件具有约束力。

诚然，抽象司法解释为法官审理案件提供了具体规范，能够满足法官因应法律规范真空情形下裁判案件之需求。但是，抽象司法解释也有僭越立法权之嫌疑。事实上，大量存在的抽象司法解释就如汪洋大海，而其所解释的法律则似被大海包围的小岛。比如，《行政诉讼法》（2017 年修正）的条文总共 103 条，《最高人民法院关于执行〈中华人民共和国行政诉讼法〉若干问题的解释》（2000 年）的条文有 98 条，《最高人民法院关于适用〈中华人民共和国行政诉讼法〉若干问题的解释》（2015 年）的条文有 27 条，两件司法解释的条文共有 125 条，比《行政诉讼法》条文还要多出 22 条。因此，在立法决策中需要高度重视司法实践经验，适时将带有普遍性意义的司法规范上升为法律规范。

4. 风俗习惯经验

何谓习惯？博登海默认为："习惯乃是为不同阶级或各种群体所普遍遵守的行为习惯或行为模式。它们所涉及的可能是服饰、礼节或围绕有关出生、结婚、死亡等生活重大事件的仪式。它们也有可能与达成交易或履行债务有关。"① 卢梭也认为，风尚和习俗是最为重要的一种法律，并将其称为"国家的真正宪法"，"这个方面是我们政治家所不认识的，但是其他一切方面的成功全都有系于此。这就是伟大的立法学家秘密地在专心致力着的方面了；尽管他好像把自己局限于制定个别的规章，其实这些规章都只不过是穹隆顶上的拱梁，而唯有慢慢诞生的风尚才最后构成那个穹隆顶上的不可动摇的拱心石"②。由此可见，习惯就是被人们所共同遵守并反复实践的行为模式。

---

① ［美］E. 博登海默：《法理学：法律哲学与法律方法》，邓正来译，中国政法大学出版社 2017 年版，第 379 页。

② ［法］卢梭：《社会契约论》，何兆武译，商务印书馆 2009 年版，第 73—74 页。

立法决策为何需要重视习惯？我们可以从起源、功能和民情三个维度来考察。

其一，法的起源。从历史的角度来看，法起源于习惯。恩格斯在谈论法律的起源问题时就认为："在社会发展某个很早的阶段，产生了这样的一种需要：把每天重复着的产品生产、分配和交换用一个共同规则约束起来，借以使个人服从生产和交换的共同条件。这个规则首先表现为习惯，不久便成了法律。"[1] 恩格斯的这一判断是有其实证基础的，当代商法中的诸多规则就来源于中世纪地中海沿岸商人们所奉行的交易习惯。中国封建时代也强调"援礼入法"，国家法律来源于封建礼教习俗。此外，从法制史的角度来看，国家法律的形成亦经历了"习惯—习惯法—成文法律"的过程。

其二，习惯对法的功能。立法决策尊重习惯，能够获得以下三项收益：一是降低法的执行成本，习惯形成于人们的日常生活实践之中，经过长期的积累已经内化为人们的价值理念和行为规范，并能得到人们自觉遵行，人们认可并接受根据习惯行事的结果。因而，立法决策尊重习惯，能够降低法律的执行成本。二是增强法的效力，习惯本身尽管不具有国家强制力，但是习惯作为行为规范对共同体成员的约束更为严格有效。立法决策尊重习惯，可以使得法在具备国家强制力的同时，又吸取习惯所具有的约束力，从而形成效力叠加，增强法的效力。三是强化法的公平性和民主性，习惯经由共同体成员在长期的生活实践中积淀而成，其内在具有公平性，否则不可能代代传承并得到自觉遵行；同时，习惯也是在人与人的交往互动实践过程中逐渐形成的，其内在具有民主性，否则不可能获得人们内心认可和一体遵循。需要强调的是，习惯内在具有的民主性与形式民主多数决不同，多数决民主只是一种形式上的具有或然性的民主，而习惯内蕴的民主则是真正与每一个人相连通的实质上的具有必然性的民主。因而，立法决策尊重习惯，就是尊重公平和民主，从而使法本身获得正当性。

其三，法所适用的民情。中国社会是一个注重人情的社会，"法不外

---

[1] 《马克思恩格斯选集》（第三卷），人民出版社2012年版，第211页。

乎人情"说的正是法之制定与适用都必须注重并正视法作用场域中的社会民情。这就要求,法律的制定与适用不能破坏或疏离原本亲密的人际关系,亦即立法不能偏离习惯。因为,习惯是人际社会网络关系互动实践的内在机制产生的,其是以互动双方或多方的利益作为解决问题的出发点,故而其既能化解纠纷,又能保持原本亲密的人际关系。而且,现实生活中,绝大多数人都不可能精通法律,但是每个人都在长期的社会生活中熟知其生活场景中的习惯,并抱有根据习惯规则行事和解决问题的预期。法律规则若偏离习惯规则,不仅人们内心难以认可,而且还会人为地造成人际关系的紧张。因此,立法决策充分尊重习惯,才能避免"秋菊打官司"中秋菊的窘境:虽然讨到"说法"但却输掉了"人情",即与村民的情感关系产生了隔膜和疏离,这也是秋菊所不愿见到的结果。正如苏力所言:习惯、惯例"就是人们生活的一部分,保证着他们确立和实现预期,使他们的生活获得意义。这是不可能仅仅以一套书本上的、外来的理念化的法条所能替代的。除非能得到某种功能上的替代品,中国人也不会放弃这些习惯、惯例,而除了立法或移植的法律能与传统习惯、惯例之间有某种兼容,这些法律就无法在功能上逐步替代传统的习惯和惯例。无论立法者或法学家如何精心设计,无论理论上一个移植的法律是如何之好,都可能因为其是外生物而不能被接受"①。

当然,并不是所有的习惯都值得或需要立法予以尊重,因习惯是共同体成员在长期的生活实践中自发形成,故而其带有明显的地域性和群体性特征。也就是说,习惯跟特定的地域与行业紧密联系在一起。此地此行的习惯,在彼地彼行可能就会行不通,这是习惯与生俱来的狭隘性局限。此外,有些习惯与人类文明进程不相符,比如抢婚、一夫多妻或一妻多夫、收回出嫁女分得的土地等习惯。此时,就不能再遵从习惯,而是必须通过国家立法来纠正陋习,以克服习惯的固有局限。

需要强调的是,习惯对立法决策的影响与法律的性质紧密相关。具体而言,在公法中,立法决策对习惯的认可接受程度要低;而在私法中,立法决策对习惯的认可接受程度要高。这是由习惯自身的内在属性和地域局

---

① 苏力:《法治及其本土资源》,北京大学出版社2015年版,第35页。

限决定的。比如，作为公法的刑事法律对抢婚习惯的否弃，抢婚可能涉嫌触犯强奸罪；而私法中的合同法对商事习惯口头合同却予以肯认，以便捷交易、增进诚信，维护商贸秩序的稳定和安全。因此，以"公法—公私混合法—私法"的动态视角来看，立法决策肯认习惯的程度逐渐增强；反之亦反。

除上述几种方法之外，立法决策还需要将科学技术发展、国家大政方针、域外立法经验等纳入考量范围。例如，对刑事责任年龄的认定，其标准就先后经过了"身高—年龄"到"年龄—精神状态"的发展。① 将人的精神状态作为法律确定行为人是否承担法律责任的重要标准，是与精神科学研究紧密相关的。再如，为应对我国人口老龄化危机，国家全面实施一对夫妻可以生育三个子女政策，为此修订了《人口与计划生育法》。② 可见，在立法决策过程中，通常都必须综合运用上述多种方法，而不是纯粹使用某一种方法。这一方面，是由法律调整利益的多元性和复杂性内在决定的；另一方面，还因为每种方法都有其自身的局限，单纯使用一种方法难以达成立法调整和规范之目的。

(三) 坚持以基本权利统率功利决策和经验决策

基本权利是人之为人的最为根本的利益，立法决策过程中必须予以最充分的尊重。权利至上，是宪法和法律的基本精神；保障权利，是宪法和

---

① 我国秦律就以身高作为是否承担刑事责任的标准，规定男子身高六尺五寸以上为成年人，需要负完全刑事责任；而身高在六尺五寸以下的为未成年人，不负刑事责任或减轻刑事责任。秦简《法律答问》中有两条记载："甲小未盈六尺，有马一匹自牧之，今马为人败，食人稼一石，问当论不当论？不当论及偿稼。""甲盗牛，盗牛时高六尺，系一岁，复丈，高六尺七寸，问甲何论？当完城旦。"上引二例，前者身高不足六尺五寸，不负刑事责任；后者身高超过六尺五寸，负刑事责任。按《周礼》贾疏"七尺谓年二十，六尺谓年十五"的说法，一般认为，身高六尺五寸的男子，约为十六七岁。

② 2015年10月，党的十八届五中全会公报指出：促进人口均衡发展，坚持计划生育的基本国策，完善人口发展战略，全面实施一对夫妇可生育两个孩子政策，积极开展应对人口老龄化行动。2015年，实施全面两孩政策时，全国人大常委会对《人口与计划生育法》作了第一次修改，规定"国家提倡一对夫妻生育两个子女"。2020年10月，为了适应我国人口与经济社会发展新形势，党的十九届五中全会提出，优化生育政策，增强生育政策包容性，促进人口长期均衡发展。2021年8月20日，全国人大常委会对《人口与计划生育法》作了第二次修改。《人口与计划生育法》(2021年修正)第18条第1款："国家提倡适龄婚育、优生优育。一对夫妻可以生育三个子女。"

法律的终极目的。"人权对于现代民族国家的立法已经不是外在的形式特征,而成为其内在的价值取向,以至于凡是不以人权价值为圭臬的立法,都可能自绝于全球化时代之外。实现享有充分的人权是全人类共同的理想和长期以来的奋斗目标,也是中国立法确认的根本价值。"[1] 因而,在"全面依法治国"厉行法治并以"尊重和保障人权"为价值理念的国家中,立法之目的在于保障人的基本权利,立法决策过程必须坚持以基本权利为依据和原则来统率诸余决策方法。具体而言,原因有三点。

其一,基本权利具有至上性。基本权利与国家权力的位序关系上,基本权利优先于国家权力,具有至上性。基本权利的优先性,不仅表现在其历史在先性,而且还表现在其价值优位性。基本权利的历史在先性,意即基本权利先于国家权力而存在,国家权力是公民让渡权利形成的,在时间上后于基本权利,换言之,即是基本权利产生国家权力;基本权利的价值优位性,意即基本权利是宪法和法律之精神内核,国家权力只是保障和实现基本权利的手段和工具而已,唯以保障基本权利为旨归,国家权力才能寻找到其合法性、正当性的依据和根本。

其二,立法的本意价值在于保障基本权利。立法的本意价值,是指立法存在的应有之义。例如,制定宪法的本意价值在于规范权力,保障权利;制定新闻法的本意是保障以传播媒介来享有言论及表达自由这项基本权利;制定妇女权益保护法的本意价值是用法律形式对妇女这类社会的特殊群体予以特别保护,等等。[2] 因而,立法决策必须以保障基本权利作为价值指引,而不应作出与立法的本意价值相违背的选择。

其三,保障基本权利是最迫切的立法需求。诚然,宪法已经庄严宣示"国家尊重和保障人权",并且将"基本权利"规定在"国家机构"之前,但是,宪法本身对基本权利不可能作详细具体规定,只是抽象地肯定了基本权利,确认了国家保障基本权利的原则,基本权利的种类、内容及其界限都有赖于普通立法予以明确和具体化。若普通立法不能按照宪法精神,将基本权利规定得翔实而具体,必然导致基本权利的"空心化",使得基

---

[1] 李林:《全球化时代的中国立法发展》(上),《法治论丛》2002年第5期。
[2] 李林:《试论立法价值及其选择》,《天津社会科学》1996年第3期。

本权利日益萎缩和被抑制。例如，我国《宪法》第 35 条规定："中华人民共和国公民有言论、出版、集会、结社、游行、示威的自由。"然而，《集会游行示威法》作为具体规定宪法确认的集会游行示威权利的法律，其大量内容却是关于集会游行示威的申请、许可和法律责任，这类审查管制性质的条款总共有 17 条，占整部法律的 47.2%；[①] 而对举行集会游行示威的规定仅 10 条，且这 10 条中大部分是限制性规定，例如对路线、场所、时间、口号、标语等进行管制，并赋予了警察改变行进路线、设置警戒线、制止、命令解散、强行驱散、强行带离现场或者立即予以拘留的权力。可见，《集会游行示威法》过分注重了"秩序"，对权利的保障与促进还不够充分。

马克思在批判 1848 年法国宪法时指出："宪法一再重复着一个原则：对人民的权利和自由（例如，结社权、选举权、出版自由、教学自由等等）的调整和限制将由以后的组织法加以规定——而这些'组织法'用取消自由的办法来'规定'被允诺的自由。"[②] 这种宪法和法律"在一般词句中标榜自由，在附带条件中废除自由"[③]。这种情况在今天并没有绝迹。在一些国家的立法中，一方面用宪法和基本法宣告、确认人民的权利和自由，另一方面却又在具体的立法中严厉限制甚至剥夺这些权利和自由，使民主和权利形同虚设。我们应当警惕立法中采用抽象肯定、具体否定的立法技术来限制甚至排斥权利与自由的做法。[④]

基本权利是法律正当性的基底和拱梁，在立法决策中必须坚持以基本权利来统率诸种决策方法。申言之，基本权利是立法的首要价值目标，也是立法利益中的最高利益，具有至上性，基本权利划定了立法利益衡量的"红线"，即任何力量博弈与利益权衡都不能损及基本权利。否则，立法将因正当性缺失而得不到人们内心真诚地认可，自然也不可能得到严格地遵

---

① 《集会游行示威法》（2009 年修正）共 5 章 36 条，第二章"集会游行示威的申请和许可"共有 11 条（第 7—17 条），第三章"集会游行示威的举行"共 10 条（第 18—27 条），第四章"法律责任"共有 6 条（第 28—33 条）。
② 《马克思恩格斯全集》（第 7 卷），人民出版社 2016 年版，第 588—589 页。
③ 《马克思恩格斯选集》（第 1 卷），人民出版社 2012 年版，第 616 页。
④ 李林：《立法权与立法的民主化》，载高鸿钧主编《清华法治论衡》，清华大学出版社 2000 年版，第 251—289 页。

守，这样的立法必将被钉在历史耻辱柱上。若以国家力量强制执行这样的法律，则这样的国家已堕入了暴政——孟德斯鸠将暴政分为两类："一种是真正的暴政，是以暴力统治人民；另一种是见解上的暴政，即统治者建立的一些设施和人民的想法相抵触时，让人感觉到的那种暴政。"①

第三节　立法程序：立法提案、立法辩论和公众参与

立法程序乃为规范立法机关会议之构成、法案之提出、议程之编制、法案之审查、讨论、修正、再议、覆议诸种立法过程中必要的程式，及其应有的规律，兼及委任立法的运用与限制。② 简言之，立法程序是立法主体在制定、认可、修改、补充和废止法的活动中，所应遵循的法定步骤和方法。③

在立法过程中，立法程序的功能主要有：一是使立法工作纳入规范化、程序化的轨道，将民主与效率最大限度统一起来；二是使法案能够得到各方所能接受的适当的处理；三是使立法会议时间能得到合理运用；四是保证人民代表在立法机关会议上正确行使权利和履行义务。④ 可见，立法程序具有其独立的价值，对于在可能的范围之内整合出各方都能够接受至少可以容忍的公共产品即法律，具有重要的意义。立法活动中，确定立法程序的严格法定性，从根本上是希冀通过程序的层层过滤机制，最大限度地防止和避免出现恶法。正如季卫东先生所言："如果我们要实现有节度的自由、有组织的民主、有保障的人权、有制约的权威、有进取的保守这样一种社会状态的话，那么，程序可以作为其制度化的最重要的基石。"⑤

诚然，优良的程序不能够保障一定导出良好的法律，但是能够在较大

---

① ［法］孟德斯鸠：《论法的精神》（上册），许明龙译，商务印书馆2012年版，第304页。
② 罗志渊：《立法程序论》，正中书局1974年版，第3页。
③ 张文显：《法理学》，高等教育出版社2018年版，第230页。
④ 李林：《立法理论与制度》，中国法制出版社2005年版，第157页。
⑤ 季卫东：《法治秩序的建构》，商务印书馆2019年版，第11页。

概率上确保不导出最坏的法律；而程序上的缺陷与瑕疵，也未必一定导出最坏的法律——虽然这一概率较大，并且其通常亦难以在较大概率上保障导出得到人们认可的优良法律。固然，立法程序不可能保证每一部法律都制定得优良，但是，立法程序要最大限度地防止产生恶法。因而，必须坚持立法程序的民主性和正当性。需要强调的是，一个缺乏民主性的武断而专横的立法程序，其危害不仅仅在于"较大概率难以防止恶法"，为害更深的是"实际上否定了程序参与者在立法过程中的主体地位"[①]。在立法程序上丧失了主体地位的人民，几无可能在最终的立法结果即法律中再重新回归到主权者地位。如是，人民作为立法主权者的地位和权力就被篡夺了，公民个人也不再是立法之目的，而成为立法之手段。于是乎，漠视甚或践踏人的基本权利的恶法也就"顺理成章"地产生了。早在18世纪，法国启蒙思想家霍尔巴赫就曾告诫："法律手续是为保护人民而规定出来的——这就是我们时代的公理。"[②] 我们不能忘记这一警语，必须高扬这一"时代公理"的旗帜，坚持立法之目的是保护人民，尤其是保护人之所以为人的基本权利。

立法程序标示着立法正义的程度，民主立法程序是立法正当性的保障。"立法程序赋予平等机会，实质上也是令立法活动具有更大程度的公开性，同时使公民和社会团体能够充分参与、影响和监督立法过程，是'体现人民意志、保护人民利益'的'立法程序民主化'精义的表达。"[③] 然而，毋庸讳言，我国的立法程序还不够完善，尤其在立法提案程序、立法辩论程序以及公众参与程序这三个方面，还存在缺漏，主要表现为：立法提案程序民主性不够、立法辩论程序制度性缺失、公众参与程序操作性不强。

一 立法提案程序：敞开利益诉求转化为法律权利的程序之门

立法提案是指有立法提案权的机关、组织或人员按照法定的程序和方

[①] 苗连营：《立法程序论》，中国检察出版社2001年版，第69页。
[②] [法]霍尔巴赫：《自然政治论》，陈太先、眭茂译，商务印书馆2009年版，第283页。
[③] 江国华、易赛键：《论立法民主》，《中南民族大学学报》（人文社会科学版）2007年第4期。

式向特定的立法机关提出的关于制定、修改、废止某项法律法规的动议。①可见,立法提案是启动正式立法程序的首要环节,是主体利益诉求转化为法律权利的程序之门,决定着某一特定问题能否进入立法程序,正式纳入立法者的工作日程。在某种意义上,享有立法提案权主体的范围,标示了立法的民主性程度。申言之,立法提案权主体范围越宽广,立法的民主性程度越高;反之亦反。

现今各国国家立法的提案权,主要由下列机关、组织和人员所行使:(1)议会和议员;(2)国家元首;(3)政府和政府首脑;(4)成员国或下一级政权;(5)司法机关;(6)政党和有关社会团体;(7)一定数量的选民;(8)法定其他机关。② 我国《立法法》规定了两类提案主体:一类是机关提案主体,包括全国人民代表大会主席团、全国人民代表大会常务委员会、全国人民代表大会常务委员会委员长会议、国务院、中央军事委员会、最高人民法院、最高人民检察院、全国人民代表大会各专门委员会;另一类是人大代表、代表团或人大常委会组成人员提案主体(以下简称代表提案主体),即三十名以上的代表联名、一个代表团或者常务委员会组成人员十人以上联名。根据《立法法》的规定,机关提案直接进入会议议程进行审议,而代表提案则需要由主席团(或委员长会议)决定是否列入会议议程,或者先交有关的专门委员会审议、提出是否列入会议议程的意见,再决定是否列入会议议程。"实践中这一规定基本成为代表提案的程序终结者。"③ 因为,人大每次会期时间短,会前排定的议事项目已占满整个议程,代表提案几无可能"插队"进入议程;各专门委员会也不可能有合理的时间保障来审议众多的代表提案,即便专门委员会经审议后认为应当列入会议议程,主席团(或委员长会议)有最终决定权,考虑到立法条件、会议时间等因素,也未必一定将代表提案列入议程。实践中,对代表提案的后续处理,通常是在会期结束之后,由与提案内容相关的政府部门向提案人给出程式化答复,如现在尚不具备立法条件等。

---

① 汪全胜:《论立法提案》,《新疆大学学报》(哲学社会科学版)2004年第3期。
② 周旺生:《立法学》,法律出版社2009年版,第291—292页。
③ 曾祥华等:《立法过程中的利益平衡》,知识产权出版社2011年版,第72页。

由此可见，机关提案和代表提案在程序上的待遇是有差别的，代表提案启动立法程序的机会和可能性要远远低于机关提案。这表明，公民利益诉求要转化为法律权利，必须首先进入机关提案主体的视野，才有可能开启立法程序之门。否则，正式立法程序难以启动，利益诉求只能停滞于社会呼吁。例如，在《邮政法》的修改过程中，国内外的快递公司、货物运输代理企业为抵制《邮政法》修改草案给邮政企业设立专营条款，[①] 只能通过召开研讨会的方式来表达利益诉求，[②] 而不能在正式立法程序中提出意见建议。

立法提案程序之门对公民及其代表半封闭甚至完全封闭——代表提案的命运在程序上由大会主席团或常委会委员长会议决定，阻滞了公民利益诉求转化为法律权利的意见进入正式立法程序。将公民利益表达压抑框限于社会，阻隔其进入国家正式立法程序，会导致社会的怨怼，所立的法律也难以得到接受并执行，而且强力执行法律的成本也会畸高。因此，敞开立法提案程序之门，是保障立法民主正当性之首要举措。具体而言，需要从以下三个方面进行改革：

一是扩大立法提案权主体范围，确认一定数量公民联名可以提出法律议案。世界上许多国家都规定，人民享有立法创制权是宪法和法律规定的权利。例如，奥地利宪法规定，20万以上的选民联名，可以提出法律草案；意大利和瑞士规定，5万以上的选民联名，可以提出法律草案；索马里规定，1万以上选民可以联名提出法案。[③] 我国是人民当家作主的社会主义民主国家，确认公民享有直接的立法提案权，是社会主义民主的题中应有之义，也是社会主义民主广泛性、真实性的要求和体现。

二是在程序上平等对待公民及其代表提出的法律议案，让机关提案和代表提案在立法程序中公平竞争。决定一项法律议案是否能够进入正式立法程序的主要因素，不是其提出主体，而必须关注提案自身的内容，即提案本身是否形式完备、是否能够回应重大社会关切和满足社会立法需求、

---

① 《邮政法》（2015年修正）第5条："国务院规定范围内的信件寄递业务，由邮政企业专营。"第55条："快递企业不得经营由邮政企业专营的信件寄递业务，不得寄递国家机关公文。"
② 曾祥华等：《立法过程中的利益平衡》，知识产权出版社2011年版，第77页。
③ 吴大英、任允正、李林：《比较立法制度》，群众出版社1992年版，第438页。

是否具有立法必要性和可行性等。唯有让所有立法提案在立法程序中公平竞争，才能甄选出最迫切最重要最优质的提案。

三是规范执政党立法提案权，同时赋予各民主党派、群团组织、社会团体和行业协会立法提案权。我国《宪法》和《立法法》都未明文规定政党的立法提案权，事实上中国共产党作为执政党，对立法提案具有重大影响，各民主党派对法律提案也发挥着重要作用。因而，以法律明确政党的立法提案权，能够为执政党这项重大权力提供法律依据，也能保障并规范其按法定程序行使立法提案权；同时，对各民主党派而言，以法律确认其立法提案权，有利于其更好履行参政议政职能。此外，工会、共青团、妇联等群团组织和社会团体以及行业协会是公民行使结社权的组织化体现，是维护其成员和所联系群众利益的组织，赋予其立法提案权，能够直接传达来自社会民众的呼声、真实地反映立法需求和立法迫切性。

二　立法辩论程序：垒筑利益协商寻求最大公约数的博弈平台

立法机关（legislature, legislative body）又称为议会（parliament）或国会（congress），其基本职能就是制定法律。立法本质上是对相互冲突利益的调整，庞德就深刻指出，法的功能在于调节、调和与调解各种错杂和冲突的利益，"以便使各种利益中大部分或我们文化中最重要的利益得到满足，而使其他的利益最少的牺牲"[①]。利益冲突的客观必然性，决定了立法过程注定是一个激烈地利益博弈过程。现代政治文明的基本准则是和平辩论、以理服人，而不是野蛮的暴力压制。因此，立法过程奉行的根本原则是辩论议事原则，通过和平理性的辩论来商定具体法案。这表明，立法程序是一个以辩论为主的议事程序。恰如洛克所言："立法机关之所以成为立法机关并不在于有多少人，开多少会，而在于他们有辩论的自由和安闲地完成为社会谋福利的任务的时间。"[②] 密尔也深刻指出，在议会里，"每个人都可以指望有某个人把他想要说的话说出来，和他自己说的一样

[①] [美]罗斯科·庞德：《通过法律的社会控制：法律的任务》，沈宗灵、董世忠译，商务印书馆2010年版，第41页。

[②] [英]洛克：《政府论》（下册），瞿菊农、叶启芳译，商务印书馆2020年版，第130—131页。

好或者比他自己说得更好——不是专对朋友和同党的人说,而是当着反对者的面经受相反意见的考验"①。由此可见,立法本质就是利益博弈,立法过程就是利益博弈寻求最大公约数的过程,而立法辩论程序则是利益协商寻求最大公约数的博弈平台。

许多国家的组织法、立法机关议事规则等宪法性法律规范文件,对立法辩论程序都有明确规定。根据世界各国通例,立法辩论的基本原则一般有如下六项:一是辩论必须与议题关联;二是发言者应有公正、简明及注意礼貌之修养;三是出席者应有尊重主席裁决及注意静听的义务;四是每次发言不得超过限制时间,或者发言有次数限制;五是议题经相当辩论后得停止辩论;六是议事妨碍应在规则所允许之范围内。②

然而,我国《立法法》仅规定了审议法律案时可以进行"讨论",③而没有明确规定可以进行"辩论"。需要说明的是,《立法法》的征求意见稿(1997年6月5日稿)④和草案稿(1999年8月6日稿)⑤都曾规定在联组会议或全体会议上,对法律草案中的主要问题进行"讨论和辩论"。⑥令人遗憾的是,最终通过生效的《立法法》删除了"辩论"二字,使得我国立法程序缺失了辩论制度。"辩论"和"讨论"一字之差,其中

---

① [英] J. S. 密尔:《代议制政府》,汪瑄译,商务印书馆2017年版,第80—81页。
② 罗传贤:《立法程序与技术》,五南图书出版股份有限公司2012年版,第384页。
③ 《立法法》(2015年修正)第21条第1款:"列入全国人民代表大会会议议程的法律案,必要时,主席团常务主席可以召开各代表团团长会议,就法律案中的重大问题听取各代表团的审议意见,进行讨论,并将讨论的情况和意见向主席团报告。"第21条第2款:"主席团常务主席也可以就法律案中的重大的专门性问题,召集代表团推选的有关代表进行讨论,并将讨论的情况和意见向主席团报告。"第29条第5款:"常务委员会审议法律案时,根据需要,可以召开联组会议或者全体会议,对法律草案中的主要问题进行讨论。"
④ 《〈立法法〉征求意见稿》(1997年6月5日)第25条:"列入常务委员会会议议程的法律案或者地方性法规案,在小组会议审议的基础上,可以召开联组会议,对草案中的主要问题进行辩论。"
⑤ 《〈立法法〉草案稿》(1999年8月6日)第30条第3款:"常务委员会会议第二次审议法律案,在全体会议上听取法律委员会关于法律草案审议意见的汇报,由各小组会议对法律草案修改稿进行审议,必要时可以召开联组会议或者全体会议,对法律草案中的主要问题进行讨论和辩论。"第30条第4款:"常务委员会会议第三次审议法律案,在全体会议上听取法律委员会关于法律草案审议结果的报告,由各小组会议对法律草案修改稿进行审议,必要时可以召开联组会议或者全体会议,对法律草案中的主要问题进行讨论和辩论。"
⑥ 《立法法》"征求意见稿"和"草案稿"条文,参见刘松山《中国立法问题研究》,知识产权出版社2016年版,第64、74页。

意味可相去甚远。辩论（argue，debate），意指见解不同的人彼此阐述理由，进行辩驳争论；而讨论（discuss，talk over），是指就某事相互表明见解，进行论证。可见，辩论重在"辩争"，不同见解可通过充分说理方式进行辩驳争论，以说服对方获得赞同；而讨论侧重"合意"，存在一个主导性的意见或方案，单个见解必须以主导性意见为中心，只能提出完善建议，最终形成一个以主导性意见为主要内容的一致性结论。由于我国立法提案几乎全部都由机关提案主体提出，法案起草也大都是由行政机关负责起草，因而法案的部门利益色彩浓重。故此，在立法过程中过于强调"合意"而忽视"辩论"，实则是对作为立法主体的代表的表意和表决进行变相绑架和压制。

确立立法辩论制度，垒筑起寻求利益最大公约数的制度性博弈平台，对于尊重人大代表立法主体地位、促进其积极有效依法履职，以及增强法律的民主性、科学性和可接受性都具有重要的积极意义。具体而言，有以下四个方面。

其一，尊重人大代表立法主体地位，促进其积极审议法案。人大代表既是公民选出的民意代表，又是国家立法的审议主体。人大代表有义务反映选民的意见和要求，也有权利在立法审议过程中表达自己的见解和看法，进行观点与观点之间的交锋，并阐明自己的理由。在法律意义上，作为立法机关的组成人员，每一个人大代表都拥有法定的、平等的权利，任何机构和个人都必须尊重且不得干预。这是代议制的精髓。立法辩论制度性缺失，"无疑就等于剥夺了一些代表或委员平等的立法决策权，失去了合议决策的本意，为个人拍脑袋决策及会外操纵提供了机会"[1]。

其二，铺设民意输入立法程序通道，增强法律的民主性。立法辩论制度保障之下，代表或议员得以公开发表自己的意见和建议，相互之间可以进行自由的辩论和交锋。由于代表或议员自身具有不同的知识背景，来自不同的领域和阶层，所表达的也是不同的利益要求，如是，社会民众不同的利益要求和立法需求都能够通过立法辩论输入立法程序之中。可见，立法辩论能够吸纳民意和民智，增加立法决策的信息容量，从而增强立法的

---

[1] 于兆波：《立法决策论》，北京大学出版社2005年版，第189页。

民主性。衡量一项法律的民主程度，不仅仅是看它在最终表决时获得多少张赞成票，"最终表决所体现的议事民主的程度有多高，往往要看最终表决之前，法案所经受的全部辩论与修正有多充分"①。美国管理学家德鲁克也深刻指出："决策如果是大家一致鼓掌通过的，常常并不是一个好的决策。只有经过各种相互冲突的意见交锋，各种不同观点的争辩，各种不同判断之间的抉择，才能作出好的决策。"②

其三，加深对立法问题的理性认识，增强法律的科学性。立法就是要在多种方案中选择一个最优平衡方案，如果需要在两种或两种以上的多种方案中进行选择，"那么就必须通过对话、辩论、批判性探究以及为维护一种观点而反对另一种观点的方法来发现最佳的答案"③。这是达成理性认知的基本方式。通过立法辩论，人们对立法问题的认识才能不断趋于成熟和理性，并在理性的基础之上达成多数共识，且经得起少数的检验。正如哈耶克所言："从一般意义上讲，理性并不是竞争得以有效展开的必要条件，而恰恰是竞争或者允许竞争的各种传统产生了理性行为。"④ 需要强调的是，早在中华人民共和国成立之初，周恩来同志就提出要在人民代表大会建立辩论制度的思想。他说，资本主义国家的制度我们不能学，但是西方议会的某些形式和方法如辩论制度还是可以学的，这能够使我们从不同的方面来发现问题。换句话说，就是允许唱"对台戏"，我们共产党人相信真理越辩越清楚。⑤

其四，架构利益协商的制度性平台，增强法律的可接受性。在立法过程中，参与立法的主体在法定的场合、遵循法定的程序、进行充分的辩论，才能真正在最低限度共识基础之上寻求最大公约数，使立法符合更多人的要求和期待。尽管，经过辩论的结果未必一定是最理想的方案，但却

---

① 蒋劲松：《美国国会史》，海南出版社1992年版，第333页。
② ［美］彼得·F.德鲁克：《管理：任务、责任、实践》，孙耀君等译，中国社会科学出版社1987年版，第587页。
③ ［美］E.博登海默：《法理学：法律哲学与法律方法》，邓正来译，中国政法大学出版社2017年版，第497页。
④ ［英］弗里德利希·冯·哈耶克：《法律、立法与自由》（第二、三卷），邓正来、张守东、李静冰译，中国大百科全书出版社2022年版，第380页。
⑤ 参见《周恩来选集》（下卷），人民出版社1984年版，第208页。

一定是能够为大多数人接受或者至少可以容忍的方案。恰如孟德斯鸠在《论法的精神》中写道："人们问梭伦，他给雅典人制定的法律是不是最好的。他回答说：'我给他们制定了他们所能容忍的法律中最好的法律。'"同时，孟德斯鸠还进一步指出："'所能容忍的法律中最好的法律'，是一个美丽的词句，是一切立法者都要细心体会的。"①

尽管，不无遗憾的是我国《立法法》没有确立立法辩论制度，但是，令人欣喜的是我国地方立法机关对立法辩论先行作出了规定，进行了有益探索，如辽宁省②、海南省③、深圳市④和三亚市⑤的人民代表大会常务委员会议事规则都规定了辩论制度。这些省市的地方性法规或地方规范性文件对立法辩论的规定，具有先行创新性和探索试验性，能够为中央立法机关确立立法辩论制度、建立健全立法辩论程序和规则，积累经验、探索方案。

综上，我们能够得出这一认识：唯有经过充分辩论，才能真正形成有约束力并得到一体遵循的合意决议，而不是阳奉阴违掩饰下的各自为政；亦唯有在辩论基础上达成的合意，才是真正的合意，而不是表面一致掩盖下的异议暗涌。故而，确立立法辩论制度，才能真正制定出反映民生期待、体现民主精神、符合科学要求的法律，而不是维护非正义既得利益和狭隘部门利益的背书加持性质的法律。

三 公众参与程序：扎牢多数人理性限制少数偏好的制度之笼

哈贝马斯曾指出："一种法律制度，只有当它保证所有公民都具有同

---

① ［法］孟德斯鸠：《论法的精神》（上册），许明龙译，商务印书馆2012年版，第317页。
② 《辽宁省人民代表大会常务委员会议事规则》（2008年修正）第18条第1款："常务委员会联组会议可以听取有关专门委员会、工作机构和办事机构对议案审议情况的综合汇报，对议案进行讨论和辩论。"
③ 《海南省人民代表大会常务委员会议事规则》（2010年修正）第13条第1款："常务委员会全体会议听取议案说明后，可以分组对议案进行审议，也可以召开联组会议或者全体会议审议。必要时，可以对议案中的主要问题进行辩论。"
④ 《深圳市人民代表大会常务委员会议事规则》（2019年修正）第30条："对于议案中有重大意见分歧的专门性问题，主任会议可以召集常务委员会组成人员进行辩论。辩论由会议主持人主持。参加辩论的人员应当遵守辩论规则。辩论规则由主任会议制定。"
⑤ 《三亚市人民代表大会常务委员会议事规则》（2015年修正）第12条第1款："常委会全体会议听取议案说明后，可以分组对议案进行审议，也可以召开全体会议审议。必要时，可以对议案中的主要问题进行辩论。"

等的自律时，才具有合法性。而公民要想自律，法律的受众就应当能够把自己看作法律的主人。作为法律的主人，也仅仅意味着他们可以自由地参与到立法过程中去。"① 简而言之，哈贝马斯上述观点的逻辑理路是：公民自由参与立法—公民成为法律的主人—所有公民同等自律—法律具有合法性。可见，公民参与立法是法律合法性之根源与基石。

作为"公共产品"的法律，是多元利益博弈所能找到的"最大公约数"，内在地要求具有广泛的代表性和民主性。否则，难以实现立法之目的。一定程度上来说，立法的民主性是通过公民参与制度来保障和彰显的。立法程序中，公民参与的程序规则可操作性越强，表征着立法民主的制度保障水平越高。

"民主的真正价值显然不是取决于多数人的偏好，而是取决于多数人的理性。在众口难调的状况下，程序可以实现和保障理性。"② 立法过程中，多数人理性真正得以落实的制度安排，即是公众参与程序的技术设计具有可操作性。公众参与立法，能够最大限度地限制立法过程中的恣意，尤其是能够避免法律的"立改废释"随着有权者的改变而改变、随着有权者看法和注意力的改变而改变。简言之，公众参与立法能够避免个人意志左右立法，确保法律体现公意。

需要强调的是，公众参与立法的前提是立法过程的公开。代议制民主政治的基本要求即是公开透明，科恩就认为："民主的兴旺发达倚仗其公开性——公众关心公共事务——即对一般群众公开。……秘密是民主的敌人。"③ 立法程序的公开性，是公民了解和监督其代表的必然要求。因为，"实行代议制的立法机关是以人民的名义进行活动的：立法机关的合法性来自人民的同意，其权力来源于人民的授予，其制定的法律要反映和体现人民的利益，其一切活动要对人民负责受人民监督。立法机关必须代表人民进行活动，但是它与人民的联系是经由占人口极少数的代表来实现的，

---

① [德] 尤尔根·哈贝马斯：《民主法治国家的承认斗争》，载汪晖、陈燕谷主编《文化与公共性》，生活·读书·新知三联书店2005年版，第351页。
② 季卫东：《程序比较论》，《比较法研究》1993年第1期。
③ [美] 卡尔·科恩：《论民主》，聂崇信、朱秀贤译，商务印书馆1988年版，第163页。

代表们是否代表以及怎样代表人民,都需要有了解和监督的渠道"①。

然而,在我国目前的立法过程中,立法程序还不够公开透明,普通公众难以知晓立法提案内容、法案讨论过程和法案审议过程,自然也几无可能在立法过程中表达利益诉求。而且,公众参与立法的制度规定比较原则、不够细化、缺乏可操作性,尤其是公众参与的程序规则粗糙。《立法法》仅在第5条原则性规定了"立法应当保障人民通过多种途径参与立法活动"②,再无其他条款或其他规范性法律文件对公众参与立法进行细化规定,明确参与程序规则,以形成制度保障。这使得公众参与仅具有形式上的意义,即程序环节上的民主性背书,而失去了公众参与实质上决定立法内容的功能。因为,整个实际的立法过程中,从"立法提案的提出"到"法案的起草"再到"法案的讨论审议"乃至"法案表决",公众不仅难以启动正式立法程序,而且也缺乏有效制度保障以了解监督其代表,公众利益诉求自然也就难以实质性地进入立法决策过程。因此,必须健全完善公民参与立法的程序,以形成多数人理性限制少数偏好的制度保障,从而确保立法能够体现人民意志,满足公民基本权利保障需求。

综上,从立法实践来看,立法提案几乎被机关提案主体垄断、立法辩论制度性缺失、立法公众参与程序操作性不强,这是我国立法程序的三大弊病,亦是公权力部门利益法律化和公民基本权利被减损的根源所在。

---

① 李林:《立法理论与制度》,中国法制出版社2005年版,第171页。
② 《立法法》(2015年修正)第5条:"立法应当体现人民的意志,发扬社会主义民主,坚持立法公开,保障人民通过多种途径参与立法活动。"

第四章 中国基本权利立法之历史性成就

现行宪法施行40年来，我国基本权利立法取得了显著的历史性成就，公民的各项基本权利不仅在宪法上得到确认和保障，而且通过立法得以具体化，形成了较为完备的权利法律规范体系。正是通过基本权利立法，丰富和发展了公民基本权利保障的内涵、范围和层次，公民政治权利条款立法迈向现代化，公民生命权、人身自由和信仰自由条款立法实现体系化，公民社会、经济、教育和文化权利条款立法不断科学化，特定群体权益条款立法进一步具象化。40年来，基本权利条款立法不仅实现了"全覆盖"，即宪法确认的各项基本权利都得以通过立法充实了权利内容；而且还实现了"新发展"，即通过立法进一步丰富了基本权利的内涵，与时俱进地不断适应科技迭代背景下基本权利保障的新需要。在宪法和法律的实施过程中，公民的各项基本权利得到充分实现和发展，真正成为公民"生活中的权利"。

第一节 公民政治权利条款立法的现代化

宪法保障公民直接参与政治生活的权利与自由，具体包括平等权、选举权和被选举权、政治自由、批评、建议、申诉、控告或者检举的权利。现行宪法施行40年来，公民政治权利条款立法已经迈向现代化。

一 平等权方面的立法

《宪法》第33条第2款规定："中华人民共和国公民在法律面前一律

平等。"公民在法律面前一律平等，既是我国公民的一项基本权利，也是社会主义法制的一项基本原则。① 作为权利的平等，意味着公民认为自己受到不平等对待或是被歧视时，可以平等权作为请求权基础，主张自己的合法权益，如《就业促进法》第 62 条规定："违反本法规定，实施就业歧视的，劳动者可以向人民法院提起诉讼"；作为原则的平等，则意味着国家的法律制度要遵循并贯彻平等原则，禁止不合理的差别对待。

我国的法律都将平等原则在文本中加以明确规定，如《选举法》明确年满 18 周岁的公民，不分民族、种族、性别、职业、家庭出身、宗教信仰、教育程度、财产状况和居住期限，都有选举权和被选举权；《民法典》明确民事主体在民事活动中的法律地位一律平等，自然人的民事权利能力一律平等，民事主体的财产权利受法律平等保护；《教育法》明确公民不分民族、种族、性别、职业、财产状况、宗教信仰等，依法享有平等的受教育机会，受教育者在入学、升学、就业等方面依法享有平等权利；《刑法》明确对任何人犯罪，在适用法律上一律平等；《民事诉讼法》明确民事诉讼当事人有平等的诉讼权利，对当事人在适用法律上一律平等；《刑事诉讼法》明确对于一切公民，在适用法律上一律平等，在法律面前，不允许有任何特权；《行政诉讼法》明确当事人在行政诉讼中的法律地位平等。

公民在法律面前一律平等的宪法原则，作为社会主义法制的一项基本原则，在我国的法律制度中得以坚持和贯彻，保障我国所有公民一律平等地享有宪法和法律规定的权利、平等地履行宪法和法律规定的义务，要求所有公民都要遵守宪法和法律、所有公民在适用法律上一律平等，不允许有超越法律规定的任何特权。正是基于宪法和法律确立并保障的权利平等、机会平等、规则平等，才能有效保证和实现全体社会成员平等参与、平等发展的权利。

二 选举权和被选举权方面的立法

《宪法》第 34 条规定："中华人民共和国年满十八周岁的公民，不分

---

① 周叶中主编：《宪法》（第五版），高等教育出版社 2020 年版，第 247 页。

民族、种族、性别、职业、家庭出身、宗教信仰、教育程度、财产状况、居住期限，都有选举权和被选举权；但是依照法律被剥夺政治权利的人除外。"选举权和被选举权直接体现出公民是国家主人的地位，是公民行使国家权力、参加国家管理的基本形式。

我国坚持发展社会主义民主政治，为进一步保障公民行使选举权和被选举权，制定了《全国人民代表大会和地方各级人民代表大会选举法》《地方各级人民代表大会和地方各级人民政府组织法》《中国人民解放军选举全国人民代表大会和县级以上地方各级人民代表大会代表的办法》等，确立并实行公民普遍享有选举权、公民选举权平等、直接选举和间接选举相结合、差额选举的原则，实现城乡按相同人口比例选举人大代表，并保证各地区、各民族、各方面都有适当数量代表，尤其是有适当数量的基层代表、妇女代表。并且，还为选举提供物质保障，规定选举经费列入财政预算，由国库开支。自2021年起，全国县、乡两级人民代表大会陆续换届，全国10亿多选民参加选举，直接选举产生200多万名县、乡两级人民代表大会代表。[①] 全国人民代表大会代表的代表性不断增强，十三届全国人大的2980名代表中，一线工人、农民代表468名，专业技术人员代表613名，妇女代表742名，少数民族代表438名。[②] 同时，为制裁破坏选举的行为，《治安管理处罚法》对破坏选举秩序的行为规定了处罚，《刑法》规定了破坏选举罪，制裁破坏选举或者妨害选民和代表自由行使选举权和被选举权的行为。

三　政治自由方面的立法

《宪法》第35条规定："中华人民共和国公民有言论、出版、集会、结社、游行、示威的自由。"宪法确认的这六项自由，是公民表达意愿、参与社会生活和参加政治生活的政治自由权利，也是公民参与国家管理的基本形式。公民享有充分的政治自由，是国家民主政治的基石。

[①] 国务院新闻办公室：《国家人权行动计划（2021—2025年）》，《人民日报》2021年9月10日第10版。

[②] 国务院新闻办公室：《改革开放40年中国人权事业的发展进步》，《人民日报》2018年12月13日第13版。

其一，言论是公民表达见解和思想的载体，其表现形式具有多样性，既可以是口头形式，也可以是书面形式，还可以利用广播、电视、网络等传播媒介。在数字信息化时代，尤其是 5G 技术和自媒体快速发展应用的时代，言论表达的形式更是越来越多样化，内容也日益丰富。为进一步保障公民使用网络进行言论表达的自由和权利，制定了《网络安全法》等法律；同时，为保障公民通过广播电视、电影、电视剧、音像制品、报纸、期刊、无线电台等方式行使言论自由，制定了《广播电视管理条例》《电影管理条例》《外国记者和外国常驻新闻机构管理条例》《音像制品管理条例》等行政法规，还制定了《报纸出版管理规定》《期刊出版管理规定》《电视剧内容管理规定》《无线电台执照管理规定》《音像制品制作管理规定》《音像制品进口管理办法》等部委规章。我国公民言论表达权的实现途径不断丰富，建立了便捷高效的网络表达设施，截至 2021 年 12 月，全国移动电话基站数 996 万个，其中 4G 基站 590 万个，5G 基站 143 万个。全国电话用户总数 182353 万户，其中移动电话用户 164283 万户，移动电话普及率为 116.3 部/百人。全国互联网上网人数达 10.32 亿人，其中手机上网人数 10.29 亿人，互联网普及率为 73.0%，其中农村地区互联网普及率为 57.6%。①

其二，出版自由是言论自由的延伸和具体化，旨在保护公民通过文字的方式表达自己的观点，并进行思想交流的自由。为保障公民依法行使出版自由的权利，制定了《著作权法》《广告法》等法律，颁布了《出版管理条例》《印刷业管理条例》《著作权法实施条例》《著作权集体管理条例》《广告管理条例》《音像制品管理条例》《计算机软件保护条例》《宗教事务条例》等行政法规，还出台了《网络出版服务管理规定》等部门规章。上述法律、行政法规和部门规章的内容涉及出版自由的不同方面，对出版自由进行了细化规范和保障。2021 年，全国出版各类报纸 276 亿份，各类期刊 20 亿册，图书 110 亿册（张），人均图书拥有量 7.76 册（张）。②

---

① 国家统计局：《中华人民共和国 2021 年国民经济和社会发展统计公报》，《人民日报》2022 年 3 月 1 日第 10 版。

② 国家统计局：《中华人民共和国 2021 年国民经济和社会发展统计公报》，《人民日报》2022 年 3 月 1 日第 10 版。

其三，结社自由是公民为了实现一定的目标宗旨，依照法律规定的程序组织或者参加社会团体的自由，在国家生活中发挥着重要作用。公民行使结社自由组成或加入的社会团体，代表某个群体的共同意愿和利益，是政府与社会（民众）相互沟通的重要桥梁。在我国，公民可以积极申请加入中国共产党，还有8个民主党派，以及工会、共青团、妇联等各种社会团体；此外，从事科学和文化艺术事业的公民，还可以组织和参加各种学会等团体。国家保护依法组成的社会团体，并制定法律、行政法规保护公民享有结社自由，如《工会法》保障劳动者依法参加和组织工会的权利，《社会团体登记管理条例》《民办非企业单位登记管理暂行条例》《事业单位登记管理暂行条例》等行政法规从不同方面进一步细化保障公民的结社自由。截至2020年年底，全国共有依法登记的社会组织89.4万个，其中社会团体37.5万个，民办非企业单位51万个，基金会8432个。①

其四，集会、游行、示威是公民表达意愿的一种重要方式，体现了言论自由的价值，也是公民参与国家政治生活的一种具体形式。三者共同之处都是表达意愿，不同的地方在于表达意愿的程度、方式和方法有所差异。为了更好地保障公民行使集会、游行、示威的自由，维护社会安定和公共秩序，1989年10月31日第七届全国人民代表大会常务委员会第十次会议通过《集会游行示威法》，该法第3条明确规定："公民行使集会、游行、示威的权利，各级人民政府应当依照本法规定，予以保障。"同时，详细规定了集会游行示威的申请和许可、集会游行示威的举行和法律责任，保障公民在露天公共场所或者公共道路上发表意见、表达意愿的权利。

四 批评、建议、申诉、控告、检举以及取得赔偿权利方面的立法

《宪法》第41条第1款规定："中华人民共和国公民对于任何国家机关和国家工作人员，有提出批评和建议的权利；对于任何国家机关和国家工作人员的违法失职行为，有向有关国家机关提出申诉、控告或者检举的

---

① 民政部：《2020年民政事业发展统计公报》，2021年9月10日，http://images3.mca.gov.cn/www2017/file/202109/1631265147970.pdf，2022年6月13日。

权利，但是不得捏造或者歪曲事实进行诬告陷害。"公民行使这项宪法权利，既可以监督国家机关及其工作人员，又可以维护自己合法权益免遭公权力不法侵害。我国的多项法律制度和多部法律都具体化了公民的批评、建议、申诉、控告或者检举权利，如《立法法》第 99 条第 2 款规定的立法审查建议制度，①确立了公民的审查建议权，是对《宪法》第 41 条的具体化。② 2021 年，全国人大常委会法制工作委员会共收到公民、组织提出的审查建议 6339 件，其中以书面寄送形式提出的 1274 件，通过在线受理审查建议平台提出的 5065 件；全国人大常委会法制工作委员会对审查建议逐一进行研究，同有关方面沟通，提出处理意见，并依照规定向审查建议人反馈。③ 再有，《行政诉讼法》《行政复议法》《国家赔偿法》《信访条例》等法律和行政法规亦是以《宪法》第 41 条为立法依据，根据《宪法》第 41 条规定的公民对国家机关及其工作人员违法行为享有申诉、控告、检举、要求赔偿的权利，来设计行政诉讼制度、行政复议制度、国家赔偿制度、信访处理制度，通过这些制度的运转来保障公民权利。④ 2021 年，各级法院审结一审行政案件 29.8 万件，同比上升 12%。⑤ 2021 年，全国各级行政复议机关共办结各类行政复议案件 25.4 万件，其中作出撤销、变更、确认违法和责令履行法定职责的比例达 13.3%；同时，针对办案中发现的违法共性问题，共制发行政复议意见书 3911 份，责令有关行政机关限期纠正。⑥

《宪法》第 41 条第 2 款规定："对于公民的申诉、控告或者检举，有

---

① 《立法法》（2015 年修正）第 99 条第 2 款："前款规定以外的其他国家机关和社会团体、企业事业组织以及公民认为行政法规、地方性法规、自治条例和单行条例同宪法或者法律相抵触的，可以向全国人民代表大会常务委员会书面提出进行审查的建议，由常务委员会工作机构进行研究，必要时，送有关的专门委员会进行审查、提出意见。"
② 俞海涛：《立法审查建议"双轨制"的确立与完善》，《政治与法律》2022 年第 3 期。
③ 沈春耀：《全国人民代表大会常务委员会法制工作委员会关于 2021 年备案审查工作情况的报告——2021 年 12 月 21 日在第十三届全国人民代表大会常务委员会第三十二次会议上》，《中华人民共和国全国人民代表大会常务委员会公报》2022 年第一号。
④ 王旭：《依宪治国的中国逻辑》，《中外法学》2021 年第 5 期。
⑤ 周强：《最高人民法院工作报告——二〇二二年三月八日在第十三届全国人民代表大会第五次会议上》，《人民日报》2022 年 3 月 16 日第 2 版。
⑥ 张维：《行政复议机构"刀刃向内"严格依法办案》，《法治日报》2022 年 3 月 7 日第 5 版。

关国家机关必须查清事实，负责处理。任何人不得压制和打击报复。"该款保障公民行使申诉、控告、检举权不被压制和打击报复。同时，《治安管理处罚法》第 20 条规定，违反治安管理，对报案人、控告人、举报人、证人打击报复的，从重处罚。《刑法》第 254 条规定了报复陷害罪，"国家机关工作人员滥用职权、假公济私，对控告人、申诉人、批评人、举报人实行报复陷害的，处二年以下有期徒刑或者拘役；情节严重的，处二年以上七年以下有期徒刑。"这些规定，为我国公民行使批评、建议、申诉、控告、检举权提供了法律上的保障。

《宪法》第 41 条第 3 款规定："由于国家机关和国家工作人员侵犯公民权利而受到损失的人，有依照法律规定取得赔偿的权利。"为切实保障公民这一权利，《行政诉讼法》第 76 条、第 78 条规定了行政机关侵犯公民合法权益时负有赔偿的责任。① 1994 年 5 月 12 日第八届全国人民代表大会常务委员会第七次会议通过了《国家赔偿法》，② 以保障公民、法人和其他组织享有依法取得国家赔偿的权利，促进国家机关依法行使职权。《国家赔偿法》施行 25 年来，全国法院依法审结各类国家赔偿案约 22 万件，其中司法赔偿约 6 万余件，2019 年全国法院审结的国家赔偿案件数量是 1995 年的约 11 倍，其中司法赔偿约 28 倍。党的十八大以来，全国法院依法审结各类国家赔偿案件占 25 年来审结案件总量的一半。③ 2020 年，全国法院审结国家赔偿案件 1.8 万件，其中司法赔偿案件 4172 件，决定赔偿金额 2.7 亿元，保障赔偿请求人合法权益。④ 这说明公民的权利意识越来越强，国家赔偿审判在保护人权、规范公权方面发挥出越来越大的作用。

---

① 《行政诉讼法》（2017 年修正）第 76 条："人民法院判决确认违法或者无效的，可以同时判决责令被告采取补救措施；给原告造成损失的，依法判决被告承担赔偿责任。"第 78 条第 1 款："被告不依法履行、未按照约定履行或者违法变更、解除本法第十二条第一款第十一项规定的协议的，人民法院判决被告承担继续履行、采取补救措施或者赔偿损失等责任。"
② 《国家赔偿法》于 1994 年 5 月 12 日八届全国人民代表大会常务委员会第七次会议通过，后分别于 2010 年、2012 年进行了两次修正。
③ 蔡长春、董凡超：《25 年审结各类国家赔偿案约 22 万件》，《法治日报》2020 年 12 月 30 日第 3 版。
④ 周强：《最高人民法院工作报告——二〇二一年三月八日在第十三届全国人民代表大会第四次会议上》，《人民日报》2021 年 3 月 16 日第 3 版。

第二节　公民生命权、人身自由和信仰自由条款立法的体系化

宪法保障公民的人身自由和信仰自由，保护与公民人身权利、人身自由密切联系的生命权、人格尊严、住宅权，并保护公民参与社会生活、进行社会交流不可缺少的通信自由和通信秘密。同时，还保障公民依据内心信念，自愿地信仰宗教的自由。现行宪法施行 40 年来，公民生命权、人身自由和信仰自由条款立法实现体系化。

一　生命权方面的立法

宪法虽然没有明文规定生命权，但是从宪法精神和对宪法文本的体系解释来看，毫无疑问，宪法尊重和保护公民的生命权。《宪法》第 33 条第 3 款规定"国家尊重和保障人权"，其规范中包含国家对公民生命权保障的义务。基本权利的主体是公民，公民首先是自然人，是以生命的形式存在。生命之不存，其他一切也就无从谈起。因此，生命权是一切权利的出发点和基础。

保护生命权，是国家制定法律和政策的基本出发点，我国的法律和政策保护公民的生命安全在常态和应急状态下均不受非法侵害。如《食品安全法》《药品管理法》《传染病防治法》《中医药法》等法律保障食品安全、用药安全、公共卫生安全等，保护公民生命权、健康权。《安全生产法》明确以人为本、坚持生命至上，把保护生命安全摆在首位；《生物安全法》将防控生物安全风险、保障人民生命健康作为重要立法目的；《突发事件应对法》规定了应急状态下生命权保障制度体系；《刑法》明确规定死刑只适用于罪行极其严重的犯罪分子，同时严厉制裁侵害公民生命权的犯罪行为；《刑法修正案（九）》取消 9 个罪名的死刑，除贪污、受贿罪外，保留的死刑罪名基本上都直接与国家安全、公共安全、人民生命安全和军人职责犯罪有关；《刑事诉讼法》对死刑复核程序作了严格规定，对死刑适用极为审慎。

宪法、法律和政策对公民生命权的保护，最直接的成效表现为：中国

人均预期寿命从1981年的67.8岁提高到2017年的76.7岁，高于72岁的世界平均预期寿命。孕产妇死亡率从1989年的十万分之94.7下降到2017年的十万分之19.6，婴儿死亡率从1991年的50.2‰下降到2017年的6.8‰，提前达到联合国千年发展目标所确定的指标要求。① 2021年全国卫生健康系统认真落实党中央、国务院决策部署，统筹疫情防控和卫生健康各项工作，不断推动卫生健康事业高质量发展。居民人均预期寿命由2020年的77.93岁提高到2021年的78.2岁，孕产妇死亡率从十万分之16.9下降到十万分之16.1，婴儿死亡率从5.4‰下降到5.0‰。②中共中央、国务院印发的《"健康中国2030"规划纲要》明确：人均预期寿命2015年为76.34岁，到2020年提升到77.3岁，到2030年提升到79.0岁；婴儿死亡率从2015年的8.1‰，到2020年下降到7.5‰，到2030年下降到5.0‰；5岁以下儿童死亡率从2015年的10.7‰，到2020年下降到9.5‰，到2030年下降到6.0‰；孕产妇死亡率从2015年的十万分之20.1，到2020年下降到十万分之18.0，到2030年下降到十万分之12.0。③

二 人身自由方面的立法

《宪法》第37条规定："中华人民共和国公民的人身自由不受侵犯。任何公民，非经人民检察院批准或者决定或者人民法院决定，并由公安机关执行，不受逮捕。禁止非法拘禁和以其他方法非法剥夺或者限制公民的人身自由，禁止非法搜查公民的身体。"公民享有人身自由，才能参加各种社会活动、参加国家政治生活和享有其他权利自由；没有人身自由，其他权利自由也就丧失了先决条件。

---

① 国务院新闻办公室：《改革开放40年中国人权事业的发展进步》，《人民日报》2018年12月13日第13版。
② 国家卫生健康委：《2021年我国卫生健康事业发展统计公报》，2022年7月12日，http://www.gov.cn/xinwen/2022-07/12/content_5700670.htm，2022年7月13日；白剑峰：《2021年卫生健康事业发展统计公报发布 居民人均预期寿命提至78.2岁》，《人民日报》2022年7月13日第13版。
③ 《中共中央 国务院印发〈"健康中国2030"规划纲要〉》，《人民日报》2016年10月26日第1版。

为保障公民的人身自由，我国的《立法法》将限制人身自由的强制措施确定为绝对法律保留事项，即只有全国人大及其常委会才有权通过制定法律的方式来规定限制公民人身自由。《行政处罚法》《行政强制法》都明确规定限制人身自由的行政处罚、行政强制措施只能由法律规定。《监察法》规定了留置措施的适用情形，留置场所的设置、管理和监督，采取留置措施的决定、批准、备案、期限、解除，以及被留置人员的权利。《治安管理处罚法》对侵犯人身权利尚不够刑事处罚的行为规定了治安管理处罚，并严格行政拘留适用。《刑法》专章规定了"侵犯公民人身权利、民主权利罪"，规定了故意杀人、强奸、非法拘禁、绑架、非法搜查、刑讯逼供等侵犯公民人身权利的犯罪行为的刑事责任。《刑事诉讼法》专章规定了"强制措施"，对拘传、取保候审、监视居住、拘留、逮捕五种限制人身自由的强制措施，规定了严格的适用标准和程序。《刑事诉讼法》还专节规定了"搜查"，严格规范侦查人员对犯罪嫌疑人以及可能隐藏罪犯或者犯罪证据的人的身体、物品、住处和其他有关的地方进行搜查的行为和程序。《刑事诉讼法》第19条第2款还明确规定，人民检察院在对诉讼活动实行法律监督中发现的司法工作人员利用职权实施的非法拘禁、刑讯逼供、非法搜查等侵犯公民权利、损害司法公正的犯罪，可以由人民检察院立案侦查。以此加强检察机关对刑事侦查活动的监督，更好地保障公民人身自由。上述法律，形成了人身权利法律规范体系，得以在立法、执法和司法中充分尊重和保障公民的人身权利和自由。

三 人格尊严保护方面的立法

《宪法》第38条规定："中华人民共和国公民的人格尊严不受侵犯。禁止用任何方法对公民进行侮辱、诽谤和诬告陷害。"人格，法律上指得为权利、义务之主体的资格。人格尊严，即是公民作为人所具有的资格不容侵犯。公民作为权利和义务主体，参加社会活动，其主体资格应得到尊重和保护，不受侵犯。从法律层面来看，人格尊严又可称为人格权，其内容主要包括姓名、肖像、名誉和荣誉等权利。

为进一步细化保护公民的人格尊严，我国的《民法典》设立了独立的人格权编，明确自然人的人格尊严受法律保护，任何组织或者个人不得侵害，并扩展了人格权的内涵，明确人格权是民事主体享有的生命权、身体权、健康权、姓名权、名称权、肖像权、名誉权、荣誉权、隐私权等权利，同时还规定了侵犯人格权的民事责任。为满足及时制止人格权侵权行为的规则供给需求，《民法典》第997条①增设了人格权侵害禁令制度。②《治安管理处罚法》将实施治安管理处罚应当保护公民的人格尊严作为重要原则之一；并对侮辱、诽谤和诬告陷害他人的行为规定了治安管理处罚责任。《刑法》规定了侮辱罪、诽谤罪、诬告陷害罪、侵害英雄烈士名誉荣誉罪、扰乱法庭秩序罪等，通过追究行为人刑事责任的方式来保护人格尊严。上述法律，从民事、行政、刑事三个法律领域，以民事、行政、刑事三类法律责任，形成了保护人格尊严的法律规范体系。

四 住宅权方面的立法

《宪法》第39条规定："中华人民共和国公民的住宅不受侵犯。禁止非法搜查或者非法侵入公民的住宅。"公民的住宅是公民日常生活、工作和休息的地方，住宅不受侵犯与公民的人身自由密切相连。作为公民的一项基本权利，住宅不受侵犯的意涵为：任何机关、团体、组织或者个人，非经法律授权并依法定程序，不得非法侵入、不得非法搜查、不得非法查封公民的住宅。

为了保障公民的住宅不受侵犯，《治安管理处罚法》对非法侵入他人住宅的行为规定了治安管理处罚；《监察法》规定了监察机关对涉嫌职务犯罪的被调查人以及可能隐藏被调查人或者犯罪证据的人的住处和其他有关地方进行搜查的要求和程序；《刑法》规定了非法搜查罪、非法侵入住宅罪等，追究非法搜查他人身体、住宅，或者非法侵入他人住宅行为的刑事责任；《刑事诉讼法》规定，侦查人员到证人所在单位、住处或者证人提出的地点询问证人，应当出示人民检察院或者公安机关的证明文件；还

---

① 《民法典》（2020年5月28日十三届全国人大三次会议通过）第997条："民事主体有证据证明行为人正在实施或者即将实施侵害其人格权的违法行为，不及时制止将使其合法权益受到难以弥补的损害的，有权依法向人民法院申请采取责令行为人停止有关行为的措施。"

② 毋爱斌、范响：《〈民法典〉人格权侵害禁令溯源、性质及其制度构建》，《重庆大学学报》（社会科学版）2022年第2期。

规定了侦查人员对犯罪嫌疑人以及可能隐藏罪犯或者犯罪证据的人的住处和其他有关的地方进行搜查的要求和程序。

五 通信自由和通信秘密方面的立法

《宪法》第40条规定："中华人民共和国公民的通信自由和通信秘密受法律的保护。除因国家安全或者追查刑事犯罪的需要，由公安机关或者检察机关依照法律规定的程序对通信进行检查外，任何组织或者个人不得以任何理由侵犯公民的通信自由和通信秘密。"通信是公民之间进行交流、参与社会生活不可缺少的一项基本自由。通信自由保护公民的通信（包括书信、电报、传真、邮件、电子邮件、固定电话、手机等）不被隐匿或毁弃；通信秘密保护公民的通信内容不被拆阅或窃听。

《宪法》第40条为一般法律提供了立法原则和立法依据。为进一步保护公民的通信自由和通信秘密，《邮政法》将"保护通信自由和通信秘密"作为立法目的之一，并且扩展丰富了保护通信自由和通信秘密的形式和内容，将"不得扣留"这种行为方式和"汇款"都纳入通信自由和通信秘密保护范围之内，其第3条第2款明确规定：除法律另有规定外，任何组织或者个人不得检查、扣留邮件、汇款。《刑法》规定了侵犯通信自由罪、私自开拆隐匿毁弃邮件电报罪等，追究隐匿、毁弃或者非法开拆他人信件，侵犯公民通信自由权利情节严重的行为的刑事责任，以及追究邮政工作人员私自开拆或者隐匿、毁弃邮件、电报行为的刑事责任。《刑事诉讼法》确认和保护辩护律师与在押或被监视居住的犯罪嫌疑人、被告人会见、通信的权利（第39条）；授权人民法院、人民检察院和公安机关可以责令被取保候审的犯罪嫌疑人、被告人不得与特定的人员会见或者通信（第71条），要求被监视居住的犯罪嫌疑人、被告人未经执行机关批准不得会见他人或者通信（第77条）；授权执行机关在侦查期间，可以对被监视居住的犯罪嫌疑人的通信进行监控（第78条）；授权侦查人员认为需要扣押犯罪嫌疑人的邮件、电报的时候，经公安机关或者人民检察院批准，即可通知邮电机关将有关的邮件、电报检交扣押（第143条）；要求对查封、扣押的财物、文件、邮件、电报或者冻结的存款、汇款、债券、股票、基金份额等财产，经查明确实与案件无关的，应当在三日以内解除查封、扣押、冻结，予以退还（第145条）。《监狱法》第47条规定："罪犯在服刑期间可以与他人通信，但是来往信件应当经过监狱检查。监狱发现有碍罪犯改造内容的信件，可以扣留。罪犯写给监狱的上级机关和司法机关的信件，不受检查。"基于公法领域"法无授权不可为、法定职责必须为"之原则，刑事司法机关及其工作人员应当依法保护犯罪嫌疑人、被告人的通信自由和通信秘密；除了上述明确的授权性条款之外，刑事司法机关及其工作人员无权限制或剥夺犯罪嫌疑人、被告人的通信自由和通信秘密。

六 宗教信仰自由方面的立法

《宪法》第36条规定："中华人民共和国公民有宗教信仰自由。任何国家机关、社会团体和个人不得强制公民信仰宗教或者不信仰宗教，不得歧视信仰宗教的公民和不信仰宗教的公民。国家保护正常的宗教活动。任何人不得利用宗教进行破坏社会秩序、损害公民身体健康、妨碍国家教育制度的活动。宗教团体和宗教事务不受外国势力的支配。"宗教信仰自由，是公民依据自己内心的信念，自愿地信仰或不信仰宗教的自由，这是公民个人的自由选择，是公民个人的私事，受国家法律保护，任何国家机关、社会团体和个人不得强制、不得歧视。

我国的《选举法》《民法典》《义务教育法》《刑法》等法律从不同方面具体规定了对宗教信仰自由的保障。《宗教事务条例》对宗教团体、宗教院校、宗教活动场所、宗教教职人员和宗教财产等方面进行了系统的保障和规范，明确了违反规定的行为应承担的法律责任；有关部门还将制定出台《宗教事务条例》配套规章，依法规范政府管理宗教事务的行为。[①]《境内外国人宗教活动管理规定》保障在我国境内的外国人的宗教信仰自由和正常的宗教活动。《宗教团体管理办法》《宗教活动场所设立审批和登记办法》《宗教活动场所财务管理办法》等部门规章对宗教团体、宗教活动场所及其财务监管等方面作了更为具体的规定。《宗教院校管理办法》

---

① 国务院新闻办公室：《国家人权行动计划（2021—2025年）》，《人民日报》2021年9月10日第10版。

《宗教教职人员管理办法》《宗教院校教师资格认定和职称评审聘任办法（试行）》《宗教院校学位授予办法（试行）》等部门规章对宗教院校及其教师评聘、学位授予，以及宗教教职人员管理等方面进行了细化规定。2022年3月1日起施行的《互联网宗教信息服务管理办法》为规范互联网宗教信息服务，适应网络时代公民宗教信仰自由的新需求，提供了保障。

当前，我国有佛教、道教、伊斯兰教、天主教和基督教等宗教信教公民近2亿人，宗教教职人员38万余人，依法登记的宗教活动场所14.4万处，宗教院校共92所。[①] 同时，还加大宗教教职人员社会保障力度，截至2017年，宗教教职人员医疗保险参保率达96.5%，养老保险参保率达89.6%，符合条件的全部纳入低保，基本实现了社保体系全覆盖。[②]

第三节　公民社会、经济、教育和文化权利条款立法的科学化

宪法保障公民的社会、经济、教育和文化方面的权利，具体包括公民的私有财产权、公民的劳动权、劳动者的休息权、获得物质帮助权、受教育的权利，以及进行科学研究、文学艺术创作和其他文化活动的自由。现行宪法施行40年来，公民社会、经济、教育和文化权利条款立法不断科学化。

一　公民的私有财产权方面的立法

《宪法》第13条规定："公民的合法的私有财产不受侵犯。国家依照法律规定保护公民的私有财产权和继承权。国家为了公共利益的需要，可以依照法律规定对公民的私有财产实行征收或者征用并给予补偿。"财产权是公民个人对自己合法财产享有的占有、使用、收益和处分的权利。宪法保障的财产权与民法上的财产权，两种财产权的保障内容高度一致；但

[①] 国务院新闻办公室：《为人民谋幸福：中华人民共和国人权事业发展70年》，《人民日报》2019年9月23日第14版。

[②] 国务院新闻办公室：《改革开放40年中国人权事业的发展进步》，《人民日报》2018年12月13日第13版。

是，宪法上的财产权主要是相对于国家的一项基本权利，其目的主要是防御公权力，同时也为民法上的财产权保障提供宪法基础。

我国的《民法典》《公司法》《土地管理法》《农村土地承包法》《土地管理法实施条例》等法律法规，保障公民的物权、债权、股权、继承权、土地承包权、宅基地使用权、建设用地使用权等权益；《商标法》《专利法》《著作权法》等法律法规保障知识产权这种无形财产权利；《森林法》《草原法》还保障林地、草原的所有者、使用者和承包经营者的合法权益；《治安管理处罚法》规定了对侵犯财产权利行为的处罚；《刑法》专章规定了侵犯财产罪，依法制裁侵犯公民、企业和组织合法财产权益的各类犯罪行为，以保护公民的财产权益。此外，国家还将进一步健全产权保护制度，加强数据、知识、环境等领域产权制度建设，健全自然资源资产产权制度和法律法规。① 上述法律法规形成了财产权益法律规范体系，为保护公民的财产权提供了具体的程序和救济途径。

对于农民而言，土地不仅是最重要的生产生活资料，也是一项重要的财产。2014年以来，我国扎实推进农村土地承包经营权确权登记颁证工作，截至2018年6月，31个省（自治区、直辖市）均开展了承包地确权工作，承包地确权面积达13.91亿亩，建立完善土地承包合同1.89亿份，颁发土地承包经营权证书1.35亿份。② 同时，党的十九大明确提出，保持土地承包关系稳定并长久不变，第二轮土地承包到期后再延长30年。③ 农民土地财产收益得到了切实的增加和保障。居民的人均可支配收入，从另一个侧面反映了财产权法律保护的成效。据统计，2021年全年全国居民人均可支配收入35128元，比上年增长9.1%，扣除价格因素，实际增长8.1%。按常住地分，城镇居民人均可支配收入47412元，比上年增长8.2%，扣除价格因素，实际增长7.1%。农村居民人均可支配收入18931

---

① 国务院新闻办公室：《国家人权行动计划（2021—2025年）》，《人民日报》2021年9月10日第10版。

② 国务院新闻办公室：《改革开放40年中国人权事业的发展进步》，《人民日报》2018年12月13日第13版。

③ 习近平：《决胜全面建成小康社会　夺取新时代中国特色社会主义伟大胜利——在中国共产党第十九次全国代表大会上的报告（2017年10月18日）》，《人民日报》2017年10月28日第1版。

元，比上年增长 10.5%，扣除价格因素，实际增长 9.7%。城乡居民人均可支配收入比值为 2.50，比上年缩小 0.06。①

二　公民的劳动权方面的立法

《宪法》第 42 条规定："中华人民共和国公民有劳动的权利和义务。国家通过各种途径，创造劳动就业条件，加强劳动保护，改善劳动条件，并在发展生产的基础上，提高劳动报酬和福利待遇。"宪法规定的劳动权有两项核心内容：一是劳动就业权，又称为工作权；二是取得劳动报酬权。申言之，凡是具有劳动能力的公民，都有权平等地参加社会劳动，享有平等的就业机会；同时，参加社会劳动的公民有权根据所提供的劳动数量和质量获得劳动报酬。

《劳动法》《劳动合同法》《劳动争议调解仲裁法》《工会法》等法律，保障劳动者享有平等就业和选择职业的权利、取得劳动报酬的权利、休息休假的权利、获得劳动安全卫生保护的权利、特定情形下解除劳动合同的权利、女性劳动者特殊劳动保护权利、接受职业技能培训的权利、享受社会保险和福利的权利、参加和组织工会的权利、参与企业民主管理的权利、提请劳动争议处理的权利等权利，为保护劳动者的各项合法权益、公正及时解决劳动争议提供了法制保障。同时，为了促进就业，保障劳动者充分就业权利，《就业促进法》对就业政策支持、公平就业、就业服务和管理、职业教育和培训、就业援助等作了详细规定。《安全生产法》《职业病防治法》等为保障劳动者劳动安全和身心健康，预防和消除职业病危害，提供了法制保障。《治安管理处罚法》《刑法》还对强迫劳动、拒不支付劳动报酬的违法犯罪行为，规定了治安处罚和刑事责任，制裁以暴力、威胁或者限制人身自由的方法强迫他人劳动和拒不支付劳动报酬的违法犯罪行为。此外，为进一步健全落实安全生产管理制度，国家还将制定危险化学品安全法、煤矿安全条例等法律法规。②

---

① 国家统计局：《中华人民共和国 2021 年国民经济和社会发展统计公报》，《人民日报》2022 年 3 月 1 日第 10 版。

② 国务院新闻办公室：《国家人权行动计划（2021—2025 年）》，《人民日报》2021 年 9 月 10 日第 10 版。

我国坚持就业优先战略，将实现劳动者更加充分更高质量就业作为法律和政策目标。在法律和政策的导引与保障下，公民的劳动权得到更加充分的保障和实现。1978—2017年，我国就业人员从40152万人增至77640万人，年均增长961万人，超过总人口增速；城镇新增就业自2003年建立统计制度以来，年均实现新增就业人数1178万人；① 2021年全年城镇新增就业1269万人，比上年多增83万人。2021年全年全国城镇调查失业率平均值为5.1%，年末全国城镇调查失业率为5.1%，城镇登记失业率为3.96%。② 城镇登记失业率长期处于低位，城镇调查失业率低于世界平均水平。城镇单位在岗职工年平均工资从1978年的615元增长到2017年的76121元，扣除物价因素，年均增长7.7%；③ 到2020年，城镇单位在岗职工年平均工资已增长到100512元，较2017年增长24391元。我国城镇单位在岗职工年平均工资均保持稳定较高增幅增长。

三　劳动者的休息权方面的立法

《宪法》第43条规定："中华人民共和国劳动者有休息的权利。国家发展劳动者休息和休养的设施，规定职工的工作时间和休假制度。"休息权是劳动者在劳动以后为消除疲劳、保护身体健康、提高劳动效率，根据法律规定享有的休息休养权利，与公民的劳动权紧密相关，是劳动权的必要补充。

为进一步细化保障劳动者的休息权，《劳动法》专章规定了工作时间和休息休假，明确规定：国家实行劳动者每日工作时间不超过8小时、平均每周工作时间不超过44小时的工时制度（第36条）；用人单位应当保证劳动者每周至少休息一日（第38条）；用人单位在元旦、春节、国际劳动节、国庆节等法律法规规定的休假节日期间应当依法安排劳动者休假

---

① 国务院新闻办公室：《改革开放40年中国人权事业的发展进步》，《人民日报》2018年12月13日第13版。
② 国家统计局：《中华人民共和国2021年国民经济和社会发展统计公报》，《人民日报》2022年3月1日第10版。
③ 国务院新闻办公室：《改革开放40年中国人权事业的发展进步》，《人民日报》2018年12月13日第13版。

（第 40 条），同时还规定了延长工作时间、休息日休假日安排劳动者工作，用人单位应当支付高于劳动者正常工作时间工资的工资报酬标准（第 44 条）。依据《劳动法》的规定，《国务院关于职工工作时间的规定》对工作时间进一步作出规定：职工每日工作 8 小时、每周工作 40 小时（第 3 条）。同时，国家还实行劳动者的休假制度，主要包括：公休日制度、法定节假日制度和带薪年休假制度，以全面保障劳动者的休息权。此外，劳动者还可以享受婚假、产假、丧假、探亲假等假期。根据现有法律法规的规定，我国劳动者每年共享有 115 日的休息日和节假日，以及 5 日至 15 日的带薪年休假，大概占整年的 1/3。

四　获得物质帮助权方面的立法

《宪法》第 45 条第 1 款规定："中华人民共和国公民在年老、疾病或者丧失劳动能力的情况下，有从国家和社会获得物质帮助的权利。国家发展为公民享受这些权利所需要的社会保险、社会救济和医疗卫生事业。"获得物质帮助权，主要是通过立法机关制定的相应法律以及国家建立的社会保障制度得以实现。①

《社会保险法》明确，国家建立基本养老保险、基本医疗保险、工伤保险、失业保险、生育保险等社会保险制度，保障公民在年老、疾病、工伤、失业、生育等情况下依法从国家和社会获得物质帮助的权利。《失业保险条例》《工伤保险条例》《全国社会保障基金条例》《社会救助暂行办法》《自然灾害救助条例》《城市生活无着的流浪乞讨人员救助管理办法》等行政法规，以及国务院出台的基本养老保险、基本医疗保险、新型农村合作医疗、基本养老金、重特大疾病医疗保险和救助、疾病应急救助、残疾儿童康复救助、特困人员救助供养、临时救助、流浪未成年人救助保护等方面的规范性文件，具体规定了获得物质帮助权的内容及其实现方式，建立起统筹城乡的社会保障体系和分层分类的社会救助体系。同时，国务院出台的社会保障卡方面的规范性文件，还保障公民通过互联网便捷获得

---

① 《宪法学》编写组：《宪法学》（第二版），高等教育出版社、人民出版社 2020 年版，第 215 页。

社会保障领域公共服务的权利。

我国建成了世界上规模最大、覆盖人口最多的社会保障体系，拉动世界社保覆盖率提高11个百分点。[①] 截至2021年12月，全国参加基本养老保险人数10.28亿人、参加基本医疗保险人数13.64亿人、参加失业保险人数2.29亿人、参加工伤保险人数2.82亿人、参加生育保险人数2.38亿人。[②] 截至2021年12月底，全国社会保障卡持卡人数达13.52亿人，[③] 覆盖全国95.7%人口。我国根据经济社会发展水平等因素，稳步提高各项社会保障水平。自2005年起，连续18年提高企业退休人员基本养老金水平。借助互联网、大数据等信息技术，不断提高社会保障领域公共服务能力。2016年，国家异地就医结算系统正式上线，实现跨省异地就医持社会保障卡即时结算。2021年年末，全国领取失业保险金人数259万人，全国共有738万人享受城市最低生活保障，3474万人享受农村最低生活保障，438万人享受农村特困人员救助供养，全年临时救助1089万人次；全年国家抚恤、补助退役军人和其他优抚对象817万人。[④]

五　受教育权方面的立法

《宪法》第46条第1款规定："中华人民共和国公民有受教育的权利和义务。"公民享有受教育的权利，意味着国家负有创办各种教育机构和文化设施的义务，以满足公民学习科学文化知识的需要。受教育权的核心内容包括公民有按照其能力平等地接受教育的权利和要求提供教育机会的请求权。

我国实施教育优先发展战略，加快推进教育现代化，切实保障公民平

---

① 国务院新闻办公室：《改革开放40年中国人权事业的发展进步》，《人民日报》2018年12月13日第13版。
② 国家统计局：《中华人民共和国2021年国民经济和社会发展统计公报》，《人民日报》2022年3月1日第10版。
③ 人力资源和社会保障部：《社会保障卡持卡人数（2021年12月）》，2022年3月17日，http://www.mohrss.gov.cn/xxgk2020/fdzdgknr/zhgl/rlzyshbzxxh/202203/t20220317_439477.html，2022年6月13日。
④ 国家统计局：《中华人民共和国2021年国民经济和社会发展统计公报》，《人民日报》2022年3月1日第10版。

等受教育的权利。除宪法对受教育权作出原则性规定外，我国还制定了《教育法》《义务教育法》《职业教育法》《高等教育法》《学位条例》《教师法》《民办教育促进法》《家庭教育促进法》等法律，进一步完善了教育立法，推动教育均衡发展，保障公民受教育权。

我国公民的受教育权不仅有较为完善的法制保障，在实践中也取得了积极进展，公民的受教育权保障水平显著提升，《国家中长期教育改革和发展规划纲要（2010—2020年）》为发展教育、实现公民受教育权提出的目标已基本实现。国家财政性教育经费支出占国内生产总值以不低于4%为目标，2016—2020年，全国教育经费总投入累计超过23.08万亿元。[1] 国民受教育程度大幅提升，15岁及以上人口平均受教育年限由1982年的5.3年提高到2020年的9.91年，文盲率由2010年的4.08%下降为2020年的2.67%，下降1.41个百分点，[2] 劳动年龄人口平均受教育年限达10.9年。[3] 我国的学前教育在快速发展，2021年，全国共有幼儿园29.48万所，比2017年增长15.61%，普惠性幼儿园覆盖率达到87.78%，学前教育毛入学率88.1%。颁布修订《义务教育法》，实行九年制义务教育，2021年，全国共有义务教育阶段学校20.72万所，在校生1.58亿人，九年义务教育巩固率为95.4%，义务教育普及程度已达到世界高收入国家的平均水平。高中阶段教育基本普及，2021年，全国共有普通高中1.46万所，招生904.95万人，在校生2605.03万人，高中阶段毛入学率91.4%，已超过世界中高收入国家86.7%的平均水平。高等教育蓬勃发展，2021年，全国共有高等学校3012所，其中，普通本科学校1238所；本科层次职业学校32所；高职（专科）学校1486所；成人高等学校256所。各种

---

[1] 教育部：《全国教育经费执行情况统计公告（1997—2020年）》，2021年11月30日，http://www.moe.gov.cn/jyb_xxgk/xxgk/neirong/tongji/jytj_jftjgg/，2022年6月13日。

[2] 国家统计局、国务院第七次全国人口普查领导小组办公室：《第七次全国人口普查公报（第六号）——人口受教育情况》，2021年5月11日，http://www.stats.gov.cn/tjsj/tjgb/rkpcgb/qgrkpcgb/202106/t20210628_1818825.html，2022年6月13日。

[3] 欧媚、高毅哲：《二〇二一年全国教育事业统计主要结果发布》，《中国教育报》2022年3月2日第1版。

形式的高等教育在学总规模 4430 万人，高等教育毛入学率 57.8%。① 我国还建成世界最大规模的职业教育体系，为普及高中阶段教育和推动高等教育大众化做出了重要贡献。② 根据《国家人权行动计划（2021—2025 年）》确立的目标，到 2025 年，我国学前教育毛入园率提高到 90% 以上，高中阶段教育毛入学率提高到 92% 以上，新增劳动力平均受教育年限不低于 14 年。③

六　进行科学研究、文学艺术创作和其他文化活动的自由方面的立法

《宪法》第 47 条规定："中华人民共和国公民有进行科学研究、文学艺术创作和其他文化活动的自由。国家对于从事教育、科学、技术、文学、艺术和其他文化事业的公民的有益于人民的创造性工作，给以鼓励和帮助。"作为公民的基本权利，科学研究、文艺创作和文化活动的自由，主要包括：公民可以自由地对科学领域问题进行研究探讨，不被非法干涉，并可以通过各种形式发表研究成果；可以自由选择文艺创作的内容、形式和风格，并发表创作成果，不被非法干预；还可以自由欣赏文艺作品，利用图书馆、文化馆、博物馆、美术馆等参与文化活动等。为了实现公民的这一基本权利，国家应积极创造条件，提供具体的设施与物质保障，并给予鼓励和帮助。

为从法律上进一步保障公民文化权利的实现，我国制定了《科学技术进步法》《国家科学技术奖励条例》《文物保护法》《非物质文化遗产法》《公共文化服务保障法》《电影产业促进法》《公共图书馆法》《博物馆条例》《公共文化体育设施条例》等法律法规，丰富公共文化服务内容，保障公民文化权益的实现。

国家不断完善公共文化服务体系，更充分保障公民文化权利。全国文

---

① 欧媚、高毅哲：《二〇二一年全国教育事业统计主要结果发布》，《中国教育报》2022 年 3 月 2 日第 1 版。
② 国务院新闻办公室：《改革开放 40 年中国人权事业的发展进步》，《人民日报》2018 年 12 月 13 日第 13 版。
③ 国务院新闻办公室：《国家人权行动计划（2021—2025 年）》，《人民日报》2021 年 9 月 10 日第 10 版。

化事业费投入持续快速增长,由 1978 年的 4.44 亿元增至 2017 年的 855.80 亿元,增长 192.7 倍,年均增长 14.4%。① 2020 年,全国文化事业费已达 1088.26 亿元,② 较 2017 年增长 27.16%。同时,还不断发展公共文化设施,并实施免费开放。2020 年年末,全国共有公共图书馆 3212 个,每万人拥有公共图书馆面积为 126.49 平方米,是 1978 年的 14.1 倍;全国图书总藏量 11.79 亿册,阅览室座席数 126.47 万个,供读者使用的电子阅览终端 14.37 亿台;博物馆 5452 个,比 1978 年增长 14.58 倍;博物馆文物藏品 4319.09 万件(套),博物馆接待观众人次逐年稳步增多,2018 年起已超过 10 亿人次。此外,还着力推进基本公共文化服务均等化,截至 2020 年,全国已建成村级综合性文化服务中心 575384 个;③ 截至 2021 年年末,广播节目综合人口覆盖率为 99.5%,电视节目综合人口覆盖率为 99.7%。④ 为加强科普工作,提升公民科学文化素质,还制定实施《全民科学素质行动计划纲要(2006—2010—2020 年)》《中国公民科学素质基准》《全民科学素质行动规划纲要(2021—2035 年)》。

第四节　特定群体权益条款立法的具象化

我国宪法保障全体公民普遍享有的基本权利,同时还对具有特定情况的公民设置专门条款,对其权利予以特别保护。⑤ 宪法法律对少数民族、妇女、儿童、老年人、残疾人等各类特定群体权益的平等保障和特殊保护作出了规定。现行宪法施行 40 年来,国家不断完善特定群体权益法律保

---

① 国务院新闻办公室:《改革开放 40 年中国人权事业的发展进步》,《人民日报》2018 年 12 月 13 日第 13 版。
② 文化和旅游部:《中华人民共和国文化和旅游部 2020 年文化和旅游发展统计公报》,2021 年 7 月 5 日,http://zwgk.mct.gov.cn/zfxxgkml/tjxx/202107/t20210705_926206.html,2022 年 6 月 13 日。
③ 文化和旅游部:《中华人民共和国文化和旅游部 2020 年文化和旅游发展统计公报》,2021 年 7 月 5 日,http://zwgk.mct.gov.cn/zfxxgkml/tjxx/202107/t20210705_926206.html,2022 年 6 月 13 日。
④ 国家统计局:《中华人民共和国 2021 年国民经济和社会发展统计公报》,《人民日报》2022 年 3 月 1 日第 10 版。
⑤ 周叶中主编:《宪法》(第五版),高等教育出版社 2020 年版,第 260 页。

障机制，并采取有针对性的措施，切实保障少数民族、妇女、儿童、老年人和残疾人的合法权益，使他们能以平等的地位和均等的机会充分参与国家事务管理和社会生活，共享物质文明和精神文明成果。现行宪法施行40年来，特定群体权益条款立法进一步具象化。

一　少数民族权益方面的立法

《宪法》第4条规定："中华人民共和国各民族一律平等。国家保障各少数民族的合法的权利和利益，维护和发展各民族的平等团结互助和谐关系。禁止对任何民族的歧视和压迫，禁止破坏民族团结和制造民族分裂的行为。国家根据各少数民族的特点和需要，帮助各少数民族地区加速经济和文化的发展。各少数民族聚居的地方实行区域自治，设立自治机关，行使自治权。各民族自治地方都是中华人民共和国不可分离的部分。各民族都有使用和发展自己的语言文字的自由，都有保持或者改革自己的风俗习惯的自由。"这为少数民族权益立法提供了宪法依据和基础。

《民族区域自治法》《国务院实施〈中华人民共和国民族区域自治法〉若干规定》《民族乡行政工作条例》《城市民族工作条例》《藏传佛教活佛转世管理办法》《藏传佛教学衔授予办法（试行）》等法律法规规章，细化了宪法的规定，为少数民族参与国家事务管理，少数民族受教育权利，少数民族使用和发展本民族语言文字的自由、宗教信仰自由等，提供了保障。

其一，在保障少数民族参与国家事务管理权利方面，我国55个少数民族均有本民族的全国人大代表和全国政协委员，十三届全国人大代表中，少数民族代表438名，占14.7%。近年来，全国公务员考试录用少数民族考生的比例保持在13%以上，高于少数民族人口占全国人口8.49%的比例。[①] 各民族自治地方依法享有广泛的自治权，包括政治、经济、教育、科学、文化、卫生等各项事业的自主管理权。民族自治地方的人民代表大会除享有地方国家权力机关的权力外，还有权依照当地民族的政治、

---

① 国务院新闻办公室：《为人民谋幸福：中华人民共和国人权事业发展70年》，《人民日报》2019年9月23日第14版。

经济和文化特点，制定自治条例和单行条例。155个民族自治地方的人民代表大会常务委员会中，均有实行区域自治民族的公民担任主任或者副主任；民族自治地方政府的主席、州长、县长或旗长，均由实行区域自治民族的公民担任。

其二，在维护少数民族的受教育权利方面，通过发展各级各类民族学校，对少数民族考生升学予以照顾，在广大农牧区推行寄宿制教育，促进教育公平，保障少数民族受教育权利。目前，民族地区已全面普及从小学到初中9年义务教育，西藏自治区、新疆维吾尔自治区的南疆地区等实现了从学前教育到高中阶段15年免费教育。① 同时，还通过举办内地西藏班、新疆班，实施"少数民族预科班、民族班""少数民族高层次骨干计划"等，保障少数民族学生享有接受优质教育的机会。

其三，在保障少数民族使用和发展本民族语言文字的自由方面，我国除回族和满族通用汉语文外，其他53个少数民族都有本民族语言，有22个少数民族共使用28种文字。国家依法保障少数民族语言文字在行政司法、新闻出版、广播影视、文化教育等各领域的合法使用。建设中国少数民族濒危语言数据库，设立并实施"中国语言资源保护工程"。新疆维吾尔自治区使用汉、维吾尔、哈萨克、柯尔克孜、蒙古、锡伯6种语言文字出版报纸、图书、音像制品和电子出版物，使用多语言、多文种播送电视和广播节目等。国家在民族地区实施双语教育，基本建立起从学前到高中阶段的双语教育体系。② 截至2020年，民族自治地方共设置广播电台、电视台、广播电视台等播出机构729个，全国各级播出机构共开办民族语电视频道279套，民族语广播188套。③

其四，在保障少数民族宗教信仰自由方面，少数民族正常的宗教活动和宗教信仰依法受到保护，正常宗教需求得到满足。西藏自治区有藏传佛

---

① 国务院新闻办公室：《为人民谋幸福：中华人民共和国人权事业发展70年》，《人民日报》2019年9月23日第14版。

② 国务院新闻办公室：《为人民谋幸福：中华人民共和国人权事业发展70年》，《人民日报》2019年9月23日第14版。

③ 国务院新闻办公室：《全面建成小康社会：中国人权事业发展的光辉篇章》，《人民日报》2021年8月13日第10版。

教活动场所1787处，住寺僧尼4.6万多人。新疆维吾尔自治区有清真寺、教堂、寺院、道观等宗教活动场所2.48万座，其中清真寺有2.44万多座，教职人员2.93万人，学生可在伊斯兰教经学院接受本科教育，《古兰经》《布哈里圣训实录精华》等出版发行达176万余册。①

二 妇女、儿童和老年人权益方面的立法

《宪法》第48条规定："中华人民共和国妇女在政治的、经济的、文化的、社会的和家庭的生活等各方面享有同男子平等的权利。国家保护妇女的权利和利益，实行男女同工同酬，培养和选拔妇女干部。"第49条规定："婚姻、家庭、母亲和儿童受国家的保护。禁止破坏婚姻自由，禁止虐待老人、妇女和儿童。"这为妇女、儿童和老年人权益立法提供了宪法依据和基础。

其一，为切实保障妇女参与公共事务管理和经济社会发展的权利，进一步贯彻落实男女平等基本国策，制定施行《妇女权益保障法》等法律法规，全面保障妇女的政治权利、文化教育权益、劳动和社会保障权益、财产权益、人身权利和婚姻家庭权益等。妇女参政议政的权利得到切实保障，十三届全国人大有742名女性代表，占比24.9%，是历届人大代表中女性比重最高的一届；十三届全国政协现有440名女性委员，占比20.4%，也是历届政协委员中女性比重最高的一届。② 20世纪90年代以来，历次党代会报告都明确要求重视培养选拔女干部。1950年全国干部队伍中女干部人数为6.5万人；2018年全国公务员中女干部人数为192.8万人，占比26.8%。③ 女性受教育权得到切实保障，2020年，接受学前教育的女童所占比重为47.2%，比2010年提高1.7个百分点；九年义务教育阶段在校生中女生为7285.2万人，比2010年增加197.5万人，增长

---

① 国务院新闻办公室：《为人民谋幸福：中华人民共和国人权事业发展70年》，《人民日报》2019年9月23日第14版。

② 国家统计局：《〈中国妇女发展纲要（2011—2020年）〉终期统计监测报告》，2021年12月21日，http://www.gov.cn/xinwen/2021-12/21/content_5663667.htm，2022年6月13日。

③ 国务院新闻办公室：《为人民谋幸福：中华人民共和国人权事业发展70年》，《人民日报》2019年9月23日第14版。

2.8%，占在校生的比重为46.6%；高中阶段教育共有在校女生1950.4万人，占比46.9%；其中，普通高中在校生中的女生为1257.5万人，占比50.4%，连续6年保持在半数以上；高等教育在校生中女研究生人数为159.9万人，占全部研究生的比重达到50.9%，女生占比超过男生。① 女性就业、劳动保护等权益保障不断加强，妇女就业渠道不断拓宽，女性就业人数稳步增长，2020年，女性就业人员占全社会就业人员的比重为43.5%；全国执行《女职工劳动保护特别规定》的企业比重达71.3%，比2010年提高16.4个百分点，推动了女职工劳动条件不断改善。截至2020年年底，实现脱贫的近一亿人口中妇女约占一半。②

其二，为加强妇幼卫生保健，维护妇女儿童健康权益，制定施行《母婴保健法》等法律法规，为婚前保健和孕产期保健等提供了法制保障。妇女儿童健康水平不断提高，女性人均预期寿命从2010年的77.37岁提高到2015年的79.43岁，2020年进一步提高到80.88岁。③ 据联合国《世界人口展望》测算结果，2020年，我国女性的人均预期寿命水平在184个国家中位列第62位，比世界女性平均水平高4岁。2020年，我国孕产妇死亡率下降到16.9/10万，④ 婴儿死亡率下降到5.4‰⑤。国家实施妇女宫颈癌和乳腺癌免费检查项目，将宫颈癌和乳腺癌纳入国家大病救治范围，截至2018年，累计开展宫颈癌免费检查近1亿人次，乳腺癌免费检查超过3000万人次。按照每人救助1万元的标准，累计发放中央专项彩票公益金和筹集的社会资金13亿多元，救助贫困患病妇女13.22万名。⑥ 2011年

---

① 国家统计局：《〈中国妇女发展纲要（2011—2020年）〉终期统计监测报告》，2021年12月21日，http://www.gov.cn/xinwen/2021-12/21/content_5663667.htm，2022年6月13日。

② 国家统计局：《〈中国妇女发展纲要（2011—2020年）〉终期统计监测报告》，2021年12月21日，http://www.gov.cn/xinwen/2021-12/21/content_5663667.htm，2022年6月13日。

③ 国家统计局：《〈中国妇女发展纲要（2011—2020年）〉终期统计监测报告》，2021年12月21日，http://www.gov.cn/xinwen/2021-12/21/content_5663667.htm，2022年6月13日。

④ 国家统计局：《〈中国妇女发展纲要（2011—2020年）〉终期统计监测报告》，2021年12月21日，http://www.gov.cn/xinwen/2021-12/21/content_5663667.htm，2022年6月13日。

⑤ 国家统计局：《〈中国儿童发展纲要（2011—2020年）〉终期统计监测报告》，2021年12月21日，http://www.gov.cn/xinwen/2021-12/21/content_5663694.htm，2022年6月13日。

⑥ 国务院新闻办公室：《为人民谋幸福：中华人民共和国人权事业发展70年》，《人民日报》2019年9月23日第14版。

起，国家免费孕前优生健康检查项目全面实施，2020 年，全国共为 867 万名计划怀孕夫妇提供免费检查，目标人群覆盖率平均达 96.4%，筛查出的风险人群全部获得针对性的咨询指导和治疗转诊等服务。2020 年，妇女常见病筛查率达到 86.6%，孕产妇产前检查率为 97.4%，住院分娩率达 99.9%。①

其三，为加强妇女儿童保护和救助，制定实施《反家庭暴力法》，通过确立并实施强制报告、公安告诫、人身安全保护令、紧急庇护等制度，保障包括妇女在内的家庭成员的合法权益。制定实施《未成年人保护法》《预防未成年人犯罪法》等法律法规，保护未成年人的身心健康，保障未成年人的合法权益。同时，还着力整治校园暴力和学生欺凌行为，强化留守儿童父母或受委托监护人的监护主体责任，严厉打击侵害农村留守儿童的违法犯罪活动。推动落实性违法犯罪人员从业禁止、校园性侵强制报告等制度。此外，中国政府先后制定实施了三个中国妇女发展纲要和三个中国儿童发展纲要，积极倡导并切实实现男女平等，不断加大女职工劳动就业、劳动保护、生育保障等权益的保护力度，加强儿童权利保护。《刑法修正案（九）》作出有利于保障妇女儿童权益的重要修改，更加有力地惩处强奸幼女、拐卖妇女儿童的犯罪行为。2009 年，公安部建立了世界上第一个打拐 DNA 信息库，充分运用互联网等先进科技手段解救被拐卖儿童，推出公安部儿童失踪信息紧急发布平台，建立失踪儿童快速救助联动机制，目前已帮助 5500 余名被拐儿童与家人团聚。② 2021 年，全国共有儿童福利和救助保护机构 801 个，床位 9.6 万张。③

其四，为保障老年人合法权益，制定实施《老年人权益保障法》等法律法规，全面保障老年人从国家和社会获得物质帮助的权利、享受社会服务和社会优待的权利，以及参与社会发展和共享发展成果的权利。同时，

---

① 国家统计局：《〈中国妇女发展纲要（2011—2020 年）〉终期统计监测报告》，2021 年 12 月 21 日，http://www.gov.cn/xinwen/2021-12/21/content_ 5663667.htm，2022 年 6 月 13 日。
② 国务院新闻办公室：《改革开放 40 年中国人权事业的发展进步》，《人民日报》2018 年 12 月 13 日第 13 版。
③ 国家统计局：《中华人民共和国 2021 年国民经济和社会发展统计公报》，《人民日报》2022 年 3 月 1 日第 10 版。

国务院还出台《关于制定和实施老年人照顾服务项目的意见》《老年教育发展规划（2016—2020年）》《关于切实解决老年人运用智能技术困难的实施方案》等政策文件，初步建立养老法规政策体系。养老服务逐步从以机构集中照料为主，拓展到以居家为基础、社区为依托、机构为补充、医养相结合的养老服务体系建设和以家庭养老支持、互助养老为新突破点的融合发展。① 截至 2020 年 11 月，全国 60 岁及以上人口为 2.64 亿人，占 18.70%。② 2021 年年末，全国共有养老机构 4.0 万个，养老服务床位 813.5 万张。③ 截至 2020 年年底，全国共有 3853.7 万老年人享受老年人补贴，其中享受高龄补贴的老年人 3104.4 万人，享受养老服务补贴的老年人 535.0 万人，享受护理补贴的老年人 81.3 万人，享受综合老龄补贴的老年人 132.9 万人。2020 年，全国共支出老年人福利经费 517 亿元。④

三 残疾人权益方面的立法

《宪法》第 45 条第 3 款规定："国家和社会帮助安排盲、聋、哑和其他有残疾的公民的劳动、生活和教育。"这为残疾人权益立法提供了宪法依据和基础。

为了进一步维护残疾人的合法权益，保障残疾人平等地充分参与社会生活，共享社会物质文化成果，制定并实施《残疾人保障法》《残疾预防和残疾人康复条例》《残疾人教育条例》《残疾人就业条例》《无障碍环境建设条例》等法律法规，全面保障残疾人享有康复服务的权利，平等接受教育的权利，劳动的权利，平等参与文化生活的权利，享有各项社会保障的权利，以及获得无障碍环境支持的权利等。

---

① 国务院新闻办公室：《为人民谋幸福：中华人民共和国人权事业发展 70 年》，《人民日报》2019 年 9 月 23 日第 14 版。
② 国家统计局、国务院第七次全国人口普查领导小组办公室：《第七次全国人口普查公报（第五号）——人口年龄构成情况》，2021 年 5 月 11 日，http://www.stats.gov.cn/tjsj/tjgb/rkpcgb/qgrkpcgb/202106/t20210628_1818824.html，2022 年 6 月 13 日。
③ 国家统计局：《中华人民共和国 2021 年国民经济和社会发展统计公报》，《人民日报》2022 年 3 月 1 日第 10 版。
④ 国家卫生健康委员会：《2020 年度国家老龄事业发展公报》，2021 年 10 月 15 日，http://www.nhc.gov.cn/lljks/pqt/202110/c794a6b1a2084964a7ef45f69bef5423.shtml，2022 年 6 月 13 日。

其一，在保障残疾人康复权方面，制定实施《残疾预防和残疾人康复条例》，残疾人康复机构从无到有，专业队伍逐渐壮大，服务能力日益提高。截至 2021 年年底，全国有残疾人康复机构 11260 个，康复机构在岗人员达 31.8 万人，已竣工各级残疾人康复设施 1164 个，总建设规模 550.6 万平方米，总投资 178.1 亿元。[1] 建立残疾儿童康复救助制度，为残疾儿童接受基本康复救助提供制度性保障。2021 年，在改善康复服务方面，残疾人基本康复服务覆盖率、残疾人基本型辅助器具适配率均达到 80%以上。[2]

其二，在保障残疾人受教育权方面，制定实施《残疾人教育条例》，将残疾人教育纳入《国家中长期教育改革和发展规划纲要（2010—2020 年）》和《"十三五"推进基本公共服务均等化规划》，制定实施两期《特殊教育提升计划》，提高残疾人受教育水平。自 2016 年秋季起，为家庭经济困难的残疾学生提供从小学到高中阶段的 12 年免费教育。截至 2016 年，视力、听力、智力三类残疾儿童义务教育入学率超过 90%，其他类别残疾儿童受教育机会明显增加。[3] 2021 年，全国共有特殊教育普通高中（部、班）117 个，在校生 11847 人；残疾人中等职业学校（班）161 个，在校生 17934 人；全国有 14559 名残疾人被普通高等院校录取，2302 名残疾人进入高等特殊教育学院学习。[4]

其三，在保障残疾人劳动就业权方面，《残疾人保障法》《就业促进法》都对保障残疾人的劳动就业权利作了明确规定，《残疾人就业条例》对残疾人就业方针、政府职责、用人单位责任、保障措施、就业服务及法律责任等作了详细规定。省、市、县三级政府建立了专门的残疾人就业服务机构，截至 2020 年，全国共有残疾人就业服务机构 2811 家，工作人员

---

[1] 中国残疾人联合会：《2021 年残疾人事业发展统计公报》，2022 年 3 月 31 日，https：//www.cdpf.org.cn/zwgk/zccx/tjgb/0047d5911ba3455396faefcf268c4369.htm，2022 年 6 月 13 日。

[2] 顾磊：《中国残联：基本康复服务覆盖率超 80%》，《人民政协报》2021 年 8 月 31 日第 10 版。

[3] 国务院新闻办公室：《改革开放 40 年中国人权事业的发展进步》，《人民日报》2018 年 12 月 13 日第 13 版。

[4] 中国残疾人联合会：《2021 年残疾人事业发展统计公报》，2022 年 3 月 31 日，https：//www.cdpf.org.cn/zwgk/zccx/tjgb/0047d5911ba3455396faefcf268c4369.htm，2022 年 6 月 13 日。

3.4万人。① 实施残疾人职业技能提升计划，建立了500家国家级残疾人职业培训基地，350家省级残疾人职业培训基地。近十年来，中国残疾人就业总体规模与结构趋于稳定，新增残疾人就业人数每年保持在30万人以上。② 2021年城乡持证残疾人新增就业40.8万人，其中，城镇新增就业13.2万人，农村新增就业27.6万人；全国城乡实名培训残疾人57.1万人。截至2021年，全国城乡持证残疾人就业人数为881.6万人。③

其四，在保障残疾人文化权利方面，国家将残疾人文化服务纳入国家公共文化服务体系之中。2021年7月，国务院印发的《"十四五"残疾人保障和发展规划》明确把"提升残疾人公共文化服务"作为重点任务；2021年9月，中国残联、中央宣传部、中央网信办、中央文明办、文化和旅游部、国家广播电视总局联合制定了《"十四五"提升残疾人文化服务能力实施方案》，以保障残疾人平等享有公共文化服务权益，多层次、多样化提供优秀文化产品和服务。截至2021年年底，全国共有省、地市级残疾人专题广播节目226个、电视手语栏目291个。全国各级公共图书馆设立盲文及盲文有声读物阅览室1315个。④ 在全国开展残疾人文化周和"共享芬芳"公益巡演展览等文化活动，每年有200多万残疾人参与。努力发展残疾人特殊艺术，每四年举办一届全国残疾人艺术会演，每届直接和间接参与的残疾人达十余万人。⑤ 截至2021年年底，开展残疾人文化周活动9315场次；全国共有省地两级残联艺术团248个。⑥

其五，在保障残疾人社会保障权方面，全面建立困难残疾人生活补贴

---

① 国务院新闻办公室：《全面建成小康社会：中国人权事业发展的光辉篇章》，《人民日报》2021年8月13日第10版。

② 国务院新闻办公室：《平等、参与、共享：中华人民共和国残疾人权益保障70年》，《人民日报》2019年7月26日第17版。

③ 中国残疾人联合会：《2021年残疾人事业发展统计公报》，2022年3月31日，https：//www.cdpf.org.cn/zwgk/zccx/tjgb/0047d5911ba3455396faefcf268c4369.htm，2022年6月13日。

④ 中国残疾人联合会：《2021年残疾人事业发展统计公报》，2022年3月31日，https：//www.cdpf.org.cn/zwgk/zccx/tjgb/0047d5911ba3455396faefcf268c4369.htm，2022年6月13日。

⑤ 国务院新闻办公室：《改革开放40年中国人权事业的发展进步》，《人民日报》2018年12月13日第13版。

⑥ 中国残疾人联合会：《2021年残疾人事业发展统计公报》，2022年3月31日，https：//www.cdpf.org.cn/zwgk/zccx/tjgb/0047d5911ba3455396faefcf268c4369.htm，2022年6月13日。

和重度残疾人护理补贴制度，惠及 2100 万残疾人。① 截至 2021 年年底，参加城乡居民基本养老保险的残疾人数达 2733.1 万人。708.8 万名 60 岁以下参保的重度残疾人中，有 685.9 万人享受到个人缴费资助政策，占比 96.8%。同时 292.7 万非重度残疾人参保也得到了个人缴费资助，1176.8 万残疾人领取养老金。全国共有已竣工的各级残疾人托养服务设施 1048 个，总建设规模 303.8 万平方米，总投资 82.8 亿元；共有残疾人托养服务机构 11278 个，为 13.8 万残疾人提供托养服务，有 47.1 万残疾人接受了居家服务。② 此外，对贫困残疾人参加医疗保险给予费用减免，将运动疗法等 29 项医疗康复项目纳入基本医疗保险支付范围。③

其六，在保障残疾人获得无障碍环境支持方面，制定实施《无障碍环境建设条例》，在无障碍设施建设、信息交流、社区服务等方面作出规定，保障残疾人等社会成员平等参与社会生活。同时，还制定实施《方便残疾人使用的城市道路和建筑物设计规范》《无障碍设计规范》《无障碍设施施工验收及维护规范》《城市公共交通设施无障碍设计指南》《标志用公共信息图形符号第 9 部分：无障碍设施符号》等规范性文件和国家标准，细化无障碍设计、施工和验收规范。截至 2020 年，1753 个市、县开展无障碍建设，全国累计创建 469 个无障碍市县村镇。全国村（社区）综合服务设施中有 81.05% 的出入口、56.58% 的服务柜台、38.66% 的厕所进行了无障碍建设和改造。2016—2020 年，全国共有 65 万贫困重度残疾人家庭得到了无障碍改造。④ 截至 2021 年年底，全国已竣工的各级残疾人综合服务设施 2290 个，总建设规模 612.9 万平方米，总投资 197.6 亿元。⑤

---

① 国务院新闻办公室：《为人民谋幸福：中华人民共和国人权事业发展 70 年》，《人民日报》2019 年 9 月 23 日第 14 版。
② 中国残疾人联合会：《2021 年残疾人事业发展统计公报》，2022 年 3 月 31 日，https：//www.cdpf.org.cn/zwgk/zccx/tjgb/0047d5911ba3455396faefcf268c4369.htm，2022 年 6 月 13 日。
③ 国务院新闻办公室：《改革开放 40 年中国人权事业的发展进步》，《人民日报》2018 年 12 月 13 日第 13 版。
④ 国务院新闻办公室：《全面建成小康社会：中国人权事业发展的光辉篇章》，《人民日报》2021 年 8 月 13 日第 10 版。
⑤ 中国残疾人联合会：《2021 年残疾人事业发展统计公报》，2022 年 3 月 31 日，https：//www.cdpf.org.cn/zwgk/zccx/tjgb/0047d5911ba3455396faefcf268c4369.htm，2022 年 6 月 13 日。

第五章　中国基本权利立法之完善方略

思想（认识）是行动的先导，[①] 认识上的偏差会误导人们的行动。因此，完善基本权利立法，首先需要纠正基本权利立法认识上之偏差。充分认识并厘清基本权利立法之价值、功能，以及其与中国法治之契合性，这是对基本权利进行立法的思想认识基础。在此基础之上，需要从两个向度协同着力：一个向度是，正向强化权利立法，促进基本权利立法转型升级；另一个向度是，规控立法权合宪行使，克服基本权利立法的局限。唯此，才能真正形成完备的基本权利法律规范体系，实现"基本权利有效性"和"人权保障法治化"之目标。

第一节　基本权利立法之机理缘由
——权利立法之认识纠偏

中国为什么需要基本权利立法？这是基本权利立法研究要具有"中国问题意识"和"中国实际意义"必须回答的问题。基本权利立法有其内在的价值，能够有效保障基本权利、平衡权利冲突、制约公权力等；同时，基本权利立法还具有外溢的功能，对于完善中国特色社会主义法治体系、夯实中国共产党执政合法性基础以及增强中国国际人权对话合作成效等，能够发挥十分重要的积极作用。可见，基本权利立法能够带来巨大的增量效益，能够以较小的立法成本实现较大的立法收益。更为重要的是，基本

[①] 郝铁川：《论依法治国与以德治国》，《求是》2001年第6期。

权利立法在法理观念、法律传统、法治阶段、法权定位、法制体系五个方面与中国的国情具有全面且高度的契合性。

一 基本权利立法之内在价值

基本权利立法的内在价值（intrinsic value），意在探寻基本权利立法对基本权利本身所具有的正面作用，其是以基本权利为中心，以单向的视角"向内"观察基本权利立法对基本权利的功效。概言之，基本权利立法的内在价值有三：基本权利之有效保障、基本权利冲突之平衡和基本权利制约公权力。

（一）基本权利之有效保障

任何权利均具有"制度保障"之品格，因为，任何权利与自由都不可能是"法外之物"——法外或先在于法律的权利与自由仅是自然权利不具有法律实效性，权利与自由的内容与范围均需立法者通过法律来形塑，否则，宪法规定的基本权利框架结构就得不到具体内容之充实，基本权利也因此不具有可操作性，从而失去实证之含义。[1]

"宪法是人权保障法"乃在宪法价值论层面的判断,[2] 价值判断通常具有应然性和或然性。应然性的价值判断并不等于"实然"，正如同或然性的价值判断并不等同于"必然"一样。宪法作为"人权保障法"的必然性和实然性，有赖于立法机关通过立法对宪法基本权利进行具体化，使其由抽象权利转化为具体权利。

由此可见，基本权利立法是基本权利得以切实有效保障的前提，如若基本权利没有具体化为切实可行的法律规范，基本权利保障就只是一句空洞的口号。"唯有立法者已经制定法规、确立了保障之标准，来满足其宪法所赋予保障人权之义务时，人权的保障才具体化了。"[3] 基本权利的实现

---

[1] 宪法作为根本法，与其他部门法的一个重大区别就在于，宪法规范是一种"框架性"的法律规范。正因如此，德国许多学者将宪法秩序界定为一种"框架性秩序"。参见苏俊雄《论"宪法"审判之法律性与政治性——兼论功能导向分析法之运用》，1999年。

[2] 宪法在其本体论上即"国家权力配置法"，详见江国华《司法立宪主义与中国司法改革》，《法制与社会发展》2016年第1期。

[3] ［德］彼得·巴杜拉：《国家保障人权之义务与法治国家宪法之发展》，载陈新民《宪法基本权利之基本理论》（上），元照出版公司1999年版，第11—12页。

首先要依靠各国的立法手段,也就是说,任何国家都是通过制定宪法和法律的手段,把需要加以保障的各种形式和各种层次的人权加以具体化和规范化,将人权要求上升到人权规范,通过法律制度来保障人权的实现。① 概言之,基本权利立法,实现了基本权利从应然状态(价值理念)进入法然状态(法律权利)、从抽象权利(宪法权利)转化为具体权利(普通法律权利)的目标,② 使得基本权利的内容和国家对基本权利的义务都具有了明确的标准,从而具有现实可操作性(即有效性)。

如是,可以说,正是基本权利立法铺设了基本权利由法律权利通向现实权利(生活权利)的制度性管道。换言之,基本权利立法,使得宪法真正成为"生活之法"③——因为,正是基本权利立法才使得基本权利具有"有效性"。

(二) 基本权利冲突之平衡

基本权利冲突,是指基本权利主体之间的权利主张相互对立,一个基本权利主体行使其权利会影响(侵害)到另一个主体的基本权利。④ 亦即,基本权利冲突情形下,一方主体权利的满足必然意味着相对方主体权利的消减。换言之,基本权利冲突情形下,基本权利主体之间的权利是此消彼长的关系。例如,孕妇堕胎问题上,孕妇个人的人格发展权与胎儿的生命权之间就存在冲突,孕妇人格发展权之实现就必然意味着胎儿生命权受到侵害,反之亦反。

基本权利冲突产生的根源在于,宪法保障的利益与价值具有多元性,这就决定了各项基本权利之间具有内在的紧张关系。因而,基本权利主体之间的权利主张难免出现相互对立、产生冲突的情形,如言论自由与人格尊严之间、游行示威自由导致交通拥堵与他人行动自由之间都会产生冲

---

① 莫纪宏:《国际人权公约与中国》,世界知识出版社2005年版,第69页。
② 广义的基本权利立法包括基本权利立宪(入宪),这是基本权利由价值理念转化为法律权利的第一步,即由价值理念转化为宪法权利;狭义的基本权利立法仅指普通法律对宪法基本权利条款的立法具体化,这是基本权利由价值理念转化为法律权利的第二步,即由宪法权利落实为普通法律权利。
③ 周叶中教授最先提出了"宪法是生活之法"的观点,他认为,"宪法既是政治性的规范,又是公民的生活规范,宪法与公民的生活息息相关"。参见周叶中《宪法与公民生活息息相关——关于树立我国宪法权威的一点思考》,《求是》2004年第11期。
④ 张翔:《基本权利的规范建构》,法律出版社2017年版,第148页。

突，这均属正常的现象。可见，不同基本权利之间，不仅存在相互冲突的潜在可能性，而且还存在彼此对抗的显在现实性。

由于，基本权利具有"双重属性"：一方面防御国家权力侵害，是个人对抗国家的"主观权利"；另一方面要求国家权力必须维护特定秩序，是国家应该遵守的"客观的法"（客观价值秩序）。基于此，国家对基本权利就负有多重义务，既负有消极不侵犯的义务，又负有积极实现基本权利，为基本权利排除妨害的保护义务。可见，基本权利首先是个人对国家的主张，涉及个人与国家之间的关系。正因如此，基本权利冲突必然要求国家介入其中。故而，基本权利冲突情形下，至少涉及三方主体：两个权利主张相互对立的基本权利主体，再加上国家这个主体。如是，基本权利冲突关系就表现为一个至少有三方主体的三角关系（见图5-1）。在这一三角关系中，权利主体 A 和 B 之间的权利主张相互对立，形成基本权利冲突；国家基于保护义务之存在，需要对 A 和 B 之间的权利主张进行权衡以确定优先保障何种权利主张。

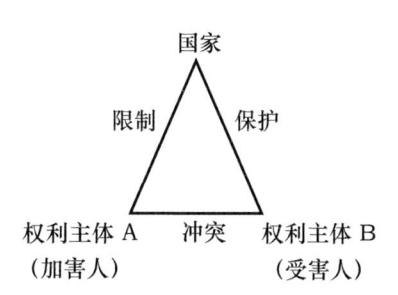

图 5-1 基本权利冲突情形下三方主体的关系

以堕胎问题为例，权利主体 A（孕妇）主张个人的人格发展权，要求享有堕胎的自由，权利主体 B（胎儿）则享有生命权；如是，A 和 B 之间存在基本权利冲突。A 若堕胎，则意味着对 B 的生命权构成了侵害，可将 A 定义为"加害人"，而将 B 称为"受害人"。此时，国家若通过立法将堕胎行为规定为犯罪，就是对 B 的生命权的保护，但同时也意味着对 A 的人格发展权的限制（"侵害"）；而国家立法若允许堕胎，就保护了 A 的人格发展权，却"侵害"了 B 的生命权。由此可见，基本权利冲突情形下，国家对一方权利的保障，同时构成对另一方权利的"侵害"。①

　　国家介入基本权利冲突，对不同基本权利进行衡量与调和，其方式主要有立法、执法和司法三种。②然而，立法是平衡基本权利冲突的首要方式，具体缘由有三：一是立法确立了平衡（解决）基本权利冲突的一般规则，这就为执法明确了行为准则，为司法提供了裁判准据；二是立法机关作为天然的利益协调部门，更适宜在充分衡量各种利益的基础之上制定出协调基本权利冲突的法律规则；三是立法制定平衡基本权利冲突的规则，能够避免执法和司法在基本权利冲突个案衡量中的主观随意性。毕竟，规则之存在，是运用规则来平衡基本权利冲突的前提。否弃规则，完全任凭执法者和法官通过内心确认来平衡基本权利冲突的个案衡量式方法，尽管具有实用性能够解决具体个案，但是，难以给出一个令人信服的客观标准，③甚或陷入主观恣意导致执法和司法的专横。

　　当然，执法和司法过程中的个案衡量，并非毫无存在的价值，在基本权利冲突的实践层面，个案衡量方法是必要的——因为，基本权利冲突是抽象层次的价值冲突，立法者不可能穷尽社会生活情形制定出能够解决全部基本权利冲突的一般规则。④但是，个案衡量必须遵循"普通法律规范

---

　　①　张翔：《基本权利冲突的规范结构与解决模式》，《法商研究》2006 年第 4 期。
　　②　国家介入基本权利冲突的方式，主要包括立法、执法和司法三种。恰如张翔教授所言："基本权利的冲突必然要求国家的介入，这种介入可能是国家立法中对不同基本权利的衡量和调和，也可能是在执法与司法中作基本权利的考量。"参见张翔《基本权利的规范建构》，法律出版社 2017 年版，第 149 页。
　　③　个案衡量过程中，执法者和法官不再是执法者和裁判者，而更像是一个法律规则的制定者，这是民主政治难以容忍的。正如美国学者艾林尼可夫所言："（个案）衡量论有一个最终的反讽。一开始，衡量论是一种解放性的方法论，它把蒙蔽法官双眼的眼罩摘了下来，让他们可以开放地把宪法与真实世界之间的联系纳入考量。通过倡导实用主义的、现实主义的宪法思维，衡量论承诺给出适用宪法的客观的、根植于社会现实的教条。但是，它给出了答案，却无法说服众人。" See Aleinikoff, T. Alexander, "Constitutional Law in the Age of Balancing", *The Yale Law Journal*, Vol. 96, No. 5, April 1987, pp. 943 – 1005.
　　④　有学者正是基于"基本权利冲突的解决不可能有普适的依据"之考量，提出：应该"返回法的形而下"，走向"具体实证"，就个案进行具体的价值衡量。参见林来梵、张卓明《论权利冲突中的权利位阶——规范法学视角下的透析》，《浙江大学学报》（人文社会科学版）2003 年第 6 期。

优先适用"的规则,即在具体个案中尊重并优先适用立法者为解决基本权利冲突所设计的规则。由此可见,基本权利冲突的平衡之道在于:立法衡量基础之上,执法和司法于个案之中具体调和。

(三)基本权利制约公权力

对公权力的制约有两种方式,一是对公权力整体作出结构设计上的安排,比如联邦制和分权制,即以权力制约权力;二是通过宪法和法律明确规定应受到保护之自由和权利,即以权利制约权力。国家权力不得侵犯宪法所确认的公民基本权利,而且有义务保障公民基本权利之实现。[1]

基本权利是指向于国家公权力的一种权利,基本权利的内容对应的是国家的义务。宪法的抽象性和原则性,决定了基本权利必须通过立法才能够形成其具体内容,明确其行使界限。[2] 可见,立法具体化基本权利是国家权力负有的义务。立法机关必须积极形成基本权利的具体内容,谨慎划定基本权利的明确界限,以明确国家权力负有的义务和国家权力运行的空间。

基本权利通过法律(立法)的具体化,进一步确立了行政权行使的准则和司法权裁判的依据,为行政权和司法权之运行明确法定边界。如是,基本权利不仅约束立法权,又通过法律(立法)对行政权和司法权形成具体有效制约,即基本权利拘束行政权和司法权的具体规则,有赖于立法机关制定法律予以明确细化。换言之,尽管基本权利具有直接约束全部国家权力的效力,但是,其拘束行政权和司法权的具体规则是通过立法形成和细化的,而唯有精细化的具体规则,才能有效制约行政权和司法权,使执法者须臾不敢忘记法定职责、司法者片刻不敢违背法律准则,如此,才能对基本权利形成具体有效保障,而不是流于抽象空洞的形式。

由此可见,基本权利立法不仅更加明确地保障了基本权利,而且进

---

[1] 周叶中主编:《宪法》(第五版),高等教育出版社2020年版,第185页。
[2] 刘志刚:《限制抑或形成:论关涉基本权利法律之功能的二元性》,《河南政法管理干部学院学报》2005年第6期。

一步明确了国家公权力的行为规范,划定了公权力行使的界限,能够起到限制和制约公权力的作用。恰如赵汀阳先生所言,现代政治之基本原则即是以权利抵抗权力,公民个人除了权利,就没有什么可以用来保护自己的了。① 而确认和保障公民权利的最终依凭是法律规定,故而公民个人获取权利离不开基本权利立法。法律(立法)确认和保护的权利越多,公民个人越能依凭法律维护自身合法权利,同时,也越能有效制约国家公权力。②

二 基本权利立法之外溢功能

基本权利立法的外溢功能(outward function),可以看作基本权利立法的使用价值(use value),旨在发现基本权利立法对基本权利以外的事务所具有的积极作用,其是以基本权利立法为一端,以关联的视角"向外"观察基本权利立法对与之有联系事务的功用。概言之,基本权利立法的外溢功能有三:完善中国特色社会主义法治体系、夯实中国共产党执政合法性基础和增强中国国际人权对话合作成效。

(一)中国特色社会主义法治体系之完善

2014年,党的十八届四中全会确立了"全面推进依法治国,建设中国特色社会主义法治体系,建设社会主义法治国家"的总目标,并明确了法治体系的五大内容,即法律规范体系、法治实施体系、法治监督体系、法治保障体系和党内法规体系。③ 这其中,法律规范体系是法治的前提和基础——法律规范是实现法治的制度性前提,④ 缺乏科学完备的法律规范,就不可能实现法治。

中国特色社会主义法治体系建设,首要之义就是要形成完备的法律

---

① 赵汀阳:《坏世界研究:作为第一哲学的政治哲学》,中国人民大学出版社 2009 年版,第 235 页。
② 徐爽:《以权利制约权力——社会主义法律体系与基本权利立法实践的发展》,《政法论坛》2011 年第 6 期。
③ 《中共中央关于全面推进依法治国若干重大问题的决定》,《人民日报》2014 年 10 月 29 日第 1 版。
④ 陈金钊:《多元规范的思维统合——对法律至上原则的恪守》,《清华法学》2016 年第 5 期。

规范体系。以规范对象为标准，可将法律规范分为两大类：一类是规范公民行为、社会生活和市场秩序的法律规范；另一类是规范国家、政府、政党治理行为的法律规范。法治体系之"法"更加侧重后一类，即主要是规范国家、政府、政党公权力行为的法，也就是说，法治的"法"主要是指治官（治权）的法。① 这类法律规范的权利主体是公民个人，其权利源泉即是基本权利。因此，基本权利立法，正是形成公权力行为规范的重要方式。在一定意义上，基本权利法律规范体系也就是公权力行为规范体系。

2011年3月，时任全国人大常委会委员长吴邦国宣布"中国特色社会主义法律体系已经形成"②。然而，"法律体系形成并不意味着法律规范已经完备"③。事实上，法律规范部门化和地方化倾向依然严重，法律规范互相冲突的问题依然突出，下位法违反上位法减免公权力责任、限缩公民权利的情况依然存在，落实基本权利的法律规范依然还留有许多缺项，法律规范的针对性和可操作性依然还不够强，等等。可见，形成完备的法律规范体系并不是"过去完成"时态，而是处于"现在进行"时态。基本权利法律规范体系是社会主义法律体系的核心和重点，这是由社会主义国家的性质和人民作为主权者的地位决定的。因此，加强和完善基本权利立法，形成完备的基本权利法律规范体系，对于完善中国特色社会主义法治体系具有重要积极的作用。

（二）中国共产党执政合法性基础之夯实

任何统治都是需要"理由"的，执掌政权统治国家更是需要有"正当理由"，这些"理由"就是为了回答统治的"合法性"（legitimacy）问题。何谓合法性？这是政治哲学和法哲学中重要而复杂的问题，不同学者如

---

① 姜明安：《法治中国向法治体系迈进》，《北京日报》2014年10月27日第17版。
② 吴邦国：《全国人民代表大会常务委员会工作报告——二〇一一年三月十日在第十一届全国人民代表大会第四次会议上》，《人民日报》2011年3月19日第1版。
③ 张文显：《建设中国特色社会主义法治体系》，《法学研究》2014年第6期。

让-马克·夸克①、马克斯·韦伯②、尤尔根·哈贝马斯③等从不同角度对"合法性"进行了探究，得出的观点不尽相同。但是，对"合法性"的认识有以下共同点：一是合法性的直接含义是合法律性；二是合法性的第一要旨是社会公众对统治权力的一种认可、认同或赞同；三是合法性的统治应当是"法的统治"，而且所依据的法律应当是"正当合理"的法律；四是社会政治权力的合理性一旦丧失，势必引发其合法性的危机。④ 换言之，合法性是"政治系统使人们产生和坚持现存政治制度是社会的最适宜制度之信仰的能力"⑤。

---

① 在让-马克·夸克看来，合法性有四层意思：一是合法性的最初含义是指与法律相一致的东西；二是合法性是一种评价和认可或首肯，即对被统治者与统治者关系的评价，它是对统治权力的认可或首肯；三是合法性是一个证明过程，它是政治权力和其遵从者证明自身合法性的过程；四是合法性是秩序、效率和公正的统一。参见［法］让-马克·夸克《合法性与政治》，佟心平、王远飞译，中央编译出版社2008年版，第1—33页。

② 马克斯·韦伯从统治类型的角度阐发了对"合法性"的理解，他认为，合法统治有三种纯粹的类型，它们的合法性的适用可能首先具有下列性质：一是合理的性质：建立在相信统治者的章程所规定的制度和指令权利的合法性之上，他们是合法授命进行统治的（合法型的统治）；二是传统的性质：建立在一般地相信历来适用的传统的神圣性和由传统授命实施权威的统治者的合法性之上（传统型的统治）；三是魅力的性质：建立在非凡地献身于一个人以及由他所展示和创立的制度的神圣性，或者英雄气概，或者楷模样板之上（魅力型的统治）。韦伯认为，上述三种类型在历史上没有任何一种真正以"纯粹"的形式出现过，他推崇的是一种合法型的统治，即依照规章（法律）的统治。参见［德］马克斯·韦伯《经济与社会》（上卷），林荣远译，商务印书馆1997年版，第241—243页。

③ 尤尔根·哈贝马斯则从晚期资本主义经济的高速增长给国际社会带来的诸多问题分析了合法性的危机。他认为，晚期资本主义经济的高速增长，带来了对生态平衡的破坏，对人格系统一贯要求的损害（异化），以及国际关系所造成的巨大压力。国际平衡中自我毁灭的危机是一个能够带来破坏性的生产力发展的后果。一旦这些危机倾向爆发成为政治事件，就会使政治系统的合法性遭到否定。哈贝马斯认为，政治系统需要尽可能投入各种不同的大众忠诚，所产出的则是由权力机构贯彻的行政决定。产出危机表现为合理性危机，即行政系统不能成功地协调和履行从经济那里获得的控制命令；投入危机则表现为合法性危机，即合法性系统无法在贯彻来自经济系统的控制命令时把大众忠诚维持在必要的水平之上。合法性危机是一种直接的认同危机。同时，哈贝马斯还特别强调党执政合法性问题的重要性，他指出，如果我们把合法的政权与政治统治等量齐观，那么，我们就必须说，任何一个政治系统，如果它不抓合法性，那么，它就不可能永久地保持住群众（对它所持有）的忠诚心，这也就是说，就无法永久地保持住它的成员们紧紧地跟随它前进。参见［德］尤尔根·哈贝马斯《合法化危机》，刘北成、曹卫东译，上海人民出版社2019年版，第58、64—66页；［德］尤尔根·哈贝马斯《重建历史唯物主义》，郭官义译，社会科学文献出版社2013年版，第264页。

④ 龚廷泰：《中国共产党执政合法性的法哲学思考》，《中国法学》2005年第3期。

⑤ ［美］西摩·马丁·李普塞特：《政治人：政治的社会基础》，张绍宗译，上海人民出版社2020年版，第47页。

中国共产党作为中国唯一的执政党、作为长期执政的执政党、作为中国特色社会主义事业领导核心的执政党，更加需要不断夯实执政的合法性基础，更加需要审慎地对待执政合法性问题。

中国共产党执政的原初合法性，源自其带领人民成功革命的历史功勋，是一种经验型的事实合法性。这种经验型事实合法性具有时效性的特点，这就决定了中国共产党必须不断寻求新的合法性资源，以为长期执政提供合理性和正当性基础。① 执政以来，中国共产党执政的合法性模式，表现出由"意识形态为主导"向"经济绩效为中轴"转换的历时性变迁特征。② 这与中国共产党在不同社会历史阶段执政所面临的任务与国内外环境紧密相关。

"党的执政地位不是与生俱来的，也不是一劳永逸的。"③ 中国共产党长期执政，不仅要加强党自身的建设，提高拒腐防变的能力，坚定不移地对腐败"零容忍"；还要维护社会公平正义，让改革发展的红利惠及全体人民，建立公正合理的收入分配制度；④ 更重要的是，要尊重人民的主体地位，切实维护人民当家作主的权利，保障人民能够充分享有和行使宪法法律规定的各项权利。概言之，党自身的建设、社会公平正义和人民根本权益是党执政的主要工作任务目标，实现这些目标的具体抓手，归根结底在于通过法治的方式保障人民的基本权利。唯有加强和完善基本权利立法，形成完备的基本权利法律规范体系，才能实现人权保障法治化目标。换言之，基本权利立法对于夯实党执政合法性基础具有重要积极意义，具体而言，理由有五点。

其一，价值共融性。基本权利立法的价值追求在于尊重人的主体性、维护人的尊严、保障人的自由和权利；中国共产党执政的价值追求是实现

---

① 高旭：《中国共产党执政合法性与依法治国》，《理论导刊》2016 年第 2 期。
② 齐卫平、郝宇青：《中共执政合法性模式的转换：现状与前瞻》，《太平洋学报》2010 年第 11 期。
③ 《中共中央关于加强党的执政能力建设的决定》，《人民日报》2004 年 9 月 27 日第 1 版。
④ 吴忠民：《让改革红利惠及全体人民》，《求是》2013 年第 21 期。

人民的根本利益,① 这是由党的宗旨和执政规律决定的。② 人民根本利益在不同的历史时期有不同的内涵，但是，人民根本利益的核心本质不会改变，这个核心本质就是基本权利要得到尊重和实现。

其二，目标一致性。基本权利立法的目标和中国共产党执政的目标具有一致性，即都是为维护人民的基本权益，确保人民能够充分享有和行使宪法法律规定的各项权利；在国家和社会不断发展进步的基础上，让人民获得越来越多切实的经济、政治、文化利益；并且，这些利益能够得到有效的保障。

其三，内容重叠性。基本权利立法的内容在于具体化基本权利，中国共产党执政要增强合法性，就必须坚持"依法执政"，而"坚持依法执政首先要坚持依宪执政"③。"所谓依宪执政，是指执政党要按照宪法和法律确定的政权运作方式来管理国家、提供公共服务，全面贯彻落实宪法规定的公民基本权利，实现宪法的基本价值，运用宪法及其基本理论解决执政过程中的各类问题。"④ 可见，中国共产党依法执政的重要内容之一就是要"全面贯彻落实公民基本权利"。因此，基本权利立法与中国共产党依法执政在内容上具有重叠性，重叠的内容就是基本权利。

其四，方式契合性。基本权利立法，即是通过制定法律具体化基本权利，使得基本权利的行使和限制都"有法可依"，实现基本权利保障的法治化。中国共产党执政的基本方式是"依法执政"，⑤ 法治和以法治方式执

---

① 王淑荣、于延晓：《中国共产党执政的合法性基础——以马克思主义利益观为视角的分析》，《马克思主义研究》2010 年第 11 期；刘宁宁：《马克思恩格斯无产阶级政党理论及其当代意义》，《马克思主义研究》2010 年第 11 期。

② 最深层次的执政规律只有一个，即江泽民所说："一个政权也好，一个政党也好，其前途命运最终取决于人心向背，不能赢得最广大人民的支持，就必然垮台。"参见《江泽民文选》（第三卷），人民出版社 2006 年版，第 129 页。

③ 《中共中央关于全面推进依法治国若干重大问题的决定》，《人民日报》2014 年 10 月 29 日第 1 版。

④ 周叶中：《党依法执政首先要坚持依宪执政》，《理论与改革》2014 年第 6 期。

⑤ 2002 年，党的十六大明确提出"依法执政"的重大命题；2004 年，党的十六届四中全会作出《关于加强党的执政能力建设的决定》，把"依法执政"确立为党执政的基本方式。参见李林《论党与法的高度统一》，《法制与社会发展》2015 年第 3 期；王乐泉《坚持和发展中国特色社会主义法治理论》，《中国法学》2015 年第 5 期。

政是新时期党执政的新的合法性资源。① 可见，基本权利立法和党执政都注重"法治"的方式，二者在方式上具有契合性。

其五，基本权利立法的效果能够有效因应党执政合法性面临的问题。改革和新的社会转型，是以中国共产党寻求新的合法性基础为契机的，这一方面使中国共产党执政的合法性获得巩固和发展，但是，这一过程中也出现了党执政的合法性资源流失的状况。② 概言之，中国共产党必须面对和解决的执政合法性问题主要有三个：一是继续保持经济增长；二是努力促进社会公平；三是坚决遏制腐败蔓延。如何有效解决上述问题进而保持党执政的合法性，是一项时代课题，需要通盘考虑、统筹兼顾、协调推进，但是，基本权利立法是重要的抓手，能够有效应对党执政合法性面临的问题，具体而言：

一是基本权利立法对保护创新创造具有积极意义，有利于保障经济增长。基本权利立法以法律的形式具体化宪法确认和保障的公民基本权利，形成了基本权利的内容，明确了基本权利的边界。公民个人就可依法主张和行使自己的权利，这不仅对于维护人的尊严和人民的主体地位具有积极意义，而且能够通过保护财产权、经营权等权利保护人们的创新创造积极性——"有恒产者有恒心"（《孟子·滕文公上》），有恒产才会有创新的动力，而创新是拉动经济增长的重要引擎。因此，基本权利立法通过保护权利，能够保护人们创新创造的积极性，进而有利于保障经济增长。

二是基本权利立法对权利平等保护具有关键影响，有利于促进社会公平。基本权利立法是权利保障法治化的前提，而权利保障法治化能最大限度地实现权利的平等保护。因为，"无保障即无权利"，权利保障需求必然要求有权利保障制度供给。制度供给与权利保障之间的关系，具体有三种情况（见表5-1）：第一种情况，制度供给缺乏，此种情况下权利保障无所依凭，权利处于应然状态，公权力凌驾于权利之上（数学公式表示为：权利≪权力，即权利远小于权力），法治（平等）程度最低；第二种情况，

---

① 拓展和获取执政合法性资源的过程，就是建立和巩固执政合法性的过程。任何政党要想长久地保持执政地位，都必须不断累积执政合法性资源。参见李霞《中国共产党执政合法性资源的历史考察》，《中国特色社会主义研究》2012年第5期。

② 龚廷泰：《中国共产党执政合法性的法哲学思考》，《中国法学》2005年第3期。

制度供给不足，这种情况下权利获得了一定保障，只不过保障不足，权利已部分进入法然状态，公权力在一定程度上受权利监督（数学公式表示为：权利＜权力，即权利小于权力），法治（平等）程度居中；第三种情况，制度供给适足，此种情形下权利得到了充分的保障，权利已全部进入法然状态，公权力处于权利之下（数学公式表示为：权利≥权力，即权利大于等于权力），法治（平等）程度最高。可见，基本权利立法，是满足权利保障需求、实现权利充分保障，进而促进社会公平的重要制度供给方式。

表5－1　　制度供给与权利保障、法治（公平）程度的关系

	制度供给情况	权利保障程度	权利与权力关系	法治（公平）程度
权利保障需求	缺乏	无所依凭	权利≪权力	低
	不足	保障不足	权利＜权力	中
	适足	保障充分	权利≥权力	高

三是基本权利立法对权利监督权力具有重要作用，有利于遏制腐败蔓延。基本权利立法以法律的形式确认和保障人民的权利，为公权力的运行划定了界限，人民可通过依法主张权利来监督公权力。可见，基本权利立法为权利监督权力提供了制度保障，为有效遏制腐败提供了监督的制度渠道。这对于约束公权力，防止公权力腐败具有积极意义。

执政合法性的意涵主要包括合法律性、良法之治、权力法治等基本要素，其核心要旨即在于"法治"，要求政治权力依宪依法运行，以法治的方式保障公民基本权利。而基本权利立法是权利保障法治化的前提，如是，在一定意义上，基本权利立法是执政合法性的基础。

（三）中国国际人权对话合作成效之增强

人权问题是国家外交必须面对的议题。但是，并非人们所想象的那样，西方大国都真正关心全人类的人权保障问题。在某种意义上，人权问题只不过是西方某些大国外交博弈之凭依借口，难以超越国家政治的宰制。美国学者塞缪尔·莫恩就认为，第二次世界大战结束之后，人权的概念服从于大国政治力量的博弈，充当意识形态的炮灰，诸多大国并没有把

人权当回事，人权被边缘化。①

我国坚持马克思主义人权观，并将其同我国的具体实际相结合、同中华优秀传统文化相结合，强调人的自身价值，追求呵护人的生命、价值和尊严，努力实现人人享有人权。尊重和保障人权是中国共产党人的不懈追求，在推进我国人权事业发展的实践中，走出了一条顺应时代潮流、适合本国国情的人权发展道路。这条道路有以下主要特征：一是坚持中国共产党领导；二是坚持尊重人民主体地位；三是坚持从我国实际出发；四是坚持以生存权、发展权为首要的基本人权；五是坚持依法保障人权；六是坚持积极参与全球人权治理。以上 6 条，既是中国人权发展的主要特征，又是我们在推进我国人权事业实践中取得的宝贵经验，要结合新的实践不断坚持好、发展好。②

西方的人权观，源自启蒙时期对个人主义、自由主义、平等自由等理念的关注。启蒙思想家提出"天赋人权"等观点，强调人人生而平等，有不可剥夺的权利，推动了英国、美国、法国等国的资产阶级革命。西方的这套人权话语经过 300 多年的发展，已经形成一种人权意识形态。但是，需要认识到，即便是高扬人权旗帜的美国，它对人权的保护也是逐步实现的。美国建国之父们关注人权和自由，考虑的主体也仅只是白人男性，而直到 20 世纪黑人的人权才得到承认。③ 而且，实践中，美国黑人还没有真

---

① 参见［美］塞缪尔·莫恩《最后的乌托邦：历史中的人权》，汪少卿、陶力行译，商务印书馆 2016 年版，第 3 页。莫恩认为，正是在早期政治乌托邦幻灭之后，人权才得以实现其当下的成就。当国际法逐渐代替人民斗争和流血冲突之时，个体权利的道德观也将取代政治幻想。但是，当"人权"超越人类希望的标语而进入充满纷争的政治议程时，我们必须持有更为警惕和审慎的态度。

② 习近平：《坚定不移走中国人权发展道路 更好推动我国人权事业发展》，《求是》2022年第 12 期。

③ 经过长期的反抗种族压迫的民权运动，美国黑人才在法律上获得基本的人权，美国黑人争取基本人权的重要标志性事件有：（1）1954 年"布朗诉教育部"一案，美国最高法院宣布废除学校中的种族隔离政策，这使得黑人学生在法律上取得了与白人平等的权利。（2）1964 年美国国会通过民权法案，使黑人享有各种政治、经济和社会权利。其中最明显的是黑人享有了自由出入公共场所的权利。（3）1965 年的选举法案，使黑人有了完全的选举权。（4）1973 年"凯斯诉丹佛地区学校"一案，美国最高法院宣布废除在美国北部各州学校中事实上存在的种族隔离。参见李世安《试析当代美国黑人的人权问题》，《世界历史》1998 年第 2 期；［美］乔安妮·格兰特《美国黑人斗争史：1619 年至今的历史、文献与分析》，郭瀛、伍江译，中国社会科学出版社 1987 年版；［美］约翰·霍普·富兰克林《美国黑人史》，张冰姿等译，商务印书馆 1988 年版。

正享有与白人平等的权利,正如美国学者 Frank Hercules 指出的情况:"如果说 1939 年以来黑人地位已有所改善的话,那么当今黑人只相当于一棵长了一半的草,或是一棵半空的草。"① 近年来,一些西方国家不正视自身存在的日益凸显的人权问题,却还打着所谓"普世人权""人权高于主权"等旗号,在世界上强行推广西方人权观念和制度,利用人权问题大肆干涉他国内政,结果导致一些国家战乱频发、社会长期动荡、人民流离失所。

可见,实现人人享有人权并不断发展人权,是人类社会的共同追求和全人类共同的事业。但是,每个国家都有权利自主选择人权发展道路,各国人权发展道路必须根据本国人民的愿望和自身国情来决定。人权问题不能政治化,不能借人权干涉主权国家内政,国际人权对话合作不能搞"双重标准"。国际社会应该尊重一国人民自主选择的人权发展道路,不同文明、不同国家应该相互尊重、相互包容,通过对话合作、交流互鉴,共同寻求保护和促进人权的有效途径。

在国际人权对话合作中,如何增进彼此理解,提高合作成效?首要的是必须尊重各国发展人权的"地方性知识",不能以别的国家的标准作为衡量的标尺,也不能搞"双重标准",更不能把人权当作干涉别国内政的政治工具。推动我国人权事业全面健康发展,提高国际人权对话合作成效,一个重要的方面是需要着力讲好中国人权故事,运用形象化、具体化的表达方式,增强当代中国人权观的吸引力、感染力、影响力,通过对话来增进中国人权话语的价值共识,着力提升在国际人权体系内将中国理念和话语转化为国际规则以及保障国际规则被遵守的制度能力。②

诚然,不同民族、不同地区的人们说着不同的语言,语言文字及其所承载的理念和文化的差异,是对话交流合作面临的第一道障碍。正因如此,调适阐述方式、提高叙事能力,通过"别人能够听得懂的方式讲述自己的故事",是对话合作取得成效的第一步。语言和表达的差异,是客观

---

① Hercules Frank, *American Society and Black Revolution*, New York: Harcourt Brace Jovanovich, 1972, p. 3.
② 毛俊响:《从西方人权话语拓展看中国人权话语的国际化》,《法学论坛》2021 年第 2 期。

存在的，也是能够弥合克服的。尽管，自人类兴建通天塔而被上帝改变并区别语言之后，人类就没有了真正的共同语言，① 但是，人类依然保有真诚互信和务实合作。因此，弥合分歧，跨越语言和文化不同形成的障碍，只是话语相通和理念相融的第一步，更为重要的是寻求内容上和实质上的共同点。唯有在共识基础之上包容互鉴、取长补短，才能真正达成共识并共同进步。"人人得享人权"是人类孜孜以求的崇高目标，也是国际社会希冀共同努力实现之目标。目标上的一致性，为国际人权对话合作提供了基础和前提。立基于此，各国都通过自己的方式来保障和发展本国的人权事业。然而，正是这种方式上的差异才导致国际人权对话存在分歧。弥合分歧，不可能要求所有主权国家都采用某一个国家的方式和道路；橘生淮北则为枳，一国现实的国情决定了人权保障的方式、道路和模式，不可能千篇一律。因此，只能寻找不同方式中的共同因子，求同而存异。

人类社会发展到今天，民主和法治是人类文明的共识。因此，以法治的方式来保障和发展人权，应该是人权事业的共识。故而，推进人权保障的法治化，应该是国际人权对话合作的着力点。我国坚持依法保障人权，并着力进一步加强人权法治保障，健全人权法治保障机制，实现尊重和保障人权在立法、执法、司法、守法全链条、全过程、全方位覆盖，让人民群众在每一项法律制度、每一个执法决定、每一宗司法案件中都感受到公平正义。②

王毅外长在驳斥外国记者"人权"问题发难时，多次提到"中国已经把保护人权列入宪法当中"。③ "人权入宪"是人权保障全面法治化的开端，形成完备的人权法律规范体系是人权保障法治化的基本前提，这就要求立法机关对宪法确认的基本权利予以具体化。因此，基本权利立法，能

---

① 《圣经·旧约·创世记》第 11 章称，当时人类联合起来兴建希望能通往天堂的高塔；为了阻止人类的计划，上帝来到人间设法让人类说不同的语言，使人类相互之间不能沟通，造塔计划因此失败，人类自此各散东西。此故事试图为世上出现不同语言和种族提供解释。参见［英］乔治·斯坦纳《通天塔：文学翻译理论研究》，庄绎传编译，中国对外翻译出版公司 1987 年版。

② 习近平：《坚定不移走中国人权发展道路 更好推动我国人权事业发展》，《求是》2022 年第 12 期。

③ 参见吴云、陶短房《中国外长驳斥加记者"人权"问题发难》，《环球时报》2016 年 6 月 3 日第 3 版；《王毅怒斥加记者充满"傲慢与偏见"》，《参考消息》2016 年 6 月 3 日第 16 版。

够进一步增强中国国际人权对话的话语权和国际人权合作的成效，进而实现人权保障法治化——这是弥合人权话语体系分歧所寻求到的共识。

三　基本权利立法与中国法治之契合性

基本权利立法与中国法治之契合性可以分别从法理观念、法律传统、法治阶段、法权定位、法制体系五个层面予以阐释。在法理观念上，中国的权利理念认为权利来自斗争且需要以法律来保障，立法就成为权利斗争成果的载体；在法律传统上，中国的成文法始终居于主导地位，决定了权利主要通过立法的方式来确认；在法治阶段上，中国正处于形式法治向实质法治进阶的阶段，由此决定了立法才能提供权利保障的具体依据；在法权定位上，中国宪制权力秩序中立法权居于中心位置，由此决定了立法机关是权利保障的主导性主体；在法制体系上，中国法律制度体系中宪法实施的首要和直接方式是立法，由此决定了宪法基本权利的保障高度依赖于立法具体化。这就决定了：基本权利立法是中国权利保障的必由之路。

（一）法理观念：权利需要通过立法来宣示和保障

权利法理观念，决定了权利的生成方式（来源）。中国的权利法理观念可概括为"斗争人权观"：权利来自斗争，斗争得来的权利需要以法律的形式来宣示和保障，即权利需要载明于法律，这就决定了立法是权利斗争成果的载体。

我国的宪法是在第二次世界大战后才出现的，这种特定的历史背景以及附着于宪法文本之上的意识形态必然形塑出"斗争人权观"，即基本权利更倾向于被看作人们通过斗争得来的，而不被看作对人权的宣示和满足。[1]

从意识形态来看，马克思主义是中国国家意识形态，[2] 马克思主义人权观是国家人权观的理论指导。马克思主义人权观，"是从现实的前提出发，而且一刻也不离开这种前提。它的前提是人，但不是某种处在幻想的

---

[1] 刘志刚：《立法缺位状态下的基本权利》，复旦大学出版社2012年版，第6页。
[2] 黄力之：《马克思主义作为中国国家意识形态的现实性问题》，《马克思主义研究》2006年第5期。

与世隔绝、离群索居状态的人,而是处在一定条件下进行的、现实的、可以通过经验观察到的发展过程中的人"①。概言之,马克思主义人权观是从"社会的人"出发,认为不存在抽象的、自然的人——也就不存在脱离社会的人的抽象人权,人权都是具体的现实社会的人的权利,人的各种权利是通过斗争得来的,是人类自己创造的,"'人权'不是天赋的,而是历史地产生的"②。资产阶级提出"人权"口号,将"人权"作为封建特权和神权的对立物,为资产阶级革命提供了理论支撑,是资产阶级要求提高政治地位,与封建主争夺统治权的表现。③

从中国共产党的实践来看,早在1922年,党领导安源路矿工人罢工时提出的口号就是"从前做牛马,现在要做人",即要"争得做人的权利";1923年,领导"二七"大罢工时,党就明确提出"争人权"的口号;1935年,党的《八一宣言》明确提出了"为人权自由而战"。几十年来,中国共产党领导中国人民始终不渝地为争取和实现自己的人权而奋斗。无数革命先烈前仆后继、流血牺牲,为的是什么?就是为了争得国家的独立权,人民的生存权和发展权。

从宪法法律的本质来看,"宪法的本质在于,它是一国统治阶级在建立民主制国家过程中各种政治力量对比关系的集中表现"④。列宁曾指出:"宪法的实质在于:国家的一切基本法律和关于选举代表机关的选举权以及代表机关的权限等的法律,都体现了阶级斗争中各种力量的实际对比关系。"⑤政治力量对比关系,既包括阶级力量的对比,即统治阶级与被统治阶级力量的对比;也包括同一阶级内部不同阶层、派别和集团之间的力量对比。宪法由掌握国家权力的统治阶级制定,体现的是统治阶级的意志。可见,宪法是政治力量对比博弈(权利斗争)中力量较强者权益的载体。

毛泽东认为,宪法是民主的法律化,是对民主事实的承认。⑥民主事

---

① 《马克思恩格斯全集》(第3卷),人民出版社1960年版,第30页。
② 《马克思恩格斯全集》(第2卷),人民出版社1957年版,第146页。
③ 郑发全:《两种根本对立的人权观》,《郑州大学学报》(哲学社会科学版)1992年第4期。
④ 周叶中主编:《宪法》(第五版),高等教育出版社2020年版,第39页。
⑤ 《列宁全集》(第17卷),人民出版社2017年版,第320页。
⑥ 转引自褚江丽《毛泽东人民立宪思想及其对我国宪政发展的影响》,《毛泽东思想研究》2009年第3期。

实，即是各种政治力量之间经过权利斗争之后所达成的妥协状态。"为了使民主法律化，人民才运用制宪权制定宪法，规定了民主制度的原则与具体程序，宪法是民主法律化的基本形式。"① 由此可见，宪法和法律是对民主事实（即权利斗争结果）的承认和确认，是权利斗争成果（结果）的载体。

此外，《国际歌》的歌词也告诉人民：权利是通过斗争得来的。②《国际歌》不仅在中国革命史上具有重要意义，而且，至今仍然有着重要作用。恰如耶林所言："世界上的一切法都是经过斗争得来的。所有重要的法规首先必须从其否定者手中夺取。不管是国民的权利，还是个人的权利，但凡一切权利的前提就在于时刻都准备着去主张权利。……无论是个人还是国民，为权利而斗争是他们的义务。"③

（二）法律传统：权利通过立法来确认符合成文法传统

法律传统决定了权利的确认方式。中国制定成文法的传统，决定了权利主要通过立法的方式来确认。

中国的成文法传统具有悠久的历史，立法是一项非常重要的国家活动。早自夏朝，就开创了成文法历史。"夏有乱政，而作禹刑；商有乱政，而作汤刑；周有乱政，而作九刑"（《左传·昭公六年》），这是中国古代制定成文法的开端。春秋时期，社会变革促使成文法诞生。公元前536年，郑国执政子产"铸刑书"，是中国历史上第一次公布成文法；公元前513年，晋国赵鞅"铸刑鼎"，这是中国历史上第二次公布成文法。成文法的公布，直接向"刑不可知，则威不可测"宣战，打破了统治阶级专断刑律、任意处置剥夺百姓权利的不合理局面，在中国法制史上具有进步意义。

战国时期，各国"争于气力"（《韩非子·五蠹》），为满足战争的需要，各国纷纷制定了体现命令特征的成文法。如楚国造《宪令》、魏国立

---

① 任进：《宪政的要义是民主》，《法学》2008年第3期。
② 石文龙：《〈东方红〉与〈国际歌〉：民主与法治的不同言说——兼及现代社会中国民众对民主与法治的特殊表达》，《云南大学学报》（法学版）2012年第3期。
③ ［德］鲁道夫·冯·耶林：《为权利而斗争》，郑永流译，商务印书馆2018年版，第1、102页。

《太府之宪》、魏李悝著《法经》、韩国申不害立新法布新令、秦国商鞅受《法经》相秦并"改法为律"。1975年，湖北云梦地区出土的秦简，让人们看到了中国古代制定成文法的细密程度与高超技术。完备的秦律，是中国古代法典编纂的典范。

秦朝之后，中国进入了绵延两千多年的封建帝制时期。成文法传统亦历经两千多年历史而未中断。汉朝刘邦建立政权后制定了《九章律》，汉武帝更加注重立法，史书记载："宪令稍增，科条无限。"魏晋南北朝时期，各个政权也都制定了大量法律，比如《北齐律》就是一部当时立法成就最高的法律，在中国法制史上具有承前启后的重要作用，对隋朝的《开皇律》和唐朝的《唐律疏议》都产生了直接的影响，为隋唐法制奠定了基础。唐代的《唐律疏议》是中国古代成文法的集大成者，是中华法系的典范之作，[1] 其编写体例、主要内容、法律术语以及法律解释，既是前朝成文法发展的结晶，又是后世成文法仿效的典范，宋元明清的法典都是以《唐律疏议》为范本进行编纂。诚可谓"《唐律疏议》集汉魏六朝之大成，而为宋元明清之矩矱"[2]。唐代以后，宋代的《宋刑统》、元代的《大元通制》、明代的《大明律》、清代的《大清律例》都是国家颁布的系统的成文法法典。

近代以来，中国选择与继受大陆法系法典化模式不是一种偶然或巧合，而是中国悠久的法律传统观念和文化背景以及法典法和判例法的特点等诸多因素共同决定的历史的必然。[3]

（三）法治阶段：形式法治向实质法治进阶

法治阶段决定了权利的保障依据。我国目前正处于形式法治向实质法治进阶的阶段，这就决定了权利保障依据主要是法律条文，而不是法的精神。因此，立法才能提供权利保障的具体依据。

---

[1] 参见张晋藩《论中国古代司法文化中的人文精神》，《法商研究》2013年第2期；张中秋《为什么说〈唐律疏议〉是一部优秀的法典》，《政法论坛》2013年第3期。

[2] 吉同钧：《律学馆大清律例讲义·自序》，闫晓君整理，知识产权出版社2018年版，第3页。

[3] 封丽霞：《偶然还是必然：中国近现代选择与继受大陆法系法典化模式原因分析》，《金陵法律评论》2003年第1期。

当今时代，倡导和遵循法治是全世界范围内政府正统性的公认标尺，而拒绝法治的观点则实属冒天下之大不韪。① 在国家层面，法治是一种政治理想和道德；在社会层面，法治则是一种文明标尺和美德。② 然而，什么是法治？人类法律实践的多样性决定了人们必然抱持多维的法治观念。但是，迄今为止，亚里士多德对法治的定义仍堪称经典："法治应包含两重含义：已成立的法律获得普遍的服从，而大家所服从的法律又应该本身是制定得良好的法律。"③ 可见，在亚里士多德看来，"服从法律"是法治的第一重含义，这是法治的首要之义——若已成立的法律得不到普遍的服从，这样的法律制定得再良好也无从实现法治；而"良法之治"则是在"服从法律"的基础之上对法治的"质"的要求。"服从法律"可看作形式法治，而"良法之治"则可视为实质法治。如是，亚里士多德对法治的定义似乎已经揭示了法治的规律：形式法治是法治的前提和基础，法治必须经由形式法治走向实质法治，不可偏弃形式法治而谋求实质法治。

形式法治和实质法治是对法治类型的理论界分，④ 为的是便于对法治内涵进行深入理解，以描述法治的实践样态。理论层面上，形式法治和实质法治的基本区别在于："形式理论聚焦于合法律性（legality）的恰当渊源和形式，而实质理论则进一步包含关于法律内容方面的要求——通常要求法律必须符合正义或道德原则。"⑤ 但是，法治建设实践过程中，不可能

---

① ［美］布雷恩·Z. 塔玛纳哈：《论法治：历史、政治和理论》，李桂林译，武汉大学出版社 2010 年版，第 4 页。

② 英国法理学家尼尔·麦考密克就认为："法治是文明社会的一种显著美德。"［英］尼尔·麦考密克：《修辞与法治：一种法律推理理论》，程朝阳、孙光宁译，北京大学出版社 2014 年版，第 16 页。

③ ［古希腊］亚里士多德：《政治学》，吴寿彭译，商务印书馆 2009 年版，第 199 页。

④ 形式法治在 20 世纪所遭遇的挑战以及相应的实质法治思潮的兴起，被认为是现代法治从形式法治转向实质法治的标志。韦伯将这种转型称为近代法的"反形式倾向"。参见［德］马克斯·韦伯《法律社会学——非正当性的支配》，康乐、简惠美译，生活·读书·新知三联书店 2021 年版，第 321 页。哈贝马斯则将其称为"法律的社会转型"（social transformation of law），并进一步将其概括为从"自由主义范式"向"福利国家范式"的转型。See Habermas Jürgen, *Between Facts and Norms: Contributions to a Discourse Theory of Law and Democracy*, Cambridge, Mass.: MIT Press, 1996, p. 389.

⑤ Brian Z. Tamanaha, *On the Rule of Law: History, Politics and Theory*, New York: Cambridge University Press, 2004, p. 92.

在形式法治和实质法治之间泾渭分明、彼此绝缘,而必定是二者相互融贯的动态过程。因此,对形式法治和实质法治的理解不能陷入偏执,既不能带着形式主义的愤恨来看待形式法治,也不能刻意忽视实质法治带有的毁灭法治的危险倾向。① 因为,实质法治的前提预设是,现行法律是或至少部分是恶法;其逻辑理路是,恶法非法,因而实质法治追求实质正义,可以不遵循现有法律规则。可见,在片面追求实质法治和良法的过程中,隐含着瓦解法治的危险——现有法律变得可有可无,法的规范约束力荡然无存。

在警惕实质法治可能具有的对法治的反动一面的同时,也不能误解形式法治,要正确认识形式法治的积极意义。形式法治奉行"法律至上",强调"法的统治",注重法律的确定性、稳定性和权威性,要求严格实施法律——这些要素是实现法治所必需的,在法治的规诫中占有非常重要的位置。②

需要注意的是,形式法治并不是不区分法之善恶,因为善恶标准是一种主观评价,形式法治强调认真贯彻法律,以此来祛除立法者所认定的恶。将善恶标准交由具有民意基础的立法者来确定,相较由个人来决定,更具有明确性和稳定性,也更接近于善,能够减少个人的主观随意性和自利性对善恶标准的不利影响。设若完全放弃形式法治,将善恶标准交由个人如官员、法官等来确定,这无疑意味着法治的崩溃,个人权利将陷入无尽的黑暗之中——此时,权力即善、权力即正义,普通个人的权利完全臣服甚或匍匐在权力脚下。当然,立法者制定的法律不可能尽善尽美,也有可能因为理性局限致使法律存在漏洞,亦有可能因为立法权恣意致使法律本身不符合善的标准(即法非良法),但这并不能成为不遵守法律的正当理由,因为,通过法律选择适用和合宪性审查能够弥补法律漏洞和纠正法律之"不善"。故此,在法律还没有足够权威的情况下,必须坚守形式

---

① 陈金钊:《实质法治思维路径的风险及其矫正》,《清华法学》2012 年第 4 期。
② 夏勇先生提出"法治十大规诫":一是有普遍的法律;二是法律为公众知晓;三是法律可预期;四是法律明确;五是法律无内在矛盾;六是法律可循;七是法律稳定;八是法律高于政府;九是司法权威;十是司法公正。参见夏勇《文明的治理:法治与中国政治文化变迁》,社会科学文献出版社 2012 年版,第 20—30 页。

法治立场，强调法规范的刚性效力，通过"法律必须遵循"和法规范的明确性，杜绝以实质法治之名践踏法律规则、悖逆法治本旨、败坏法治精神。

中国的法治建设不能超越形式法治阶段而径直谋求实现实质法治，因为，中国真正开启现代法治文明进程是在改革开放之后，可以说，中国正处在法治建设的起步阶段，并没有进入法治成熟和发达阶段。在这一阶段，国家和社会的整体性文化观念中，并没有内在的接受"法律至上"，"服从法律"还没有成为国民的内心确信与行为坚守。因此，需要通过严格的形式法治来形塑国民的规则意识，以树立法律权威，为实质法治奠定基础。概言之，形式法治是法治建设的必经阶段，是法治建设的基础。正如有学者所言："形式法治是法治的脊梁，没有对形式法治的坚守，或者说在中国如果不补上形式法治这一课，根本就无法实现向法治社会的转型。……只有在坚守形式法治的前提下，实质法治才能发挥对社会调整的积极意义。"[①] 因此，法治建设不能搞所谓"后发优势"或"弯道超车"，不能舍形式法治之根基来追求实质法治之大成，而必须遵循法治建设的内在规律。否则，在实质法治名义之下，"例外"和"破格"等越出法律规则之外的行为将成为常态，而且是以一种占据道德（法治）制高点的姿态（即实质法治名义）不遵守法律规则的约束，这将是对法治最大的伤害和反动。

更为重要的是，法治的核心和精髓在于限制公权力，将权力关在法律制度的笼子里面。形式法治能够有效约束公权力——权力法定原则要求公权力"法无授权不可为"，而实质法治则为公权力恣意提供了"借口"，这将使得权利陷于极度不安全状态之中，随时可能遭到不受法律约束的公权力之侵害。

诚然，形式法治亦有其固有的缺陷，其强调对法律规则的遵守，有其封闭僵化和机械呆板的一面；而实质法治虽带有超越法律规则瓦解法治的危险，但其对情境因素的考虑却能够弥补形式法治的缺陷。"如果说形式

[①] 陈金钊：《对形式法治的辩解与坚守》，《哈尔滨工业大学学报》（社会科学版）2013 年第 2 期。

法治思维的极端是机械司法的话,实质法治思维的绝对化就是有法不依。"[1] 因此,客观公允的认识应该是:"形式法治的思维方式是法治的基础,而实质法治只是一种对机械司法的纠偏措施"[2],不能试图跨越形式法治而直接谋求实质法治——实质法治思维需要形式法治思维来保障,才不至于偏离法治的方向。

当然,实质法治是法治发展的进路,"中国全面推进依法治国对人权司法保障、社会公平正义的制度改革体现了实质法治正在成为中国法治进程的必由之路"[3]。党的十八届四中全会通过的《全面推进依法治国若干重大问题的决定》,描绘了中国法治建设的蓝图,表明"中国共产党法治观的质变,寄希望于从'形式法治'迈向'实质法治'"[4],"社会主义法治在很大程度上指向了一种社会正义向度的实质法治"[5]。

因此,公民基本权利的保障要适应形式法治向实质法治进阶的阶段,以形式法治思维为主、实质法治思维为辅,强化基本权利立法,通过法律来确认和保障公民的基本权利。

(四)法权定位:立法权居于宪制权力中心

国家权力关系法律定位决定了权利保障的主导性主体。中国宪制权力秩序中,立法权居于中心位置,这就决定了立法机关是权利保障的主导性主体。换言之,立法主导着权利保障。

人民代表大会制度是我国的根本政治制度,"根本政治制度"的基本要义在于:人民代表大会是国家权力机关,其他国家机构都由人民代表大

---

[1] 虽然实质法治也被冠以法治之名,但从本质上说,由于其无视法治的权威,把思维和行动的规范依据悄然替换了。这对法治而言,无疑是釜底抽薪式的打击,因而实质法治在思维路径上是反法治、逆法治的。参见熊瑛《形式法治和实质法治:法治思维观的比较与抉择》,《领导科学》2014年第11期。

[2] 陈金钊:《魅力法治所衍生的苦恋——对形式法治和实质法治思维方向的反思》,《河南大学学报》(社会科学版)2012年第5期。

[3] 付子堂:《实质法治:中国法治发展之进路》,《学术交流》2015年第3期。

[4] 李树忠:《迈向"实质法治"——历史进程中的十八届四中全会〈决定〉》,《当代法学》2015年第1期。

[5] 孙国东:《试论法治转型的社会理论逻辑——兼及转型中国的"社会主义法治"》,《法学评论》2012年第3期。

会产生并受其监督。①《宪法》第 57 条、第 58 条规定，全国人民代表大会是最高国家权力机关，它的常设机关是全国人民代表大会常务委员会；全国人民代表大会和全国人民代表大会常务委员会行使国家立法权。可见，我国是由最高国家权力机关及其常设机关行使国家立法权，而且，其他国家机构如行政机构、监察机构和司法机构，都由国家权力机关产生并受其监督。

由此可见，在国家权力关系法律定位上，我国立法权居于宪制权力中心地位。这意味着：其一，国家保障基本权利的重心在立法者身上。立法者负有积极立法之义务，以塑造客观的法律秩序来促使基本权利能够得到最大限度地实现。其二，基本权利立法是基本权利获得司法保障的前提。司法活动是适用法律的活动，法律之存在是司法得以进行之逻辑前提，因而，司法保障基本权利的基础在于立法确认基本权利。其三，立法确定司法的活动场域，立法权领域不容许司法权过度扩张侵入。这是由作为法治国家基本原则的分权原则决定的。申言之，立法形成基本权利之内容，司法权需予以尊重并保持谦抑秉性，不得以司法解释或裁判限缩、改变基本权利内容，也不得过分扩张基本权利的内容和保护范围——因为基本权利对应着国家义务，国家义务之确定应由具有民主性的立法权来确定；同时，在公民个人之间，对一方主体权益的过度保护必然意味着对另一方主体权益的过分限制。

在立法者怠于履行宪法委托义务的情形下，即立法者消极不作为致使基本权利处于立法缺位状态，立法缺位状态下的基本权利有被虚置之虞，法官可以反对此种情形，但是，除非特别紧急之例外情况，法院仅可单纯地决定法律之效果，如法院可以否认不充分的立法作为法律规范之效力，法官却不能自行取代立法者的不作为或不充分作为而自为法律之制定。②由法律（立法）负有保障法治国家及基本权利的功能来看，法律（立法）是不可以由司法行为来取代的。

---

① 江国华、彭超：《依宪治国与人民代表大会制度的完善》，《中州学刊》2015 年第 11 期。
② ［德］彼得·巴杜拉：《国家保障人权之义务与法治国家宪法之发展》，载陈新民《宪法基本权利之基本理论》（上），元照出版公司 1999 年版，第 11 页。

(五) 法制体系：宪法实施的首要和直接方式是立法

法制体系状况决定了权利保障的具体路径。中国法律制度体系中，宪法实施的制度尚需完善，如宪法解释机制需要进一步完全激活、宪法监督制度仍需进一步有效建构，中国宪法实施的首要和直接方式是立法，这就决定了宪法基本权利的保障高度依赖于立法具体化。

宪法具有的政治和法律双重属性，决定了宪法实施的两种类型：政治化实施和法律化实施。[①] 在中国语境下，"宪法实施"是一个具有高度政治性的概念，中国宪法更多依靠政治化的方式来实施，即主要通过执政党主导的政治动员提高民众的宪法观念进而实施宪法。[②] 然而，伴随着中国全面推进法治建设的进程，宪法实施机制体现出"双轨制"特点，即由单一的政治化实施，逐渐过渡到政治化实施和法律化实施两种方式协同推进。[③] 宪法的法律化实施，主要是以立法实施为主，"通过（制定）完备的法律推动宪法实施"是主流的观念和话语，[④] 而制定法中"根据宪法，制定本法"的表述则是立法实践贯彻上述观念的体现。从立法统计数据来看，宪法实施以来的大多数立法都是对宪法规定的具体化。[⑤] 但是，当下中国的宪法解释机制需要进一步完全激活、违宪审查制度仍需进一步有效建构，这是中国宪法法律化实施尚需完善的两大制度。[⑥] "由于长期以来中国尚未真正建立起有效的违宪审查制度，所以宪法实施主要是通过立法这一中介

[①] Thomas C. Grey, "Constitutionalism: An Analytic Framework", Constitutionalism, Vol. 20, 1979, pp. 189–209.

[②] 翟国强：《中国语境下的"宪法实施"：一项概念史的考察》，《中国法学》2016年第2期。

[③] 翟国强：《中国宪法实施的双轨制》，《法学研究》2014年第3期。

[④] 参见习近平《在首都各界纪念现行宪法公布施行30周年大会上的讲话（2012年12月4日）》，《人民日报》2012年12月5日第2版；张德江《提高立法质量 落实立法规划——在全国人大常委会立法工作会议上的讲话（2013年10月30日）》，《中国人大》2013年第21期。

[⑤] 参见全国人大常委会法工委立法规划室编《中华人民共和国立法统计》（2018年版），中国民主法制出版社2019年版，第461—471页。

[⑥] 胡肖华教授认为，依当下宪法规范含义理解的非确定性以及"实体—程序"二元背离的现实，激活宪法解释机制加强自律落实，构建违宪审查制度监督宪法他律实施，是中国未来宪法实施的两条永恒战略定力。参见胡肖华、聂辛东《自律与他律：中国宪法实施的战略定力》，《湘潭大学学报》（哲学社会科学版）2015年第1期。

来间接实施的，宪法上的基本权利也不例外。"①

"无救济即无权利"，宪法基本权利最有效的救济方式是司法救济。诚如莫纪宏先生所言："通过司法审判程序来实现人权的有效法律救济，这是大多数国家在人权保障中采取的最有效手段。"② 在这一认识基础之上，中国学术界在宪法实施方面的一个理想即是冀望实现"宪法的司法化"。③ 宪法司法化的本质，就是在穷尽普通法律规范的条件下，法官在司法程序中直接适用宪法条文裁决个案，让宪法规范成为司法裁判的直接依据。④ 但是，2008 年最高人民法院废止了齐玉苓案的批示，客观上阻碍了宪法的可诉性。⑤ 这一事实再次表明：在中国试图实现"宪法司法化"，有着难以逾越的障碍。

更为重要的是，我国宪法并未明确规定基本权利的保障机构与救济程序，也没有明确规定基本权利对国家权力是否具有直接效力，故而，我国基本权利的保障与救济，主要还是通过制定保障权利的法律、执行保障权利的政策措施以及司法机关对法律权利的司法救济来实现的。⑥ 也就是说，宪法基本权利需要通过立法程序转换之后，即通过立法将宪法基本权利结构性地转化为普通法律权利，才能得到司法救济。人民法院并不享有直接适用宪法的权力，只能通过适用普通法律来保护权利。⑦

基本权利立法，通过对权利的"法然"化，连通了权利的"应然"与"实然"，使得权利由抽象的价值理念转化为具体的法律权利——这一立法作业过程让权利具备了有效性；而司法救济又为法律权利真正走进人民生活，落实为生活权利提供了保障——司法保障让权利具备了可及性（即可实现可获得）。唯有具备有效性和可及性的权利，才是真正的具有现实性

---

① 上官丕亮：《行政诉讼：宪法实施的重要推动力》，《学习与探索》2013 年第 1 期。
② 莫纪宏：《国际人权公约与中国》，世界知识出版社 2005 年版，第 71 页。
③ 江国华：《司法立宪主义与中国司法改革》，《法制与社会发展》2016 年第 1 期。
④ 谢维雁：《"宪法间接适用论"质疑》，《法商研究》2011 年第 2 期。
⑤ 范进学：《宪法在中国实施何以艰难》，《政法论丛》2009 年第 1 期。
⑥ 戴瑞君：《国际人权条约的国内适用研究：全球视野》，社会科学文献出版社 2013 年版，第 268 页。
⑦ 王广辉：《中国宪法实施的普通法路径——以法院对权利的救济为视角》，《学习与探索》2013 年第 1 期。

的权利,而不是停留在纸面的权利。基本权利立法,融和于我们奉行的权利理念,承袭了我国成文法为主导的历史传统,对应于我国由形式法治向实质法治进阶的阶段要求,彰显了立法权在我国宪制权力秩序中的地位,亦合乎我国宪法实施的制度和方式,可见基本权利立法与中国法治具有全面且高度的契合性。故此,加强和完善基本权利立法是我国人权保障的必由之路,其不仅是一种立法之"术",更是一种立法之"道"。

第二节　基本权利立法之转型升级

——权利立法之正向强化

我国基本权利立法该如何完善？从正向角度加强基本权利立法,促成基本权利立法的转型升级,是完善基本权利立法进而形成完备的基本权利法律规范体系的首要之义。具体而言,实现基本权利立法的转型升级需要在四个方面着力:立法理念上,要由"秩序维护"向"权利保障"转向；立法模式上,要由"回应型立法"向"引领型立法"迈进；立法领域上,要实现"民生权利"和"民主权利"并重；立法技术上,要由"粗略式立法"向"精细化立法"迁移。

一　立法理念之转变:"秩序维护"向"权利保障"转向

什么是理念？什么是法的理念？黑格尔认为:"理念是任何一门学问的理性",他将法和理念结合起来,认为:"法的理念,即是指法的概念及其现实化,或曰法的理念即是自由。"[①] 史尚宽先生则认为:"法律制定及运用之最高原理,谓之法律理念。"[②] 如是,立法理念,则是内蕴在立法过程中的最高原理,是立法者对立法的本质、原则及其运作规律的理性认识,以及在这一理性认识之下所形成的立法价值取向。[③]

---

①　[德] 黑格尔:《法哲学原理:或自然法和国家学纲要》,范扬、张企泰译,商务印书馆2017年版,第1—2页。
②　史尚宽:《法律之理念与经验主义法学之综合》,载潘维和等《中西法律思想论集》,台北汉林出版社1984年版,第259—264页。
③　刘军平:《中国法治进程中的立法理念刍论》,《政法论丛》2005年第3期。

立法理念是指导立法制度设计和立法活动的理论基础和主导的价值观，任何一项法律的创制都必然受制于一定的立法理念。[①] 因此，可以说，有什么样的立法理念，就会产生什么样的立法。基本权利立法的理念，内在决定了权利立法的价值指向，形塑了权利立法的基本品格。

中国的部分基本权利立法奉行"秩序优位"理念，侧重于秩序之维护。诚然，国家是秩序的象征，[②] 无序状态下基本权利无以获致保障，更难以得到实现。然而，若立法理念过于侧重"秩序维护"，则会使得本是旨在保障权利的基本权利立法，在事实上走向了它自身的反面，成为权利实现的限制或障碍。例如，被媒体誉为"公民结社第一案"的"中国爱眼协会"筹办人董坚诉卫生部不履行法定职责一案，[③] 最终被法院裁定驳回诉讼请求。该案中最为关键的法律条文就是国务院颁布的《社会团体登记管理条例》（1998年）第9条的规定："申请成立社会团体，应当经其业务主管单位审查同意，由发起人向登记管理机关申请筹备。"然而，令人欣慰的是，根据《国务院关于修改部分行政法规的决定》（2016年2月6日），《社会团体登记管理条例》作了修订，其第9条修改为："申请成立社会团体，应当经其业务主管单位审查同意，由发起人向登记管理机关申请登记。筹备期间不得开展筹备以外的活动。"将"申请筹备"修改为"申请登记"对于结社自由的保护具有一定进步意义。

诚如郭道晖先生所言："社会主义法律体系应该是以宪治立法为纲，以公民的政治权利立法为基础，以'以人为本'、人权至上的立法理念为

---

① 高其才：《现代立法理念论》，《南京社会科学》2006年第1期。
② 周叶中主编：《宪法》（第五版），高等教育出版社2020年版，第129页。
③ 该案的基本情况是：2000年年初，董坚和眼科权威专家等164人发起筹备"中国爱眼协会"，协会将改变国人视力保护不力现状作为自己的主旨。根据国务院颁布的《社会团体登记管理条例》（1998年发布施行，已于2016年修订）第9条的规定："申请成立社会团体，应当经其业务主管单位审查同意，由发起人向登记管理机关申请筹备。"这即意味着，申请成立"中国爱眼协会"首先需要征得业务主管单位即卫生部的同意。然而，自2000年起长达4年的时间里，"中国爱眼协会"的筹办人先后8次向卫生部递交了3个版本的《请求筹备中国爱眼协会的筹备申请书》，都没有获得明确的书面答复。2005年2月3日，董坚以个人名义向北京市第一中级人民法院提起行政诉讼，要求认定卫生部行政不作为。2006年12月27日，北京市第一中级人民法院作出裁判，裁定驳回董坚的诉讼请求。参见姚遥《10年筹备，"爱眼"无门》，《南风窗》2007年第3期。

立法品质的考量。"① 因此，基本权利立法的精髓在于要确立"人权至上"的理念，实现立法理念的转变，即由"秩序维护"向"权利保障"转向。

二 立法模式之转换："回应型立法"向"引领型立法"迈进

所谓"模式"，是指某种事物的标准形式或可使人照着做的标准样式。② 江国华教授认为："立法模式实际上是一个国家创制法律的惯常套路、基本体制和运作程式等要素所构成的有机整体，它是一个历史的范畴，但对整个立法活动却具有现实的拘束作用。"③

根据行为主义理论，可将立法模式区分为"回应型立法模式"和"追赶型立法模式"两种类型。行为主义理论认为，人的行为是对"刺激"的"反应"。以行为主义理论为准则，行为对"刺激"的"反应"包括两种类型，这两种类型也是"刺激"与"反应"的两种关系，即回应型行为和追赶型行为。回应型行为，是指对"刺激"能够即时作出"反应"的行为，即行为者在接受"刺激"时能立即做出行为；追赶型行为，是指对"刺激"不能即时作出"反应"而是一种迟到"反应"，也就是说在"刺激"和反应行为之间存在一个较长的时间差，行为者在收到"刺激"信号后，经过一段时间才能作出"反应"行为。概言之，回应型立法能及时回应社会立法需求；而追赶型立法则主要表现为立法不适时、不适度，立法滞后于社会发展和立法需求。正是基于这样的考量，学者多主张立法模式应由"追赶型立法"向"回应型立法"转变。④

诚然，"回应型立法"相较于"追赶型立法"具有相对优越性，但是，

---

① 郭道晖先生的观点，引自于兆波《立法决策论》，北京大学出版社2005年版，第3—4页。
② 中国社会科学院语言研究所词典编辑室编：《现代汉语词典》，商务印书馆2016年版，第84页。
③ 江国华：《立法：理想与变革》，山东人民出版社2007年版，第245页。
④ 参见［美］P. 诺内特、P. 塞尔兹尼克《转变中的法律与社会：迈向回应型法》，张志铭译，中国政法大学出版社2004年版；江国华《立法：理想与变革》，山东人民出版社2007年版，第293—299页；石佑启、苗志江《两型社会与地方立法的回应和创新》，《楚天主人》2008年第7期；张健《迈向回应型法：我国地震预报立法的反思与完善》，《云南社会科学》2014年第1期；刘怡达《回应式立法与建构式立法——深化改革背景下的立法模式变迁》，《中共南京市委党校学报》2014年第1期；冯玉军、刘雁鹏《中国城市立法的实践演变与理论争鸣》，《地方立法研究》2016年第1期。

"回应型立法"也有其自身的不足：其一，回应型立法缺乏既定目标导引，而是以回应社会的即时需求作为立法目标，其立法的动因在于社会的"刺激"，这多少还是带有"被动性"；其二，回应型立法以"刺激"为前提，设若没有"刺激"或"刺激"无法被立法者感知到——社会立法需求无法通过制度化渠道到达立法者，即立法开放性、民主性制度保障不足，此种情形下，立法亦无法及时回应社会立法需求；其三，回应型立法强调对"刺激"进行回应的"及时性"，而对"刺激源"的辨识，即对"刺激"本身的正当性（立法需求的正当性），则很有可能会欠缺充分考虑——因回应型立法注重回应的"及时性"而缺乏足够时间保障来对"正当性"进行充分考量。

如是，由于立法模式对立法活动具有拘束作用，而且在相当程度上承载着立法者的价值期望，具有价值导向性；同时，回应型立法模式又有其自身的不足。故而，为因应社会转型发展需要、实现良法之治和提高立法的实效力，有必要转换立法模式，即由"回应型立法"向"引领型立法"迈进。

"引领型立法"不是对"回应型立法"的全盘否弃，而是在回应型立法基础之上，力图克服回应型立法模式自身之不足，在强调立法回应的"及时性"同时，主张以"人权保障"作为价值目标导引立法，在基本权利立法方面适度超前——而不是纯粹消极被动地回应社会立法需求，更加强调立法者要积极主动地履行宪法所委托的义务。概言之，"引领型立法"的基本要素有三：一是人权保障，这是引领型立法的价值目标；二是积极主动，这是引领型立法的行为要求；三是立法者责任，这是引领型立法的责任机制。

在基本权利保障方面，奉行"引领型立法"显得尤为重要，"引领型立法"应当成为权利立法的新常态。具体而言有三：其一，在政治层面，立法与改革的关系是"立法引领和推动改革"。[①] 这就要求立法与改革决策相衔接，通过立法程序使改革决策更加科学完善，同时，需要突出立法的

---

① 王比学：《发挥立法对深化改革的引领推动作用——访全国人大常委会法工委副主任阚珂》，《人民日报》2014年3月2日第4版。

前瞻性，为改革预留空间；但是，绝不是意味着立法简单迎合改革，做改革的"应声虫"和"背书者"。其二，在法治层面，立法与人权的关系是"立法以人权保障为价值追求"。这就要求立法以人权保障为价值导引，加强和改进立法工作，并加快重点领域立法，尤其是基本权利立法，以形成完备的基本权利法律规范体系。其三，在现实层面，立法与权利保障需求的关系是"立法以满足权利保障需求为工作目标"。这就要求立法不仅要回应权利保障需求，更要通过切实的立法工作，满足权利保障需求。换言之，立法所形成的法律制度作为一种"供给"，要能够满足人民权利保障的"需求"，法律制度"供给"与权利保障"需求"之间始终要保持一种良性的动态平衡。

三 立法领域之延展："民生权利"和"民主权利"并重

基本权利的一种分类，是将其分为公民权利、政治权利和经济、社会与文化权利两大类，这种对基本权利体系的分类方法得到了两大国际人权公约的采纳，即《公民权利和政治权利国际公约》和《经济、社会与文化权利国际公约》。公民权利和政治权利可概称为民主权利，经济、社会与文化权利可概称为民生权利。

中国基本权利立法存在重民生权利轻民主权利的倾向。[①] 具体表现在以下几个方面：其一，选举权和被选举权立法方面，选举权和被选举权是重要的政治权利，选举法强调了选举权的广泛性，但是对选举权的实质内涵和程序保障需要进一步作出更加具体的规定。其二，言论自由立法方面，赋予了行政权力较宽泛的审查自由裁量权，而在言论自由的保护性规范和保障性措施方面，仍需进一步做出更加具有可操作性的明确规定。其三，出版自由立法方面，出版自由可看作书面的言论自由，马克思认为："没有出版自由，其他一切自由都是泡影。自由的一种形式制约着另一种形式，正像身体这一部分制约着另一部分一样。"[②] 可见，出版自由是具有基础性地位的自由权利，法律必须给予更充分的保障，否则其他权利也难

[①] 魏治勋：《全面有效实施宪法须加快基本权利立法》，《法学》2014年第8期。
[②] 《马克思恩格斯全集》（第1卷），人民出版社2016年版，第94—95页。

以充分享有和实现。其四,集会、游行、示威自由立法方面,授予警察部门的裁量权较为宽泛。其五,人身权利立法方面,不少是以行政法规层级的规范加以规定,如行政拘留、收容教育、强制隔离、强制戒毒、强制医疗、保护性约束等。其六,财产权利立法方面,缺乏公法性法律来保障公民的财产权,这使得财产权的基本权利属性被淡化甚至消逝;尤其在征收征用和征税方面,其依据不少是行政法规,对行政权的权力限度和行使程序缺乏明确的控制性规范。其七,经济、社会与文化权利立法方面,相较公民权利和政治权利立法而言,经济、社会与文化权利立法相对完善,但是也还存在仍需进一步完善的地方,如就业保障、劳动安全保障、获取劳动报酬和反就业歧视方面的法律尚有缺漏,社会保障方面的法律中仍然存在身份差别、城乡差别、行业差别和所有制差别,文化教育方面的法律中亦明显存在城乡差别和地域差别。

诚如王毅外长所言:"民主民生是促进和保护人权的抓手。民主和民生是人权的两个方面,如鸟之两翼、车之双轮,都是人权事业的重要奋斗目标。经济、社会和文化权利与公民政治权利相互联系,不可分割。各项人权同等重要,不可偏废。"① 因此,在进行基本权利立法时,要并重民生权利立法和民主权利立法。由于立法覆盖基本权利,是权利保障法治化的前提。所以既要通过立法着力保障和改善民生权利,又要通过立法有力保障和增进民主权利,防止权利保障出现法律真空和洼地。

需要注意的是,强调加强基本权利立法,延展权利立法领域,不是鼓励盲目追求基本权利立法数量,相反,要警惕搞立法政绩工程的倾向。立法数量不是政绩,基本权利立法首先应当充分考虑的是立法对权利保障的有效性和可操作性。因为"权利决不能超出社会的经济结构以及由经济结构制约的社会的文化发展"②。权利立法若不能落实,即使对基本权利的规定再完美,也只不过是一张写满权利的纸。例如,德国魏玛共和国时期,其宪法明确将社会基本权利作为一项重要的社会政策原则,然而却无法实

---

① 王毅:《共同促进和保护人权 携手构建人类命运共同体》,《人民日报》2017年2月27日第21版。
② 《马克思恩格斯选集》(第3卷),人民出版社2012年版,第305页。

践，严重损害了《魏玛宪法》的权威与公信力。① 此历史镜鉴，立法者当引以为戒：宪法明定的基本权利，不能沦为无实质内涵的空洞概念形式，否则，宪法和法律就会成为虚无缥缈的空头支票或者是镜花水月中的一纸空文。这不仅会严重损及宪法和法律的权威与公信力，而且会使得基本权利成为幻化泡影。

四 立法技术之更新："粗略式立法"向"精细化立法"迁移

改革开放之初，为解决"有法可依"的问题，邓小平同志提出了法律法规"有比没有好""快搞比慢搞好"的指导原则。在这一原则指导下，立法技术上采取的方式是"宜粗不宜细"的"粗略式立法"方式，大量的法律法规得以快速出台，填补了法制上的空白。经过30多年的大规模高速度立法，截至2010年，中国特色社会主义法律体系已经形成，国家和社会各个方面基本实现了"有法可依"。在此背景下，党的十八届四中全会对推进全面依法治国作了具体部署，明确提出要"推进立法精细化"。在已经解决"有法可依"问题之后，实现由"粗略式立法"向"精细化立法"迁移是立法工作的必然趋势和客观要求，也是法治建设的内在规律。

精细化立法，就是针对以往立法工作中存在的粗放化问题形成的以体例精简、内容细实、质量至上、总体管用为目标的立法技术方式，通过精细化的立法准备、内容选择、程序设定，实现立法的目的正当、内容科学、程序民主和实施有效。② 精细立法的核心就是要精细化法律规范的具体内容。尤其，基本权利立法本质在于对宪法基本权利条款的具体化。因此，基本权利立法要以有效性、可操作性作为首要目标，注重以具体明确的量化标准和清晰准确的语词取代笼统模糊的宣示性、原则性条文，加大权利保障条款的占比，明晰国家对基本权利所负有的义务，细化国家权力限制基本权利的裁量基准。在此基础上，形成完备且精细的基本权利法律规范体系，促进基本权利保障的法治化。

---

① 叶阳明：《德国宪政秩序》，五南图书出版股份有限公司2005年版，第45—46页。
② 郭跃：《论立法精细化的标准与实现路径》，《学术界》2016年第2期。

权利立法领域"粗略式立法"方式下的模糊立法，对于权利的保障造成了诸多困惑和障碍。例如，2016年4月，温州土地出让金续费风波，① 争议的焦点即是2007年出台的《物权法》第149条之规定，"住宅建设用地使用权期间届满的，自动续期"。《物权法》规定的"自动续期"究竟该如何理解？续期是否需要缴费？《物权法》在制定时为了减少立法阻力顺利出台，有意回避了这一实质问题。这对于公民财产权的保护造成了困惑。又如，"同命不同价"问题，立法技术上简单粗放地以"户籍"作为赔偿标准的基点，这是造成同命不同价问题的根源。② 令人欣慰的是，2009年出台的《侵权责任法》第17条规定，"因同一侵权行为造成多人死亡的，可以以相同数额确定死亡赔偿金"。2012年新修改的《国家赔偿法》也以"国家上年度职工年平均工资"作为计算死亡赔偿金的基数。③ 这对于落实宪法中"中华人民共和国公民在法律面前一律平等"的规定，具有积极意义。

　　法律的精细化是立法技术成熟的重要标志，也是法律能够真正得到执行的基本前提。④ 可操作性是衡量立法技术的一项重要的基本指标，基本权利立法不具有可操作性无异于没有立法。权利立法的精细程度决定了权利保障的有效性，精细化立法是满足权利保障需求的立法因应之道。因此，实现从"粗略式立法"向"精细化立法"迁移，是实现从"有法可依"到"良法之治"转型升级的关键，⑤ 同时，也是在社会主义法律体系已经形成之后进一步提升立法工作完善各项法律的必然要求，亦是基本权利保障的内在需求。

---

① 温州土地出让金续费风波的起因是，温州一批20年产权住宅的土地使用权年限即将到期，而当地官方人士表示，业主如果进行房产交易，必须续缴占房价总额约1/3高额土地出让金。参见阿计《"模糊立法"须加速精细化》，《浙江人大》2016年第6期。
② 此飞：《以立法精细化终结"同命不同价"》，《人民法院报》2015年5月27日第2版。
③ 《国家赔偿法》（2012年修正）第34条第1款第3项："造成死亡的，应当支付死亡赔偿金、丧葬费，总额为国家上年度职工年平均工资的二十倍。对死者生前扶养的无劳动能力的人，还应当支付生活费。"
④ 赵迎辉：《走向立法精细化》，《学习时报》2016年3月3日第4版。
⑤ 郭跃：《论立法精细化的标准与实现路径》，《学术界》2016年第2期。

第三节　基本权利立法之合宪控制
——以宪法委员会规控立法权为中心

权力既是天使，可以将人引入天堂；权力也是恶魔，能够把人拖入地狱。立法权也具有天使和恶魔的两面性，不能一厢情愿地认为立法权永远会以其天使的一面来对待人民。因此，在充分信任立法权强调加强基本权利立法的同时，也需要对立法权自身进行合宪性控制，以防范立法权不作为或乱作为对基本权利造成损害。

规控立法权合宪行使，需要设立专门的宪法监督机关"宪法委员会"。这既是加强宪法基本权利条款实施的内在需要，也是完善宪法监督保障基本权利的客观需要，同时，还是克服基本权利立法固有局限的现实需要。宪法委员会应定位为全国人大的常设机关，专门负责监督宪法实施，履行合宪性审查和解释宪法的职能。宪法委员会规控立法权时，需要处理好宪法委员会与党的领导、全国人大、改革开放三者的关系，确立党内法规不审查、基本法律不审查、特别授权立法不审查的原则。设立专门的宪法监督机关"宪法委员会"，这一宪法监督的中国模式，兼顾政治性和法律性，符合我国宪法监督制度需要，是落实依宪执政和依宪治国方略的理性务实的制度设计方案。[①]

为保障和规范宪法委员会履行监督宪法实施职权，进一步加强宪法实施保障，在条件成熟的情况下，可以考虑研究和制定"宪法委员会组织法"［参见附录《中华人民共和国宪法委员会组织法（建议稿）》］，对宪法委员会的人员组成、组织机构、职责权限、工作程序等进行规定。

一　设立宪法委员会的必要性

国内外的历史和实践已经说明，加强宪法实施以有效规控立法权需要建构全面有效的宪法监督制度。然而，宪法监督制度不健全在我国积弊已

[①] 江国华、彭超：《中国宪法委员会制度初论》，《政法论丛》2016年第1期。

久,基础薄弱,不利因素较多。① 因此,革弊立新,设立专门的宪法监督机关,夯实我国宪法监督制度的基础以有效规控立法权合宪行使具有必要性和紧迫性。

(一) 加强宪法基本权利条款实施的内在需要

党的十八届四中全会通过的《中共中央关于全面推进依法治国若干重大问题的决定》突出强调"坚持依法治国首先是坚持依宪治国,坚持依法执政首先是坚持依宪执政"。依宪治国、依宪执政作为治国执政的方略被正式提出来。

依宪治国和依宪执政内在的要求加强宪法实施,在执政治国的全过程都必须以宪法作为根据依据。宪法实施,首先是宪法基本权利条款的实施。然而,由于宪法条文的原则性和概括性,宪法规范的含义并不都是不言自明的,在实施宪法对具体宪法性问题进行判断时,如评价立法权行使是否合乎宪法时,就必须对宪法进行解释。宪法将解释宪法的权力配置给了全国人大常委会,由于全国人大常委会的职责任务繁重,宪法施行40年来,全国人大常委会解释宪法的实践活动仅十余次,② 难以(无暇)通过解释宪法的方式进行宪法监督促进宪法实施。宪法解释与宪法监督是密切相关的,"没有宪法监督机关的专门化与程序化,宪法解释的功能无法得到有效发挥"③。因此,加强宪法实施,需要设立宪法委员会作为监督宪法实施的专门机关。

(二) 完善宪法监督保障基本权利的客观需要

立法权之行使必须遵循法制统一原则,国家法制统一既是法治国家的内在要求,也是确保下位法不违反上位法限缩公民基本权利、减免国家权力责任的客观要求。《宪法》和《立法法》确立了我国法律体系的位阶秩序:宪法具有最高法律效力,下位阶法律必须符合宪法和上位阶法律规定。为确保国家法制统一,我国目前以《宪法》为核心,以《立法法》

---

① 焦洪昌、王放:《分步骤完善我国宪法监督制度》,《国家行政学院学报》2015 年第 2 期。
② 参见胡锦光、王丛虎《论我国宪法解释的实践》,《法商研究》2000 年第 2 期;周伟《宪法解释案例实证问题研究》,《中国法学》2002 年第 2 期。
③ 韩大元:《健全宪法解释程序机制的三个基本问题》,《中国宪法年刊》2015 年。

《监督法》等为具体落实,辅之以《法规、司法解释备案审查工作办法》[①],形成了国家最高权力机关审查制的宪法监督模式。[②]

这一监督模式面临如下诘难:其一,"自我监督"的尴尬悖论。现行监督模式下,全国人大常委会自己审查自己制定和批准的法律法规;然而,全国人大常委会同时拥有"解释宪法"的权力,监督宪法实施必然伴随解释宪法,而宪法解释一般认为具有同宪法等同的效力,全国人大常委会完全可能利用释宪权力将自己违宪行为合宪化。其二,"无暇监督"的现实问题。尽管《立法法》规定全国人民代表大会有权改变或者撤销它的常务委员会制定的不适当的法律,但是,由于全国人大每年召开一次会议,每次会议7天左右,需要审议决定诸多国家重大事项,很难真正落实对全国人大常委会制定法律的监督。而且,事实上近十多年来全国人大常委会僭越全国人大的立法权限并不鲜见。[③] 同样,全国人大常委会亦是以会议的方式进行工作,一般每两个月召开一次会议,每次会期7—10天,其承担的立法和审议任务繁重,难以担负起经常性监督宪法实施的职责。因此,完善宪法监督以保障基本权利,确保立法权合宪行使,需要设立宪法委员会作为专门宪法监督机关。

(三) 克服基本权利立法固有局限的现实需要

基本权利立法的局限主要表现在以下五个方面:其一,权利空白,即立法缺位致使基本权利具体内容缺失;其二,权利限缩,即立法权不当限制基本权利,致使基本权利被弱化、掏空;其三,权利歧视,即立法权对少数人权利的保护乏力;其四,权利封闭,即权利的内容苑囿于立法之规定,基本权利立法对基本权利是一种"形成性限制";其五,权利降格,

---

[①] 2019年12月16日,十三届全国人大常委会第四十四次委员长会议通过了《法规、司法解释备案审查工作办法》,2005年12月16日十届全国人大常委会第四十次委员长会议修订、通过的《行政法规、地方性法规、自治条例和单行条例、经济特区法规备案审查工作程序》和《司法解释备案审查工作程序》同时废止。《法规、司法解释备案审查工作办法》第2条:"对行政法规、监察法规、地方性法规、自治州和自治县的自治条例和单行条例、经济特区法规(以下统称法规)以及最高人民法院、最高人民检察院作出的属于审判、检察工作中具体应用法律的解释(以下统称司法解释)的备案审查,适用本办法。"

[②] 参见焦洪昌主编《宪法学》,北京大学出版社2020年版,第113页。

[③] 秦前红:《"宪法实施和监督制度"如何健全和落实》,《中国发展观察》2014年第11期。

即基本权利立法使得宪法权利降减为法律权利。

　　基本权利立法局限的缘由主要有五：其一，立法理性有限，这是由人的理性有限决定的，正如哈耶克所言："理性并非万能"，"那种认为理性能够成为其自身的主宰并能控制其自身的发展的信念，却有可能摧毁理性"。① 具体而言，作为认识主体的人，是一种非完美的存在，在理解、认识、判断和行为上可能会犯错误；作为认识客体的世界，则是无限广博且不断发展的，人只能认知整个世界极为有限的部分；而认知的过程，也受到多种因素的影响和制约。这就决定了人认识的非圆满性。理性的有限性注定了那些由凡夫俗子所立之法的非圆满性，这即意味着：立法者有可能会犯错，立法亦有可能存在严重缺漏。正是为了防止这些存在严重缺陷的法律危及公民的基本权利，才有必要对立法权和法律本身进行合宪性控制。② 其二，立法权力异化，任何权力都有被滥用的可能，部门利益和地方利益的法制化，即是立法权力异化的结果表征。公权力异化，致使实践中争权诿责现象较为突出，③ 会严重危及公民基本权利。其三，立法程序瑕疵，民主立法程序一般都要求一项立法获得通过必须至少得到立法机关代表过半数同意，这就决定了少数人权利在普通的立法程序中难以得到保障。其四，立法语言缺漏，立法所确立的规范要借助于自然语言来表达，自然语言是法律规范的载体，然而，"人类语言符号不是'万能'的，它不能非常客观地表征我们所想要表征的一切，因为它存在先天性缺陷（如符号量质、组构方式等）"④ 其五，立法本质框限，基本权利立法的本质，即是通过制定普通法律（即立法的方式）来具体化宪法基本权利，这就决定了宪法基本权利通过立法，已经衍生为法律权利群系。

　　设立宪法委员会，通过解释宪法和对法律进行合宪性审查，能够有效克服基本权利立法存在的局限。具体而言，通过宪法解释，可以发展宪法

---

　　① ［英］弗里德利希·冯·哈耶克：《自由秩序原理》（上），邓正来译，生活·读书·新知三联书店1997年版，第145页。
　　② 江国华：《立法：理想与变革》，山东人民出版社2007年版，第200—203页。
　　③ 张文显：《建设中国特色社会主义法治体系》，《法学研究》2014年第6期。
　　④ 刘国辉、徐晓燕：《更科学地看待语言：符号缺陷与象似表征》，《外文研究》2014年第3期。

基本权利具体内涵和创制宪法外基本权利,从而克服基本权利立法之中权利空白和权利封闭的局限;通过对法律进行合宪性审查,可以有效克服权利限缩和权利歧视的局限。至于权利降格的局限,由于宪法保障的"基本权利",在功能方面,既可排除来自行政权的不法侵害,亦可排除来自立法权与司法权的侵害;在权利效力方面,原则上"基本权利"的效力不仅可限制行政权,亦限制立法权及司法权。① 但是,宪法基本权利具体化为普通法律权利后,无法对抗立法权——这是权利降格最为主要的局限,然而,设立宪法委员会接受公民对法律提起的合宪性审查本身,就为公民对抗立法权开辟了制度性渠道,因而权利降格局限也能够得以有效克服。

二 宪法委员会的性质和地位

宪法委员会一般被认为是一种政治性机构,其在组织形式上比较灵活、富有弹性,更易于与我国的政治体制相融合,也符合我国的传统,较易于为人们所接受,是适合我国的国情和现实需要的一种最佳模式。②

(一) 宪法委员会是专门的宪法监督机关

宪法委员会作为专门的宪法监督机关,专门负责监督宪法实施。宪法监督制度的专门化、高效化与规范化是世界各国的发展趋势。③ 监督宪法实施,是适用宪法的专门活动,要求监督宪法实施的主体符合适用宪法的需要,具备适用宪法的资格和能力。具体而言,有两个方面的要求:其一,宪法监督机关作为宪法的"守护者",应当具有较高的权威,这是由宪法具有最高的权威和最高的法律效力决定的;其二,监督宪法实施是对违宪的法律和行为进行审查,需要对宪法争议作出裁断,这就要求宪法监督机关必须具有专门性,其组成人员也必须具有较高的专业素质,能够对法律法规和其他规范性法律文件是否符合宪法作出判断。概言之,权威性、专门性和专业性是宪法监督主体必须具备的品格。

因此,宪法委员会应被设定为全国人大专门负责监督宪法实施的机

---

① 萧淑芬:《基本权基础理论之继受与展望:台日比较》,元照出版公司2005年版,第8页。
② 费善诚:《试论我国违宪审查制度的模式选择》,《政法论坛》1999年第2期。
③ 韩大元:《"十六大"后须强化宪法解释制度的功能》,《法学》2003年第1期。

关，履行全国人大监督宪法实施的职权；而不宜被设定为全国人大之下的专门委员会或者全国人大常委会之下的专门工作机构。尽管设置专门委员会性质的宪法委员会较现行宪法监督制度而言是一小步完善，符合人民代表大会制度的现行体制，不需要修改宪法，在操作上比较简单可行。但是，这一改革方案没有涉及现行宪法监督在体制上的改革，不能从根本上克服我国宪法监督（合宪性审查）刚性不足的状况，难以充分发挥监督效力。

（二）宪法委员会是全国人大的常设机关

宪法委员会设在全国人大之下作为全国人大的常设机关，与全国人大常委会的法律地位平行。在学理上，全国人民代表大会的常设机关可以是两个或者两个以上的机关，在保留现有的常设机关即全国人民代表大会常务委员会的同时，另设一个宪法委员会作为全国人民代表大会的常设机关，不存在法理障碍。

宪法委员会作为全国人大的常设机关，负责监督宪法实施，有权对全国人大常委会制定和批准的法律法规进行审查，可以有效避免全国人大常委会"自我监督"的逻辑悖论。全国人大常委会作为全国人大的常设机关，其制定的非基本法律及其所作的法律解释、法律修改，以及其批准的自治条例和单行条例，国务院的行政法规，省、自治区、直辖市人民代表大会及其常务委员会制定的地方性法规，在数量上要远多于全国人大制定的基本法律，在细密程度上也远甚于全国人大制定的基本法律，在违宪的可能性上也远高于全国人大制定的基本法律。因此，全国人大常委会制定或批准的法律法规不能被排除在审查范围之外。这就内在地要求宪法委员会的法律地位至少不能低于全国人大常委会，否则，宪法监督的权威性和有效性难以保障。在人民代表大会制度的体制下，宪法委员会不宜比全国人大常委会地位更高，因此，将宪法委员会设定为全国人大的常设机关是适宜的。

（三）宪法委员会制度是人民代表大会制度的有机组成部分

人民代表大会制度是我国的根本政治制度，其最为根本的特点就是全国人大掌握最高国家权力，居于其他国家机关之上，处于国家机关体系的核心。这就要求权力必须一统于全国人大，不允许有凌驾于全国人大之上的权力存在。宪法委员会制度是人民代表大会制度的有机组成部分，是对全国人民代表大会监督宪法实施制度的完善，并不是对人民代表大会制度的悖逆和脱离。具体而言：其一，宪法委员会从属于全国人大，其监督宪法实施的权力来自全国人大的授予，它必须向全国人大负责并报告工作，接受全国人大的监督。其二，宪法委员会与全国人大常委会并列，都是全国人大的常设机关，它们是分工协作关系，即全国人大常委会主要负责立法和审议，而宪法委员会专司监督宪法实施职权。其三，宪法委员会有权审查全国人大常委会制定或批准的法律法规，这在实质上是对立法权力的制约，但也正体现了"宪法至上"的理念，符合维护宪法秩序、保障基本人权的客观要求。其四，全国人大保留和掌握监督宪法实施的最高权力，当宪法委员会与全国人大常委会在法律法规合宪性问题上发生分歧时，全国人大常委会可以全体委员 2/3 多数通过决议，将争议提交全国人大审议，由全国人大做最终决定。因此，宪法委员会制度是对人民代表大会制度这一根本政治制度的完善，不会动摇全国人大作为最高国家权力机关的地位。

三 宪法委员会规控立法权需要处理好三对关系

宪法监督制度是国家政治体制的一部分，任何一个国家的宪法监督制度设计都根植于本国的土壤，取决于其历史和现实的政治实际。而且，从比较宪法角度来看，并不存在单一通用的宪法监督制度模式。[①] 完善我国的宪法监督制度，固然需要借鉴其他国家行之有效的经验，但更为重要的是要立足于我国的实际情况。宪法委员会规控立法权需要处理好以下三对关系。

---

① 全世界具有典型性的宪法监督制度模式主要有美国式普通法院审查制模式、德国式宪法法院模式和法国式宪法委员会模式三种。在所研究和统计的 179 个国家和地区中，有 81 个国家采用美国模式、58 个国家采用德国模式、12 个国家采用法国模式；另外，采用新英联邦式的 1 个，以其他方式实行宪法监督（违宪审查）的国家和地区有 22 个，没有宪法监督制度的有 5 个。See Gagik Harutyunyan, Arne Macic, *The Constitutional Review and its Development in the Modern World: a comparative constitutional analysis*, Ljubljana; Yerevan; Hayagitak, 1999, pp. 168 - 266. 需要说明的是，根据统计目前全球有 224 个国家和地区（193 个国家和 31 个地区）。

(一) 宪法委员会与党的领导

多年来我们关于宪法监督的种种设想，未能取得成功，根本的原因就是对党的领导缺乏充分的考虑，甚至将党的领导与宪法监督人为地割裂开来了。① 宪法委员会在规控立法权时，需要正确处理宪法委员会与党的领导的关系，必须坚持党的领导与党受宪法监督，确立党内法规不审查原则。之所以将党内法规纳入宪法委员会规控立法权视野之内考察，是因为党内法规是社会主义法治体系的重要组成部分，制定党内法规的权力属于广义上的"立法权"，且党内法规也会涉及党员的基本权利。具体而言：

1. 宪法委员会必须坚持党的领导

坚持党的领导既是一项政治原则，也是一项宪法原则。《宪法》序言和第 1 条②确立了党的领导的宪法原则，宪法委员会制度必须坚持党的领导。我们不能片面理解《宪法》序言最后一段最后一句和第 5 条第 4 款的规定，③ 离开党的领导单方面强调对党的监督，而必须认识到宪法监督是在党的领导下进行的。实践中，全国人大及其常委会开展工作，也都是在党中央的领导下进行的。党的十八届四中全会也明确提出，"党的领导是社会主义法治最根本的保证"，"要把党的领导贯彻到依法治国全过程和各方面"④。因此，宪法委员会制度作为社会主义法治和依法治国中极其重要的一项制度，其制度安排必须要有利于坚持党的领导，而不能忽视或者离开党的领导。

宪法委员会制度坚持党的领导，可以仿效全国人大常委会党组向中共

---

① 刘松山：《健全宪法监督制度之若干设想》，《法学》2015 年第 4 期。
② 《宪法》（2018 年修正）第 1 条："中华人民共和国是工人阶级领导的、以工农联盟为基础的人民民主专政的社会主义国家。社会主义制度是中华人民共和国的根本制度。中国共产党领导是中国特色社会主义最本质的特征。禁止任何组织或者个人破坏社会主义制度。"
③ 《宪法》（2018 年修正）"序言"最后一段最后一句："全国各族人民、一切国家机关和武装力量、各政党和各社会团体、各企业事业组织，都必须以宪法为根本的活动准则，并且负有维护宪法尊严、保证宪法实施的职责。"第 5 条第 4 款："一切国家机关和武装力量、各政党和各社会团体、各企业事业组织都必须遵守宪法和法律。一切违反宪法和法律的行为，必须予以追究。"
④ 《中共中央关于全面推进依法治国若干重大问题的决定》，《人民日报》2014 年 10 月 29 日第 1 版。

中央政治局常委会汇报工作的方式,①即在宪法委员会成立党组,就宪法监督工作直接向中央政治局常委会汇报。这一制度安排,符合坚持党中央集中统一领导的根本政治规矩,能够保证宪法监督工作是在党的领导下进行,并且还能够为有效解决宪法委员会对政党(包括执政党和各民主党派)的宪法监督问题提供渠道。

2. 党必须接受宪法监督

坚持党的领导与党也必须接受宪法监督并不是对立的,《宪法》和《中国共产党章程》都明确要求,党必须在宪法和法律的范围内活动。党的十八届四中全会认为"党的领导和社会主义法治是一致的"②,因而,党的领导与党接受宪法监督也具有一致性。因为宪法监督制度是社会主义法治的一部分。在理论上论述二者的这种"一致性"并非难题,重要的是在制度设计中如何具体体现二者的"一致性"。笔者认为,通过建立宪法委员会党组向党中央政治局常委会汇报工作的常态化的制度安排,可以妥善纾解这一问题。在执政党内部,党的各级组织都要坚持党中央的集中统一领导,中央政治局常委会在听取宪法委员会党组工作汇报后,能够通过党内的方式和途径纠正执政党内部可能存在的有违宪嫌疑的行为;对各民主党派而言,他们也必须坚持党的领导,中央政治局常委会也能够以恰当的方式纠正其可能存在的有违宪嫌疑的行为。如此,宪法监督制度的法律性和政治性得以兼顾,宪法监督的实效也能够在这一过程中得以实现。

3. 党内法规不审查

宪法委员会作为国家宪法监督机关,不宜直接审查党内法规,党内法规的审查应由党的机关依据《中国共产党党内法规制定条例》和《中国共产党党内法规和规范性文件备案审查规定》负责审查,宪法委员会可以提供咨询意见。确立党内法规不审查原则主要有以下原因:其一,党内法规

---

① 中央政治局常委会会议指出,坚持党的领导,首先是要坚持党中央的集中统一领导,这是一条根本的政治规矩;中央政治局常委会听取全国人大常委会、国务院、全国政协、最高人民法院、最高人民检察院党组汇报工作,是保证党中央集中统一领导的制度性安排。参见《中共中央政治局常务委员会召开会议听取全国人大常委会、国务院、全国政协、最高人民法院、最高人民检察院党组工作汇报》,《人民日报》2015年1月17日第1版。

② 《中共中央关于全面推进依法治国若干重大问题的决定》,《人民日报》2014年10月29日第1版。

的效力来自党员对自己权利的自愿让渡，这种让渡是通过入党誓词以明示的方式表明的；同时，党内法规制定过程的民主性为党内法规的效力提供了正当性基础。其二，党内法规的规范对象是党组织的工作、活动和党员行为，其指向的是党组织和党员。① 其三，党内法规的制定原则和备案审查要求都明确规定"党必须在宪法和法律范围内活动"②。"国家法律无法涉及党内事务，一个政党只要遵守宪法和法律，内部如何管理只能靠党内规范。党内法规的主要功能就是管好党自己。在中国，能够约束中国共产党的只能是中国共产党自己。"③

（二）宪法委员会与全国人大

人民代表大会制度是我国的根本政治制度，全国人民代表大会是最高国家权力机关，享有最高、最全的权力。准确定位宪法委员会与全国人大的关系，必须明确宪法委员会从属于全国人大，确立基本法律不审查原则。

1. 宪法委员会从属于全国人大

宪法委员会作为全国人大的常设机关，从属于全国人大，其法律地位处于全国人大之下。这是由人民代表大会制度这一根本政治制度决定的，宪法委员会制度必须坚持人民代表大会制度。具体而言：其一，宪法委员会的组成人员由全国人大决定，全国人大有权罢免宪法委员会组成人员；其二，宪法委员会的职权由全国人大授予；其三，宪法委员会对全国人大负责并报告工作，受全国人大监督；其四，全国人大可以改变或撤销宪法委员会不适当的决定；其五，宪法委员会必须遵从和执行全国人大作出的决定。

---

① 付子堂：《法治体系内的党内法规探析》，《中共中央党校学报》2015年第3期。
② 《中国共产党党内法规制定条例》（2019年修订）第7条："党内法规制定工作应当遵循下列原则……（五）坚持党必须在宪法和法律的范围内活动，注重党内法规同国家法律衔接和协调……"《中国共产党党内法规和规范性文件备案审查规定》（2019年修订）第11条："审查机关对符合审查要求的报备党内法规和规范性文件，应当予以登记，从下列方面进行审查……（二）合法合规性审查。包括是否同宪法和法律相一致，是否同党章、上位党内法规和规范性文件相抵触，是否与同位党内法规和规范性文件对同一事项的规定相冲突，是否符合制定权限和程序，是否落实精简文件、改进文风要求等……"第19条："党内法规和规范性文件存在下列情形之一，审查机关应当不予备案通过，并要求报备机关进行纠正……（二）违反宪法和法律的……"
③ 王振民：《党内法规制度体系建设的基本理论问题》，《中国高校社会科学》2013年第5期。

2. 基本法律不审查

基本法律不审查原则，将全国人大制定的基本法律排除在宪法委员会审查的范围之外。确立这一原则的理由有四点：其一，这是由宪法委员会的法律地位决定的，宪法委员会处于全国人大之下，因而其无权审查全国人大制定的基本法律；其二，即便全国人大授权宪法委员会审查其制定的基本法律，由于宪法委员会被设定为全国人大的常设机关，这种审查难以规避"自我审查"之逻辑悖论；其三，全国人大制定基本法律的过程，即提出法律草案—法律案的审议—法律案的表决—法律案的公布，具有广泛的民主性，基本法律的内容较下位法而言具有较高原则性、概括性，因此基本法律不符合宪法的可能性不高；其四，全国人大可以要求宪法委员会在法律案审议过程中报告审议意见，在制定审议过程中确保基本法律符合宪法精神和规范。

（三）宪法委员会与改革开放

通过多年的改革开放，国家取得了巨大的建设成就，给人民带来了福祉。但是，在许多人看来，多年来的改革开放及市场经济建设，在一定程度上是在"违宪"状态下进行的，一旦确立动真格的"违宪审查"制度，则反而会"捆绑了改革的手脚"。[1] 宪法监督会掣肘改革，这或许是为政者的一个担忧。妥善处理宪法委员会与改革开放的关系，必须坚持重大改革于法有据和立法引领改革，确立特别授权立法不审查原则。

1. 重大改革必须于法有据

在法制还不健全的年代，"摸着石头过河"式的改革，如果说有其实践正当性的话，那么，在社会主义法律体系已经形成[2]的今天，国家和社会生活的各个方面，在总体上已经实现有法可依。重大改革必须于法有据。党的十八届四中全会明确指出，要实现立法和改革决策相衔接，做到重大改革于法有据、立法主动适应改革和经济社会发展需要。这就要求必须改变过去"先改革后立法"的模式，即立法滞后于改革实践，被动回应

---

[1] 林来梵：《中国的"违宪审查"：特色及生成实态——从三个有关用语的变化策略来看》，《浙江社会科学》2010年第5期。
[2] 吴邦国：《全国人民代表大会常务委员会工作报告——二〇一一年三月十日在第十一届全国人民代表大会第四次会议上》，《人民日报》2011年3月19日第1版。

改革实践需要;① 确立"先立法后改革"的模式,以立法引领改革,强调改革必须有法可依,于法有据。这即意味着:改革不能突破法律的红线和禁区,必须在法治的轨道上进行改革;同时,立法必须先行,在改革决策伊始,就要考虑改革可能涉及的法律制定及调整问题,做到立改废释并举。法律的立改废释,都需要通过合宪性审查,才能确保立法所引领的改革是在法治的轨道上,符合宪法精神和规范。

2. 特别授权立法不审查

改革的实质就是创新,而法律则具有一定的滞后性。改革必须于法有据,要求改革要在现行法律提供的制度空间内大胆探索积极创新,但是,现行的法律法规难免存在不适应改革发展新要求的情况。我们不能以具有滞后性的法律延缓或阻碍改革,在立法条件尚未成熟的情形下,全国人大及其常委会可以根据改革发展的需要,就改革的特定事项作出授权决定,由被授权主体根据全国人大或其常委会的特别授权决定进行立法,先行先试。我国经济特区立法就是特别授权立法实践。2015年新修改的《立法法》对授权立法也有明确的规定。② 除了经济特区之外,自贸区建设和城市群协同发展也会有特别授权立法。

为确保改革于法有据、促进改革全面深化,宪法委员会必须确立特别授权立法不审查原则,即对根据特别授权决定所制定的法律和全国人大的授权决定本身不予审查,但是对全国人大常委会的授权决定本身则需要审查。具体理由有三点:其一,特别授权立法获得了最高权力机关的授权,宪法委员会应遵从最高权力机关的授权决定。其二,特别授权立法是为确保改革于法有据,由被授权主体因应改革发展的新要求,针对改革发展中的新情况新问题先行立法,为改革确立规矩。现有法律要么滞后于改革实践发展,要么对改革中新情况新问题没有规定,宪法委员会若对特别授权立法进行审查,将面临审查依据滞后的诟病和审查依据空白的尴尬。因

---

① 比如,先有"小岗村人"的包产到户,才有后来的"家庭承包经营"的修宪条文;先有安徽私营企业"傻子瓜子",才有"非公有制经济是社会主义市场经济的重要组成部分"的修宪条文。参见聂希斌《"重大改革于法有据"寓意"先立后破"》,《检察日报》2015年3月11日第3版。

② 《立法法》(2015年修正)第9—13条、第74条、第90条、第95条、第97条、第98条。

而，宪法委员会不宜审查特别授权立法。其三，宪法法律本身也会发展和变迁，我国宪法法律发展的模式可概括为"回应型发展模式"，即宪法法律的修改与发展是为因应改革发展的实践需要，先有改革实践，后有宪法修改，宪法经济制度条款的变迁即是明证。从这一意义上而言，特别授权立法是宪法法律发展的试验（试点），宪法委员会不宜进行审查。

结语　基本权利立法：中国人权保障法治化的必由之路

党的十八届四中全会通过《中共中央关于全面推进依法治国若干重大问题的决定》，强调要"使每一项立法都符合宪法精神""实现公民权利保障法治化"。[①]《国家人权行动计划（2016—2020年）》也明确指出，要进一步提高人权保障的法治化水平。[②]《国家人权行动计划（2021—2025年）》则明确提出，将满足人民对人权保障的新需求作为奋斗方向。[③] 党的二十大报告，强调要"不断实现人民对美好生活的向往"[④]。由此，"权利保障法治化"成为中国党和政府的一项重要工作目标。

"权利保障法治化"就是要让法律成为保障权利的最重要的制度手段，实现从政策保障向法律保障转型。权利法治保障主要有两种方式：立法方式和司法方式。诚然，司法是最终的、最有效的权利保障方式。然而，司法的前提是立法，立法确定了司法活动的场域。中国法院不具有直接适用宪法裁判案件的权力，而只能适用普通法律来保障法律权利。[⑤] 可见，基

[①]《中共中央关于全面推进依法治国若干重大问题的决定》，《人民日报》2014年10月29日第1版。

[②] 国务院新闻办公室：《国家人权行动计划（2016—2020年）》，《人民日报》2016年9月30日第13版。

[③] 国务院新闻办公室：《国家人权行动计划（2021—2025年）》，《人民日报》2021年9月10日第10版。

[④] 习近平：《高举中国特色社会主义伟大旗帜　为全面建设社会主义现代化国家而团结奋斗——在中国共产党第二十次全国代表大会上的报告》（2022年10月16日），《求是》2022年第21期。

[⑤] 有学者就主张：不要"过分强调违宪审查的宪法实施方式"，要走出宪法实施的误区。参见上官丕亮《宪法实施的三大误区》，《四川大学学报》（哲学社会科学版）2014年第5期。

本权利立法，是"权利保障法治化"的拱顶石。中国"权利保障法治化"的前提就是要形成完备的权利法律规范体系，唯有通过立法将宪法基本权利结构性地转化为普通法律权利，才能得到司法的保障。

如是，权利立法是权利司法的逻辑前提，是实现权利保障法治化的必备基础。反之，若立法缺位，希冀通过偏重司法一端来保障立法缺位状态下的权利，是司法不能承受之重，亦将陷入司法保障缺乏具体法律依据的窘境——符合正义标准的权利保障规则尚未确立，司法如何实现矫正正义来保障权利？

人们制定宪法的终极目标在于使国家权力受到控制，并为人民的权利和福祉服务。[1] 宪法的精神旨归和终极目的在于保障人权。然而，"宪定权利不等于现实权利"，宪法基本权利若缺乏具体法律制度之支持，充其量只是一种"善意的声明""政治上的箴言""虔诚的愿望""立宪者的独白"而已。[2] 基于此，基本权利立法对于宪法实施，[3] 特别是对基本权利形成制度性保障至关重要。

基本权利的具体内容有赖立法具体化，否则，宪法规定的基本权利就永远"高居"于宪法，有成为一种纯粹的价值理念宣示和沦为一种空洞概念式权利而无实质具体内容之虞。特别是合宪性审查制度仍需进一步有效建构，尤其是缺乏面向个人开放的宪法诉愿制度的情况下，通过立法具体化宪法基本权利之内容，使基本权利结构性转化为具体法律权利就成为一种绝对需要而不可或缺。宪法基本权利转译为法律权利之后，就能够通过普通司法程序得到救济，这是形成"有效、可及且无漏洞"的基本权利保障体系之必需。

因此，国家法治战略的重心应该从处于法治链条末端的司法回溯到法治源头的立法，因为立法是制度的形成者和供给者。基本权利立法应该成

---

[1] 周叶中主编：《宪法》（第五版），高等教育出版社2020年版，第129页。

[2] 欧爱民：《宪法实践的技术路径研究——以违宪审查为中心》，法律出版社2007年版，第4页。

[3] 宪法实施最终实施的是基本权利规范，基本权利规范的实施是宪法实施的本质与目的。参见范进学《宪法实施：到底实施什么？》，《学习与探索》2013年第1期。

为国家法治战略的重要内容之一。①

　　同时，基本权利立法是为了因应人民权利保障之需求。现阶段，中国社会主要矛盾的法律理论表达是：人民日益增长的权利保障需求与权利保障制度供给不足之间的矛盾。制度供给不足主要表现在：其一，权利内容具体化（制度化）之不足，基本权利停留在宪法层面，有的难以在人民生活中落实，立法实施基本权利不足；其二，权利救济制度之不足，权利救济范围、救济方式受限，亟待形成有效、可及、无漏洞的权利救济制度；其三，权利发展制度之不足，基本权利是一个开放性体系，其内涵和类型随着社会生活的发展而不断丰富，"新权利"之确认制度阙如。为此，权利保障法治化也要求进行"制度供给侧改革"，即是要求加强基本权利立法，通过立法形成完善的权利保障制度，才能不断满足和促进基本权利保障之最大化，满足人民权利保障之需求。

　　恰如德沃金所言，"个人权利是个人手中的政治护身符"②，基本权利立法则是个人权利的"授权书"。与其寄希望于借助道德的力量让人权回归本位，不如通过人权保障法治化的方式，依托法治的刚性力量来维护人权，让人权真正具有尊严并得以落实在人民的生活之中。

　　诚然，基本权利立法乃精细之科学，正如"罗马建成非一日之功"，基本权利立法也绝非在朝夕之间毕其功于一役所能蹴就，而是一个需要各方协同、长期累积，甚至还会几经反复的过程。概言之，基本权利立法，并非一劳永逸的权利保障努力。因为，权利立法并不意味着权利就一定能实现，但是，基本权利立法若长期缺位，基本权利肯定难以实现。通过立法防止出现基本权利法律真空状态，是基本权利保障法治化的首要任务。在基本权利立法领域，宁愿践行"法虽不善，犹愈于无法"（《慎子·威德》）——这至少将基本权利从宪法的神坛请下了人间，"不善"之法还具

---

　　① "基本权利作为客观价值的功能构成了国家一切行为的基础，没有什么政治问题不是在基本权利思维之下展开讨论的。" See Juergen Christoph Goedan, "Influence of the West German Constitution on the Legal System of the Country", *International Journal of Legal Information*, Vol. 17, No. 2, Feb. 1989, pp. 111–122. 从某种意义上讲，国家的一切行为都是以基本权利为依归的。

　　② ［美］罗纳德·德沃金：《认真对待权利》，信春鹰、吴玉章译，生活·读书·新知三联书店2008年版，第6页。

有"修善"的可能性。

　　基本权利立法，使得宪法真正成为"生活之法"①——因为，正是基本权利立法才使得基本权利具有"有效性"。只有通过立法将基本权利具体化为每一个人享有的法律上的权利，并且通过法律明确规定国家应该承担的相关义务，才能保证基本权利能够被解释、适用并强制实施，如是，基本权利才能真正走进人民生活之中。换言之，基本权利立法，能够让每一个人在生活中"将权利带回家"（brings rights home）②，使得宪法真正成为人民的生活之法，在日常琐屑的生活中成就人权之保障，让每一个人在生活中都能感受到宪法的慈爱与温暖。

---

　　① 周叶中教授最先提出了"宪法是生活之法"的观点，他认为："宪法既是政治性的规范，又是公民的生活规范，宪法与公民的生活息息相关。"参见周叶中《宪法与公民生活息息相关——关于树立我国宪法权威的一点思考》，《求是》2004年第11期。
　　② "将权利带回家"（brings rights home）这一概念，系借用自英国1998年《人权法案》之目的表述，其原意是通过《人权法案》将权利从位于法国斯特拉斯堡的欧洲人权法院带回英国的国内法律体系，并规定《欧洲人权公约》由英国法院负责实施。

附录　中华人民共和国宪法委员会组织法（建议稿）

目　录

第一章　总则
第二章　组织机构
　　第一节　宪法委员会主任、副主任与委员
　　第二节　宪法委员会各办公室
　　第三节　宪法委员会秘书处
第三章　职权范围
　　第一节　一般规定
　　第二节　宪法修改
　　第三节　解释宪法
　　第四节　合法性审查
第四章　工作程序
　　第一节　宪法修改
　　第二节　解释宪法
　　第三节　合法性审查
第五章　附则

第一章　总则

第一条　为了维护宪法尊严，保障社会主义法制的统一，规范宪法委员会监督宪法实施的活动，根据宪法，制定本法。

第二条　宪法委员会是全国人民代表大会的常设机关，专门负责监督宪法实施。

第三条　宪法委员会对全国人民代表大会负责并报告工作。

第四条　宪法委员会监督宪法实施应当遵循宪法的规定和基本原则。

第五条　宪法委员会监督宪法实施应当依照本法规定的程序。

第六条　宪法委员会的经费列入国家预算。

第二章 组织机构

第一节　宪法委员会主任、副主任与委员

第七条　宪法委员会由主任一人，副主任二人，委员八人组成。

第八条　宪法委员会主任由已卸任的中华人民共和国主席担任，任期终身。

第九条　宪法委员会主任主持宪法委员会会议和宪法委员会的工作，根据宪法委员会的多数意见，公布宪法委员会裁决；宪法委员会表决时若赞成票与反对票相同，宪法委员会主任有决定性的投票权。

第十条　宪法委员会设副主任二人，协助宪法委员会主任工作。

第十一条　宪法委员会副主任从宪法委员会委员中产生。

第十二条　宪法委员会委员经全国人民代表大会的会议主席团提名，由全国人民代表大会会议选举产生。

宪法委员会委员任期与全国人民代表大会每届任期相同，连续任职不得超过两届。

宪法委员会委员每五年更替二分之一。

第十三条　宪法委员会委员不得担任国家行政机关、监察机关、审判

机关和检察机关的职务；不得担任大学教职以外的其他任何公共职务；如果担任上述职务，必须辞去宪法委员会的职务。

第十四条　宪法委员会委员在就职时应当公开进行宪法宣誓。

第二节　宪法委员会各办公室

第十五条　宪法委员会设立宪法解释办公室、法律法规审查办公室、地方法规审查办公室和宪法委员会根据工作需要认为需要设立的其他专门办公室。

第十六条　宪法解释办公室专门负责宪法解释工作。

第十七条　法律法规审查办公室专门负责审查本法第三十三条第（一）、（二）、（三）、（四）项规范性法律文件。

第十八条　地方法规审查办公室专门负责审查本法第三十三条第（五）、（六）项规范性法律文件。

第十九条　宪法委员会根据需要跨行政区划设立若干巡回办公室，负责审查本法第三十三条第（七）、（八）、（九）项规范性法律文件。

宪法委员会巡回办公室审查的效力等同于宪法委员会审查的效力。

第二十条　宪法委员会各专门办公室和巡回办公室的具体工作，由宪法委员会主任指定若干名宪法委员会委员负责。

宪法委员会各专门办公室和巡回办公室根据工作需要，可以招聘若干名工作人员。

第三节　宪法委员会秘书处

第二十一条　宪法委员会设立秘书处，协助宪法委员会进行工作。

第二十二条　宪法委员会秘书处秘书长经宪法委员会主任提名，由中华人民共和国主席任命。

第二十三条　宪法委员会秘书长在委员会主任的领导下负责宪法委员会的行政服务工作。

第二十四条　宪法委员会秘书处负责下列工作：

（一）为宪法委员会开展工作提供辅助服务；

（二）负责宪法委员会与党的机关和其他国家机关的沟通联系；

（三）负责宪法委员会与社会公众的沟通；

（四）协助宪法委员会主任就宪法监督而进行的外事工作；

（五）负责宪法委员会内部行政事务管理和财务开支管理工作；

（六）其他应由秘书处负责的工作。

第二十五条　宪法委员会秘书处根据工作需要，秘书长报经宪法委员会主任同意，可招聘若干名工作人员。

第三章 职权范围

第一节　一般规定

第二十六条　宪法委员会会议应当由主任召集。

主任因为健康情况等不能工作的情况下，由最年长的副主任召集。

主任、副主任都不能工作的情况下，由最年长的委员召集。

第二十七条　宪法委员会作出裁决和意见时，应当至少有七名委员出席，依法定程序记录在案的不可抗力的情况除外。

第二十八条　宪法委员会主任负责审核使用宪法委员会经费。

第二节　宪法修改

第二十九条　宪法委员会是宪法修改的专门工作机构。

第三十条　宪法委员会在宪法修改工作中，负责下列事项：

（一）负责接收修改宪法的建议；

（二）负责起草宪法修改草案；

（三）负责组织审议修改宪法修改草案；

（四）负责向全国人民代表大会提议修改宪法，并向全国人民代表大会报告宪法修正案内容及其情况说明，提请全国人大会议审议表决；

（五）其他事项。

第三节　解释宪法

第三十一条　宪法委员会行使解释宪法的职权。

第三十二条　宪法委员会解释宪法，按照本法第四章第二节的程序进行。

第四节　合法性审查

第三十三条　宪法委员会对下列规范性法律文件行使合法性审查

职权：

（一）全国人民代表大会常务委员会制定的非基本法律和作出的法律解释；

（二）全国人民代表大会常务委员会批准的自治区的自治条例和单行条例；

（三）全国人民代表大会常务委员会作出的授权立法决定；

（四）国务院制定的行政法规；

（五）省、自治区、直辖市的人民代表大会及其常务委员会制定的地方性法规；

（六）省、自治区、直辖市的人民代表大会常务委员会批准的自治州、自治县的自治条例和单行条例；

（七）国务院各部委制定的规章和省、自治区、直辖市人民政府制定的规章；

（八）省、自治区的人民政府所在地的市，经济特区所在地的市和国务院已经批准的较大的市制定的地方性法规和规章；

（九）设区的市、自治州制定的地方性法规和规章。

第三十四条　宪法委员会不审查下列规范性法律文件：

（一）全国人民代表大会制定的基本法律；

（二）全国人民代表大会作出的授权立法决定；

（三）根据全国人民代表大会作出的授权立法决定所制定的法律；

（四）根据通过合法性审查的全国人民代表大会常务委员会作出的授权立法决定所制定的法律；

（五）中国共产党党内法规和规范性文件，由中国共产党的机关依据《中国共产党党内法规制定条例》和《中国共产党党内法规和规范性文件备案审查规定》负责审查。

第四章　工作程序

第一节　宪法修改

第三十五条　宪法委员会可以向全国人民代表大会提议修改宪法。

第三十六条 中国共产党中央委员会可以向宪法委员会提出修改宪法的建议，宪法委员会应当根据建议负责主持起草宪法修改草案，并负责组织讨论宪法修改草案，征集修改意见。

公民、法人和其他组织可以向宪法委员会提出修宪的建议，由宪法委员会审查处理。

第三十七条 宪法委员会向全国人民代表大会报告宪法修改草案的内容，并作出情况说明。

第二节 解释宪法

第三十八条 有下列情况之一的，宪法委员会可以解释宪法：

（一）宪法的规定需要进一步明确具体含义的；

（二）宪法实施中出现新的情况，需要明确适用宪法依据的；

（三）法律、行政法规、地方性法规、自治条例和单行条例、规章等规范性文件可能与宪法相抵触的。

第三十九条 全国人民代表大会常务委员会，国务院，中央军事委员会，最高人民法院，最高人民检察院，省、自治区、直辖市的人民代表大会及其常务委员会，60人以上全国人民代表大会的代表或者一个代表团，认为法律、行政法规、地方性法规、自治条例和单行条例、规章等规范性文件同宪法相抵触的，可以向宪法委员会书面提出进行审查的要求。宪法委员会应当受理。

前款规定以外的其他国家机关和社会团体、企业事业组织以及公民认为法律、行政法规、地方性法规、自治条例和单行条例、规章等规范性文件同宪法相抵触的，可以向宪法委员会书面提出进行审查的建议。由宪法委员会工作机构对建议进行研究，必要时进行审查、提出意见。

第四十条 地方各级人民法院、专门人民法院（或法官）在审理案件过程中，认为所适用的法律、行政法规、地方性法规、自治条例和单行条例、规章等规范性文件同宪法相抵触的，应裁定中止诉讼程序，提请最高人民法院，由最高人民法院决定是否向宪法委员会提出解释宪法的要求。

当事人认为所适用的法律、行政法规、地方性法规、自治条例和单行条例、规章等规范性文件同宪法相抵触，向人民法院书面提出的，而人民法院（或法官）认为确实存在抵触的，应裁定中止诉讼程序，提请最高人民法院，由最高人民法院决定是否向宪法委员会提出解释宪法的要求。

最高人民法院在审理案件过程中发生前款的情形，可以向宪法委员会提出解释宪法的要求。

最高人民法院提请解释宪法的，宪法委员会应当受理。

第四十一条 任何人认为自己的基本权利受到国家机关和国家工作人员的侵害，穷尽所有的法律途径仍得不到救济时，可以向宪法委员会提出解释宪法的请求。宪法委员会应当受理。

第四十二条 提请解释宪法的要求和建议，应以书面方式提出，并说明理由。

宪法解释请求书应载明请求人的姓名、住址、联系方式，请求事由，具体的宪法规定，需要解释宪法的理由等内容。

宪法解释请求书可以信件和数据电文（包括电报、电传、传真和电子邮件）等方式送交宪法委员会，特殊情况可以直接送达。

第四十三条 宪法解释的请求由宪法委员会秘书处接收。收到解释请求后，宪法委员会秘书处应予以登记、送达回执，并对申请人是否具有提请资格、宪法解释请求书是否符合要求作出初步审查。

宪法委员会秘书处应于10日内将符合要求的宪法解释请求书转呈宪法委员会宪法解释办公室；对于不符合要求的，宪法委员会秘书处作出不予受理的决定并书面说明理由。

第四十四条 宪法委员会宪法解释办公室接受解释宪法的请求后，应在60日内就是否需要解释宪法提出意见。需要延长时日的，经宪法委员会主任批准，可延长30日。

宪法委员会宪法解释办公室认为没有必要解释宪法的，应予驳回，并将驳回理由书面告知提请解释的请求人。

第四十五条 宪法委员会宪法解释办公室审查后认为确有必要解释宪法的，应当提出书面意见，提交宪法委员会讨论决定。宪法委员会认为需要解释宪法的，应启动解释程序。

宪法委员会作出解释或不解释宪法的决定后，宪法委员会宪法解释办公室应书面告知提请解释的请求人。

第四十六条 经宪法委员会会议讨论决定需要解释的，由宪法委员会宪法解释办公室拟订宪法解释案。

第四十七条　宪法解释案应在宪法委员会全体会议召开之前的五日内印送宪法委员会全体委员。

宪法解释案应由宪法委员会以会议的形式进行审议。宪法委员会宪法解释办公室根据宪法委员会会议的审议意见对宪法解释案修正后，可付诸表决。

第四十八条　宪法解释案由宪法委员会全体委员的三分之二以上的多数通过。

第四十九条　宪法解释应包括解释的编号、解释的主文、解释的理由、解释的时间等内容。

宪法解释由宪法委员会发布公告予以公布。在宪法委员会公报上刊登的文本为标准文本。

第五十条　宪法委员会对宪法的解释具有法律效力。

宪法解释公布后，相关的法律、法规等应及时作出适当的调整。

第五十一条　全国人民代表大会有权改变或撤销宪法委员会作出的不适当的宪法解释。

第三节　合法性审查

第五十二条　本法第三十九条、第四十条、第四十二条、第四十三条、第四十四条之规定适用于宪法委员会合法性审查程序。

合法性审查之理由除了本法第三十九条、第四十条规定之"同宪法相抵触"外，还包括下位阶法律规范同上位阶法律规范相抵触。

宪法委员会负责合法性审查的具体工作机构是宪法委员会法律法规审查办公室、地方法规审查办公室。

提起合法性审查的请求书为法律法规规章合法性审查请求书。

第五十三条　宪法委员会合法性审查工作机构审查后认为确有必要进行合法性审查的，由宪法委员会主任从委员中确定一人担任该项合法性审查事项的主审委员。

第五十四条　主审委员在宪法委员会秘书长的协助下开展工作，在经过必要的调查研究之后，向宪法委员会提交一份初步审查报告。

第五十五条　主审委员提交的初步审查报告包括以下内容：

（一）合法性审查请求书；

（二）提交审查的规范性法律文件；

（三）制定机关制定该项规范性法律文件时的讨论情况；

（四）制定机关对审查申请的答辩意见；

（五）初步审查意见。

第五十六条 主审委员应当在初步审查报告的基础上，形成一份裁决草案，提交宪法委员会审议。

第五十七条 初步审查报告和合法性审查裁决草案应在宪法委员会全体会议召开之前的五日内印送宪法委员会全体委员。

合法性审查裁决草案应由宪法委员会以会议的形式进行审议。宪法委员会合法审查工作办公室根据宪法委员会会议的审议意见对合法性审查裁决草案修正后，可付诸表决。

第五十八条 合法性审查裁决案由宪法委员会全体委员的三分之二以上的多数通过。

第五十九条 宪法委员会认为被审查的规范性法律文件与宪法具有一致性或者具有相容性时，作出确认合宪裁决。

第六十条 宪法委员会认为被审查的规范性法律文件整体违反宪法或者其核心条款或基本原则违反宪法，作出确认违宪裁决，整部规范性法律文件违宪无效。

宪法委员会认为被审查的规范性法律文件的部分条款违宪，且违宪的部分条款并不构成其核心条款或基本原则，能够与其他符合宪法的条款分割的情况下，作出确认部分违宪裁决，违宪的条款无效。

第六十一条 宪法委员会作出的裁决应包括裁决的编号、裁决的主文、裁决的理由、裁决的时间等内容。

裁决书由宪法委员会发布公告予以公布。在宪法委员会公报上刊登的文本为标准文本。

第六十二条 宪法委员会作出的裁决书具有法律效力。

第六十三条 宪法委员会与全国人民代表大会常务委员会在法律法规合宪性问题上发生分歧时，全国人民代表大会常务委员会可以全体委员三分之二多数通过决议，将争议提交全国人民代表大会审议，由全国人民代表大会做最终决定。

第六十四条 全国人民代表大会有权改变或撤销宪法委员会作出的不适当的宪法裁决。

第五章 附则

第六十五条 本法自××年××月××日起施行。

参考文献

一 著作类

（一）中文著作

蔡定剑：《中国人民代表大会制度》，法律出版社2003年版。

陈慈阳：《基本权核心理论之实证化及其难题》，翰芦图书出版公司2007年版。

陈俊：《政党与立法问题研究——借鉴与超越》，人民出版社2008年版。

陈瑞华：《刑事审判原理论》，法律出版社2020年版。

陈新民：《德国公法学基础理论》，法律出版社2010年版。

陈新民：《宪法基本权利之基本理论》，元照出版公司1999年版。

城仲模主编：《行政法之一般法律原则》，三民书局1997年版。

戴瑞君：《国际人权条约的国内适用研究：全球视野》，社会科学文献出版社2013年版。

龚祥瑞：《比较宪法与行政法》，法律出版社2012年版。

郭道晖：《法的时代呼唤》，中国法制出版社1998年版。

郭道晖：《法的时代精神》，湖南出版社1997年版。

郭道晖：《法的时代挑战》，湖南人民出版社2003年版。

郭道晖：《立法：原则、制度、技术》，北京大学出版社1994年版。

郭道晖、刘永艳：《政党与宪制》，法律出版社2016年版。

郭道晖：《人权论要》，法律出版社2015年版。

郭道晖：《社会权力与公民社会》，译林出版社2009年版。

黄卫平、汪永成主编：《当代中国政治研究报告》（第7辑），社会科学文献出版社2009年版。

季卫东：《法治秩序的建构》，商务印书馆2019年版。

江国华：《立法：理想与变革》，山东人民出版社2007年版。

江国华：《宪法的形而下之学：生活中的宪法》，武汉大学出版社2007年版。

江国华：《宪法哲学导论》，商务印书馆2007年版。

焦洪昌、李树忠：《宪法教学案例》，中国政法大学出版社1999年版。

焦洪昌主编：《宪法学》，北京大学出版社2020年版。

李步云、汪永清：《中国立法的基本理论和制度》，中国法制出版社1998年版。

李道揆：《美国政府和美国政治》，商务印书馆1999年版。

李林：《立法理论与制度》，中国法制出版社2005年版。

李林主编：《中国法治发展报告》，社会科学文献出版社2008年版。

李龙：《法理学》，武汉大学出版社2011年版。

李鹏：《立法与监督：李鹏人大日记》，新华出版社、中国民主法制出版社2006年版。

李寿祺：《利益集团和美国政治》，中国社会科学出版社1988年版。

李震山：《多元、宽容与人权保障：以宪法未列举权之保障为中心》，元照出版公司2005年版。

李震山：《人性尊严与人权保障》，元照出版公司2020年版。

李震山：《行政法导论》，三民书局1998年版。

连玉明主编：《数权法3.0：数权的立法前瞻》，社会科学文献出版社2021年版。

刘松山：《中国立法问题研究》，知识产权出版社2016年版。

刘文忠：《宪法规则下的权利博弈：中国农民权利保护研究》，中国社会科学出版社2010年版。

刘志刚：《立法缺位状态下的基本权利》，复旦大学出版社2012年版。

罗传贤：《立法程序与技术》，五南图书出版股份有限公司2012年版。

罗志渊：《立法程序论》，正中书局1974年版。

苗连营：《立法程序论》，中国检察出版社 2001 年版。

莫纪宏等：《人权法的新发展》，中国社会科学出版社 2008 年版。

莫纪宏：《国际人权公约与中国》，世界知识出版社 2005 年版。

欧爱民：《宪法实践的技术路径研究——以违宪审查为中心》，法律出版社 2007 年版。

《世界各国宪法》编辑委员会编译：《世界各国宪法：非洲卷》，中国检察出版社 2012 年版。

《世界各国宪法》编辑委员会编译：《世界各国宪法：欧洲卷》，中国检察出版社 2012 年版。

苏力：《法治及其本土资源》，北京大学出版社 2015 年版。

孙大雄：《宪政体制下的第三种分权：利益集团对美国政府决策的影响》，中国社会科学出版社 2004 年版。

孙国华、朱景文：《法理学》，中国人民大学出版社 2021 年版。

孙谦、韩大元主编：《公民权利与义务：世界各国宪法的规定》，中国检察出版社 2013 年版。

孙谦、韩大元主编：《立法机构与立法制度：世界各国宪法的规定》，中国检察出版社 2013 年版。

谭世贵主编：《国际人权公约与中国法制建设》，武汉大学出版社 2007 年版。

汤德宗：《行政程序法论》，元照出版公司 2000 年版。

万其刚：《立法理念与实践》，北京大学出版社 2006 年版。

王沪宁：《比较政治分析》，上海人民出版社 1987 年版。

王俊平主编：《〈公民权利和政治权利国际公约〉与中国刑法立法：域外的经验和启示》，知识产权出版社 2013 年版。

王利明主编：《人格权立法的中国思考》，中国人民大学出版社 2020 年版。

王名扬：《美国行政法》（上册），中国法制出版社 1995 年版。

王浦劬：《政治学基础》，北京大学出版社 2018 年版。

王亚南：《中国官僚政治研究》，商务印书馆 2017 年版。

温辉：《受教育权入宪研究》，北京大学出版社 2003 年版。

翁岳生：《行政法》，元照出版公司 2020 年版。

吴大英、任允正、李林：《比较立法制度》，群众出版社1992年版。

吴庚：《宪法的解释与适用》，三民书局2004年版。

夏勇：《文明的治理：法治与中国政治文化变迁》，社会科学文献出版社2012年版。

萧淑芬：《基本权基础理论之继受与展望：台日比较》，元照出版公司2005年版。

许宗力：《法与国家权力》，元照出版公司2006年版。

薛波主编：《元照英美法词典》，北京大学出版社2017年版。

叶阳明：《德国宪政秩序》，五南图书出版公司2005年版。

尹世洪、朱开杨：《人民代表大会制度发展史》，江西人民出版社2002年版。

于兆波：《立法决策论》，北京大学出版社2005年版。

曾令良等编著：《国际人权公约的实施及中国的实践》，武汉大学出版社2015年版。

曾祥华等：《立法过程中的利益平衡》，知识产权出版社2011年版。

张红：《民法典人格权编立法论》，法律出版社2020年版。

张鹏：《中国权利性条款立法规范化研究》，中国社会科学出版社2016年版。

张文显：《法理学》，高等教育出版社2018年版。

张翔：《基本权利的规范建构》，法律出版社2017年版。

张翔主编：《德国宪法案例选释》（第1辑），法律出版社2012年版。

张永和主编：《立法学》，法律出版社2009年版。

赵成根：《民主与公共决策研究》，黑龙江人民出版社2000年版。

赵汀阳：《坏世界研究：作为第一哲学的政治哲学》，中国人民大学出版社2009年版。

郑贤君：《基本权利原理》，法律出版社2010年版。

周旺生：《立法学》，法律出版社2009年版。

周叶中主编：《宪法》（第五版），高等教育出版社2020年版。

朱应平：《论平等权的宪法保护》，北京大学出版社2004年版。

朱志宏：《立法论》，三民书局1995年版。

（二）外文译著

［奥］凯尔森：《法与国家的一般理论》，沈宗灵译，商务印书馆 2013 年版。

［奥］曼弗雷德·诺瓦克：《民权公约评注：联合国〈公民权利和政治权利国际公约〉》，毕小青、孙世彦译，生活·读书·新知三联书店 2003 年版。

［德］奥托·迈耶：《德国行政法》，刘飞译，商务印书馆 2021 年版。

［德］鲍尔·施蒂尔纳：《德国物权法》，张双根译，法律出版社 2004 年版。

［德］哈贝马斯：《重建历史唯物主义》，郭官义译，社会科学文献出版社 2013 年版。

［德］哈贝马斯：《在事实与规范之间：关于法律和民主法治国的商谈理论》，童世骏译，生活·读书·新知三联书店 2014 年版。

［德］康拉德·黑塞：《联邦德国宪法纲要》，李辉译，商务印书馆 2007 年版。

［德］柯武刚、史漫飞：《制度经济学：社会秩序与公共政策》，韩朝华译，商务印书馆 2000 年版。

［德］克里斯托夫·默勒斯：《德国基本法：历史与内容》，赵真译，中国法制出版社 2014 年版。

［德］拉德布鲁赫：《法学导论》，米健译，商务印书馆 2013 年版。

［德］莱奥·罗森贝克：《证明责任论：以德国民法典和民事诉讼法典为基础撰写》，庄敬华译，中国法制出版社 2002 年版。

［德］鲁道夫·冯·耶林：《为权利而斗争》，郑永流译，商务印书馆 2018 年版。

［德］马克斯·韦伯：《经济与社会》，林荣远译，商务印书馆 1997 年版。

［德］尤尔根·哈贝马斯：《合法化危机》，刘北成、曹卫东译，上海人民出版社 2019 年版。

［法］霍尔巴赫：《自然政治论》，陈太先、眭茂等译，商务印书馆 2009 年版。

［法］卢梭：《社会契约论》，何兆武译，商务印书馆 2009 年版。

［法］孟德斯鸠：《论法的精神》，许明龙译，商务印书馆2012年版。

［法］让－马克·夸克：《合法性与政治》，佟心平、王远飞译，中央编译出版社2008年版。

［古希腊］亚里士多德：《政治学》，吴寿彭译，商务印书馆2009年版。

［美］埃尔斯特、［挪］斯莱格斯塔德编：《宪政与民主：理性与社会变迁研究》，潘勤、谢鹏程译，生活·读书·新知三联书店1997年版。

［美］R. M. 昂格尔：《现代社会中的法律》，吴玉章、周汉华译，译林出版社2008年版。

［美］彼得·F. 德鲁克：《管理——任务、责任、实践》，陈小白译，华夏出版社2007年版。

［美］彼得·哈伊：《美国法律概论》，沈宗灵译，北京大学出版社1997年版。

［美］E. 博登海默：《法理学：法律哲学与法律方法》，邓正来译，中国政法大学出版社2017年版。

［美］布雷恩·Z. 塔玛纳哈：《论法治：历史、政治和理论》，李桂林译，武汉大学出版社2010年版。

［美］赫伯特·马尔库塞：《单向度的人：发达工业社会意识形态研究》，刘继译，上海译文出版社2014年版。

［美］亨利·马瑟：《合同法与道德》，戴孟勇、贾林娟译，中国政法大学出版社2005年版。

［美］杰克·唐纳利：《普遍人权的理论与实践》，王浦劬等译，中国社会科学出版社2001年版。

［美］卡尔·科恩：《论民主》，聂崇信、朱秀贤译，商务印书馆1988年版。

［美］理查德·波斯纳：《法律的经济分析》，蒋兆康译，法律出版社2012年版。

［美］罗斯科·庞德：《通过法律的社会控制：法律的任务》，沈宗灵、董世忠译，商务印书馆2010年版。

［美］诺曼·杰·奥恩斯坦，雪利·埃尔德：《利益集团、院外活动和政策制订》，潘同文、陈永易、吴艾美译，世界知识出版社1981年版。

［美］P. 诺内特、P. 塞尔兹尼克：《转变中的法律与社会：迈向回应型法》，张志铭译，中国政法大学出版社2004年版。

［美］欧内斯特·盖尔霍恩、罗纳德·M. 利文：《行政法和行政程序法概要》，黄列译，中国社会科学出版社1996年版。

［美］乔安妮·格兰特：《美国黑人斗争史：1619年至今的历史、文献与分析》，郭瀛、伍江等译，中国社会科学出版社1987年版。

［美］乔万尼·萨托利：《民主新论》，冯克利、阎克文译，上海人民出版社2009年版。

［美］塞缪尔·莫恩：《最后的乌托邦：历史中的人权》，汪少卿、陶力行译，商务印书馆2016年版。

［美］史蒂芬·霍尔姆斯、凯斯·R. 桑斯坦：《权利的成本：为什么自由依赖于税》，毕竞悦译，北京大学出版社2011年版。

［美］西摩·马丁·李普塞特：《政治人：政治的社会基础》，张绍宗译，上海人民出版社2020年版。

［美］小奥利弗·温德尔·霍姆斯：《普通法》，郭亮译，法律出版社2021年版。

［美］约翰·霍普·富兰克林：《美国黑人史》，张冰姿等译，商务印书馆1988年版。

［美］詹姆斯·M. 布坎南：《宪法秩序的经济学与伦理学》，朱泱、毕洪海、李广乾译，商务印书馆2021年版。

［美］詹姆斯·麦格雷戈·伯恩斯等著：《民治政府——美国政府与政治》，吴爱明、李亚梅等译，中国人民大学出版社2007年版。

［日］川岛武宜：《现代化与法》，申政武等译，中国政法大学出版社2004年版。

［日］大沼保昭：《人权、国家与文明》，王志安译，生活·读书·新知三联书店2014年版。

［日］渡边洋三：《日本国宪法的精神》，魏晓阳译，译林出版社2009年版。

［日］宫泽俊义、芦部信喜：《日本国宪法精解》，董璠舆译，中国民主法制出版社1990年版。

［日］芦部信喜：《宪法》，林来梵、凌维慈、龙绚丽译，清华大学出版社2018年版。

［日］辻中丰：《利益集团》，郝玉珍译，经济日报出版社1989年版。

［日］星野英一：《私法中的人》，王闯译，中国法制出版社2004年版。

［意］布鲁诺·莱奥尼：《自由与法律》，秋风译，吉林人民出版社2011年版。

［英］彼得·斯坦、约翰·香德：《西方社会的法律价值》，王献平译，中国法制出版社2004年版。

［英］边沁：《道德与立法原理导论》，时殷弘译，商务印书馆2009年版。

［英］戴维·米勒、韦农·波格丹诺：《布莱克维尔政治学百科全书》（修订版），邓正来等译，中国政法大学出版社2002年版。

［英］戴维·M. 沃克：《牛津法律大辞典》，李双元等译，法律出版社2003年版。

［英］丹宁勋爵：《法律的正当程序》，李克强、杨百揆、刘庸安译，法律出版社2015年版。

［英］弗里德里希·冯·哈耶克：《法律、立法与自由》，邓正来、张守东、李静冰译，中国大百科全书出版社2022年版。

［英］哈特：《法律的概念》，许家馨、李冠宜译，法律出版社2018年版。

［英］海伦·赞塔基：《立法起草：规制规则的艺术与技术》，姜孝贤译，法律出版社2022年版。

［英］洛克：《政府论》，瞿菊农、叶启芳译，商务印书馆2020年版。

［英］J. S. 密尔：《代议制政府》，汪瑄译，商务印书馆2017年版。

［英］尼尔·麦考密克：《修辞与法治：一种法律推理理论》，程朝阳、孙光宁译，北京大学出版社2014年版。

［英］乔治·斯坦纳：《通天塔：文学翻译理论研究》，庄绎传编译，中国对外翻译出版公司1987年版。

［英］詹宁斯：《法与宪法》，龚祥瑞、侯健译，生活·读书·新知三联书店1997年版。

二 论文类

阿计：《"模糊立法"须加速精细化》，《浙江人大》2016 年第 6 期。

白龙、周林刚：《立法官僚的兴起与封闭——以 1979 年—2010 年全国人大立法为中心的考察》，《文化纵横》2011 年第 3 期。

蔡定剑：《论人民代表大会制度的改革和完善》，《政法论坛》2004 年第 6 期。

蔡培如：《被遗忘权制度的反思与再建构》，《清华法学》2019 年第 5 期。

陈爱娥：《自由—平等—博爱：社会国原则与法治国原则的交互作用》，《台大法学论丛》1996 年第 2 期。

陈楚风：《中国宪法上基本权利限制的形式要件》，《法学研究》2021 年第 5 期。

陈金钊：《对形式法治的辩解与坚守》，《哈尔滨工业大学学报》（社会科学版）2013 年第 2 期。

陈金钊：《多元规范的思维统合——对法律至上原则的恪守》，《清华法学》2016 年第 5 期。

陈金钊：《魅力法治所衍生的苦恋——对形式法治和实质法治思维方向的反思》，《河南大学学报》（社会科学版）2012 年第 5 期。

陈金钊：《实质法治思维路径的风险及其矫正》，《清华法学》2012 年第 4 期。

陈景辉：《比例原则的普遍化与基本权利的性质》，《中国法学》2017 年第 5 期。

陈鹏：《论立法对基本权利的多元效应》，《法律科学》（西北政法大学学报）2016 年第 6 期。

陈新民：《行政法学总论》，《行政法学研究》1998 年第 1 期。

陈英钤：《从行政国家到立法国家——"释字五百二十号"之评释》，《台湾本土法学杂志》2001 年总第 22 期。

陈云良：《健康权的规范构造》，《中国法学》2019 年第 5 期。

陈征、李想：《论对狭义法律限制基本权利的合宪性审查制度》，《中国高校社会科学》2018 年第 6 期。

陈征：《论比例原则对立法权的约束及其界限》，《中国法学》2020 年第 3 期。

陈征：《论部门法保护基本权利的义务及其待解决的问题》，《中国法律评论》2019 年第 1 期。

陈征：《宪法中的禁止保护不足原则——兼与比例原则对比论证》，《法学研究》2021 年第 4 期。

程浩、黄卫平、汪永成：《中国社会利益集团研究》，《战略与管理》2003 年第 4 期。

程浩：《中国社会利益集团的兴起及其合法性问题研究》，《湖北社会科学》2006 年第 6 期。

程雪阳：《中国宪法上国家所有的规范含义》，《法学研究》2015 年第 4 期。

褚江丽：《毛泽东人民立宪思想及其对我国宪政发展的影响》，《毛泽东思想研究》2009 年第 3 期。

戴激涛：《数字社会治理的权利逻辑：以个人信息权为中心》，《中共天津市委党校学报》2022 年第 1 期。

［德］彼得·巴杜拉：《国家保障人权之义务与法治国家宪法之发展》，陈新民译，载陈新民《宪法基本权利之基本理论》（上），三民书局 1992 年版。

［德］克劳斯－威尔海姆·卡纳里斯：《基本权利与私法》，曾韬、曹昱晨译，《比较法研究》2015 年第 1 期。

丁林：《非法之法不是法》，《读书》2001 年第 5 期。

窦衍瑞：《宪法基本权利和民事权利的连接与互动——以人格权为例》，《政法论丛》2018 年第 3 期。

范进学：《建构以权利救济为核心的宪法实施制度》，《法学论坛》2016 年第 2 期。

范进学：《宪法在中国实施何以艰难》，《政法论丛》2009 年第 1 期。

范进学：《作为"权利"的环境权及其反思》，《中国法律评论》2022 年第 2 期。

方芬：《试论加强和完善党对立法工作的领导》，《人大研究》2015 年第 6 期。

费善诚：《试论我国违宪审查制度的模式选择》，《政法论坛》1999 年第 2 期。

封丽霞：《偶然还是必然：中国近现代选择与继受大陆法系法典化模式原因分析》，《金陵法律评论》2003 年第 1 期。

冯玉军、刘雁鹏：《中国城市立法的实践演变与理论争鸣》，《地方立法研究》2016 年第 1 期。

符永康：《中国立法酝酿"破冰"》，《经济与法律》（香港）2006 年第 4 期。

付子堂：《法治体系内的党内法规探析》，《中共中央党校学报》2015 年第 3 期。

付子堂、胡夏枫：《立法与改革：以法律修改为重心的考察》，《法学研究》2014 年第 6 期。

付子堂：《实质法治：中国法治发展之进路》，《学术交流》2015 年第 3 期。

高其才：《现代立法理念论》，《南京社会科学》2006 年第 1 期。

高旭：《中国共产党执政合法性与依法治国》，《理论导刊》2016 年第 2 期。

龚廷泰：《中国共产党执政合法性的法哲学思考》，《中国法学》2005 年第 3 期。

广州大学人权理论研究课题组、李步云：《中国特色社会主义人权理论体系论纲》，《法学研究》2015 年第 2 期。

郭庆珠：《论不当联结禁止原则对行政管理创新的规制——以创新的法律界限为归宿》，《学术探索》2010 年第 6 期。

郭跃：《论立法精细化的标准与实现路径》，《学术界》2016 年第 2 期。

韩大元：《关于推进合宪性审查工作的几点思考》，《法律科学》（西北政法大学学报）2018 年第 2 期。

韩大元：《健全宪法解释程序机制的三个基本问题》，《中国宪法年刊》2015 年。

韩大元：《全国人民代表大会宪法地位研究》，《法学评论》2013 年第 6 期。

韩大元：《"十六大"后须强化宪法解释制度的功能》，《法学》2003 年第 1 期。

郝铁川：《论依法治国与以德治国》，《求是》2001 年第 6 期。

郝银钟、席作立：《宪政视角下的比例原则》，《法商研究》2004 年第 6 期。

胡锦光、王丛虎：《论我国宪法解释的实践》，《法商研究》2000 年第 2 期。

胡肖华、聂辛东：《自律与他律：中国宪法实施的战略定力》，《湘潭大学学报》（哲学社会科学版）2015 年第 1 期。

黄力之：《马克思主义作为中国国家意识形态的现实性问题》，《马克思主义研究》2006 年第 5 期。

季卫东：《程序比较论》，《比较法研究》1993 年第 1 期。

江国华：《立法权及其宪法规制》，《当代法学》2007 年第 4 期。

江国华：《刘松山先生的〈违宪审查热的冷思考〉质疑》，《法学》2004 年第 8 期。

江国华：《论立法价值——从"禁鞭尴尬"说起》，《法学评论》2005 年第 6 期。

江国华：《论立法理想——兼论政府为什么应当干预烧"二奶"》，《现代法学》2007 年第 4 期。

江国华、彭超：《依宪治国与人民代表大会制度的完善》，《中州学刊》2015 年第 11 期。

江国华：《司法立宪主义与中国司法改革》，《法制与社会发展》2016 年第 1 期。

江国华、易赛键：《论立法民主》，《中南民族大学学报》（人文社会科学版）2007 年第 4 期。

姜明安：《法治中国向法治体系迈进》，《北京日报》2014 年 10 月 27 日第 17 版。

姜明安：《改进和完善立法体制〈立法法〉呈现七大亮点》，《行政管理改革》2015 年第 4 期。

蒋勇：《基本权利干预视角下我国警察强制措施的立法完善》，《环球法律评论》2017 年第 4 期。

焦洪昌、王放：《分步骤完善我国宪法监督制度》，《国家行政学院学报》

2015 年第 2 期。

李宝山：《关于精细化立法的思考》，《人民代表报》2015 年 4 月 7 日。

李海平：《基本权利的国家保护：从客观价值到主观权利》，《法学研究》2021 年第 4 期。

李海平：《论基本权利对社会公权力主体的直接效力》，《政治与法律》2018 年第 10 期。

李海平：《论基本权利私人间效力的范式转型》，《中国法学》2022 年第 2 期。

李惠宗：《"国家通讯传播委员会组织法"违宪性的探讨——"司法院""大法官"释字第六一三号解释评释》，《台湾本土法学杂志》2006 年总第 86 期。

李建良：《法律的溯及既往与信赖利益保护原则》，《台湾本土法学杂志》2001 年总第 24 期。

李景鹏：《中国现阶段社会团体现状分析》，《唯实》1999 年第 21 期。

李林：《立法权与立法的民主化》，载高鸿钧主编《清华法治论衡》，清华大学出版社 2000 年版。

李林：《论党与法的高度统一》，《法制与社会发展》2015 年第 3 期。

李林：《全球化时代的中国立法发展》（上），《法治论丛》2002 年第 5 期。

李林：《试论立法价值及其选择》，《天津社会科学》1996 年第 3 期。

李曙光：《立法背后的博弈》，《中国改革》2006 年第 12 期。

李树忠：《迈向"实质法治"——历史进程中的十八届四中全会〈决定〉》，《当代法学》2015 年第 1 期。

李霞：《中国共产党执政合法性资源的历史考察》，《中国特色社会主义研究》2012 年第 5 期。

李秀峰、李俊：《我国行业利益集团对规制政策制定过程的影响》，《中国青年政治学院学报》（现名《中国青年社会科学》）2007 年第 1 期。

林更盛：《对于以"事物本质"作为法学论证的反思》，载黄宗乐教授祝寿论文集编辑委员会《黄宗乐教授六秩祝贺——基础法学篇》，学林文化事业有限公司 2002 年版。

林来梵：《规范宪法的条件和宪法规范的变动》，《法学研究》1999 年第

2 期。

林来梵、张卓明：《论权利冲突中的权利位阶——规范法学视角下的透析》，《浙江大学学报》（人文社会科学版）2003 年第 6 期。

林来梵：《中国的"违宪审查"：特色及生成实态——从三个有关用语的变化策略来看》，《浙江社会科学》2010 年第 5 期。

刘广安：《中国法律的传统》，《研究生法学》1996 年第 4 期。

刘国辉、徐晓燕：《更科学地看待语言：符号缺陷与象似表征》，《外文研究》2014 年第 3 期。

刘军平：《中国法治进程中的立法理念刍论》，《政法论丛》2005 年第 3 期。

刘连泰：《中国合宪性审查的宪法文本实现》，《中国社会科学》2019 年第 5 期。

刘宁宁：《马克思恩格斯无产阶级政党理论及其当代意义》，《马克思主义研究》2010 年第 11 期。

刘松山：《立法规划之淡化与反思》，《政治与法律》2014 年第 12 期。

刘伟：《经济新常态与供给侧结构性改革》，《管理世界》2016 年第 7 期。

刘馨宇：《宪法社会权性质的教义学探析》，《中外法学》2022 年第 3 期。

刘怡达：《回应式立法与建构式立法——深化改革背景下的立法模式变迁》，《中共南京市委党校学报》2014 年第 1 期。

刘志刚：《基本权利对民事法律行为效力的影响及其限度》，《中国法学》2017 年第 2 期。

刘志刚：《基本权利影响侵权民事责任的路径分析》，《东北师大学报》（哲学社会科学版）2018 年第 5 期。

刘志刚：《人权立法保障的宪法学分析》，《人权》2015 年第 3 期。

刘志刚：《限制抑或形成：论关涉基本权利法律之功能的二元性》，《河南省政法管理干部学院学报》2005 年第 6 期。

刘忠定、孙辉：《应充分发挥第三部门在社会矛盾消解中的作用》，《理论改革》2004 年第 2 期。

柳建龙：《论基本权利冲突》，《中外法学》2021 年第 6 期。

卢群星：《隐性立法者：中国立法工作者的作用及其正当性难题》，《浙江大学学报》（人文社会科学版）2013 年第 2 期。

马岭：《中国〈立法法〉对委员长会议职权的规定》，《学习与探索》2013年第 8 期。

马玲：《宪法权利与法律权利：区别何在？》，《环球法律评论》2008 年第1 期。

门中敬：《比例原则的宪法地位与规范依据——以宪法意义上的宽容理念为分析视角》，《法学论坛》2014 年第 5 期。

苗贵安：《利益集团视角下的行业协会》，《湖北社会科学》2006 年第 9 期。

苗连营、宋雅芳：《对立法程序的哲学审视》，《郑州大学学报》（社会科学版）2000 年第 6 期。

莫静：《论受教育权的国家给付义务》，《现代法学》2014 年第 3 期。

聂鑫：《财产权宪法化与近代中国社会本位立法》，《中国社会科学》2016年第 6 期。

欧爱民：《我国犯罪概念的宪法学透视》，《法商研究》2006 年第 4 期。

潘金贵、李国华：《我国电子数据收集提取措施对基本权利的干预与立法完善》，《湖南社会科学》2019 年第 5 期。

彭超：《国家监察立法的六个基本问题》，《江汉论坛》2017 年第 2 期。

彭超：《论立法的职业化》，《理论月刊》2019 年第 11 期。

彭超：《论人权立法与中国法治之契合性》，《朝阳法律评论》2020 年第 15辑总第 1367 期。

彭超：《权利立法价值论》，《青海民族大学学报》（社会科学版）2020 年第 4 期。

彭超：《秩序、发展和人权：三位一体的立法理路》，《楚天法学》2017 年第 3 期。

齐卫平、郝宇青：《中共执政合法性模式的转换：现状与前瞻》，《太平洋学报》2010 年第 11 期。

钱建荣：《终身不得考领驾驶执照合宪性之检讨——兼论"释字第 531 号解释"》，《月旦法学杂志》2006 年总第 128 期。

秦前红：《合宪性审查的意义、原则及推进》，《比较法研究》2018 年第 2 期。

秦前红:《"宪法实施和监督制度"如何健全和落实》,《中国发展观察》2014年第11期。

秦前红:《执政党领导立法的方式和途径》,《中国法律评论》2014年第3期。

秦秋兰:《现阶段我国"利益集团"与政府决策互动制度化研究》,《江西金融职工大学学报》(现名:《金融教育研究》)2007年第6期。

邱家军:《人大代表选举中政治把关权的运行维度》,载陈明明《中国民主的制度结构:复旦政治学评论(第六辑)》,上海人民出版社2008年版。

秋石:《中国梦为中国特色社会主义注入新能量》,《求是》2013年第9期。

上官丕亮:《行政诉讼:宪法实施的重要推动力》,《学习与探索》2013年第1期。

盛晓明:《从公共性到主体间性——哈贝马斯的普遍语用学转向》,《浙江学刊》1999年第5期。

石文龙:《〈东方红〉与〈国际歌〉:民主与法治的不同言说——兼及现代社会中国民众对民主与法治的特殊表达》,《云南大学学报》(法学版)2012年第3期。

石佑启、苗志江:《两型社会与地方立法的回应和创新》,《楚天主人》2008年第7期。

宋华琳:《权利保障视角下的基本医疗卫生立法》,《求是学刊》2020年第1期。

孙国东:《试论法治转型的社会理论逻辑——兼及转型中国的"社会主义法治"》,《法学评论》2012年第3期。

孙平:《系统构筑个人信息保护立法的基本权利模式》,《法学》2016年第4期。

童世骏:《没有"主体间性"就没有"规则"——论哈贝马斯的规则观》,《复旦学报》2002年第5期。

童之伟:《宪法适用应依循宪法本身规定的路径》,《中国法学》2008年第6期。

涂云新:《经济、社会及文化权利的财政法保障进路及其体系构建——国际比较与中国经验》,《人权》2020年第2期。

汪进元：《论宪法的平等保护原则》，《武汉大学学报》（哲学社会科学版）2004年第6期。

汪全胜：《论立法提案》，《新疆大学学报》（哲学社会科学版）2004年第3期。

王广辉：《中国宪法实施的普通法路径——以法院对权利的救济为视角》，《学习与探索》2013年第1期。

王进文：《基本权国家保护义务的疏释与展开——理论溯源、规范实践与本土化建构》，《中国法律评论》2019第4期。

王锴：《调取查阅通话（讯）记录中的基本权利保护》，《政治与法律》2020年第8期。

王锴：《合宪性、合法性、适当性审查的区别与联系》，《中国法学》2019年第1期。

王锴：《基本权利保护范围的界定》，《法学研究》2020年第5期。

王锴：《基本权利冲突及其解决思路》，《法学研究》2021年第6期。

王锴：《论立法在基本权利形成中的作用与限制——兼谈"公有制"的立法形成》，《法治研究》2017年第1期。

王理万：《立法官僚化：理解中国立法过程的新视角》，《中国法律评论》2016年第2期。

王理万：《制度性权利：论宪法总纲与基本权利的交互模式》，《浙江社会科学》2019年第1期。

王利明：《我国未来民法典中人格权编的完善——2002年〈民法典草案〉第四编评述》，《中国政法大学学报》2013年第1期。

王萍：《转折时期的立法传奇》，《中国人大》2014年第17期。

王庆廷：《新兴权利间接入法方式的类型化分析》，《法商研究》2020年第5期。

王人博：《宪政的中国语境》，《法学研究》2001年第2期。

王淑荣、于延晓：《中国共产党执政的合法性基础——以马克思主义利益观为视角的分析》，《马克思主义研究》2010年第11期。

王蔚：《基本权利之"基本"的内涵——以法国法为中心》，《比较法研究》2021年第6期。

王锡锌：《个人信息国家保护义务及展开》，《中国法学》2021 年第 1 期。

王旭：《合宪性审查中"相抵触"标准之建构》，《中国法学》2021 年第 6 期。

王玉琼：《利益集团与政策决策》，《探索》2001 年第 2 期。

王振民：《党内法规制度体系建设的基本理论问题》，《中国高校社会科学》2013 年第 5 期。

魏治勋：《全面有效实施宪法须加快基本权利立法》，《法学》2014 年第 8 期。

吴奕锋、王博文、夏江皓：《"走向中国民法典——历史的机遇与挑战"学术研讨会综述》，《中外法学》2014 年第 6 期。

吴志光：《东欧民主转型国家宪法法院对法治国家建构之影响——兼论对我国违宪审查经验之启示》，载刘孔中、陈新民主编《宪法解释之理论与实务》（第三辑下册），"中研院"中山人文社会科学研究所 2002 年版。

吴忠民：《让改革红利惠及全体人民》，《求是》2013 年第 21 期。

伍劲松：《论行政法上禁止不当结合原则》，《西南政法大学学报》2004 年第 4 期。

谢立斌：《论基本权利的立法保障水平》，《比较法研究》2014 年第 4 期。

谢维雁：《"宪法间接适用论"质疑》，《法商研究》2011 年第 2 期。

邢乐勤、顾艳芳：《论中国利益集团对地方立法的影响》，《浙江学刊》2008 年第 5 期。

熊瑛：《形式法治和实质法治：法治思维观的比较与抉择》，《领导科学》2014 年第 11 期。

徐爽：《宪法上社会权的发展：传统、改革与未来》，《政法论坛》2019 年第 5 期。

徐爽：《以权利制约权力——社会主义法律体系与基本权利立法实践的发展》，《政法论坛》2011 年第 6 期。

徐显明：《宪法修正条款修正了什么》，载中国人权研究会编《"人权入宪"与人权法制保障》，团结出版社 2006 年版。

杨光斌、李月军：《中国政治过程中的利益集团及其治理》，《学海》2008

年第 2 期。

杨珍、郑会宇：《当代西方利益集团的立法影响及评价》，《人大研究》2001 年第 5 期。

易军：《"法不禁止皆自由"的私法精义》，《中国社会科学》2014 年第 4 期。

易有禄：《基本权利：立法权正当行使的内在限度》，《人权》2015 年第 2 期。

于安：《论行政廉洁原则的适用》，《中国法学》2016 年第 1 期。

翟国强：《基本权利释义学的困境与出路》，《当代法学》2015 年第 6 期。

翟国强：《经济权利保障的宪法逻辑》，《中国社会科学》2019 年第 12 期。

翟国强：《我国合宪性审查制度的双重功能》，《法学杂志》2021 年第 5 期。

翟国强：《中国宪法实施的双轨制》，《法学研究》2014 年第 3 期。

翟国强：《中国语境下的"宪法实施"：一项概念史的考察》，《中国法学》2016 年第 2 期。

湛中乐、黄宇骁：《再论学术自由：规范依据、消极权利与积极义务》，《法制与社会发展》2017 年第 4 期。

张继成：《法律推理模式的理性构建》，《中山大学学报》（社会科学版）2003 年第 S1 期。

张嘉尹：《论"价值秩序"作为宪法学的基本概念》，《台湾大学法学论丛》2001 年第 5 期。

张健：《迈向回应型法：我国地震预报立法的反思与完善》，《云南社会科学》2014 年第 1 期。

张晋藩：《论中国古代司法文化中的人文精神》，《法商研究》2013 年第 2 期。

张青波：《试以基本权利限定"良性违宪"》，《东方法学》2014 年第 4 期。

张文显：《建设中国特色社会主义法治体系》，《法学研究》2014 年第 6 期。

张翔：《基本权利的双重性质》，《法学研究》2005 年第 3 期。

张翔、赖伟能：《基本权利作为国家权力配置的消极规范——以监察制度改革试点中的留置措施为例》，《法律科学》（西北政法大学学报）2017

年第 6 期。

张翔：《宪法实施中立法的裁量空间》，《中国人民大学学报》2022 年第 1 期。

张中秋：《为什么说〈唐律疏议〉是一部优秀的法典》，《政法论坛》2013 年第 3 期。

赵宏：《限制的限制：德国基本权利限制模式的内在机理》，《法学家》2011 年第 2 期。

赵晋阳：《试论中国参政党利益表达功能》，《民主》2012 年第 2 期。

赵晓力：《改进人大代表名额分配制度》，《中国改革》2008 年第 3 期。

赵一单：《立法权的宪法界限研究——以立法余地的正当性为视角》，《甘肃政法学院学报》2016 年第 2 期。

赵一单：《立法者的认知裁量空间——以形式原则为核心的分析》，《地方立法研究》2018 年第 5 期。

赵迎辉：《走向立法精细化》，《学习时报》2016 年 3 月 3 日。

周伟：《宪法解释案例实证问题研究》，《中国法学》2002 年第 2 期。

周叶中：《党依法执政首先要坚持依宪执政》，《理论与改革》2014 年第 6 期。

周叶中：《论民主与利益、利益集团》，《学习与探索》1995 年第 2 期。

周叶中：《宪法与公民生活息息相关——关于树立我国宪法权威的一点思考》，《求是》2004 年第 11 期。

朱冬玲：《中国当前法律冲突的解决机制——以公民基本权利保障为视角》，《天津法学》2013 年第 3 期。

朱福惠：《基本权利刑事法表达的宪法价值》，《政法论坛》2018 年第 4 期。

朱军：《论社会权的立法限制及其合宪性审查》，《河北法学》2020 年第 12 期。

朱应平：《改进中共中央修宪工作的几点建议》，《法学》1997 年第 12 期。

卓泽渊：《论法的价值》，《中国法学》2000 年第 6 期。

邹平学：《人民代表大会的规模困境与代表性的逻辑悖论》，《人大研究》2009 年第 4 期。

三 外文类

Alessandra Facchi, *An Introduction To Fundamental Rights In Europe：History, Theory, Cases*. Fundamental or human rights as a complement to more traditional legal approaches, Edward Elgar Publishing, 2022.

Alexandre Flückiger, "Case-law Sources for Evaluating the Impact of Legislation: an Application of the Precautionary Principle to Fundamental Rights", *The Theory and Practice of Legislation*, Vol. 4, No. 2, 2016.

Allan Ides and Christopher N. May, *Constitutional Law-individual Rights：Examples and Explanations*, Colorado：New York：Aspen Publishers/Wolters Kluwer Law & Business, 2007.

Allen Buchanan, "Deriving Welfare Rights From Libertarian rights", in Peter G. Brown, Conrad Johnson & Paul Vernier, eds., *Income Support：Conceptual and Policy Issues*, Totowa, NJ：Rowman and Littlefield, 1981.

Audrey L. Comstock, *Committed to Rights：UN Human Rights Treaties and Legal Paths for Commitment and Compliance*, Gambridge, UK：Cambridge University Press, 2021.

Bittner Claudia, "Casenote Human Dignity as a Matter of Legislative Consistency in an Ideal World：The Fundamental Right to Guarantee a Subsistence Minimum in the German Federal Constitutional Court's Judgment of 9 February 2010", *German Law Journal*, Vol. 12, No. 11, 2011.

Bodo Pieroth, Bernhard Schlink, *Grundrechte：Staatsrecht* Ⅱ, Uberarbeitete Aufl. Heidelberg：Heidelberg, S. 19, 1990.

Carols S. Greenwald, *Group Power, Lobbying and Public Policy*, New York：Praeger Publishers, 1977.

Daniel DiSalvo, "Interest Groups, Local Politics, and Police Unions", *Interest Groups & Advocacy*, 2022.

David Bicknell Truman, *The Governmental Process：Political Interests and Public Opinion*, Westport, Conn.：Greenwood Press, 1981.

Davide Paris, "Constitutional Courts as Guardians of EU Fundamental Rights? Centralised Judicial Review of Legislation and the Charter of Fundamental Rights of the EU", *European Constitutional Law Review*, Vol. 11, No. 2, 2015.

Donald P. Kommers, *The Constitutional Jurisprudence of the Federal Republic of Germany*, Durham and Londen: Duke University Press, 1997.

Donald P. Kommers, "German Constitutionalism: A Prolegomenon", *Emory Law Journal*, Vol 40, No. 11, 1991.

Gavara De Cara Juan Carlos, "The Control of the Public Power Omissions Related to Fundamental Rights", *Revista de derecho politico*, No. 69, 2007.

Gerald David Jaynes and Robin Williams Jr., *Blacks and American Society*, Washington: Washington, 1989.

Gerhard Loewenberg, Peverill Squire & D. Roderick kiewiet (eds.), *Legislatures: Comparative Perspectives on Representative Assemblies*, Michigan: the University of Michigan Press, 2005.

Heike Krieger, "Comment to the Protective Function of the State of Dieter Grimm", in Georg Nolte, eds., *European and US Constitutionalism*, Cambridge University Press, 2005.

Helmut Goerlich, "Fundamental Constitutional Rights: Content, Meaning and General Doctrines", in Ulrich Karpen eds., *The Constitution of the Federal Republic of Germany*, Nomos Verlagsgesellschaft, 1988.

Henry Shue, "Rights in the Light of Duties", in Peter G. Brown & Douglas Maclean eds., *Human Rights and U. S. Foreign Policy*, Lexington MA: Lexington Books, 1979.

Hercules Frank, *American Society and Black Revolution*, New York: Harcourt Brace Jovanovich, 1972.

Ian Loveland, *Constitutional Law, Administrative Law, and Human Rights: a Critical Introduction*, New York: Oxford University Press, 2006.

Irwin B. Aieff, "The New Bureaucracy: Growing Staff System on Hill forcing Changes in Congress", *Congressional Quarterly Weekly Report*, Vol. 37, No. 47, 1979.

Kenneth Einar Himma and Bojan Spaic, *Fundamental Rights: Justification and Interpretation*, The Hague, The Netherlands: Eleven International Publishing, 2016.

Latzer, Barry, "The Failure of Comparative Proportionality Review of Capital Cases (with Lessons from New Jersey)", *Albany Law Review*, Vol. 64, No. 4, April 2001.

Maja Brkan, "The Unstoppable Expansion of the EU Fundamental Right to Data Protection", *Maastricht Journal of European and Comparative Law*, Vol. 23, No. 5, 2016.

Martin King Whyte, "Who Hates Bureaucracy? A Chinese Puzzle", in Victor Nee & David Stark (eds), *Remaking the Economic Institutions of Socialism: China and Eastern Europe*, California: Stanford University Press, 1989.

Max M. Kampelman, "The Legislative Bureaucracy: Its Response to Political Change, 1953", *The Journal of Politics*, Vol. 16, No. 3, 1954.

Niall. O'Connor, "Interpreting Employment Iegislation through a Fundamental Rights Iens", *European Labour Law Journal*, Vol. 8, No. 3, 2017.

OBrien, K. J. & Luehrmann, L. M. , "Institutionalizing Chinese Legislatures: Trade-offs between Autonomy and Capacity", *Legislative Studies Quarterly*, Vol. 23, No. 1, 1998.

Paul Allen Beck and Frank J. Sorauf, *Party Politics in American*, seventh edition, New York: Harper Collins Publishers Inc. , 1992.

Paul Webb, David Farrell, and Ian Holliday (eds.), *Political Parties in Advanced Industrial Democracies*, England: Oxford University Press, 2002.

Peter Butt, *Modern Legal Drafting : a Guide to Using Clearer Language*, Cambridge : Cambridge University Press, 2013.

Randall S. Kroszner and Thomas Stratmann, "Interest – Group Competition and the Organization of Congress: Theory and Evidence from Financial Services' Political Action Committees", *The American Economic Review*, Vol. 88, No. 5, 1998.

Richard B. unlin, *Kommentar zum Grundgesrtz fÜr die Bundesrepublik Deutschland*, Darmstadt: Luchterhand, 1984.

Rudolf Weber-Fas, *Der Verfassungsstaat des Grundgesetzes: Entstehung-Prinzipi-*

en-Gestalt, Tuebingen: Mohr Siebeck, S. 73. ff, 2002.

Ruprecht Kraus, *Der Grundsatz der Verhaeltnismaessigkeit in seiner Bedeutung fuer die Notwendigkeit des Mittels im Verwaltungsrecht*, Hamburg 1995.

R. S. Summers, "Evaluating and Improving Legal Process-A Plea for 'Process Values'", *Cornel Law Review*, Vol. 60, November 1974.

Stephanie Mora Walls, *American Federalism And Individual Rights*, Massachusetts: Lexington Books, 2021.

Stephen Frantzich, "Who Makes Our Laws? The Legislative Effectiveness of Members of the U. S. Congress", *Legislative Studies Quarterly*, Vol. 4, No. 3, Sep. 1979.

Thomas C. Grey, "Constitutionalism: An Analytic Framework", in Richard N. Bronaugh, Michael A. Eizenga & Stephen B. Sharzer (eds.), *Readings in the Philosophy of Constitutional Law*, Englewood: Kendall/ Hunt Publishing Company, 1992.

Tom Campbell, *Rights: A Critical Introduction*, New York: Routledge, 2006.

Tom G. Palmer, *Realizing Freedom: Libertarian Theory, History and Practice*, Washington, District of Columbia : Cato Institute, 2014.

Verinder Grover ed., *Party System and Political Parties in India (Political System in India)*, New Delhi: Deep & Deep Publications, 1990.

Volker Epping, *Grundrechte*, Berlin u. a: Springer, S. 121. f, 2005.

Wilhelm Frenz, Grundrechte, *Grundlagen unserer Demokratie*, Berlin: Bundeszentrale fur politische Bildunged, 1988.

William O. Douglas, "A Comment in Joint Anti-Fascist Refugee Comm. V. McGrath", in *United States Supreme Court Reports (95 Law, Ed. Oct. 1950 Term)*, The lawyers Co-operative Publishing Company, 1951.

William. J. Keefe and Morris. S. Ogul, *The American Legislative Process: Congress and the States*, Englewood Cliffs, NJ : Prentice Hall, 1993.

后　　记
人是需要有点精神的

独与天地精神往来而不敖倪于万物，不谴是非，以与世俗处。

——《庄子·天下》

圣人心平志易，精神内守，物莫足以惑之。

——《淮南子·氾论训》

夫人之所以为人者，非以此八尺之身也，乃以其有精神也。

——《潜夫论·卜列》

"人是需要有点精神的"，这是江老师诫勉学生时常用的话语，将其作为本书后记的标题，以铭记恩师的教诲，督促自己无论做什么都要有高昂的精神。人应该具有什么样的精神呢？

追问价值和意义应该是人之为人的首要精神。具体而言，包括对人生、所学和所为的价值和意义的追问三个层面。

"人生的价值和意义"这一问题，常与"人为什么活着"这一问题紧密关联。"怎样活着才有意义"是每一个有自我意识的人都会思索的问题。在我看来，人不全是为自己而活："不为己"是"神"而不是"人"；"全（仅）为己"则连"兽"都不如。人生的意义不全在于自我，同时还在于"我爱之人"与"爱我之人"。也就是说，当我们在反思、追问一个人"人生的价值和意义"时，需要从自身之外来寻求。用哲学语言表述，即主体是由他性决定的。如是，当一个人自我封闭式的追问自己"人生的价值和意义"时，这种反思本身价值不大，或者可以说"没有多大意义"，因为这种"仅求诸己"式的省思或者是"隔离城邦"之外，或者是"超于凡人"之上,都不在探寻"作为城邦社群生活之人"的"活着意义"之范畴。因此,一个人有用(有益)于人(社会),而又不是被仅仅当作"工具",他的人生就是有价值和意义的,且是有尊严的。正如康德的观点:"One treats a person as an end and not merely as a means is an expression of humanity as human dignity"。亦或许,提出"人生的意义"这一问题,本身就是人生之意义吧?

研习法学十多载,法学的价值和意义又是什么呢?我认为:法学是智慧之学,需要理性地沉潜省悟,要求习法者静心探究法理的微言大义;法学是技术之学,需要细密的程序机制,要求立法者精心设计法制的宏伟大厦;法学是实践之学,需要有效地规约行为,要求执法者诚心践行法律的要旨本质;法学是正义之学,需要公平地观照个人,要求司法者竭心守护法器的衡平威重。总而言之,法学是为实现法治。历史和事实都无可争辩地证明:唯有践行法治,才能成就人权之切实保障、才能增进人民之共同福祉、才能实现国家之长治久安。宪法学与行政法学在建设宪治国家和法治政府的远大目标和宏阔背景下,更突显其特殊重要性和意义。宪治中国之道、法治政府之路,都迫切呼唤宪法学与行政法学能够更执着地坚守"中国立场"研究"中国问题",能够更广泛地包容宪治、法治的实践议题,能够更可靠地提供强大、有效的智力支撑。唯此,宪治中国建设才能虽"任重",但"道不远"。

作为一个公法学人,应该秉持什么样的价值来指导自己的言行呢?个人认为:公法学人,应义不容辞地承担起维护社会制度公正性的责任。在宏大国家民族情怀层面的雄心壮志之下、在微观社会民间世俗层面的利欲纠葛之上,公法学人既要关怀普罗大众的利益冲突、欲望冲突,甚至见解冲突;更要深切理解冲突的双方,具有道德的操守和善心。同时,要努力指出一条合理的理解分歧、进而化解矛盾的途径。公法学人不能被不正当的激励机制裹挟着"往前",不能被不正当的利益所绑架。一旦精神与行为被名利束缚,就会趋向精致地利己。这或许是看起来的"上进",实则初心不再,丢弃了"独立之人格、自由之思想"。中国先哲早有言规劝:"芷兰生于深林,不以无人而不芳;君子修道立德,不为穷困而改节"(《孔子家语·在厄》);"仁人者,正其道不谋其利,修其理不急其功"

(董仲舒《春秋繁露》);"不以一己之利为利,而使天下受其利;不以一己之害为害,而使天下释其害"(黄宗羲《明夷待访录·原君》)。因此,公法学人应该成为生长在天地之间的一棵树,其使命在于维护公义,"见不公则伐之,遇有义则助之"。

探研"元问题"应该是学术研究的首要精神。诚然,试图找到一个"元"点,通过研究"元问题"而一劳永逸地或者说整体性地解决全部问题,或许是徒劳的,甚或是好高骛远不切实际。囿于知识积累和个人能力,一直未能找到这样的"元"问题。又或许,因为哲学上事物之间的普遍联系,这样的"元"点是不存在的?正如太阳是太阳系的中心,但它绝不是整个宇宙星辰的中心。然而,放弃追寻"元问题"会成为思维怠惰的借口,陷入"不可知论"的旋涡。不可否认的是,我们都必须寻找到一个"点"以潜入这如浩瀚宇宙星辰的知识体系之中。学术研究亦必须要有探研"元问题"的精神。

一天清晨,如往常一样走在从枫园去图书馆的林荫小路上,阳光随着微风起舞的树叶星星点点洒落其间,树丛中发出生灵跃动的声响,想必是经常见到的猫儿和鸟儿吧。忽然间,一个词儿闪过我的脑海——"食物链",生态的多样性不正是要保证食物链的完整和多样么,由此,处于整个食物链最底端的是不是就是整个生态的"始基"呢?那么,什么才是法学研究的"始基"呢?或者说,法学研究的出发点是什么?这一问题的答案,或许就是法学"元"问题之所在?遵循这一思维理路,我得出的认识是:法学是为了法治,法治是为了人权。因而,法学的始基应该就是法治主义精神导向的人权之保障,而宪法的两大部分内容是"基本权利"和"国家权力",宪法约束国家权力的根本目的在于保障基本权利,可见,基本权利是宪法的根基。"一切都是为了权利",这是人类文明进程的坐标指向。因而,对基本权利的研习,或许正是直接奔向人类关怀的"终极目标"。欣喜之余,对于本书选题又增添了几分自认为的价值和意义。

读书学习和思考应该是生活之中的首要精神。正如笛卡尔所言"我思故我在",读书学习和思考应该成为一种生活方式。"学而不思则罔,思而不学则殆""路漫漫其修远兮,吾将上下而求索",这样的生活才不会虚置光阴浪费生命。生命之真核、人生之意义就在于能够自主思考。放弃自主思考，或者是让自己的大脑成为别人思想的"跑马场"，无异于自甘堕落为行尸走肉。

"日光之下并无新事"①，这本拙著肯定不是严格意义上的创新，仅仅只是在前辈学人的基础之上，对基本权利立法的问题进行了一些思考。这些思考肯定是不完美、不成熟的，甚或存在偏颇、错误之处。古谚有云："人类一思考，上帝就发笑。"② 我敢肯定，这本浅陋的作品也一定会引得方家发笑。然而，写作是学习和思考的载体，只有敬呈老师们批评指正，才能够让本书的思考有一定的价值和意义。

英国学者边沁认为："一部法学著作只能以下述两者之一为目的：一是确定法律是怎样的；二是确定法律应当怎样。在前一种情况下，它可被称作一部阐述性法学著作，在后一种情况下，则可被称作一部审查性法学著作，或曰立法艺术论著。"③ 本书研究的主题虽是"基本权利立法应当是怎样的"，但却远谈不上达到了"立法艺术"的高度，甚至远未踏入法学的殿堂，还只是在通往圣殿的道路上求索……余力所不逮，虽未能至，但心向往之。这份内心的向往似乎让我找到了人生的意义，虽清苦孤寂，但这又何尝不是一种丰盈的幸福和快乐呢。孟德斯鸠在《论法的精神》的"序言"中写道："如果我的书能使那些发号施令的人增加他们应该发布什么命令的知识，并使那些服从命令的人从服从上找到新的乐趣的话，那我便是所有人们当中最快乐的人了。"倘若拙著能够增进决策者对基本权利立法的理性认识，促进公民个人的权利保障需求得到国家权利立法的有效满足，从而使得人们发自内心地认可、服从和支持法律，更加自愿、更加乐意地相信、遵守并运用法律，在守法用法中实现权益保障并收获快乐的话，那么笔者也将有幸成为一个"最快乐的人"。

本书的写作过程，是不断给自己"挖坑"而后又"爬坑"的过程，惯

---

① 出自《圣经·传道书》，是"在耶路撒冷作过以色列王"的所罗门所传。所罗门是圣经中拥有世上一切（包括智慧、权力、财富、尊荣、名誉及神的恩宠）的人物。

② 此语系犹太民族的一句古老谚语。捷克著名小说家米兰·昆德拉在获得1985年以色列耶路撒冷文学奖的致辞时引用了这句话。他说："为什么人类一思考，上帝就发笑呢？因为人们愈思索，真理离他愈远。人们愈思索，人与人之间的思想距离就愈远。因为人从来就跟他想象中的自己不一样。"

③ ［英］边沁：《道德与立法原理导论》，时殷弘译，商务印书馆2000年版，第360—361页。

常相伴的是"天成"的纠结焦虑，然也能够收获"偶得"的惊喜兴奋。唯愿这种自我"挖坑"与"爬坑"有点儿价值和意义。

尤记得在收到"博士研究生"录取通知书时给自己定的基本要求是：对得起"博士"这个称号。博者，博览群书也；士子，读书人之谓也。因此，博士即意味着要尽可能地多读书，并永葆赤子之心。如今，博士毕业已五年有余，回首过往，深感心虚和惭愧，还远未达到博览群书的基本要求，内心诚惶诚恐，每念及此，更是汗出如浆……

感谢博士研究生导师江国华教授不嫌学生鄙陋，将学生揽入门下，恩师的"人是需要有点精神"的教诲，是学生人生道路上的指路明灯和警言鞭策；感谢读博期间导师组的指导老师周叶中教授、秦前红教授、陈晓枫教授、项焱教授，以及教研室的诸位师长的关心与教诲；感谢硕士研究生导师胡肖华教授对学生一直的关爱，老师们的授业之恩和对学生的关爱帮助，学生都铭记在心，绝不辜负。

同时，还要感谢诸位师兄师姐、同级同学和师弟师妹们，谢谢你们的关心和帮助，这份情谊已深藏于心，自不必言说。

最后，但绝非最不重要的是，必须认真感谢我的父母。尽管他们可能不一定能理解儿子写的文字，但是必须谨记于此，铭刻在于我而言最重要的人生节点上，以告诫自己时刻不忘怀孝心尽孝行。

感谢父母，尽管他们早早下岗，但在学业上一直无条件地倾尽全部支持我，这让他们牺牲了原本可享受到的简单而轻松的生活，也让他们经常遭受"读书无用"论调的讥嘲，更是让他们比同辈人要晚很多才能享受含饴弄孙的天伦之乐……儿子不孝。"父兮生我，母兮鞠我。抚我畜我，长我育我，顾我复我，出入腹我"，这份沉甸甸的养育大恩，无以为报，唯愿父母身体安康。

还有从小抚养我的爷爷、奶奶，在我外出求学期间，二位老人先后辞世，孙儿未能尽到点滴孝心，这份遗憾和愧疚已无法弥补，你们朴素的教诲孙儿铭记在心永不会忘，唯愿天堂没有病痛……

"是男儿总要走向远方，走向远方是为了让生命更辉煌。走在崎岖不平的路上，年轻的眼眸里装着梦更装着思想。不论是孤独地走着还是结伴同行，让每一个脚印都坚实而有力量。"（汪国真：《走向远方》）

是的，毕业了……但是，只是学制上毕业了，学习上永不毕业。

最后，以写作的一首《珞珈求学有感》作为后记的结语吧：

珞珈求学有感

东湖之滨，珞珈山上；

黉宫藏麓，灵秀诸方。

百廿沧桑，弘毅自强；

德业并进，求是拓新。

乾坤清旷，师儒道光；

黄鹄荟萃，英隽翱翔。

鸿庠文彦，薪火相传；

任重道远，来日何长。

彭超谨志于珞珈山枫园十三舍陋室

2017 年 5 月 18 日凌晨初稿

2022 年 11 月 21 日凌晨校修